海船船员交互式适任考试指南

（交互式）

U0650846

船 舶 辅 机

CHUANBO FUJI

（二/三管轮）

主编 / 王涛　张堃　周国华

大连海事大学出版社
DALIAN MARITIME UNIVERSITY PRESS

2024版

图书在版编目(CIP)数据

船舶辅机：二/三管轮 / 王涛，张堃，周国华主编
— 大连：大连海事大学出版社，2023.12
海船船员交互式适任考试指南
ISBN 978-7-5632-4520-8

Ⅰ．①船…　Ⅱ．①王…　②张…　③周…　Ⅲ．①船舶辅
机–资格考试–教材　Ⅳ．①U664.5

中国国家版本馆 CIP 数据核字(2023)第 252856 号

大连海事大学出版社出版

地址：大连市黄浦路523号　邮编：116026　电话：0411-84729665(营销部)　84729480(总编室)

http://press.dlmu.edu.cn　E-mail：dmupress@ dlmu.edu.cn

大连金华光彩色印刷有限公司印装　　　　　　　大连海事大学出版社发行

2023 年 12 月第 1 版　　　　　　　　　　　2023 年 12 月第 1 次印刷

幅面尺寸：184 mm×260 mm　　　　字数：556 千　　　　印张：22.5

出版人：刘明凯

责任编辑：苏炳魁　　　　　　　　　　　　　　责任校对：刘宝龙
封面设计：解瑶瑶　　　　　　　　　　　　　　版式设计：解瑶瑶

ISBN 978-7-5632-4520-8　　　　定价：68.00 元

前　言

为实施高素质船员队伍建设，进一步提升海船船员适任能力，加强考试管理，根据《中华人民共和国海船船员适任考试和发证规则》和《海船船员培训大纲(2021版)》，中华人民共和国海事局编制了《海船船员考试大纲(2022版)》并于2022年7月发布。

本套教材严格按照《海船船员考试大纲(2022版)》编写，符合培训大纲对船员适任培训的要求，具有权威、准确、交互、实用的特点，重点突出船员适任和航海实践需掌握的知识，旨在培养船员具备在实践中应用知识的能力，可作为船舶工具书使用。

为了更加有效地帮助考生理解和掌握《海船船员考试大纲(2022版)》中所列考点，船员通联合青岛远洋船员职业学院、山东交通职业学院、江苏海事职业技术学院、江苏航运职业技术学院的优秀专业教师，在深入解读《海船船员培训大纲(2021版)》、研究中华人民共和国海事局公布的海船船员培训大纲熟悉训练资源的基础上，针对海船船员适任考试的特点，共同编写了"海船船员交互式适任考试指南"。

本书由王涛、张堃、周国华担任主编，张同祥担任副主编。青岛船长协会、青岛兴亚国际海事服务有限公司、洲际船员联合管理培训中心、青岛韦立国际船舶管理有限公司在本书的编写过程中给予了大力支持，在此表示感谢。

"海船船员交互式适任考试指南"基于考生实际学习应用需求，利用数字信息技术，使教材、试题、考试大纲相互关联，并对内容动态更新，同时支持教师在线建立班级、抽题成卷，及时掌握学生的学习状况，使教师、学生、系统连接互动，进而有针对性地辅导教学，使学生学习效果事半功倍。

"海船船员交互式适任考试指南"包括：

《航海学》(二/三副)

《船舶操纵与避碰》(二/三副)

《船舶结构与货运》(二/三副)

《船舶管理》(二/三副)

《航海英语》(二/三副)

《主推进动力装置》(二/三管轮)

《船舶辅机》(二/三管轮)

《船舶电气与自动化》(二/三管轮)

《船舶管理》(二/三管轮)

《轮机英语》(二/三管轮)

山东中航海事技术服务有限公司

2023年10月日

扫码学习《深入学习贯彻党的二十大精神　加快建设交通强国　当好中国式现代化开路先锋》

使用说明

一、教师端(PC 端)

教师在线建立班级,抽题成卷,查看学生学习报告,实时掌握学生的学习状况。

第一步 建立班级

登录 PC 端:www.chuanyuantong.com。注册认证后,即可新建、编辑"我的班级信息"。

第二步 抽题成卷、查看报告

教师可根据章节、考点等分类自行选题,生成试卷并分发给班级学生。学生练习后自动生成学习分析报告(未答题、做错题、班级易错题等),及时掌握学生的学习状况,进而有针对性地对其辅导教学。

二、学生端(移动端)

第一步 下载船员通 APP

IOS、安卓系统均可下载。

第二步 加入班级

点击"班级建群",选择专业,按照操作提示,学生输入教师指定口令加入班级,即可查看教师分发的学习任务。

第三步 兑换权益

点击"二维码兑换",兑换学习权益。

本套丛书一书一码,贴码见封底。

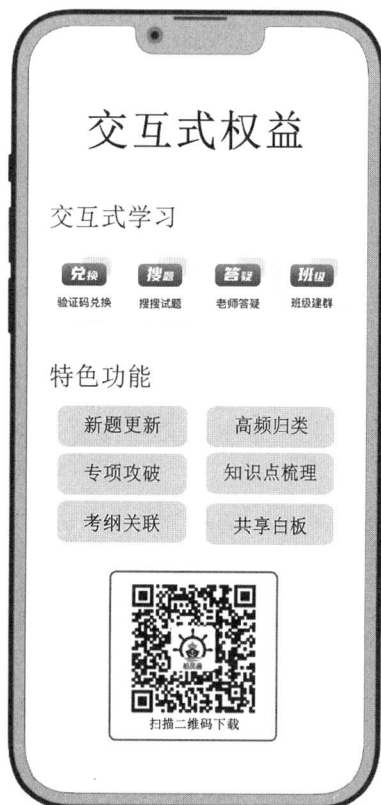

交互式权益

交互式学习

兑换 验证码兑换　搜题 搜搜试题　答疑 老师答疑　班级 班级建群

特色功能

新题更新	高频归类
专项攻破	知识点梳理
考纲关联	共享白板

扫描二维码下载

目　　录

第一章

辅助机械基础理论

第一节 机械制图基础

1.基本视图中不包括_____。

  A.主视图   B.后视图

  C.向视图   D.右视图

2.视图主要用于表达机件的外部轮廓、结构、形状,下列_____属于基本视图。

  A.仰视图   B.向视图

  C.局部视图   D.斜视图

3.在三视图中,每个视图能反映投影体_____的尺寸。

  A.一个方向   B.两个方向

  C.三个方向   D.四个方向

4.在三视图中,俯视图能反映投影体_____的尺寸。

  A.长度和宽度   B.长度和高度

  C.高度和宽度   D.长度、高度和宽度

5.在三视图中,左视图能反映投影体_____的尺寸。

  A.长度和宽度   B.长度和高度

  C.高度和宽度   D.长度、高度和宽度

6.主视图从尺寸来说,是反映物体的_____;从方位来说,是反映物体各部分的_____位置关系。

  A.长和高;左右和上下   B.高和宽;上下和前后

  C.长和宽;左右和前后   D.长和宽;上下和前后

7.阶梯剖是_____。

  A.假想用两个相交的剖切平面(交线垂直于某一个基本投影面)剖开物体,并将被倾斜的剖切平面所剖到的那部分旋转到与选定的投影面平行后再投影而得到的剖视图

  B.假想用不平行于任何基本投影面的单一平面来剖切物体,再投影到与剖切平面平行的投影面上而得到的剖视图

  C.假想用几个相互平行的剖切平面剖切物体而得到的剖视图

D.假想用剖切面局部地剖开物体而得到的剖视图

8.物体的三视图是一个物体的三面投影,它们之间存在着一定的关系和规律,简单来说,就是_____。

A.高对正、长平齐、宽相等
B.长相等、高平齐、宽相等

C.高对正、宽平齐、长相等
D.长对正、高平齐、宽相等

9.视图中不包括_____。

①阶梯视图;②局部视图;③基本视图;④复合视图;⑤斜视图

A.①③
B.②③④

C.③④
D.③④⑤

10.按 GB/T 17451—1998 的规定,视图有_____、_____、_____和_____四种。

A.基本视图;旋转视图;斜视图;局部视图

B.基本视图;向视图;斜视图;局部视图

C.基本视图;旋转视图;斜视图;向视图

D.主视图;向视图;斜视图;局部视图

11.机件向基本投影面投影所得到的视图称为基本视图,基本投影面为_____个。

A.1
B.2

C.3
D.6

12.以下说法错误的是_____。

A.斜视图是向不平行于基本投影面投射得到的视图

B.斜视图通常按向视图的配置形式配置并标注

C.斜视图可以用波浪线将斜视部分与其他部分的视图断开

D.斜视图只能用波浪线将斜视部分与其他部分的视图断开

13.下图中,视图 B 是如箭头所示方向观察机件所得的视图,该表现形式是_____。

A.仰视图
B.向视图

C.局部视图
D.斜视图

14.为呈现下图所示 60°弯头连接法兰的断面形貌,所绘制的视图 A 是_____。

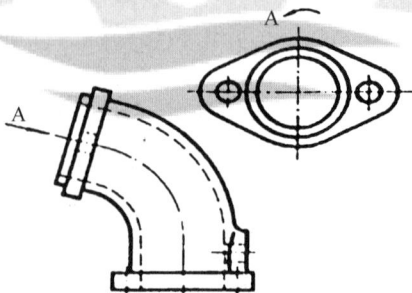

A.仰视图 B.向视图
C.局部视图 D.斜视图

15.断面图主要用于表达形体或构件的断面形状,根据其安放位置不同,一般可分为_____。
①移出断面图;②中断断面图;③剖面断面图;④重合断面图
A.②③④ B.①③④
C.①②③ D.①②④

16.为避免视图上出现较多的虚线,宜采用_____。
A.剖视图 B.断面图
C.局部视图 D.标准视图

17.断面图有以下的种类_____。
①移出断面图;②重合断面图;③复合断面图
A.①② B.①③
C.②③ D.①②③

18.剖切方法有_____。
①单一剖;②阶梯剖;③旋转剖
A.①② B.①③
C.②③ D.①②③

19.画法正确的是_____视图。

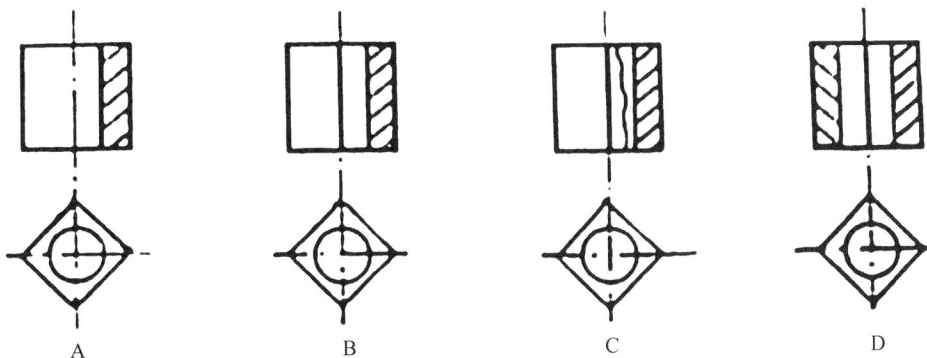

A　　　　　　　B　　　　　　　C　　　　　　　D

20.下图中,左视图正确的剖视画法应为_____。

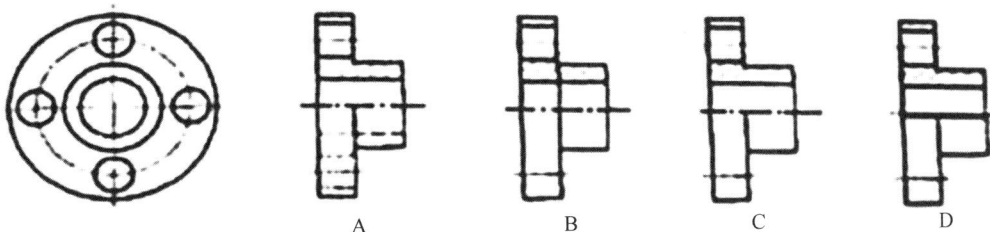

A　　　　　　B　　　　　　C　　　　　　D

21.下图中,主视图正确的全剖视画法应为_____。

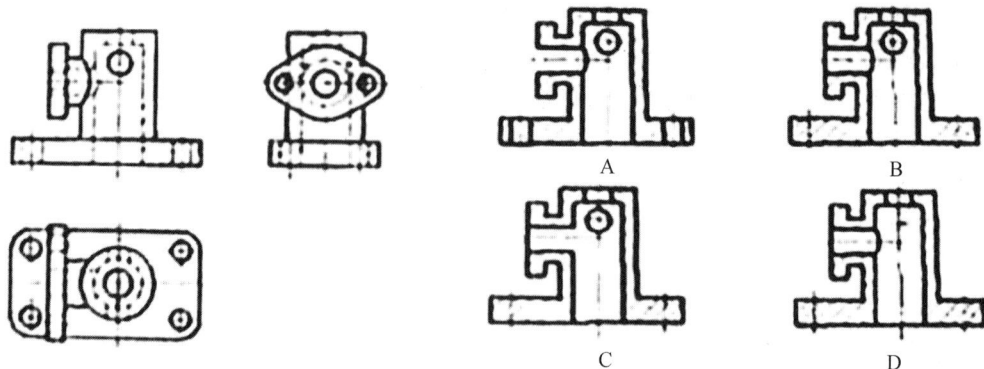

22.下图中,局部剖视画法正确的应为_____。

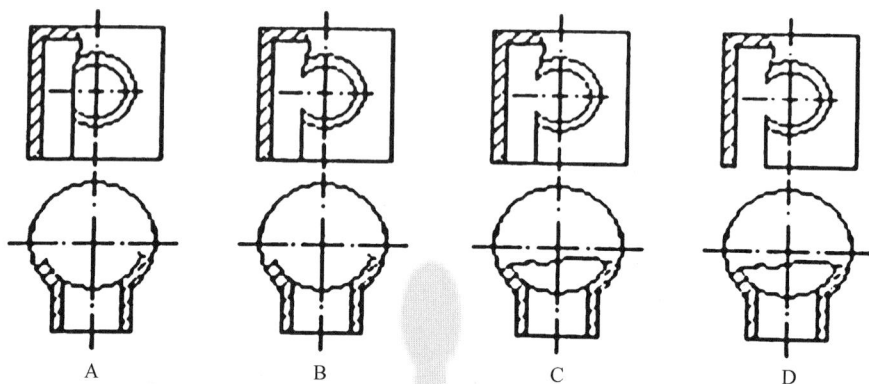

23.国标规定,按剖切面剖开物体的情况,剖视图可分为_____。
①全剖视图;②半剖视图;③局部剖视图
A.①②
B.①③
C.②③
D.①②③

24.画法完全正确的一组视图是_____。

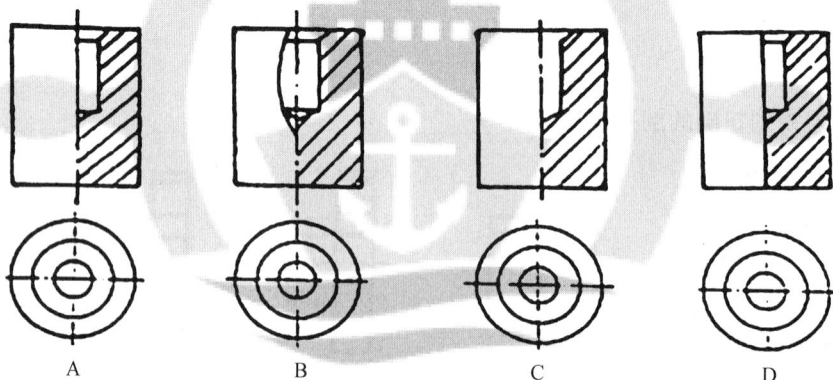

25.零部件的剖视图一般包括_____。
①主剖视图;②全剖视图;③半剖视图;④局部剖视图
A.②③④
B.①③④
C.①②③
D.①②④

26.下面_____属于对零部件全剖视图的描述。

　　A.为了表达机件完整的内部结构,通常用于内部结构较为复杂的场合

　　B.主要用于内、外形状都需要表达的对称机件

　　C.假想用剖切面局部地剖开机件所得的剖视图

　　D.能反映物体的前面形状

27.根据所给三视图,选择其正确的等角投影图_____。

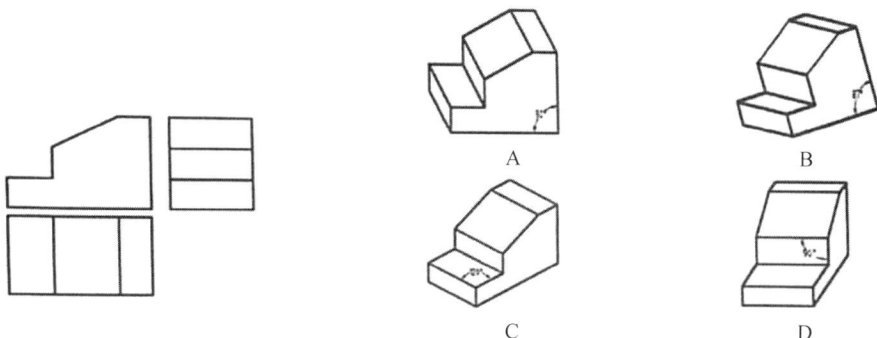

A

B

C

D

28.以下剖视图画法正确的是_____。

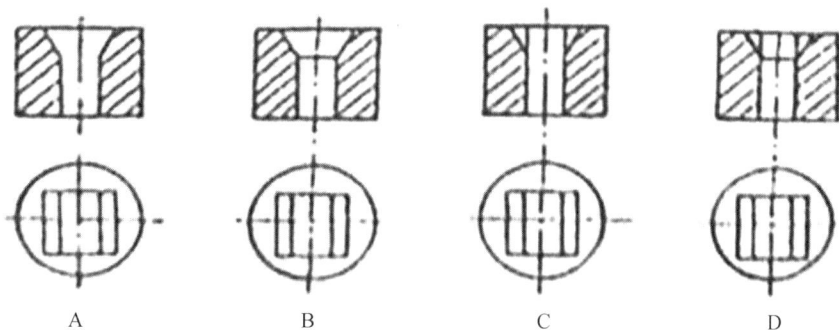

A　　　　　　B　　　　　　C　　　　　　D

29.在视图上标注球的直径时,应在尺寸数字前加注符号_____。

　　A.Φ　　　　　　　　　　　　B.R

　　C.SΦ　　　　　　　　　　　D.SR

30.以下视图中,尺寸标注正确的一组是_____。

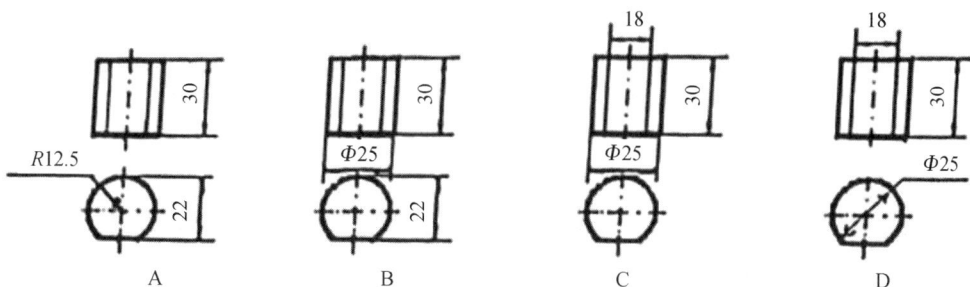

A　　　　　　B　　　　　　C　　　　　　D

31.以下视图中,正确的尺寸标注是_____。

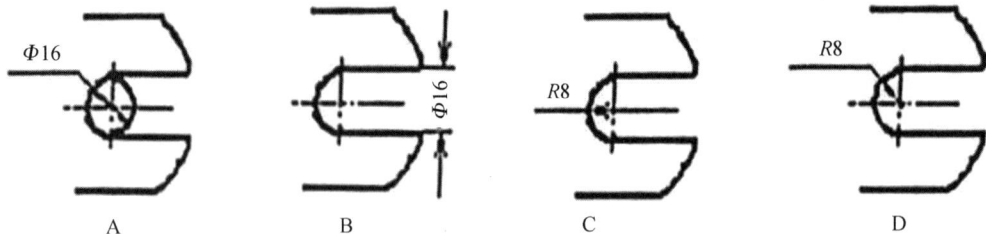

A　　　　　　　B　　　　　　　C　　　　　　　D

32.局部视图的断裂边界用_____绘出。

　A.虚线　　　　　　　　　　　　B.点划线

　C.波浪线或双折线　　　　　　　D.细实线

33.若视图的比例为2：1,则标注尺寸时应按物体实际尺寸_____来标注。

　A.真实值　　　　　　　　　　　B.放大1倍

　C.缩小1倍　　　　　　　　　　D.放大2倍

34.如图所示的剖视图为_____剖视图。

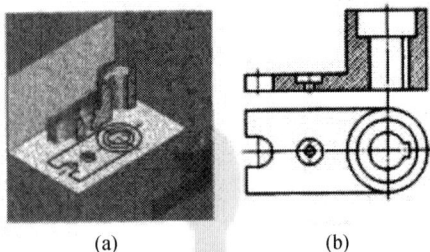

(a)　　　　　　　(b)

　A.旋转　　　　　　　　　　　　B.斜

　C.复合　　　　　　　　　　　　D.局部

35.装配图中一般不标注_____。

　A.表面粗糙度　　　　　　　　　B.规格尺寸

　C.安装尺寸　　　　　　　　　　D.外形尺寸

36.除了一组视图以外,装配图中还包括_____。

　A.形状和位置公差　　　　　　　B.零件详细的结构尺寸

　C.零(部)件序号和明细栏　　　D.表面粗糙度

37.关于装配图的作用,以下说法错误的是_____。

　A.装配图是指导产品制造的重要技术资料

　B.装配图主要表达机器或部件的结构形式、装配关系、工作原理和技术要求

　C.装配图是指导零件生产的重要技术资料

　D.装配图是零件设计的主要依据

38.在装配图中,关于零件的编号,表述正确的是_____。

　A.应沿水平方向、按顺时针方向排列整齐地依次编号,核心零件的编号应该靠前

　B.应沿水平或垂直方向、按顺时针或逆时针方向排列整齐地依次编号,不能随意交错编号

　C.应沿垂直方向、按顺时针方向排列整齐地依次编号,不能随意交错编号

　D.应沿水平或垂直方向、按顺时针方向排列整齐地依次编号,不能随意交错编号

39.在装配图中,运动零件在极限位置时的外形轮廓线用_____表示。

A.波浪线　　　　　　　　　　　B.双折线

C.双点划线　　　　　　　　　　D.粗点划线

40.装配图的内容包括_____。

①一组视图;②必要的尺寸;③技术要求;④序号、标题栏和明细表

A.①②　　　　　　　　　　　　B.①③④

C.①②④　　　　　　　　　　　D.①②③④

41.装配图用于表达各零部件间的装配关系,包括:_____、连接方式、_____及相对位置。

A.配合方式;相对运动　　　　　B.配合关系;温度传递

C.传动关系;传热关系　　　　　D.配合关系;传动关系

42.装配图的技术要求中,不包括_____。

A.使用要求　　　　　　　　　　B.装配、检验和调试要求

C.零件尺寸公差　　　　　　　　D.机器(或部件)的性能

43.装配图的一组视图中,不一定要求完整地表达_____。

A.零件间的装配关系　　　　　　B.机器(或部件)的工作原理

C.各零件的结构形状　　　　　　D.机器(或部件)的传动系统

44.装配图中,技术要求不应该包括_____要求。

A.装配　　　　　　　　　　　　B.热处理

C.使用　　　　　　　　　　　　D.检验

45.表面粗糙度、尺寸公差和形位公差,属于零件图_____的内容。

A.标题栏　　　　　　　　　　　B.说明栏

C.技术要求　　　　　　　　　　D.尺寸标注

46.零件图中,除了一组完整、清晰地表达零件的结构形状的视图外,还包括_____。

A.零件明细栏　　　　　　　　　B.生产批量

C.安装尺寸　　　　　　　　　　D.足够而且合理的尺寸标注

47.零件图中,除了一组完整、清晰地表达零件的结构形状的视图外,还包括_____。

A.技术要求　　　　　　　　　　B.生产批量

C.装配尺寸　　　　　　　　　　D.零部件序号

48.零件图上的标题栏包括_____。

A.比例　　　　　　　　　　　　B.表面粗糙度

C.热处理要求　　　　　　　　　D.位置公差

49.零件图上的标题栏不包括_____。

A.图号和比例　　　　　　　　　B.零件的名称和数量

C.材料的处理和要求　　　　　　D.制图者和审校者的姓名及日期

50.零件图上的技术要求不包括_____。

A.表面粗糙度　　　　　　　　　B.零件的材料

C.尺寸公差　　　　　　　　　　D.形状和位置公差

51.关于零件图,以下说法错误的是_____。

A.零件图由一组视图来完整、清晰地表达零件的内、外结构形状

B.零件图应标注制造时所需要的全部尺寸

C.技术要求应在图上用文字表达

D.零件图应标注检验时所需要的全部尺寸

52._____是表达单个零件的形状、大小和特征的图样,也是在制造和检验机器零件时所用的图样。

    A.总布置图   B.平面布置图

    C.装配图   D.零件图

53.看零件图时必须弄清零件的_____。

    ①结构形状;②尺寸大小;③加工精度和其他技术要求

    A.①②③   B.①②

    C.②③   D.①③

54.零件图的视图表达中,_____的选择是视图表达的关键。

    A.主视图   B.俯视图

    C.左视图   D.文字说明

55.在对零件进行视图表达时,主视图的选择是视图表达的关键。关于选择主视图,表述正确的是_____。

    A.主视图只能是俯视图   B.主视图只能是正视图

    C.必须以加工位置为主视图   D.形状特征最明显

56.在读零件图时,以下说法正确的是_____。

    A.零件图为零件的加工提供必要的技术条件

    B.读零件图可运用组合体的读图方法

    C.零件测量主要依据于零件的加工精度

    D.零件的材料决定了采用何种加工方法

57.在读零件图时,以下说法不正确的是_____。

    A.零件的加工方法取决于零件图   B.零件图为零件检验提供依据

    C.零件图为零件测量提供依据   D.重点要弄清零件的结构形状

58.零件表面的轮廓算术平均偏差的数值越大,则表示该零件表面越_____。

    A.光滑   B.粗糙

    C.坚硬   D.有弹性

59._____是零件尺寸所允许的最大偏差。

    A.公差   B.上极限值

    C.下极限值   D.最大尺寸

60.下列配合零件应选用基轴制的有_____。

    A.容易加工的轴

    B.不好加工的孔

    C.滚动轴承的内圈与轴

    D.同一轴与多孔相配,且有不同的配合性质

61.关于基轴制,说法不正确的是_____。

　　A.基轴制中的轴为基准轴　　　　　　　B.其下偏差为零

　　C.公差带偏置在零线下侧　　　　　　　D.代号为 h

62.薄壁零件连接宜采用_____螺纹。

　　A.普通细牙　　　　　　　　　　　　　B.三角形

　　C.普通粗牙　　　　　　　　　　　　　D.锯齿形

63.读零件图时,从零件图的_____中了解零件的名称、材料、绘图比例等内容。

　　A.标题栏　　　　　　　　　　　　　　B.尺寸标注

　　C.说明栏　　　　　　　　　　　　　　D.技术要求

64.关于零件图,以下说法错误的是_____。

　　A.零件图由一组视图来完整、清晰地表达零件的内、外结构形状

　　B.零件图应标注制造和检验时所需要的全部尺寸

　　C.技术要求不包括检验时所需要的技术指标

　　D.零件图中可以采用局部放大图的表示形式

65.完全符合_____的零部件,称为标准件。

　　A.国家标准规定　　　　　　　　　　　B.ISO 标准

　　C.海事局规定　　　　　　　　　　　　D.船级社规定

66.下列零件中,_____不属于标准件。

　　A.齿轮　　　　　　　　　　　　　　　B.圆柱销

　　C.螺母　　　　　　　　　　　　　　　D.垫圈

67.生产和检验零件的依据是_____。

　　A.三视图　　　　　　　　　　　　　　B.剖视图

　　C.零件图　　　　　　　　　　　　　　D.立体图

68.标准公差的代号用符号_____和数字组成。

　　A.GB　　　　　　　　　　　　　　　　B.GT

　　C.IT　　　　　　　　　　　　　　　　D.IE

69.国标规定,公差带的宽度由_____决定,公差带的位置由_____决定。

　　A.基本尺寸;实际尺寸　　　　　　　　B.标准公差;偏差

　　C.标准公差;基本偏差　　　　　　　　D.精度;基本偏差

70.标准公差的大小由两个因素决定:一个是_____,另一个是_____。

　　A.公差带;标准尺寸　　　　　　　　　B.公差带;基本尺寸

　　C.公差等级;标准尺寸　　　　　　　　D.公差等级;基本尺寸

71._____的特点是:孔的公差带与轴的公差带相互交叠,任取其中的一对孔和轴相配,可能具有间隙,也可能具有过盈的配合。

　　A.间隙配合　　　　　　　　　　　　　B.过盈配合

　　C.过渡配合　　　　　　　　　　　　　D.紧密配合

72.关于轴和孔的配合,说法错误的是_____。

　　A.基轴制间隙配合的孔,其上极限偏差必大于零

B.基孔制的过渡配合,其轴的下偏差一定为负值

C.基轴制过渡配合的孔,其下极限偏差必小于零

D.基孔制的间隙配合,其轴的下偏差一定为负值

73.下列孔、轴配合中,应选用过盈配合的是_____。

    A.既要求对中性,又要拆卸方便   B.工作时配合件间有相对运动

    C.容易装卸的静止连接   D.不加紧固件能承受较大载荷

74.下列孔、轴配合中,应选用过渡配合的是_____。

    A.既要求对中性,又要拆卸方便   B.工作时配合件间有相对运动

    C.保证传递载荷的不可拆结合   D.高温下工作,零件变形大

75.过渡配合是孔的公差带_____,可能具有间隙,也可能具有过盈的配合。

    A.在轴的公差带之下   B.与轴的公差带相互交叠

    C.紧贴在轴的公差带之上   D.在轴的公差带之上

76.基本尺寸相同时,公差越大,其精度越_____。国家标准规定,共有_____个公差等级。

    A.低;20   B.高;20

    C.低;18   D.高;18

77.在选用公差等级时,应在保证使用要求的前提下,尽可能选用_____公差等级。

    A.较高的   B.较低的

    C.最高的   D.居中的

78.下列公差精度最高的是_____。

    A.IT5 级   B.IT6 级

    C.IT8 级   D.IT7 级

79.国家标准规定,标准公差共分 20 个公差等级,分别为_____。

    A.IT00、IT01、IT1～IT18

    B.IT00、IT0、IT1～IT18

    C.IT01、IT0、IT1～IT18

    D.IT1～IT20

80.在国家标准规定的 20 个标准公差的公差等级中,尺寸精度最高的是_____。

    A.IT0   B.IT1

    C.IT01   D.IT20

81.在国家标准规定的 20 个标准公差的公差等级中,尺寸精度最低的是_____。

    A.IT01   B.IT0

    C.IT1   D.IT18

82.基本尺寸相同时,公差等级越小,标准公差值就_____。

    A.越大   B.越小

    C.越恒定   D.越无法确定

83.公差等级相同时,基本尺寸越大,标准公差值就_____。

    A.越大   B.越小

    C.越恒定   D.越无法确定

84.决定配合公差带大小的是_____。

    A.标准公差　　　　　　　　　　　　B.基本偏差

    C.配合公差　　　　　　　　　　　　D.孔、轴公差之和

85.决定配合公差带位置的是_____。

    A.标准公差　　　　　　　　　　　　B.基本偏差

    C.配合公差　　　　　　　　　　　　D.孔、轴公差之和

86.公差带图中以_____为零线。

    A.上极限值　　　　　　　　　　　　B.下极限值

    C.最大尺寸　　　　　　　　　　　　D.公称尺寸

87.公称尺寸是_____。

    A.设计师给定的尺寸　　　　　　　　B.实际尺寸

    C.加工尺寸　　　　　　　　　　　　D.极限尺寸

88.公差带有_____个基本参数。

    A.2　　　　　　　　　　　　　　　　B.3

    C.5　　　　　　　　　　　　　　　　D.4

89.公差值_____。

    A.要么为正,要么为负,但不能为零

    B.只能为负

    C.只能为零

    D.是允许尺寸的变动范围

90.间隙配合是孔的公差带在轴的公差带_____,即孔的实际尺寸_____(或等于)轴的实际尺寸而具有间隙(包括最小间隙等于零)的配合。

    A.之下;大于　　　　　　　　　　　B.之上;大于

    C.之下;小于　　　　　　　　　　　D.之上;小于

91.过盈配合是孔的公差带在轴的公差带_____,即孔的实际尺寸_____(或等于)轴的实际尺寸而具有过盈(包括最小过盈等于零)的配合。

    A.之下;大于　　　　　　　　　　　B.之上;大于

    C.之下;小于　　　　　　　　　　　D.之上;小于

92.公差等级选择的原则是在满足使用要求的前提下,选用_____的公差等级。

    A.最低　　　　　　　　　　　　　　B.较高

    C.中等　　　　　　　　　　　　　　D.经验值

93.公差等级选择的原则是在满足_____要求的前提下,选用最低的公差等级。

    A.加工　　　　　　　　　　　　　　B.使用

    C.工艺　　　　　　　　　　　　　　D.设计

94.关于基孔制,说法不正确的是_____。

    A.基孔制中的孔为基准孔　　　　　　B.其上偏差为零

    C.公差带偏置在零线上侧　　　　　　D.代号为 H

95.基孔制_____配合的轴,其下极限偏差必小于零。

A.间隙   B.过盈

C.过渡   D.过渡或过盈

96.下列配合应选用基孔制的是_____。

A.轴为冷拉圆钢且不需要再加工

B.滚动轴承的内圈与轴

C.同一根轴与多个孔形成不同性质的配合

D.键与轴槽配合

97.选择配合的类型时,不应考虑_____。

A.配合件之间有无相对运动   B.定心精度高低

C.配合件受力情况   D.加工难易程度

98.永久配合一般应选用_____配合。

A.间隙   B.过盈

C.过渡   D.过渡或过盈

99.关于斜轴投影图,说法正确的是_____。

A.物体上相互交互成角度的线段,它们在斜轴投影图上的角度是不变的

B.物体上相互垂直的线段,它们在斜轴投影图上仍然是垂直的

C.物体上相互平行的线段,它们在斜轴投影图上仍然是平行的

D.物体上与坐标轴垂直的线段,它的斜轴测投影必须与相应的轴测轴垂直

100.下列有关等角投影图的描述,错误的是_____。

A.在一定范围内,投影面上任何点上两个微分线段组成的角度在投影前后保持不变的一类投影

B.是角度和形状保持正确的投影,也称正形投影

C.常用的墨卡托投影就是一种等角投影

D.常用的斜轴墨卡托投影就是一种等角投影

101.关于物体的等角投影图,说法正确的是_____。

A.物体上相互平行的线段,它们在等角投影图上仍然是平行的

B.物体上相互垂直的线段,它们在等角投影图上仍然是垂直的

C.物体上相交互成角度的线段,它们在等角投影图上的角度是不变的

D.物体上与坐标轴垂直的线段,它的等角测投影必须与相应的轴测轴垂直

102.可以绘制螺纹牙顶线的线型是_____。

A.细实线   B.粗点划线

C.细点划线   D.粗实线

103.可以绘制螺纹长度终止线的线型是_____。

A.粗点划线   B.细实线

C.粗实线   D.细点划线

104.将螺纹轴线竖直放置,螺旋线自右向左逐渐升高的是_____旋螺纹,连接螺纹大多是_____旋螺纹。

A.右;右   B.左;左

C.左;右　　　　　　　　　　　　　D.右;左

105.下列用于传递单向动力的螺纹是_____螺纹。

A.普通粗牙　　　　　　　　　　　B.普通细牙

C.梯形　　　　　　　　　　　　　D.锯齿形

106.断裂处边界线,可用_____表示。

①波浪线;②双折线;③细双点划线

A.①　　　　　　　　　　　　　　B.②③

C.①②　　　　　　　　　　　　　D.①②③

107.一张完整的零件图应包括的主要内容有_____。

①一组视图;②三组视图;③完整的尺寸;④技术要求;⑤设计要求;⑥标题栏

A.①③④⑥　　　　　　　　　　　B.①③⑤⑥

C.②③④⑥　　　　　　　　　　　D.②③⑤⑥

108.表达一部机器(或部件)的图样,称为_____,它应能表达清楚各组成部分之间的_____。

A.三视图;技术要求

B.机器图;结构形式

C.装配图;结构形式、装配关系、工作原理和技术要求

D.机械图;形状大小

109._____反映了船舶总的布置情况,即全船各舱室的划分与位置、各种船舶设备及位置。

A.船舶总布置图　　　　　　　　　B.船舶设备总布置图

C.装配图　　　　　　　　　　　　D.零件图

110.下列有关船舶总布置图用途的描述,错误的是_____。

A.表达机器或部件的图样,主要表达其工作原理和装配关系

B.进行全船重量和重心位置计算,船舶设备设计和结构设计等的依据

C.绘制各类设备、系统布置图等的依据

D.起到协调各机械、设备的相互关系的作用,当它们之间发生矛盾时,以总布置图中的布置
为准

111.画基本体的三视图时,应先画_____。

A.主视图

B.俯视图

C.左视图

D.投影有积聚性,能反映实形的视图

112.下图中正确的一组三视图是_____。

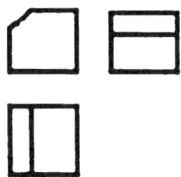 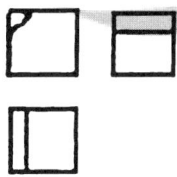 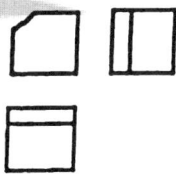 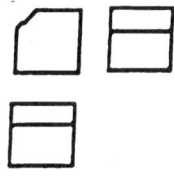

A　　　　　　　　　B　　　　　　　　　C　　　　　　　　　D

113.根据曲面体的立体图,正确的主视图和俯视图是_____。

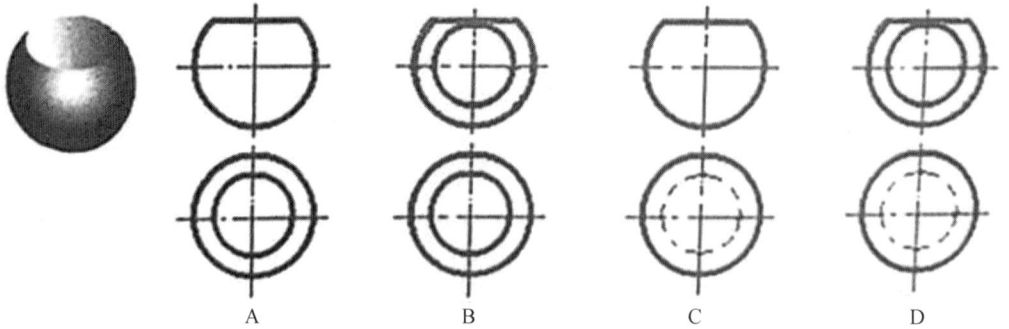

A   B   C   D

114.根据曲面体的立体图,正确的三视图是_____。

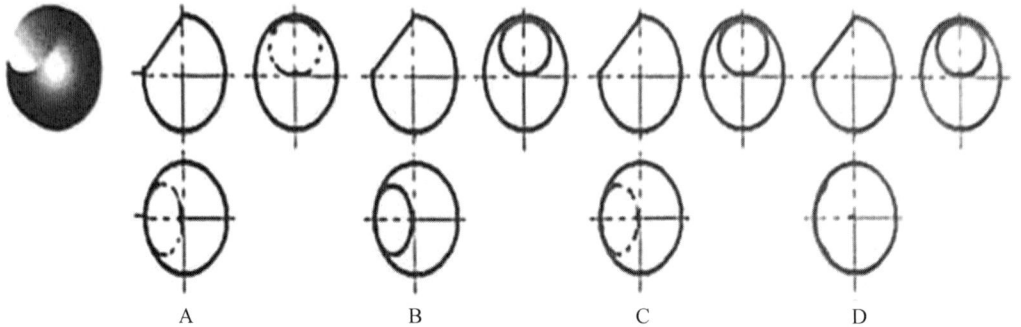

A   B   C   D

115.根据组合体的立体图,正确的三视图是_____。

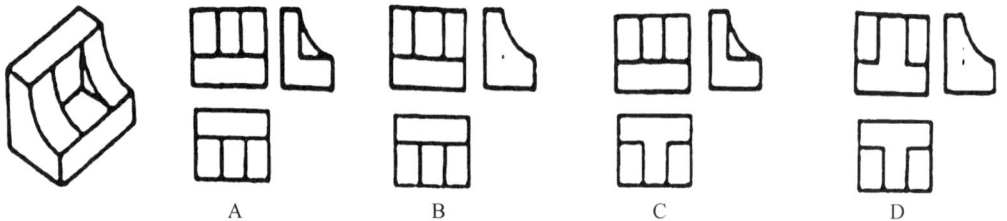

A   B   C   D

116.画零件图时,主视图应根据下列原则选定_____。
①形状特征;②加工位置和装夹位置;③工作位置
A.①②   B.①③
C.②③   D.①②③

117.机械图样的尺寸在不注明单位时,是以_____为单位。
A.mm   B.cm
C.m   D.μm

118.机件的真实大小以图样的_____为依据,且与图样的大小及绘图的准确度_____。
A.尺寸数值;有关   B.尺寸数值;无关
C.准确度;有关   D.比例;无关

119.在半剖视图中,视图与剖视图之间,要以_____为分界线。
A.轮廓线   B.点划线
C.双点划线   D.边界线

120.局部剖视图与视图之间要用_____分界。

　　A.细实线　　　　　　　　　　B.双折线

　　C.虚线　　　　　　　　　　　D.细点划线

121.局部剖视图与视图之间的分界线应为_____。

　　A.粗实线　　　　　　　　　　B.细实线

　　C.虚线　　　　　　　　　　　D.波浪线

122.当一个金属机件有数个剖视(断面)图时,其各图上的剖面线应_____。

　　A.方向平行于该图上的主要轮廓线　　B.方向垂直于该图上的主要轮廓线

　　C.方向相同,间隔大致相等　　　　　D.方向不同于该图上的主要轮廓线

123.移出断面轮廓线用_____绘出。

　　A.粗实线　　　　　　　　　　B.细实线

　　C.点划线　　　　　　　　　　D.双点划线

124.在视图中,粗实线常用于表示_____。

　　A.可见轮廓线　　　　　　　　B.不可见轮廓线

　　C.特殊要求线　　　　　　　　D.分界线

125.不可画细实线的是_____。

　　A.断裂处的边界线　　　　　　B.螺纹牙底线

　　C.齿轮的齿根线　　　　　　　D.剖面线

126.细实线不可用于绘制_____。

　　A.尺寸线　　　　　　　　　　B.尺寸界线

　　C.剖面线　　　　　　　　　　D.螺纹牙顶线

127.粗实线不可用于绘制_____。

　　A.可见轮廓线　　　　　　　　B.螺纹牙顶线

　　C.螺纹长度终止线　　　　　　D.尺寸界线

128.以下应绘制成细实线的是_____。

　　①尺寸线;②可见轮廓线;③剖面线

　　A.①②　　　　　　　　　　　B.①②③

　　C.②③　　　　　　　　　　　D.①③

129.可以绘制尺寸界线的线型是_____。

　　A.粗点划线　　　　　　　　　B.细实线

　　C.粗实线　　　　　　　　　　D.细点划线

130.可以绘制对称中心线的线型是_____。

　　A.粗点划线　　　　　　　　　B.细实线

　　C.粗实线　　　　　　　　　　D.细点划线

131.以下应绘制成细点划线的是_____。

　　①对称中心线;②轴线;③剖面线

　　A.①　　　　　　　　　　　　B.②③

　　C.①②③　　　　　　　　　　D.①②

132.画三视图时,对物体上看得见的轮廓线用_____表示;对看不见的轮廓线用_____表示;对轴线和中心线用_____表示。

    A.粗实线;细点划线;细虚线   B.细虚线;细点划线;细虚线

    C.细点划线;细虚线;粗实线   D.粗实线;细虚线;细点划线

133.机械制图中细点划线不用来画_____。

    A.轴线   B.分度圆线

    C.剖切线   D.重心线

134.重合断面轮廓线用_____绘出,当它与视图中的轮廓线重叠时,视图中的轮廓线是_____的。

    A.粗实线;连续   B.粗实线;中断

    C.细实线;连续   D.细实线;中断

135.绘制重合断面图的轮廓线采用的线型是_____。

    A.重合断面图的轮廓线用粗实线绘制

    B.重合断面图的轮廓线用细实线绘制

    C.重合断面图的轮廓线用细虚线绘制

    D.重合断面图的轮廓线用波浪线绘制

136.视图上的对称中心线应采用_____。

    A.细实线   B.细虚线

    C.细点划线   D.细双点划线

137.机械制图中细点划线不用_____来画。

    A.轴线   B.分度圆线

    C.剖切线   D.重心线

138.机械制图中粗虚线用来画_____。

    A.断裂处边界线   B.限定范围表示线

    C.允许表面处理的标示线   D.不可见轮廓线

139.关于断面图的分类,说法正确的是_____。

    A.机械图样中的断面图可分为视图、剖视图、局部放大图与断面图四类

    B.机械图样中的断面图可分为全剖视图、半剖视图、局部剖视图与断面图四类

    C.机械图样中的断面图可分为移出断面图与重合断面图两类

    D.机械图样中的断面图可分为移出断面图与重叠断面图两类

140.关于移出断面图的剖切平面,说法错误的是_____。

    A.剖切平面一般应垂直于被剖切部分的主要轮廓线

    B.剖切平面只能是一个平面

    C.可以选择一个平行面作为剖切平面,也可以选择一个垂直面作为剖切平面

    D.可以用两个相交的面作为剖切平面

141.在机械制图中,广泛采用的_____投影法属于_____投影法。

    A.正;平行   B.斜;中心

    C.正;中心   D.斜;平行

142.倾斜于投影面的直线段上的点,其分隔直线段之比,在投影图上_____。

  A.比例变小   B.比例有变化

  C.比例变大   D.保持不变

143.假想用剖切平面剖开物体,将处在观察者和剖切平面之间的部分移去,而将其余部分向投影面投影所得的图形称为_____图。

  A.剖视   B.移出断面

  C.重合断面   D.剖面

144.当空间的平面平行于投影面时,其在投影面上的投影_____。

  A.为缩小的类似形   B.积聚成一条直线

  C.为放大的类似形   D.反映实形

145.当空间的平面倾斜于投影面时,其在投影面上的投影_____。

  A.为缩小的类似形   B.积聚成一条直线

  C.为放大的类似形   D.反映实形

146.当空间的直线垂直于投影面时,其在投影面上的投影_____。

  A.积聚成一个点   B.反映实形

  C.为伸长的直线   D.为缩短的直线

147.当空间的平面垂直于投影面时,其在投影面上的投影_____。

  A.为放大的类似形   B.为缩小的类似形

  C.积聚成一条直线   D.反映实形

148.当空间的直线倾斜于投影面时,其在投影面上的投影_____。

  A.为缩短的直线   B.积聚成一个点

  C.为伸长的直线   D.反映实长

149.下列属于平行投影法的有_____。

  ①中心投影法;②正投影;③斜投影

  A.①   B.①②

  C.①③   D.②③

150.下列图形中,采用斜轴投影画法的是_____。

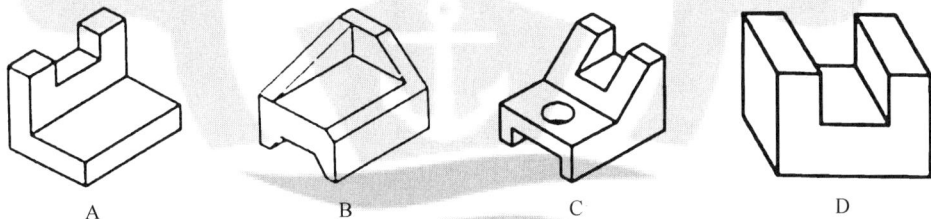

   A   B   C   D

151.等角投影的三个轴间角都为_____。

  A.120°   B.90°

  C.135°   D.30°

152.下列物体表面属于不可展表面的是_____。

  A.圆柱   B.圆球

C.圆锥

D.棱柱

153.画展开图经常需要求出线段的实长或平面的实形。求线段实长或平面实形的方法常用的有_____。

A.等边三角形法和垂直轴旋转法

B.直角三角形法和垂直轴旋转法

C.直角三角形法和等轴旋转法

D.等边三角形法和坐标旋转法

154.斜口圆管轴测图如下,判断下列所给的斜口圆管展开图是否正确_____。

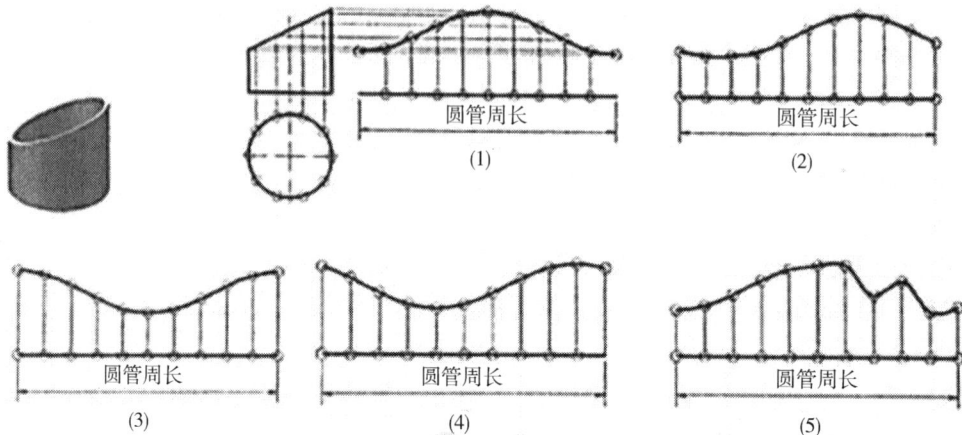

A.只有(1)正确

B.只有(1)(2)正确

C.(1)(2)(3)(4)正确

D.全部正确

155.对简单而大的物体可采用_____比例,如_____等。

A.放大的;1:2

B.放大的;2:1

C.缩小的;1:2

D.缩小的;2:1

156.原图比例为1:2,局部放大图上图形的线性尺寸是对应实物相应的线性尺寸的2倍,则局部放大图的比例应注为_____。

A.1:02:00

B.2:01:00

C.1:01:00

D.1:04:00

157.尺寸要素是指_____。

①尺寸界线;②尺寸线;③数字;④箭头或斜线

A.①②

B.①③④

C.①②④

D.①②③④

158.关于正三棱柱的尺寸标注,说法错误的是_____。

A.可以只标注底面正三角形的边长与正三棱柱的高度

B.可以只标注底面正三角形的外接圆直径"φ"与正三棱柱的高度

C.标注上、下底面正三角形的定型尺寸与正三棱柱的高度

D.标注底面正三角形的定型尺寸与正三棱柱的高度

159.关于直径为60 mm的球的尺寸标注描述,正确的是_____。

A.只需要标注60

B.只需要标注$\phi 60$

C.只需要标注 $S\phi60$

D.在一个视图上标注 $S\phi60$,在另一个视图上标注 $SR30$

160.下面对正六棱柱的尺寸标注,错误的是_____。

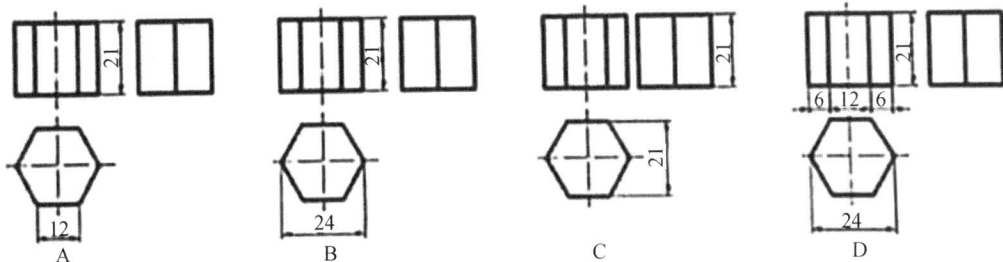

161.半球的直径为 50 mm,其尺寸标注应为_____。

A.$SR25$ mm　　　　　　　　B.$S\phi50$ mm

C.$S\phi50$　　　　　　　　　D.$SR25$

162.应标注半径符号"R"的是_____。

①整圆;②大于半圆的圆弧;③小于半圆的圆弧

A.①②　　　　　　　　　　B.①③

C.②③　　　　　　　　　　D.③

163.球面尺寸(球的半径或直径)应注成_____。

①SR;②$S\phi$;③球 ϕ

A.①或②　　　　　　　　　B.②或③

C.①或③　　　　　　　　　D.①或②或③

164.在下图的尺寸标注中合理的是_____。

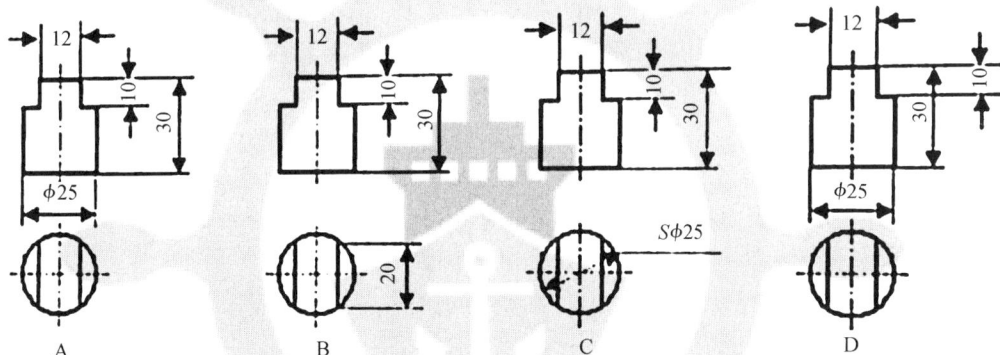

165.机件的每一个尺寸,一般只标注一次,标注在_____上。

A.主视图　　　　　　　　　B.俯视图

C.反映该结构最清晰的图形　D.左视图

166.关于设计基准的说法,错误的是_____。

A.设计基准是根据零件在机器中的作用和结构特点,为保证零件的设计要求而选定的基准

B.设计基准用于确定零件在机器中的正确位置,比如,零件的轴线、对称面、重要的定位面、重要的端面、底面等常被用作设计基准

C.每一个零件的长、宽、高三个方向的尺寸都至少有一个尺寸基准

D.设计基准应与主要基准重合

167.表面粗糙度评价参数中轮廓算术平均偏差在代号中用数值表示,其单位为_____。

A.cm

B.mm

C.μm

D.nm

168.下列的说法中不正确的是_____。

A.公差＝|上偏差+下偏差|

B.上偏差是最大极限尺寸减去基本尺寸所得的代数差

C.下偏差是最小极限尺寸减去基本尺寸所得的代数差

D.上、下偏差统称为极限偏差,可为正值、负值或零

169.轴的基本偏差为_____。

A.上极限偏差

B.下极限偏差

C.零

D.靠近零线的那个

170.某基本尺寸为 20.000 mm 的传动轴直径的最大极限尺寸是 20.990 mm,最小极限尺寸是 19.882 mm,则基本偏差为_____。

A.+0.990 mm

B.−0.118 mm

C.+0.436 mm

D.+0.554 mm

171.两个圆柱轴线垂直相交,其相贯线的正确画法是_____。

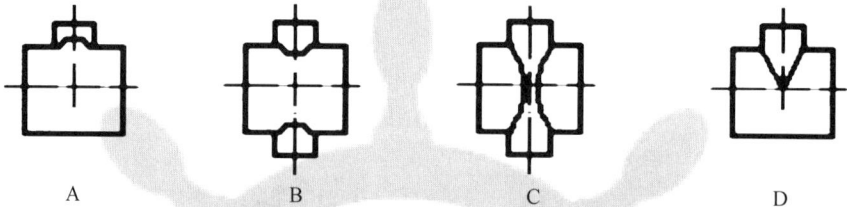

A   B   C   D

172.若图样上机件的线性尺寸是实际机件相应的线性尺寸的1/5,则在标题栏中的比例标注应是_____。

A.1：5

B.1/5

C.5：1

D.5/1

173.工程上优先选用的表面粗糙度的评价参数是_____。

A.轮廓算术平均偏差

B.轮廓最大高度

C.轮廓最小高度

D.微观不平度十点高度

174.形状误差的评定准则应当符合_____。

A.相关原则

B.公差原则

C.包容原则

D.最小条件

第二节　工程热力学基础

1.船上常用滑油冷却器是_____。

A.板式

B.壳管式

C.肋片管式

D.套筒式

2.在混合式换热器中,热量的传递通过冷、热流体_____来实现。

　　A.间壁传递热量　　　　　　　　　　B.间壁后接触混合

　　C.直接接触混合　　　　　　　　　　D.加热、冷却固体壁面传递热量

3._____热交换器广泛用于船上的燃油加热器。

　　A.套管式　　　　　　　　　　　　　B.壳管式

　　C.板式　　　　　　　　　　　　　　D.肋片管式

4.下列有关热力循环的描述,正确的是_____。

　　A.热泵循环和制冷循环均为正向热力循环

　　B.制冷循环为逆向热力循环,热泵循环为正向热力循环

　　C.制冷循环为正向热力循环,热泵循环为逆向热力循环

　　D.制冷循环和热泵循环均为逆向热力循环

5.采用低导热系数的组合物或在涂膜中引入导热系数极低的空气可获得良好的隔热效果,这就是_____研制的基本依据。

　　A.隔热涂料　　　　　　　　　　　　B.反射隔热涂料

　　C.辐射隔热涂料　　　　　　　　　　D.阻隔性隔热涂料

6.由露点可以知道空气的_____。

　　A.相对湿度　　　　　　　　　　　　B.含湿量

　　C.水蒸气饱和分压力　　　　　　　　D.湿球温度

7.板式换热器相对于壳管式换热器的传热系数_____。

　　A.低　　　　　　　　　　　　　　　B.高

　　C.相等　　　　　　　　　　　　　　D.低温时高,高温时低

8.下图所示的热交换器是_____热交换器,在船上广泛用作制冷装置、锅炉和空调装置的冷凝器。

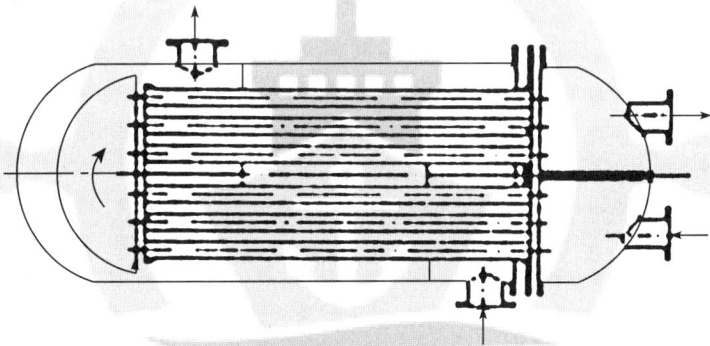

　　A.壳管式　　　　　　　　　　　　　B.套管式

　　C.肋片管式　　　　　　　　　　　　D.板式

9.热交换器按工作原理通常分为间壁式、_____和回热式。

　　A.管式　　　　　　　　　　　　　　B.混合式

　　C.板式　　　　　　　　　　　　　　D.肋片式

10.热交换器按工作原理通常分为间壁式、混合式和_____。

A.管式   B.回热式

C.板式   D.肋片式

11.热交换器按工作原理通常分为_____、混合式和回热式。

  A.间壁式   B.管式

  C.板式   D.肋片式

12.冷、热两种流体直接接触而传递热量,在热交换的同时存在质量交换,这样的热交换器称为_____热交换器。

  A.间壁式   B.混合式

  C.板式   D.回热式

13.当换热的两种流体的对流换热系数相差较大时,常采用_____换热器。

  A.壳管式   B.肋片管式

  C.套管式   D.壳管式或套管式

14.按换热器的传热原理进行分类的几种换热器中,_____是目前应用最为广泛的换热器。

  A.间壁式换热器   B.蓄热式换热器

  C.板式换热器   D.直接接触式换热器

15.与壳管式冷凝器比较,螺旋板式冷凝器具有_____的特点。

  A.体积大   B.传热系数高

  C.易于清洗   D.易于检修

16.船用热交换器绝大多数是_____式热交换器。

  A.间壁   B.混合

  C.回热   D.顺流

17.船用热交换器多采用_____式热交换器。

  A.节流   B.顺流

  C.逆流   D.层流

18.在传热面积相同时,流体物理性及进出口温度相同的条件下,逆流换热器的传热能力_____顺流换热器的传热能力。

  A.大于   B.小于

  C.等于   D.不一定大于

19.其他条件不变,热泵的供热系数随蒸发温度的_____而降低。

  A.无法确定   B.升高

  C.不变   D.降低

20.如果湿空气为饱和空气,空气中的水蒸气处于_____。

  A.任意状态   B.过冷状态

  C.饱和状态   D.过热状态

21.汽油机理想循环的组成依次为:绝热压缩过程、定容加热过程、绝热膨胀过程和_____。

  A.定容排气过程   B.定容放热过程

  C.定压排气过程   D.定压放热过程

22.水在定压汽化过程中,若其温度高于该压强下的饱和温度,其处于_____状态。

A.饱和水　　　　　　　　　　　　B.饱和蒸汽

C.冷却水　　　　　　　　　　　　D.过热蒸汽

23.饱和空气中,水蒸气分压强_____给定空气温度所对应的饱和分压强;水蒸气的温度_____水蒸气分压强所对应的饱和温度。

A.低于;高于　　　　　　　　　　B.等于;等于

C.高于;低于　　　　　　　　　　D.低于;等于

24._____是热机。

A.锅炉　　　　　　　　　　　　　B.冷凝器

C.柴油机　　　　　　　　　　　　D.制冷器

25.湿蒸汽的状态由_____决定。

A.过热度与压强　　　　　　　　　B.压力与干度

C.过冷度与温度　　　　　　　　　D.温度与压强

26.未饱和空气(露点为15 ℃)在与水隔绝的条件下定压从25 ℃降温至15 ℃,湿空气的含湿量_____,相对湿度_____。

A.升高;降低　　　　　　　　　　B.不变;升高

C.升高;不变　　　　　　　　　　D.不变;不变

27.在水蒸气的 p-V 图中,零度水线和饱和水线之间的区域称为_____。

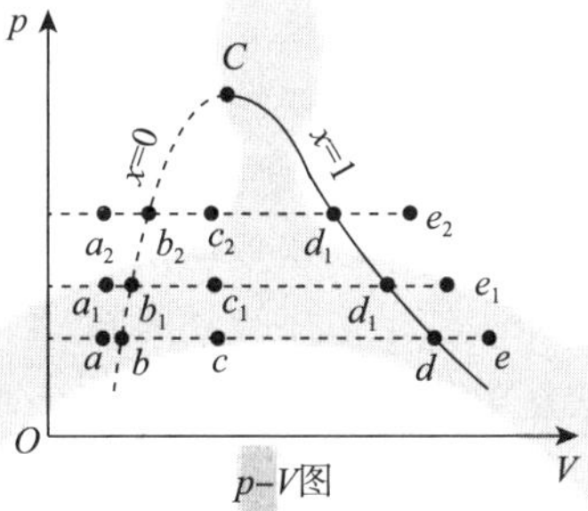

A.过冷水状态区　　　　　　　　　B.湿蒸汽状态区

C.过热蒸汽状态区　　　　　　　　D.固体状态区

28.在水蒸气的 p-V 图中,零度水线左侧的区域称为_____。

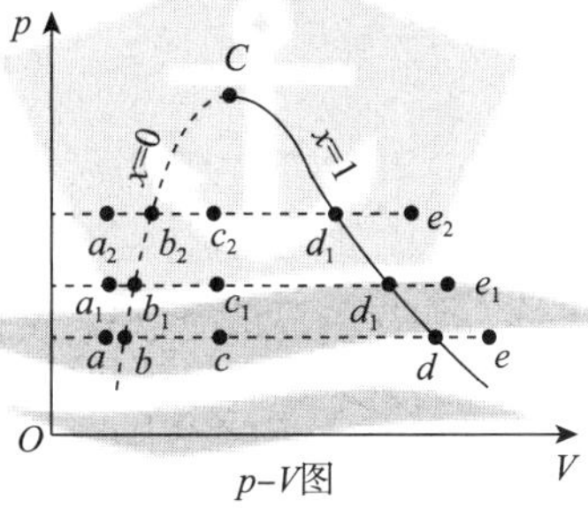

A.固体状态区　　　　　　　　　　B.过冷水状态区

C.湿蒸汽状态区　　　　　　　　　D.过热蒸汽状态区

29.在水蒸气的 p-V 图中,饱和蒸汽线的右上方的区域称为_____。

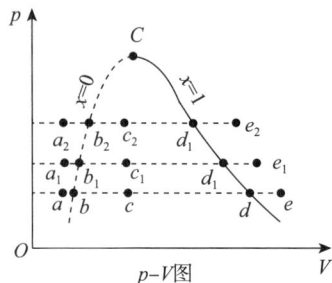

p-V图

A.过冷水状态区   B.湿蒸汽状态区

C.过热蒸汽状态区   D.固体状态区

30.在四冲程柴油机的工作循环中,_____燃气是做负功。

A.进气冲程   B.膨胀冲程

C.压缩冲程   D.排气冲程

31.湿空气经活塞式压缩机定温(温度高于湿空气露点)压缩后,气缸内湿空气的含湿量_____。

A.升高   B.不变

C.降低   D.无法确定

32.柴油机燃烧过程的前期,可近似地看作_____。

A.等温过程   B.等压过程

C.等容过程   D.绝热过程

33.对同一管式热交换器,采用逆流冷却方式比顺流冷却方式的冷却效果好是因为_____。

A.进出口温差大   B.平均换热温差大

C.流动阻力小   D.流动时扰动大

34.应用最广泛的_____是硅酸盐类复合涂料。

A.阻隔性隔热涂料   B.辐射隔热涂料

C.隔热涂料   D.反射隔热涂料

35.根据隔热机理和隔热方式的不同,隔热可以分为_____。

A.反射隔热和辐射隔热两类

B.阻碍性隔热、反射隔热和辐射隔热三类

C.阻碍性隔热和反射隔热两类

D.阻碍性隔热和辐射隔热两类

36._____热交换器应用在换热的两种流体的对流换热系数相差悬殊的情况。

A.肋片管式   B.壳管式

C.套管式   D.平行板式

37.对于热交换器,不正确的说法是_____。

A.壳管式热交换器的盖板中设一个隔板的目的是提高流体的流速

B.热交换器加设肋片的主要目的是减小热阻

C.同一个热交换器采用逆流式的效果比顺流式要好

D.同一个热交换器采用叉流式的效果比逆流式要好

38.在船上,广泛用作冷凝器的热交换器是_____。

　A.壳管式　　　　　　　　　　B.套管式

　C.肋片管式　　　　　　　　　D.板式

第三节　仪表与量具

1.下列图中_____是深度规。

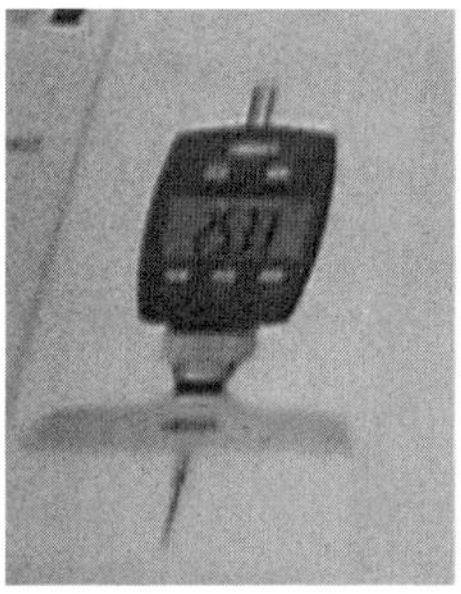

　　　A 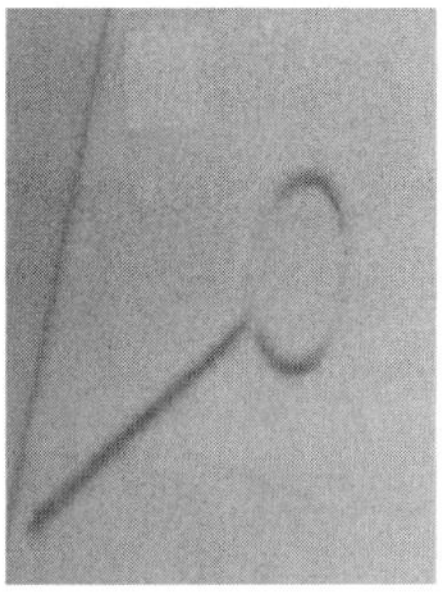　　　　　　　　B 　　　　　　　　C 　　　　　　　　D

2.使用游标卡尺测量工件时,如果所施压力过大,则量爪会产生弹性变形使得测量的尺寸不准

　确,此时:若测量外尺寸将_____实际尺寸,测量内尺寸将_____实际尺寸。

　A.大于;大于　　　　　　　　　B.小于;大于

　C.小于;小于　　　　　　　　　D.大于;小于

3._____是利用光隙法测量圆弧半径的工具。

　A.半径规　　　　　　　　　　B.圆规

　C.步距规　　　　　　　　　　D.卡规

4.下列图中_____是卡规。

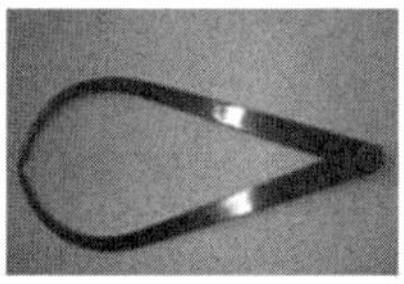

　　　A 　　　　　　　　B 　　　　　　　　C 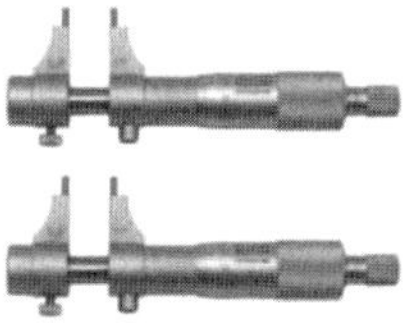　　　　　　　　D

5.某千分尺有+0.005 mm 的误差,若测量读数为 90.010 mm,则真实尺寸为_____ mm。

　A.90.010~90.015　　　　　　　B.90.010

　C.90.015　　　　　　　　　　D.90.005

6.如图所示,千分尺的测量读数为_____ mm。

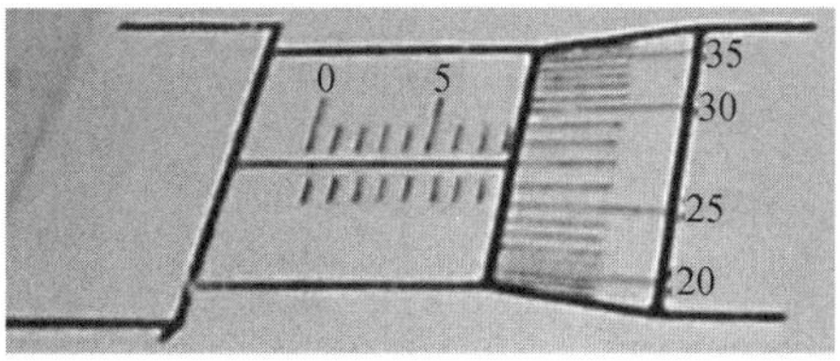

A.5.327   B.8.77

C.8.27   D.5.57

7.如图所示,千分尺的读数为_____mm。

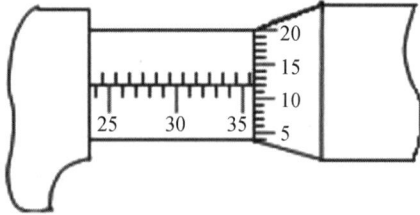

A.36.12   B.36.62

C.35.12   D.35.62

8.如图所示,千分尺的读数为_____mm。

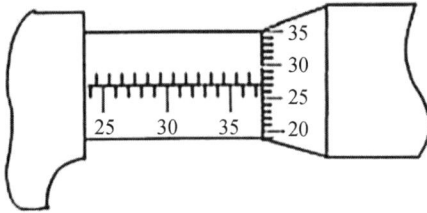

A.35.77   B.35.27

C.37.77   D.37.27

9.如图所示,千分尺的读数为_____mm。

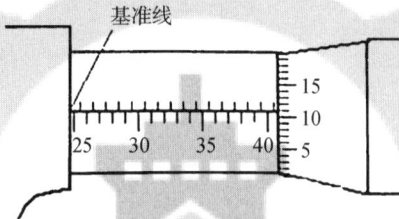

A.41.11   B.40.11

C.40.61   D.41.61

10.如图所示,游标卡尺的主尺与副尺在刻度线"0"处对齐,则此时测量读数为_____mm。

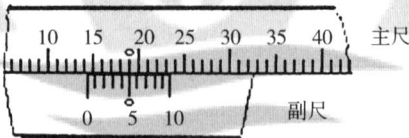

A.14.4   B.15.4

C.14.5   D.15.5

11.如图所示,图中量爪 8、9 可用来测量_____。

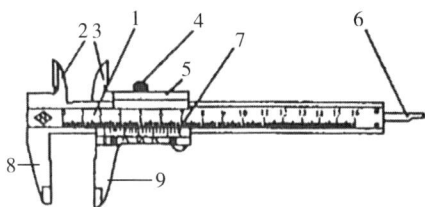

①外径;②内径;③长度;④宽度;⑤凸台高度;⑥槽深度

A.②⑤ B.③⑥

C.①③④ D.①②③④⑤⑥

12.关于游标卡尺使用时的注意事项的说法中,错误的是_____。

　　A.测量外形尺寸时,卡尺必须放正,量爪贴靠被测零件表面

　　B.测量圆弧形沟槽时,应用平口量爪测量

　　C.读数时,应使视线正对着刻线表面,以免造成读数误差

　　D.使用中应注意保护量爪的测量面,不得用卡尺去测量铸件、锻件表面及运动着的工作表面

13.某千分尺的活动量砧上螺纹的螺距为 0.5 mm,当活动套管转过本身一小格刻度时,两测量端间距离的改变量是_____。

　　A.0.5 mm B.0.01 cm

　　C.0.008 mm D.0.01 mm

14.0.1 mm 精度的游标卡尺,其主尺每格_____ mm,副尺每格_____ mm。

　　A.0.9;0.1 B.0.1;0.9

　　C.1;0.9 D.0.9;1

15.三用游标卡尺通常不能用来测量_____。

　　A.大于 300 mm 的尺寸 B.外径或长度

　　C.孔径或槽宽 D.槽深或凸台高度

16.双面量爪游标卡尺通常不能用来测量_____。

　　A.较大的尺寸 B.外径或长度

　　C.孔径或槽宽 D.槽深或凸台高度

17._____可用于测量船舶主柴油机活塞直径。

　　A.游标卡尺 B.半径规

　　C.外径千分尺 D.外径卡尺

18.某千分尺有−0.01 mm 的误差,现实测数据为 96.05 mm,则真实数据为_____ mm。

　　A.96.06 B.96.04

　　C.96.05 D.96.15

19.关于船舶常用测量仪表的说法中,错误的是_____。

　　A.热电偶绝缘管的材料应选择电阻率高、化学性能稳定、高温下与热电偶材料不发生作用的材料

　　B.比重计是基于阿基米德原理设计的

　　C.空气越干燥,干湿球温度差 Δt 值就越大,反之越小

D.游标卡尺的测量精度比千分尺高,并且比较灵活,因此对精度要求高的零件,多采用游标卡尺测量

20._____主要用于间隙、间距的测量。
  A.游标卡尺   B.桥规
  C.塞尺   D.深度规

21.三用游标卡尺不能用于测量_____。
  A.孔的深度   B.气缸直径
  C.齿轮的啮合间隙   D.气缸套直径

22.关于电阻温度计,下列说法中不正确的是_____。
  A.测温元件包括纯金属、合金和半导体
  B.不是各种金属都能用作测温元件
  C.测温元件的电阻温度系数 α 越小,其灵敏度越高
  D.在 600 ℃以下,通常其输出信号比热电偶要大得多

23.以下仪表中,利用导电性的变化进行检测的是_____。
  A.浮子式流量计   B.比重计
  C.盐度计   D.毛发式湿度计

24.下列转速表中,属于接触式测量的是_____转速表。
  A.光电式   B.频闪式
  C.磁电式   D.定时式

25.按热胀冷缩原理工作的温度计是_____温度计。
  A.双金属片   B.光电
  C.热电偶   D.电阻

26.在环境温度一定时,空气越潮湿,则干湿球温度计的温度差_____。
  A.越小   B.越大
  C.趋于零   D.不变

27.U 形液柱式压力表可以测量_____。
  ①表压力;②真空度;③绝对压力;④大气压力
  A.①②   B.②③
  C.③④   D.①③

参考答案

第一节　机械制图基础

1.C 2.A 3.B 4.A 5.C 6.A 7.C 8.D 9.A 10.B
11.D 12.D 13.B 14.D 15.D 16.A 17.A 18.D 19.C 20.C
21.B 22.C 23.D 24.A 25.A 26.A 27.C 28.A 29.C 30.B

31.D	32.C	33.A	34.C	35.A	36.C	37.C	38.B	39.C	40.D
41.D	42.C	43.C	44.B	45.C	46.D	47.A	48.A	49.C	50.B
51.C	52.D	53.A	54.A	55.D	56.B	57.A	58.B	59.B	60.D
61.B	62.A	63.A	64.C	65.A	66.A	67.C	68.C	69.C	70.D
71.C	72.B	73.D	74.A	75.B	76.A	77.B	78.A	79.C	80.C
81.D	82.B	83.A	84.A	85.B	86.D	87.A	88.A	89.D	90.B
91.C	92.A	93.B	94.B	95.A	96.B	97.D	98.B	99.C	100.D
101.A	102.D	103.C	104.C	105.D	106.C	107.A	108.C	109.A	110.A
111.D	112.A	113.A	114.B	115.B	116.D	117.A	118.B	119.B	120.B
121.D	122.C	123.A	124.A	125.A	126.D	127.D	128.D	129.B	130.D
131.D	132.D	133.D	134.C	135.B	136.C	137.D	138.C	139.C	140.B
141.A	142.D	143.A	144.D	145.A	146.A	147.C	148.A	149.D	150.D
151.A	152.B	153.B	154.C	155.C	156.B	157.D	158.C	159.C	160.D
161.D	162.D	163.A	164.A	165.C	166.D	167.C	168.A	169.D	170.B
171.B	172.A	173.A	174.B						

第二节 工程热力学基础

1.B	2.C	3.C	4.D	5.D	6.B	7.B	8.A	9.B	10.B
11.A	12.B	13.B	14.A	15.B	16.A	17.C	18.A	19.D	20.C
21.B	22.D	23.B	24.C	25.B	26.B	27.A	28.A	29.C	30.C
31.B	32.C	33.B	34.A	35.B	36.A	37.D	38.A		

第三节 仪表与量具

1.C	2.B	3.A	4.A	5.D	6.C	7.D	8.D	9.C	10.C
11.C	12.B	13.D	14.C	15.A	16.D	17.C	18.A	19.D	20.C
21.C	22.C	23.C	24.D	25.A	26.A	27.A			

第二章

船用泵

第一节　基础知识

1.关于泵的分类,说法错误的是_____。

　A.按泵轴的方向分为立式泵和卧式泵

　B.按吸口数目分为单吸泵和双吸泵

　C.按工作原理分为容积式泵、叶轮式泵和动力式泵

　D.按原动机的种类分为电动泵、汽轮机泵、柴油机泵和机带泵等

2.卧式泵是指_____。

　A.泵壳的高度大于宽度的泵　　　　　B.泵壳的高度小于宽度的泵

　C.泵轴沿竖直方向布置的泵　　　　　D.泵轴沿水平方向布置的泵

3.容积式泵是指_____的泵。

　A.有泵缸　　　　　　　　　　　　　B.运动部件做往复运动

　C.运动部件做回转运动　　　　　　　D.工作容积周期性地增减

4.从工作原理上说,靠叶轮带动液体高速回转而把机械能传递所输送的液体的泵是_____。

　A.叶片泵　　　　　　　　　　　　　B.喷射式泵

　C.叶轮式泵　　　　　　　　　　　　D.容积式泵

5.下列泵中不属于容积式泵的是_____。

　A.齿轮泵　　　　　　　　　　　　　B.往复泵

　C.离心泵　　　　　　　　　　　　　D.螺杆泵

6.下列泵中不属于容积式泵的是_____。

　A.往复泵　　　　　　　　　　　　　B.螺杆泵

　C.水环泵　　　　　　　　　　　　　D.旋涡泵

7.泵的功能是_____。

　A.提高液体的机械能　　　　　　　　B.提高液体的动能

　C.提高液体的速度　　　　　　　　　D.克服液体在管道内的流动阻力

8.从泵的功能上说,以下说法正确的是_____。

　A.泵是用来提高液体流量的设备　　　B.泵是用来提高液体速度的设备

C.泵是用来提高流体速度的设备　　　　　D.泵是用来提高液体机械能的设备

9._____会产生困油现象。

①正齿轮泵;②斜盘式轴向柱塞泵;③单作用叶片泵;④内曲线式液压马达;⑤斜齿轮泵;⑥人字齿轮泵

A.①②⑤⑥　　　　　　　　　　　　　B.①③④⑤⑥

C.①②③④　　　　　　　　　　　　　D.①②④⑤⑥

10.泵按轴的方向可分为_____。

①立式泵;②卧式泵;③倾斜泵;④弯曲泵

A.①④　　　　　　　　　　　　　　　B.②③

C.①②　　　　　　　　　　　　　　　D.③④

11.以下泵中适合用来输水的是_____。

A.叶片泵　　　　　　　　　　　　　　B.齿轮泵

C.三螺杆泵　　　　　　　　　　　　　D.单螺杆泵

12.下列有关泵的功能的描述,错误的是_____。

A.输送液体　　　　　　　　　　　　　B.提升液体的位能

C.向液体传送动能　　　　　　　　　　D.主要向液体传送内能

13._____适合用作液压泵。

A.容积式泵　　　　　　　　　　　　　B.叶轮式泵

C.喷射式泵　　　　　　　　　　　　　D.叶轮式、容积式、喷射式泵都可

14.泵铭牌上标注的参数是_____下的数值。

A.额定工况　　　　　　　　　　　　　B.常用工况

C.最小工况　　　　　　　　　　　　　D.最大工况

15.在船上,泵用来输送_____等各种液体。

①蒸汽;②淡水;③燃油;④滑油

A.①②④　　　　　　　　　　　　　　B.①③④

C.①②③　　　　　　　　　　　　　　D.②③④

16.船用泵按工作原理可分为_____。

①容积式泵;②叶轮式泵;③开放式泵;④喷射式泵

A.①③④　　　　　　　　　　　　　　B.①②④

C.②③④　　　　　　　　　　　　　　D.①②③

17.立式泵占地面积_____,维修难度_____。

A.大;大　　　　　　　　　　　　　　B.大;小

C.小;小　　　　　　　　　　　　　　D.小;大

18.泵的扬程是指泵使液体增加的_____。

A.压力能　　　　　　　　　　　　　　B.位能

C.动能　　　　　　　　　　　　　　　D.总能头

19.泵的吸排管径相同、吸排压力表垂直距离很近,则泵的扬程是由泵进出口_____来决定。

A.高度　　　　　　　　　　　　　　　B.压差

C.流速　　　　　　　　　　　　　D.阻力

20._____和_____之和称为管路静压头。

    A.吸排液面之间的位置头;管路阻力损失

    B.吸排液面之间的位置头;压力头

    C.吸排液面之间的压力头;管路阻力损失

    D.泵的吸排口压力差;高度差

21._____会引起管路静压头增大。

    A.将吸入液面提高　　　　　　　　B.将吸入液面降低

    C.将排出液面降低　　　　　　　　D.将排出液面压力减小

22.泵由输水改为输送低黏度(运动黏度不大于 20 mm^2/s)的液体时,说法正确的是_____。

    A.泵的性能曲线变化很大

    B.泵的性能曲线变化很小,可忽略不计

    C.扬程曲线与输水时很近,但功率曲线明显升高

    D.扬程、功率和效率曲线都发生了较大的变化

23.泵由输水改为输送高黏度(运动黏度大于 50 mm^2/s)的液体时,说法正确的是_____。

    A.泵的性能曲线变化很大

    B.泵的性能曲线变化很小,可忽略不计

    C.扬程曲线与输水时很近,但功率曲线明显升高

    D.扬程、功率和效率曲线都发生了较大的变化

24.液体黏度变化时,说法正确的是_____。

    A.液体黏度增加,管路特性曲线变陡峭

    B.液体黏度增加,泵的扬程曲线上移

    C.液体黏度减小,泵的功率曲线上移

    D.液体黏度减小,必需气蚀余量曲线下移

25.液体黏度增加时,说法错误的是_____。

    A.泵的扬程增加　　　　　　　　　B.泵的流量减小

    C.泵的效率减小　　　　　　　　　D.泵的功率减小

26.备用泵与运行泵之间的连接为_____。

    A.串联　　　　　　　　　　　　　B.并联

    C.备用泵在前的串联　　　　　　　D.备用泵在后的串联

27.下列各种类型的泵中,_____不容易发生气蚀。

    A.热水循环泵　　　　　　　　　　B.凝水泵

    C.货油泵　　　　　　　　　　　　D.消防泵

28.下列各种类型的泵中,_____的自吸能力最强。

    A.往复泵　　　　　　　　　　　　B.齿轮泵

    C.离心泵　　　　　　　　　　　　D.旋涡泵

29.以下泵中不属于叶轮式泵的是_____。

    A.离心泵　　　　　　　　　　　　B.叶片泵

C.旋涡泵   D.轴流泵

30.以下泵中属于叶轮式泵的是_____。
    A.齿轮泵   B.叶片泵
    C.水环泵   D.旋涡泵

31.以下泵中属于回转式容积泵的是_____。
    A.离心泵   B.水环泵
    C.旋涡泵   D.轴流泵

32.以下泵中不适合用作液压泵的是_____。
    A.柱塞泵   B.齿轮泵
    C.螺杆泵   D.离心泵

33.下列泵中属于船舶动力装置用泵的有_____。
    ①压载泵;②舱底水泵;③燃油驳运泵;④高温淡水泵;⑤主滑油泵;⑥柴油发电机原动机冷却
    水泵;⑦锅炉给水泵
    A.③④⑤   B.③④⑤⑥⑦
    C.①②③④⑤⑥⑦   D.③④⑤⑥

34.动力式泵是指靠增加_____而使流体能量增加的泵。
    A.位能   B.动能
    C.压力能   D.内能

35.下列泵中_____是靠工作部件挤压而使能量增加的。
    A.水喷射泵   B.离心泵
    C.混流泵   D.水环泵

36._____需要工作部件高速回转来传递能量。
    A.水喷射泵   B.活塞泵
    C.混流泵   D.水环泵

37.泵的自吸能力实际上是反映了泵_____的能力。
    A.抗气蚀   B.排气时在吸口形成真空度
    C.排送液体到多大高度   D.排送液体有多大流量

38.所谓的单吸泵和双吸泵是按泵的_____来分类的。
    A.吸口的数目   B.排出口的数目
    C.吸、排口的数目   D.作用数目

39.作为自吸装置的水环泵的工作过程不包括_____。
    A.吸入过程   B.压缩过程
    C.减压过程   D.排出过程

40.在一定范围内,泵输送油液的黏度越低,泵的_____越大。
    A.漏泄量   B.容积效率
    C.机械损失   D.流量脉动

41.在正常温度范围内,泵输送油液的黏度越低,泵的容积效率_____。
    A.越大   B.越小

C.不确定   D.无影响

42.在正常温度范围内,泵输送油液的温度越低,泵的_____越大。

①容积效率;②漏泄量;③机械损失

A.①③   B.①②

C.②③   D.①②③

43.船用柴油机备车时,预润滑滑油泵刚起动时噪声很大的原因一般是_____。

A.停用时间太长,滑油中杂质太多

B.滑油油温太低或进入空气而发生气蚀现象

C.泵轴弯曲

D.泵轴承间隙过大

44.下列对于水环泵的说法中,错误的是_____。

A.水环泵工作前泵内必须充以一定数量的工作水

B.水环泵的理论流量一般取决于叶轮的尺寸和转速

C.所能达到的压力比(排出与吸入绝对压力之比)取决于叶轮的结构尺寸与转速

D.水环泵的水力效率较高

45.水环泵排送气体的工作过程不包括_____。

A.吸入过程   B.压缩过程

C.排出过程   D.余隙容积气体膨胀过程

46.水环泵的_____效率很低。

A.容积   B.水力

C.机械   D.容积和机械

47.水环泵的漏泄主要发生在_____。

A.叶轮径向间隙   B.轴封处

C.叶轮与侧盖间轴向间隙   D.吸排气口之间

48.水环泵工作中_____。

A.应该定期补水   B.应该连续补水

C.无须补水   D.应该一次性补水

49.水环泵中工作水的作用一般不包括_____。

A.分隔各叶间腔室   B.吸收气体压缩热

C.润滑泵的轴承   D.向所排送气体传递能量

50.水环真空泵工作水温越高,可达到的真空度_____。

A.越高   B.越低

C.不受影响   D.因场合而异

51.水环泵从某封闭容器抽气,该容器中真空度越大,抽气量_____。

A.越大   B.越小

C.不受影响   D.因不同情况而异

52.水环泵反转使用将_____。

A.过载   B.排气量显著降低

C.不能压送气体　　　　　　　　　D.工件性能不变

53.水环泵排送气体时如排气压力过高会_____。

A.过载　　　　　　　　　　　　　B.安全阀开启

C.流量略微减少　　　　　　　　　D.流量为零

54.水环泵关闭排出阀运转会_____。

A.过载　　　　　　　　　　　　　B.安全阀开启

C.发热　　　　　　　　　　　　　D.立刻停止

55.容积式泵起动前,需要做的检查工作有_____。

①确定泵各部件的技术状态;②盘车1~2圈;③盘根压盖的压紧力要很大,防止松动;④确保电机的转向正确;⑤润滑油一定要加满

A.③④⑤　　　　　　　　　　　　B.②③④⑤

C.①②④⑤　　　　　　　　　　　D.①②④

56.容积式泵起动过程中,需要做的检查工作有_____。

①泵的吸、排压力的变化;②泵的运转声音;③泵体的振动情况;④泵的起动电流

A.①②③④　　　　　　　　　　　B.②③④

C.①②④　　　　　　　　　　　　D.①②③

57.使用容积式泵作主柴油机的滑油泵,为了减少滑油泵的起动负荷,采取的措施是_____。

A.全关进口阀、全开出口阀、全关旁通阀

B.全开进口阀、全关出口阀、全关旁通阀

C.全开进口阀、全开出口阀、全开旁通阀

D.起动前,放空泵体内的滑油

58.泵吸水温度过高时致使工作失常主要是因为_____。

A.漏泄严重　　　　　　　　　　　B.滑油性能变差

C.产生"气穴"现象　　　　　　　　D.密封填料变质

59.下述情况中会使泵的吸入压力升高的是_____。

A.吸入滤网堵塞　　　　　　　　　B.吸入阀关小

C.吸高增大　　　　　　　　　　　D.流柱高度增大

60.泵吸入压力过低时导致工作失常的根本原因是_____。

A.工作效率太低　　　　　　　　　B.工作电流过大

C.运动件承受压差太大　　　　　　D.产生"气穴"现象

61._____、油温过低或吸入空气将大大降低螺杆泵的排量,并往往是产生噪声和振动的原因。

A.安全阀设定压力过低　　　　　　B.安全阀设定压力过高

C.排出管路脏堵　　　　　　　　　D.吸入滤器堵塞

62.可以用作消防的泵有_____。

①应急消防泵;②燃油驳运泵;③消防泵;④通用泵;⑤污水泵

A.①③④　　　　　　　　　　　　B.①③④⑤

C.①④⑤　　　　　　　　　　　　D.①②③④⑤

63.应急舱底泵具有单独的_____。

A.消火栓   B.国际通岸接头

C.海底门   D.消防水管系

64.关于部件间隙,说法错误的是_____。

  A.运动的准确性要求高或回转精度要求高,间隙应小

  B.高速回转运动要比低速回转运动的间隙大

  C.润滑油的黏度大时,间隙应稍大

  D.轴向移动件间的间隙要比旋转运动件的间隙小

65.如图为泵装置简图,其中 H 代表_____。

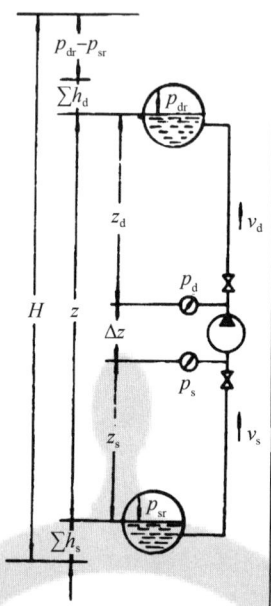

A.额定扬程   B.泵的扬程

C.流注高度   D.吸入高度

66.从工作原理上说,泵工作部件运动使液体的压力能增加的是_____。

  A.容积式泵   B.离心泵

  C.叶轮式泵   D.喷射式泵

67.泵铭牌上标注的流量是指_____流量。

  A.额定工况的   B.实际排送的

  C.最低能达到的   D.可能达到的最大

68.船用泵中比较容易产生气蚀的是_____。

  A.卫生水泵   B.循环水泵

  C.凝水泵   D.舱底水泵

69.允许吸上真空度的大小反映泵_____。

  A.所能排送液体的高度   B.抗气蚀能力

  C.在吸口所能形成的真空度的大小   D.内部密封的完善程度

70.不能使泵实际工作中许用吸高增加的是_____。

A.降低液温   B.提高转速

C.降低转速   D.减小吸入管路阻力

71.当水泵站其他吸水条件不变时,随输送水温的增高,水泵的允许安装高度将_____。

A.增大   B.减小

C.都有可能   D.保持不变

72.下图是一个泵系统动画演示,从图中可知,该泵系的管路阻力约为_____ m 水柱。

（0.1 MPa≈10 m）

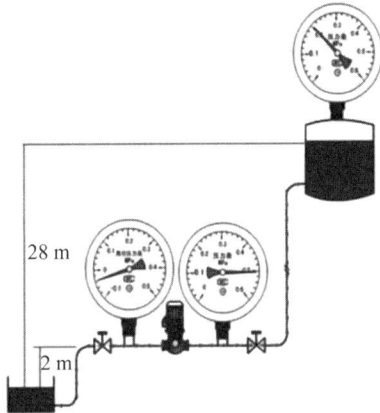

A.28   B.26

C.8   D.6

73.下图是一个泵系统动画演示,从图中可知,该泵的扬程约为_____ m 水柱,阻力约为_____ m 水柱。（0.1 MPa≈10 m）

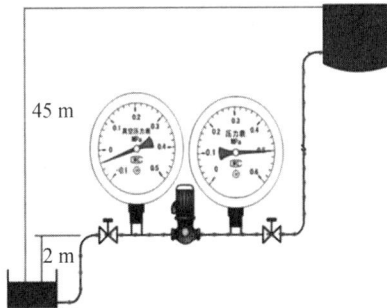

A.45;9   B.45;7

C.52;7   D.54;9

74.如图所示,关于泵 1 和泵 2 的说法,正确的是_____。

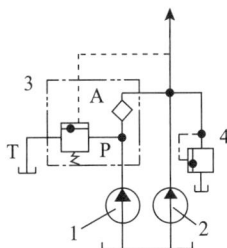

A.泵 1 是高压大流量泵 　　　　　　　B.泵 1 是低压大流量泵
C.泵 2 是低压大流量泵 　　　　　　　D.泵 2 是高压大流量泵

第二节　往复泵

1.起动往复泵后,不能产生吸排,且吸入真空度很小,可能原因是_____。

  A.活塞环密封性能变差 　　　　　　B.吸入滤器脏堵

  C.吸入油液温度过低 　　　　　　　D.吸入阀未打开

2.下列_____不会导致往复泵的阀箱有异响。

  A.泵阀阀盘压盖螺帽松动 　　　　　　B.传动部件摩擦间隙过大

  C.泵阀升程过大 　　　　　　　　　　D.泵阀弹簧断裂或弹性不足

3.往复泵的额定排出压力不受_____影响。

  A.密封性能 　　　　　　　　　　B.原动机功率

  C.结构强度 　　　　　　　　　　D.泵缸工作空间大小

4.以下选项中,_____不是往复泵的特点。

  A.理论流量和工作压力无关

  B.自吸能力弱

  C.流量不均匀

  D.额定排出压力与泵的尺寸和转速无关

5.船上往复泵较多用作_____。

  A.主海水泵 　　　　　　　　　　B.舱底水泵

  C.冷却水泵 　　　　　　　　　　D.润滑油泵

6.舱底水泵通常选用往复泵是因其_____。

  A.小流量、高扬程 　　　　　　　B.可靠性好

  C.自吸能力强 　　　　　　　　　D.价格相对低

7.往复泵的转速不能太高,主要是由于_____的限制。

  A.泵的结构强度 　　　　　　　　B.泵阀的工作性能

  C.泵的输出功率 　　　　　　　　D.允许吸入真空度

8.断电且吸排截止阀开着时,高压液体倒灌不会反转的泵是_____。

  A.齿轮泵 　　　　　　　　　　　B.螺杆泵

  C.离心泵 　　　　　　　　　　　D.往复泵

9.以下泵反转时吸排方向不变的是_____。

  A.旋涡泵 　　　　　　　　　　　B.齿轮泵

  C.螺杆泵 　　　　　　　　　　　D.往复泵

10.下列对于往复泵的说法,错误的是_____。

  A.往复泵的自吸能力与功率有关,提高转速可以提高其自吸能力

  B.理论流量与工作压力无关

  C.额定排出压力与泵的几何尺寸、转速和作用次数无关

D.不易输送含有固体杂质的液体

11.关于往复泵从左向右的过程,说法错误的是_____。

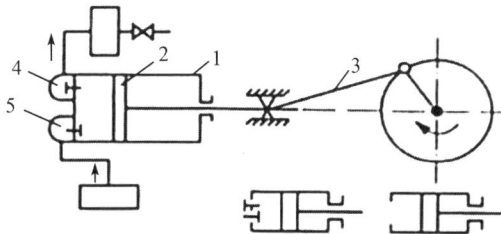

A.为排出液体的过程　　　　　　　　B.工作腔容积增大、压力降低

C.吸入阀打开,排出阀关闭　　　　　D.往复泵属于容积式泵

12.如下图所示为往复泵的基本工作原理图,活塞在驱动轮的带动下向右运动,泵的工作腔容积变大,_____,_____,液体被吸入泵腔。

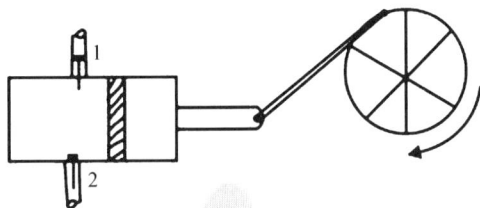

A.吸入阀1打开;排出阀2关闭　　　　B.吸入阀2打开;排出阀1关闭

C.吸入阀1关闭;排出阀2打开　　　　D.吸入阀2关闭;排出阀1打开

13.如下图所示为往复泵的基本工作原理图,活塞在驱动轮的带动下向左运动,_____,_____,液体被_____泵腔。

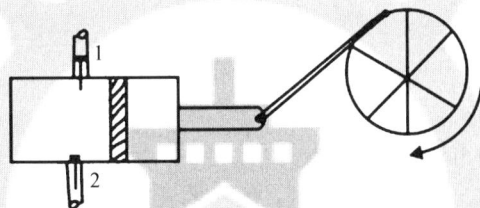

A.吸入阀1打开;排出阀2关闭;吸入

B.吸入阀2打开;排出阀1关闭;吸入

C.吸入阀1关闭;排出阀2打开;排出

D.吸入阀2关闭;排出阀1打开;排出

14.电动往复泵流量不能太大的原因在于_____。

A.流量不均匀　　　　　　　　　　　B.电动机功率不够

C.可能产生"气穴"现象　　　　　　　D.转速不能太高

15.往复泵自吸能力主要与泵的_____有关。

A.工作扬程　　　　　　　　　　　　B.功率

C.密封性能　　　　　　　　　　　　D.几何尺寸

16._____不是限制往复泵额定排压的原因。

    A.轴承承载能力　　　　　　　　　B.原动机功率

    C.密封性能　　　　　　　　　　　D.转速不宜太高

17.往复泵的自吸能力与_____无关。

    A.缸内余隙容积　　　　　　　　　B.泵的容积效率

    C.吸入管的密封性能　　　　　　　D.泵的作用次数

18.决定往复泵实际排出压力的因素是_____。

    A.泵缸的尺寸

    B.原动机的功率

    C.泵结构的强度

    D.排出管路的阻力及排出液面的高度和压力

19.往复泵吸入真空度降低,不可能是由于_____。

    A.吸入滤器堵塞　　　　　　　　　B.往复泵内部漏泄

    C.吸入管漏气　　　　　　　　　　D.吸入管口漏出液面

20.往复泵吸入真空度增大,不可能是由于_____。

    A.吸入滤器堵塞　　　　　　　　　B.往复泵内部漏泄

    C.吸入阀未开足　　　　　　　　　D.输送油液温度降低

21.往复泵吸入液体汽化,不可能是由于_____。

    A.吸入液面压力太低　　　　　　　B.吸高太大

    C.吸入管太粗　　　　　　　　　　D.液体温度过高

22.电动往复泵靠设_____防止排出压力过高。

    A.高压继电器　　　　　　　　　　B.排出空气室

    C.安全阀　　　　　　　　　　　　D.声光警报

23.往复泵泵阀升程过高不会导致_____。

    A.容积效率下降　　　　　　　　　B.敲击可能增加

    C.轴功率增加　　　　　　　　　　D.关闭滞后加重

24.会使往复泵泵阀敲击加重的是_____。

    A.阀弹簧张力减弱　　　　　　　　B.降低转速

    C.限制泵阀升程　　　　　　　　　D.采用群阀或锥阀

25.会使往复泵泵阀升程增大的是_____。

    A.转速降低　　　　　　　　　　　B.用环阀、群阀代替盘阀

    C.用锥阀代替盘阀　　　　　　　　D.阀弹簧张力减弱

26.往复泵设排出空气室的作用是_____。

    A.降低泵起动功率

    B.储存液体帮助自吸

    C.降低排出管的流量和排出压力脉动率

    D.减小吸压脉动,防止"气穴"现象

27.往复泵设吸入空气室的作用是_____。

    A.降低泵的起动功率

B.储存液体帮助自吸

C.降低流量和排出压力脉动率

D.减小吸压脉动,防止"气穴"现象

28.往复泵安装排出空气室后变得均匀的是_____的流量。

A.吸、排管路中　　　　　　　　　B.泵与空气室之间

C.吸入管路中　　　　　　　　　　D.排出管路中

29.往复泵安装吸入空气室后变得均匀的是_____的流量。

A.吸、排管路中　　　　　　　　　B.泵与空气室之间

C.吸入管路中　　　　　　　　　　D.排出管路中

30.降低往复泵的流量和脉动率的常用方法是_____。

A.设置吸入空气室　　　　　　　　B.设置排出空气室

C.降低转速　　　　　　　　　　　D.设置飞轮使转速更均匀

31.往复泵的活塞杆密封一般选用_____。

A.唇形密封圈　　　　　　　　　　B.O形密封圈

C.软填料轴封　　　　　　　　　　D.机械轴封

32.活塞式舱底水泵活塞杆的填料一般选用_____。

A.石棉　　　　　　　　　　　　　B.浸油棉麻纤维

C.软金属　　　　　　　　　　　　D.橡胶

33.往复泵阀箱被吸入阀和排出阀分隔为三层,中层通_____。

A.吸入管　　　　　　　　　　　　B.排出管

C.泵缸　　　　　　　　　　　　　D.吸入空气室

34.往复泵阀箱被吸入阀和排出阀分隔为三层,排出管通_____。

A.上层　　　　　　　　　　　　　B.中层

C.下层　　　　　　　　　　　　　D.不同的往复泵连接不同

35.电动往复泵一般没有_____机构。

A.减速　　　　　　　　　　　　　B.曲柄连杆

C.压力润滑　　　　　　　　　　　D.轴向推力平衡

36.往复泵是容积式泵,可以产生很高的排出压力,为确保泵的安全工作,在泵的_____端安装_____。

A.吸入;安全阀　　　　　　　　　B.排出;安全阀

C.吸入;单向阀　　　　　　　　　D.排出;单向阀

37.往复泵由于活塞变速运动,会造成流量和压力脉动。因此可在泵的吸、排口附近安装空气室,排出空气室_____,吸入空气室_____。

A.适时补气;不需放气　　　　　　B.不需放气;适时补气

C.适时放气;适时放气　　　　　　D.适时补气;适时补气

38.往复泵吸入阀弹簧张力减弱会导致_____。

A.允许吸上真空高度降低　　　　　B.泵的水力效率降低

C.阀敲击可能性减小　　　　　　　D.泵的容积效率降低

39.电动往复泵的_____不靠滑油润滑。

　　A.泵轴主轴承　　　　　　　　　　B.连杆大、小端轴承

　　C.活塞与缸套　　　　　　　　　　D.十字头

40.关于往复泵的泵阀,以下说法中对的是_____。

　　A.阀的比载荷越小,最大升程越大　　B.阀的弹簧张力越大,比载荷越小

　　C.阀的比载荷越小,惯性载荷越大　　D.阀的能头损失等于阀的比载荷

41.电动往复泵流量不均匀的原因是_____。

　　A.活塞运动速度不均匀　　　　　　B.转速太慢

　　C.液体的惯性力大　　　　　　　　D.曲柄角速度不均匀

42.往复泵的理论流量与泵的_____无关。

　　A.工作压力　　　　　　　　　　　B.转速

　　C.泵缸结构尺寸　　　　　　　　　D.作用数

43._____不是使往复泵实际流量小于理论流量的原因。

　　A.泵阀关闭不严　　　　　　　　　B.泵阀关闭滞后

　　C.液体中气体逸出　　　　　　　　D.部分液体排入排出空气室

44.以下泵中流量均匀性最差的是_____。

　　A.离心泵　　　　　　　　　　　　B.螺杆泵

　　C.叶片泵　　　　　　　　　　　　D.往复泵

45.往复泵转速过高时容积效率会_____。

　　A.增大　　　　　　　　　　　　　B.减小

　　C.不变　　　　　　　　　　　　　D.不稳

46.往复泵的理论排量与泵的_____有关。

　　A.工作压力　　　　　　　　　　　B.容积效率

　　C.泵缸结构尺寸　　　　　　　　　D.转速

47.以下泵中电动机要通过减速机构带动泵工作的是_____。

　　A.齿轮泵　　　　　　　　　　　　B.水环泵

　　C.旋涡泵　　　　　　　　　　　　D.往复泵

48.关于往复泵的自吸能力,说法错误的是_____。

　　A.往复泵的自吸高度越大,自吸能力越强

　　B.往复泵的吸上时间越短,自吸能力越强

　　C.往复泵的自吸能力与泵的结构形式和密封性能有关

　　D.往复泵的自吸能力很强,起动前一般不用灌液体

49.往复泵的理论流量与_____无关。

　　A.转速　　　　　　　　　　　　　B.密封性能

　　C.泵缸尺寸　　　　　　　　　　　D.作用数

50.以下往复泵中流量最均匀的是_____泵。

　　A.单作用　　　　　　　　　　　　B.双作用

　　C.三作用　　　　　　　　　　　　D.双缸四作用

51._____的泵轴每回转一次或每往复一次时只有一个吸入行程和一个排出行程。

　　A.单作用泵　　　　　　　　　　　　B.双作用泵

　　C.三作用泵　　　　　　　　　　　　D.四作用泵

52._____的泵缸具有两个工作空间,每往复一次有两个吸入行程和两个排出行程。

　　A.单作用泵　　　　　　　　　　　　B.双作用泵

　　C.三作用泵　　　　　　　　　　　　D.四作用泵

53.单作用泵的泵轴每回转一次或每往复一次时有_____个吸入行程和_____个排出行程。

　　A.一;一　　　　　　　　　　　　　B.两;两

　　C.一;两　　　　　　　　　　　　　D.两;一

54.如图所示,下列说法错误的是_____。

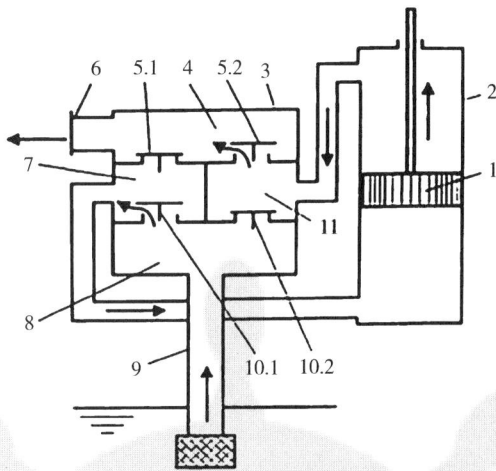

往复泵的工作原理

1—活塞;2—泵缸;3—阀箱;4—排出室;5—排出阀;6—排出管;

7—左室;8—吸入室;9—吸入管;10—吸入阀;11—右室

　　A.当活塞上行时,下工作腔容积增大,与之相通的左室 7 内的压力也随之降低,吸入阀 10.1
　　　开启

　　B.当活塞下行时,吸入阀 10.2 和排出阀 5.1 开启

　　C.该泵在曲轴每转中有两次吸排过程,为双作用往复泵

　　D.该泵能获得比三作用泵更为均匀的液流供应

55.单作用往复泵每转工作中有_____行程排出液体。

　　A.四分之一　　　　　　　　　　　　B.二分之一

　　C.四分之三　　　　　　　　　　　　D.全部

56.双作用往复泵每转工作中有_____行程排出液体。

　　A.四分之一　　　　　　　　　　　　B.二分之一

　　C.四分之三　　　　　　　　　　　　D.全部

57.关于双作用往复泵,说法错误的是_____。

　　A.工作时活塞由上往下运行,上面泵缸吸入液体,下面泵缸排出液体

B.工作时活塞由上往下运行,上面泵缸排出液体,下面泵缸吸入液体

C.流量均匀性不如单作用往复泵

D.曲轴每转一圈,排出两个泵缸体积的液体

58.往复泵起动前加引水的主要目的是_____。

A.润滑泵壳与运动件　　　　　　　　B.密封

C.排空气　　　　　　　　　　　　　D.便于观察液位

59.往复泵的正确起动程序是_____。

A.先将出、入口阀打开,再接通往复泵电源

B.先将出、入口阀关闭,再接通往复泵电源

C.先将入口阀关闭,再接通往复泵电源

D.先将出口阀关闭,再接通往复泵电源

60.下列有关电动往复泵起动和停止程序的描述,不正确的是_____。

A.起动时先接通电源使泵起动,然后再依次开启排出阀和吸入阀

B.若泵运转正常,吸、排压力及滑油压力和油温等参数合乎要求,就说明已完成起动

C.停止时,切断电源,使泵停转,然后依次关闭吸入截止阀和排出截止阀

D.当泵长期停用时,要通过各泄放螺塞,放尽泵内残水,并对各运动件涂敷油脂

61.关于往复泵起动前的检查工作,说法错误的是_____。

A.起动前要确定泵技术状态良好

B.对刚检修过的泵,要盘车 1~2 圈,检查是否卡阻

C.检查填料情况,压紧力越大越好

D.检查滑油量,使滑油保持在规定的油位

62.关于往复泵的停车,说法错误的是_____。

A.切断电源后,依次关闭排出截止阀和吸入截止阀

B.长期停用,要放尽泵内残水

C.长期停用,要对各运动部件涂敷油脂

D.外界温度低于 0 ℃时,要将泵内水放空

63.电动往复泵吸入真空度很小,吸不上水,不可能是因为_____。

A.泵阀漏泄严重　　　　　　　　　　B.吸入管漏气

C.活塞环失去弹性　　　　　　　　　D.吸入滤器堵塞

64.往复泵的泵阀敲击声大的原因可能是_____。

A.阀太重　　　　　　　　　　　　　B.阀弹簧太硬

C.泵阀升程太大　　　　　　　　　　D.阀严重漏泄

65.往复式舱底水泵阀漏泄,最有害的影响是_____。

A.容积效率降低　　　　　　　　　　B.水力效率降低

C.自吸能力降低　　　　　　　　　　D.轴功率增加

66.往复泵排压、流量正常,但电机过载,可能是_____。

A.转速过高　　　　　　　　　　　　B.排出滤器堵塞

C.安全阀不能开启　　　　　　　　　D.活塞环或填料过紧

67.电动往复泵排出压力过高不会导致_____。

　　A.轴承负荷加大　　　　　　　　　B.泵阀敲击严重

　　C.容积效率降低　　　　　　　　　D.电机过载

68.电动往复泵未开排出阀起动,安全阀因故未开,不会导致_____。

　　A.轴承负荷加重　　　　　　　　　B.电机过载

　　C.排出压力表指针顶弯　　　　　　D.泵阀升程过大

69.电动往复泵吸入压力过低不会导致_____。

　　A.缸内液击　　　　　　　　　　　B.流量显著降低

　　C.排出压力波动　　　　　　　　　D.电流过大而停车

70.往复泵自吸能力降低时,常用的补救办法是_____。

　　A.关小排出阀　　　　　　　　　　B.加大转速

　　C.起动前向泵缸内灌注液体　　　　D.调松安全阀

71.往复泵自吸能力降低时,修理方法不包括_____。

　　A.研磨泵阀　　　　　　　　　　　B.更换弹性差的活塞环

　　C.更换失效的活塞杆填料　　　　　D.调整安全阀

72.往复式舱底水泵吸入滤器堵塞不会发生_____。

　　A.过载　　　　　　　　　　　　　B.缸内液击

　　C.流量明显减少　　　　　　　　　D.吸入真空度过大

73.往复泵发生"气穴"现象的原因不包括_____。

　　A.液温过高　　　　　　　　　　　B.吸高过大

　　C.吸入滤器脏堵　　　　　　　　　D.排出阀未开足

74.往复泵过载的原因不包括_____。

　　A.排出阀未开足　　　　　　　　　B.转速过高

　　C.排出容器中气压过高　　　　　　D.吸入阀未开足

75.下列关于往复泵流量不足的原因,正确的是哪一项?

　　A.液位过高　　　　　　　　　　　B.电压过高

　　C.安全阀设定压力过高　　　　　　D.吸入液体温度过高

76.往复泵起动后不供液或流量不足,可能的原因是_____。

　　①吸入阀开度不足;②排出阀开度不足;③吸入滤器堵塞;④安全阀漏泄;⑤吸入管漏气

　　A.①③⑤　　　　　　　　　　　　B.②③④⑤

　　C.①②③④　　　　　　　　　　　D.①③④⑤

77.往复泵安全阀顶开或电动机过载的可能原因有_____。

　　①排出阀未开或排出管路堵塞;②吸入滤器堵塞;③泵缸中有异物卡住;④轴承、填料太紧或活塞咬死

　　A.②③④　　　　　　　　　　　　B.①③④

　　C.①④　　　　　　　　　　　　　D.①②③

78.关小电动往复泵排出阀可能导致_____。

　　A.发生"气穴"现象　　　　　　　　B.电机过载

C.泵内发生液击　　　　　　　　　　　D.泵排量明显增大

79.为防止活塞泵发生"液击"现象,可以采取_____的措施。

A.加设滤器,防止杂质吸入　　　　　　B.降低转速,降低吸水温度

C.设排出空气室　　　　　　　　　　　D.加厚泵壳与管壁厚度

80.往复泵吸入滤器清洗后(洗前尚未发生"气穴"现象)_____。

A.流量减小　　　　　　　　　　　　　B.排出压力减小

C.吸入真空度增加　　　　　　　　　　D.吸入真空度减小

81.提高往复泵的_____可避免产生"气穴"现象。

A.转速　　　　　　　　　　　　　　　B.功率

C.吸入压力　　　　　　　　　　　　　D.排出压力

82.带空气室的往复泵若排出压力波动幅度大,应该_____。

A.向吸入空气室补气　　　　　　　　　B.关小排出阀

C.向排出空气室补气　　　　　　　　　D.关小吸入阀

83.下列关于往复泵的说法中,正确的是_____。

①吸入空气室中的空气会逐渐增加;②排出空气室中的空气会逐渐增加

A.只有①正确　　　　　　　　　　　　B.只有②正确

C.①和②都正确　　　　　　　　　　　D.①和②都不正确

84.往复泵排出空气室必要时应_____。

A.补气　　　　　　　　　　　　　　　B.放气

C.补水　　　　　　　　　　　　　　　D.补油

85.随着往复泵工作时间的增加,排出空气室的空气量会_____。

A.增加　　　　　　　　　　　　　　　B.减小

C.不变　　　　　　　　　　　　　　　D.随液体性质而变

86.随着往复泵工作时间的增加,吸入空气室的空气量会_____。

A.增加　　　　　　　　　　　　　　　B.减小

C.随液体性质而变　　　　　　　　　　D.不变

87.往复泵水压试验压力应为泵排出阀关闭时安全阀开启压力的_____倍,且_____min不漏。

A.1.0;10　　　　　　　　　　　　　　B.1.1~1.15;5

C.1.1~1.15;10　　　　　　　　　　　 D.1.5;5

88.小型往复水泵常用夹布胶木作活塞环,它在安装前必须用_____。

A.冷水浸泡　　　　　　　　　　　　　B.热水浸泡

C.滑油浸泡　　　　　　　　　　　　　D.砂纸打磨

89.关于往复泵的以下说法中,正确的是_____。

A.作用次数越多,流量越均匀　　　　　B.反转后吸、排方向不变

C.泵阀弹簧越硬,敲击越严重　　　　　D.吸、排空气室都要定期补气

90.关小电动往复泵排出阀不会导致_____。

A.排出压力升高　　　　　　　　　　　B.电机过载

C.流量明显减少　　　　　　　　　　　D.安全阀开启

91.往复泵转速不宜过高的原因不包括_____。
　　A.容积效率会降低　　　　　　　　　B.泵阀敲击加重、磨损严重、噪声增大
　　C.会造成安全阀开启　　　　　　　　D.液流和运动部件的惯性力增大

92.三作用电动往复泵曲柄互成_____。
　　A.90°　　　　　　　　　　　　　　　B.120°
　　C.180°　　　　　　　　　　　　　　D.0°

93.某往复泵平均工作容积为 0.5 L,该泵转速为 100 r/min,1 小时内排出液体 9 m³,则可以推断它为_____。
　　A.三作用泵　　　　　　　　　　　　B.单作用泵
　　C.双作用泵　　　　　　　　　　　　D.四作用泵

94.改变往复泵的流量可以通过改变_____的开度来实现。
　　A.吸入阀　　　　　　　　　　　　　B.回流阀
　　C.排出阀　　　　　　　　　　　　　D.吸入阀和排出阀

95.关于往复泵转速增加,说法错误的是_____。
　　A.泵阀开启阻力增大　　　　　　　　B.泵阀升程降低
　　C.泵阀敲击可能性增加　　　　　　　D.容积效率降低

96.关于往复泵的起动顺序,表述正确的是_____。
　　A.检查→开排出阀→开吸入阀→接通电源→起动泵
　　B.检查→开吸入阀→接通电源→起动泵→开排出阀
　　C.接通电源→起动泵→开吸入阀→检查→开排出阀
　　D.接通电源→起动泵→开排出阀→检查→开吸入阀

第三节　齿轮泵

1.关于齿轮泵的使用管理,说法错误的是_____。
　　A.刚刚拆检的齿轮泵起动前不需要灌油
　　B.齿轮泵超出额定排出压力,会使电机过载
　　C.泵和电机要保持良好对中
　　D.泵轴工作时有弯曲变形,最好采用挠性连接

2.关于开一个卸荷槽的齿轮泵,说法错误的是_____。
　　A.卸荷槽开在偏吸入口的一侧　　　　B.不允许反转使用
　　C.可降低液压冲击和噪声　　　　　　D.不会使容积效率降低

3.齿轮泵工作中噪声过大,常可在_____处进行密封检查。
　　A.泵本体　　　　　　　　　　　　　B.吸入管各接口
　　C.排出管各接口　　　　　　　　　　D.排出口

4.齿轮泵工作中噪声过大,常可在_____处进行浇油检查。
　　A.吸入管各接口　　　　　　　　　　B.吸入口

C.泵本体   D.排出管各接口

5.齿轮泵工作中噪声过大,一般是由_____引起的。

    A.排出压力过高   B.啮合间隙过大

    C.油液中混入水分   D.吸入管中漏入空气

6.齿轮泵工作中噪声过大的常见原因可能是_____。

    A.工作压力高   B.齿轮端面间隙过大

    C.吸入管中漏入空气   D.油的清洁度差

7.下列_____不会导致齿轮泵磨损太快。

    A.油液含磨料性杂质   B.泵装配失误,中心线不正

    C.吸入压力过高   D.长期空转

8.关于齿轮泵的以下说法中_____。

    ①吸排方向取决于齿轮的转向;②齿轮退出啮合的一侧与排出管连通

    A.①正确   B.②正确

    C.①和②都正确   D.①和②都不正确

9.齿轮泵最主要的内漏泄发生在_____。

    A.齿轮端面间隙   B.齿顶间隙

    C.啮合齿之间   D.轴封

10.润滑齿轮泵轴承的油液_____。

    A.来自齿顶间隙的漏油,通至吸入口

    B.来自齿轮端面间隙的漏油,通至吸入口

    C.来自齿顶间隙的漏油,通至排出口

    D.来自齿轮端面间隙的漏油,通至排出口

11.齿轮泵的轴承一般靠_____润滑。

    A.飞溅   B.油池

    C.润滑脂   D.端面漏泄油液

12.以下关于齿轮泵轴承的说法中,不正确的是_____。

    A.靠端面间隙的漏油润滑   B.使用止推轴承承受径向力和轴向力

    C.润滑油可被引回吸入端   D.不允许使用滑动轴承

13.唇形密封圈的内径与轴径相比应_____。

    A.略大   B.略小

    C.相等   D.相等或略小

14.带月牙形隔板的可逆转内啮合齿轮泵反转时靠_____使隔板转过180°,从而吸、排方向不变。

    A.摩擦力   B.液压力

    C.啮合齿作用力   D.手动调节

15.内啮合齿轮泵主、从动元件转向_____。

    A.相同   B.相反

    C.因齿轮泵不同而不同   D.顺时针转相同,逆时针转相反

16.内啮合齿轮泵中齿轮与齿环的转速_____。

　　A.齿轮转速大　　　　　　　　　　B.齿环转速大

　　C.相同　　　　　　　　　　　　　D.大小不定

17.带月牙形隔板的内啮合齿轮泵与外啮合齿轮泵相比,_____是不对的。

　　A.流量脉动小　　　　　　　　　　B.容积效率高

　　C.吸入性能好　　　　　　　　　　D.困油现象轻

18._____可以做成反转时吸排方向不变的滑油泵。

　　A.外啮合齿轮泵　　　　　　　　　B.转子泵

　　C.带月牙形隔板的内啮合齿轮泵　　D.叶片泵

19.带月牙形隔板的内啮合齿轮泵的缺点之一是_____。

　　A.吸入性能差　　　　　　　　　　B.流量脉动大

　　C.困油现象严重　　　　　　　　　D.容积效率低

20.转子泵是一种_____齿轮泵。

　　A.带渐开线齿形的外啮合　　　　　B.带渐开线齿形的内啮合

　　C.带摆线齿形的外啮合　　　　　　D.带摆线齿形的内啮合

21.转子泵通常是_____。

　　A.径向吸入、径向排出　　　　　　B.侧向吸入、侧向排出

　　C.径向吸入、侧向排出　　　　　　D.侧向吸入、径向排出

22.转子泵内、外转子的轮齿数_____。

　　A.相等　　　　　　　　　　　　　B.内转子齿数多一个

　　C.外转子齿数多一个　　　　　　　D.多少不一定

23.转子泵与外啮合齿轮泵相比的优点之一是_____。

　　A.制造工艺较简单　　　　　　　　B.容积效率较高

　　C.吸入性能好,适用高转速　　　　D.适用工作压力高

24.内啮合转子泵的缺点之一是_____。

　　A.吸入性能差　　　　　　　　　　B.不适用于高转速

　　C.流量脉动率大　　　　　　　　　D.使用寿命较短

25.下图中齿轮泵两个齿轮的旋转方向是_____。

外啮合齿轮泵的工作原理图

A.1 和 2 都顺时针　　　　　　　　B.1 和 2 都逆时针

C.1 逆时针,2 顺时针　　　　　　　D.1 顺时针,2 逆时针

26.为消除困油现象,齿轮泵普遍开设卸荷槽,其开设位置在下图中_____。

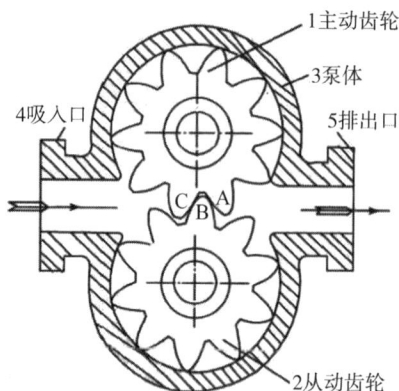

外啮合齿轮泵的工作原理图

A.1 上　　　　　　　　　　　　　B.2 上

C.1 和 2 上都要开　　　　　　　　D.1 和 2 端面接触的两端盖内侧

27.齿轮泵如齿轮外径、宽度相同,齿数越少则_____。

A.流量越小　　　　　　　　　　　B.流量不均匀程度增大

C.与流量无关　　　　　　　　　　D.排压越低

28.齿轮泵在与齿轮啮合处相贴合的固定件表面上有一对凹槽,其作用是_____。

A.存油防干磨　　　　　　　　　　B.平衡轴向液压力

C.防止气蚀　　　　　　　　　　　D.防止困油

29.齿轮泵设卸荷槽后,若对漏泄影响不明显,则泵流量应_____。

A.稍有增加　　　　　　　　　　　B.稍有减少

C.保持不变　　　　　　　　　　　D.脉动加剧

30.关于设置非对称卸荷槽的齿轮泵的以下说法中,不正确的是_____。

A.能使噪声更低　　　　　　　　　B.不允许反转

C.可只设置在吸油侧　　　　　　　D.卸荷槽向吸入侧偏移

31.齿轮泵的不对称卸荷槽_____。

A.应向排出侧偏移　　　　　　　　B.可只设置在吸入端

C.对容积效率影响不大　　　　　　D.不影响反转使用

32.齿轮泵的齿轮端面间隙常用_____测出。

A.塞尺　　　　　　　　　　　　　B.千分表

C.游标卡尺　　　　　　　　　　　D.压铅丝

33.齿轮泵的齿轮端面间隙增大不会使_____。

A.流量减小　　　　　　　　　　　B.自吸能力降低

C.排压降低　　　　　　　　　　　D.功率增大

34.齿轮泵经检修后,如端盖与齿轮端面之间的间隙小于正常值,可采取的措施应为_____。

A.磨削齿轮端面　　　　　　　　B.增加端面密封纸垫厚度

C.增加铜垫片厚度　　　　　　　D.降低转速运行

35.带月牙形隔板的内啮合齿轮泵与外啮合齿轮泵相比,_____。

A.流量脉动大　　　　　　　　　B.易消除困油

C.容积效率高　　　　　　　　　D.吸油区小

36.关于齿轮泵的以下说法中,正确的是_____。

A.没有自吸能力

B.由于转速快,自吸能力优于往复泵

C.由于密封差,自吸能力不如往复泵

D.都是容积式泵,自吸能力与往复泵差不多

37.高压齿轮泵采用间隙自动补偿结构是为了_____。

A.消除困油　　　　　　　　　　B.减少内部漏泄

C.减少磨损　　　　　　　　　　D.减少噪声和振动

38.齿轮泵排出压力超过额定值不会导致_____。

A.轴承负荷加大　　　　　　　　B.磨损加剧

C.电机过载　　　　　　　　　　D.流量急剧减小

39.电动齿轮泵允许的额定排压与_____无关。

A.密封性能　　　　　　　　　　B.轴承承载能力

C.原动机功率　　　　　　　　　D.几何尺寸

40.齿轮泵允许的额定排压与_____有关。

A.转速　　　　　　　　　　　　B.几何尺寸

C.齿数　　　　　　　　　　　　D.密封性能和轴承承载能力

41.以下泵中理论流量与排出压力无关的是_____。

A.喷射泵　　　　　　　　　　　B.离心泵

C.齿轮泵　　　　　　　　　　　D.旋涡泵

42.齿轮泵输送油性物质时,需要保持合适的温度和黏度的原因是_____。

①齿轮泵需要润滑;②黏度太高,漏泄严重;③温度太高易发生"气穴"现象;④黏度太高,吸入

困难

A.②③④　　　　　　　　　　　B.①③④

C.①②④　　　　　　　　　　　D.①②③

43.齿轮泵一般不用作_____。

A.滑油泵　　　　　　　　　　　B.驳油泵

C.液压辅泵　　　　　　　　　　D.污油泵

44.齿轮泵内部漏泄最严重的位置是_____。

A.齿顶与泵体之间的径向间隙　　B.齿轮与端盖之间的轴向间隙

C.齿轮与齿轮之间的啮合间隙　　D.油封处的间隙

45.齿轮泵主、从动齿轮的不平衡径向力大小_____,方向_____。

A.不等;不同　　　　　　　　　B.不等;相同

C.相等;不同　　　　　　　　　　　　　D.相等;相同

46.齿轮泵工作时所受径向力大小与_____无关。

　　A.齿宽　　　　　　　　　　　　　　B.齿顶圆直径

　　C.吸、排压力差　　　　　　　　　　D.转速

47.齿轮泵工作时所受径向力大小与_____有关。

　　A.转速大小　　　　　　　　　　　　B.转动方向

　　C.吸、排口压差　　　　　　　　　　D.原动机功率

48.减小齿轮泵径向不平衡力的常用方法是_____。

　　A.缩小排出口　　　　　　　　　　　B.修正齿形

　　C.开泄压槽　　　　　　　　　　　　D.缩小吸油口

49.齿轮泵工作时主动齿轮和从动齿轮_____。

　　A.不受径向力　　　　　　　　　　　B.受相等径向力

　　C.主动齿轮所受的径向力较大　　　　D.从动齿轮所受的径向力较大

50.齿轮泵径向力过大不会导致_____。

　　A.流量减小　　　　　　　　　　　　B.轴承磨损加剧

　　C.寿命减短　　　　　　　　　　　　D.轴承负荷加大

51.减小_____不能减少齿轮泵径向力。

　　A.齿宽　　　　　　　　　　　　　　B.齿轮直径

　　C.齿顶间隙　　　　　　　　　　　　D.吸、排口压差

52.关于减小齿轮泵的径向力,说法错误的是_____。

　　A.通过减少齿数可减小齿轮泵径向力

　　B.通过减小泵排出腔在周向所占的角度可减小径向力

　　C.在泵的端盖或轴承座圈上开设压力平衡槽可减小径向力

　　D.增大齿轮直径可减小径向力

53._____不能提高齿轮泵轴承寿命。

　　A.减小齿轮的齿数　　　　　　　　　B.增大泵排出腔在周向所占的角度

　　C.改善轴承的润滑和冷却条件　　　　D.采用承载能力较高的滑动轴承

54.使用齿轮泵驳运重油时,吸入压力表的真空度增大的原因有_____。
①重油温度太高;②重油温度太低;③吸入滤器堵塞;④吸入阀开度太小;⑤吸入阀开度太大;
⑥吸入管漏气

　　A.①②③④⑤⑥　　　　　　　　　　B.①③⑤⑥

　　C.②③④　　　　　　　　　　　　　D.②③④⑤⑥

55.使用齿轮泵驳运重油时,一般重油温度降低,重油黏度_____,泵的吸入压力_____。

　　A.降低;降低　　　　　　　　　　　B.降低;升高

　　C.升高;升高　　　　　　　　　　　D.升高;降低

56.使用齿轮泵驳运重油时,一般重油温度升高,重油黏度_____,泵的排出压力_____。

　　A.降低;降低　　　　　　　　　　　B.降低;升高

　　C.升高;升高　　　　　　　　　　　D.升高;降低

57.下列说法中不正确的是_____。

　　A.齿轮泵初次使用应注意转向

　　B.齿轮泵起动前泵内部应存有油液

　　C.齿轮泵运行期间应防止吸入空气

　　D.齿轮泵具有自吸能力,对所输送油液温度没有要求

58.齿轮泵困油现象不会导致_____。

　　A.轴承负荷增大　　　　　　　　B.工作噪声增大

　　C.容积效率降低　　　　　　　　D.排出压力增大

59.齿轮泵会产生困油现象的原因是_____。

　　A.排出口太小　　　　　　　　　B.转速较高

　　C.齿轮端面间隙调整不当　　　　D.部分时间两对相邻齿轮同时啮合

60.使齿轮泵吸入真空度不足而吸油困难的原因不包括_____。

　　A.轴封漏泄　　　　　　　　　　B.泵内间隙过大

　　C.拆修后装复时泵内未浇油　　　D.油温太低

61._____会造成齿轮泵无法建立起足够低的吸入压力。

　　A.吸入管路堵塞　　　　　　　　B.吸入管路漏气

　　C.油的黏度过大　　　　　　　　D.排出管路漏泄

62.使齿轮泵吸入真空度较大而吸油困难的原因不会是_____。

　　A.泵内间隙过大　　　　　　　　B.滤器堵塞

　　C.吸高太大　　　　　　　　　　D.吸入阀未开足

63.齿轮滑油泵吸入压力过低时发生"气穴"现象一般是由于_____。

　　①油液汽化;②油中的水分汽化;③溶于油中的空气逸出

　　A.①　　　　　　　　　　　　　B.②

　　C.③　　　　　　　　　　　　　D.①②③

64.会使齿轮泵噪声增大的是_____。

　　A.油液黏度太小　　　　　　　　B.排出压力增高

　　C.发生"气穴"现象　　　　　　　D.转速太低

65._____一般不会使齿轮泵工作噪声大。

　　A.发生困油现象　　　　　　　　B.吸入管漏气

　　C.齿轮端面间隙大　　　　　　　D.轴承损坏

66.不会使齿轮泵轴承负荷增大的是_____。

　　A.排出阀关小　　　　　　　　　B.油温升高

　　C.排出滤器堵塞　　　　　　　　D.油温降低

67.不会使电动齿轮泵电流增大的是_____。

　　A.转速增加　　　　　　　　　　B.排出阀关小

　　C.油温升高　　　　　　　　　　D.排出滤器堵塞

68._____会使齿轮泵排出压力升高。

　　A.发生困油现象　　　　　　　　B.油温降低

C.油温升高　　　　　　　　　　　D.关小吸入阀

69.齿轮泵磨损太快一般不会是由_____引起的。

　　A.油液不清洁　　　　　　　　　B.检修后未浇油起动

　　C.转速太高　　　　　　　　　　D.轴线不正

70.使齿轮泵吸入真空度较大而吸油困难的原因可能是_____。

　　①吸入滤器公称流量太小;②吸高太大;③油的黏度过大

　　A.①或②　　　　　　　　　　　　B.①或③

　　C.②或③　　　　　　　　　　　　D.①或②或③

71.新装齿轮泵试运转时不能正常吸排油,最可能的原因是_____。

　　A.泵内间隙不合适　　　　　　　B.轴承松动

　　C.未向泵内灌油　　　　　　　　D.地脚螺丝松动

72.齿轮泵运行中,与泵发生异常磨损关系不大的是_____。

　　A.排出压力过高　　　　　　　　B.吸入压力偏低

　　C.吸入滤网损坏　　　　　　　　D.泵与电机对中不良

73.使用齿轮泵驳运重油时,吸入真空度减小的原因有_____。

　　①泵体密封不良;②重油温度太低;③吸入滤器堵塞;④吸入阀开度太小;⑤吸入管口露出油面;⑥吸入管漏气

　　A.②③⑤⑥　　　　　　　　　　　B.①②④⑥

　　C.③④⑤⑥　　　　　　　　　　　D.①⑤⑥

74.会造成水环泵吸入能力增强的是_____。

　　A.转速降低　　　　　　　　　　　B.水温降低

　　C.水逐渐消耗　　　　　　　　　　D.间断向水环泵补水

75.下列对于齿轮泵的说法中,错误的是_____。

　　A.齿轮泵没有自吸能力

　　B.理论流量仅取决于工作部件的尺寸和转速,与排出压力无关

　　C.额定排出压力与工作部件的尺寸、转速无关

　　D.为了防止泵在超额定工作压力的情况下工作,一般应设安全阀

76.在拆检和装配齿轮泵时,主要应注意检查_____间隙。

　　A.齿顶与泵壳　　　　　　　　　　B.齿轮端面

　　C.齿轮啮合处　　　　　　　　　　D.泵轴伸出泵壳处

77.卸荷槽对称的齿轮油泵限制反转使用的原因可能是_____。

　　A.电机换向困难　　　　　　　　　B.轴承等处泄油方向已定

　　C.困油现象会加重　　　　　　　　D.液压径向力会不平衡

78._____不是限制齿轮泵反转使用的原因。

　　A.设有不对称卸荷槽　　　　　　　B.吸、排口直径可能不同

　　C.内置安全阀是单向工作　　　　　D.液压径向力会不平衡

79.电动齿轮泵排出压力过高的危害不包括_____。

　　A.轴承径向力过大　　　　　　　　B.磨损和漏泄增加

C.困油现象会加重 D.电动机过载

80.齿轮滑油泵吸入压力太低时噪声剧增,主要是因为_____。

A.油液汽化 B.溶于油中的气体析出

C.漏泄增大 D.困油现象加重

81.普通齿轮泵不能反转的原因不包括_____。

A.吸、排口直径不同 B.齿轮泵转速太快

C.卸荷槽是非对称卸荷槽 D.设有单向作用的安全阀

82.齿轮泵超过额定排出压力,不会导致_____。

A.漏泄减小 B.工作部件变形

C.轴承负荷过重 D.电机过载

83.关于齿轮泵发生困油现象危害的分析,正确的是_____。

①当封闭容积减小时,会产生噪声和振动;②当封闭容积减小时,轴承受到额外的径向力;③当封闭容积增大时,泵的容积效率降低,振动和噪声加剧

A.①② B.①③

C.②③ D.①②③

84.船舶燃油驳运泵的压头损失主要是_____。

A.消耗在克服管路的流动阻力上

B.消耗在克服燃油的内部摩擦力上

C.消耗在自下而上地挤压燃油上

D.消耗在克服蒸汽盘管的蒸汽压力上

85.安装齿轮泵唇形密封圈时,应注意_____。

①密封圈唇缘朝向油液侧;②密封圈唇缘朝向外侧;③接触面涂敷油或油脂;④安装时防止密封圈偏斜

A.①③④ B.②④

C.②③④ D.①④

86.如图所示为外啮合正齿轮泵,上面的齿轮顺时针,则其吸排方向_____,_____侧管路的直径较小。

A.左吸右排/左   B.左吸右排/右

C.右吸左排/右   D.右吸左排/左

87.如图所示为外啮合正齿轮泵,图中上方的齿轮泵以顺时针方向转动。为了解决困油现象,在泵的端盖上开设两个矩形槽,如动画中半透明矩形所示,请问这个槽称为_____;为了更好地解决困油现象,这两个槽可以向_____侧移动适当距离。

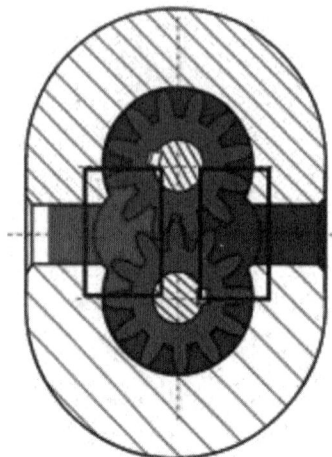

A.卸荷;左   B.均压;左

C.卸荷;右   D.均压;右

第四节　螺杆泵

1.三螺杆泵转速或螺杆直径增大时,容积效率_____。

A.提高   B.无法确定

C.降低   D.不变

2.单螺杆泵的螺杆与传动轴的连接一般采用_____连接。

A.离合器   B.刚性

C.万向轴   D.软管

3.单螺杆泵在船上常用作_____。

A.润滑泵   B.驳运泵

C.锅炉给水泵   D.污水泵

4.单螺杆泵最适合用作油水分离器给水泵,主要是因为_____。

A.有自吸能力   B.输送过程对液体搅拌轻

C.效率高   D.价格低

5.下列对于三螺杆泵的说法中,错误的是_____。

A.主机滑油泵多采用三螺杆泵

B.三螺杆泵的主动螺杆是凹螺杆,从动螺杆是凸螺杆,它们的转向相反

C.如果三螺杆泵的螺杆反转,则泵的吸、排方向也就相反

D.三螺杆泵属于密封型螺杆泵

6.三螺杆泵排油时从动螺杆是靠_____。

A.油压力驱动　　　　　　　　B.齿轮驱动

C.主动螺杆啮合传动　　　　　D.皮带传动

7.所谓密封型螺杆泵是指其_____。

A.泵壳特别严密

B.电机与泵在同一个密封壳体内

C.泵的容积效率相当高

D.螺杆啮合线连续,能将吸、排腔完全隔开

8.三螺杆泵主、从动螺杆的螺纹头数_____。

A.都是单头　　　　　　　　　B.都是双头

C.前者是单头,后者是双头　　D.前者是双头,后者是单头

9.立式三螺杆泵常将吸入口设于泵体中部是为了_____。

A.便于安装

B.便于制造

C.提高允许吸上真空度

D.停车后泵内存液,防止再起动时干转

10.螺杆泵机械轴封的动密封面是在_____之间。

A.动环与转轴　　　　　　　　B.静环与端盖

C.动环与静环　　　　　　　　D.动环与端盖

11.非密封型双螺杆泵排油时从动螺杆是靠_____。

A.油压力驱动　　　　　　　　B.齿轮驱动

C.主动螺杆啮合传动　　　　　D.皮带传动

12.关于双螺杆泵的说法中,错误的是_____。

A.既有密封型,也有非密封型

B.泵缸不变,换用不同螺杆可获得不同流量

C.从动螺杆靠主动螺杆通过压力油驱动

D.可设计成能输送非润滑性和含固体杂质的液体

13.单螺杆泵和三螺杆泵_____。

A.属于密封型

B.属于非密封型

C.前者属于密封型,后者属于非密封型

D.前者属于非密封型,后者属于密封型

14.螺杆泵转动方向改变,_____改变吸、排方向,_____无法平衡,导致泵的严重损坏。

A.会;径向力　　　　　　　　B.不会;径向力

C.会;轴向力　　　　　　　　D.不会;轴向力

15.不影响三螺杆泵密封性能的密封面是_____。

A.螺杆与螺杆之间的啮合面　　B.螺杆与泵缸之间的密封面

C.泵与进、出口管之间的密封面　　　　　　D.泵的轴封密封面

16.单螺杆泵螺杆和衬套的螺纹头数_____。

  A.都是单头　　　　　　　　　　　　　　　B.都是双头

  C.螺杆是单头,衬套是双头　　　　　　　　D.衬套是单头,螺杆是双头

17.排压较高的三螺杆泵不用_____的方法平衡轴向液压力。

  A.设止推轴承　　　　　　　　　　　　　　B.双侧吸入

  C.设平衡孔或平衡管　　　　　　　　　　　D.设液力自动平衡装置

18.采用液力平衡装置的三螺杆泵的主动螺杆大部分轴向推力是靠_____平衡。

  A.推力轴承　　　　　　　　　　　　　　　B.平衡轴套

  C.推力垫圈和垫块　　　　　　　　　　　　D.平衡活塞

19.单吸式三螺杆泵工作时主动和从动螺杆所受的液压径向力_____。

  A.都不平衡　　　　　　　　　　　　　　　B.都平衡

  C.主动螺杆平衡,从动螺杆不平衡　　　　　D.从动螺杆平衡,主动螺杆不平衡

20.三螺杆泵从动螺杆_____时,轴向力指向吸口。

  A.起动　　　　　　　　　　　　　　　　　B.空转

  C.排液　　　　　　　　　　　　　　　　　D.只要运转

21.三螺杆泵的平衡活塞常设在_____。

  A.主动螺杆排出端　　　　　　　　　　　　B.从动螺杆排出端

  C.主动螺杆吸入端　　　　　　　　　　　　D.主、从动螺杆排出端

22.三螺杆泵的液力平衡装置常采用_____。

  A.平衡孔　　　　　　　　　　　　　　　　B.平衡管

  C.平衡盘　　　　　　　　　　　　　　　　D.平衡活塞

23.三螺杆泵解决轴向液压力不平衡的措施不包括设置_____。

  A.平衡轴套　　　　　　　　　　　　　　　B.平衡活塞

  C.推力垫圈和垫块　　　　　　　　　　　　D.平衡盘

24.双吸式螺杆泵的平衡轴向推力主要是靠_____。

  A.设推力轴承　　　　　　　　　　　　　　B.设平衡活塞

  C.设平衡轴套　　　　　　　　　　　　　　D.采用两段等长的反旋螺纹

25.三螺杆泵的主动螺杆在空转期间受力指向_____,在正常排液期间受力指向_____。

  A.排出端;吸入端　　　　　　　　　　　　B.吸入端;排出端

  C.吸入端;吸入端　　　　　　　　　　　　D.排出端;排出端

26.三螺杆泵的从动螺杆在空转期间受力指向_____,在正常排液期间受力指向_____。

  A.排出端;吸入端　　　　　　　　　　　　B.吸入端;排出端

  C.吸入端;吸入端　　　　　　　　　　　　D.排出端;排出端

27.单螺杆泵与三螺杆泵相比_____。

  A.泵缸由橡胶制成,容积效率高　　　　　　B.对杂质较不敏感

  C.额定排压较高　　　　　　　　　　　　　D.属于非密封型

28.螺杆泵用作液压泵,运转时的工作压力主要取决于_____。

A.螺杆导程   B.螺杆直径

C.安全阀整定值   D.执行机构负荷

29.螺杆泵的_____损失很小,几乎可以忽略不计。

A.容积   B.水力

C.机械   D.容积、机械

30.螺杆泵的特点不包括_____。

A.转子刚性好   B.吸入性能好

C.无困油现象   D.适用黏度范围广

31.三螺杆泵工作寿命比齿轮泵长,主要是因为_____。

A.所用材质好   B.径向力平衡

C.输送清洁油   D.主、从动螺杆不靠机械啮合传动

32.条件相同的情况下,流量最均匀的是_____。

A.齿轮泵   B.叶片泵

C.螺杆泵   D.往复泵

33.以下泵中额定扬程(或排压)与转速无关的是_____。

A.螺杆泵   B.旋涡泵

C.离心泵   D.水环泵

34.三螺杆泵作为滑油泵使用时,可以较大范围地调节流量,一般采取的措施是调节_____。

A.进口阀的开度   B.出口阀的开度

C.旁通阀的开度   D.螺杆泵的转速

35.三螺杆泵的缺点是_____。

A.工作很不可靠   B.额定排压不高

C.流量不太均匀   D.螺杆刚性太差

36.关于螺杆泵的性能特点,说法错误的是_____。

A.螺杆泵流量均匀,没有困油现象

B.螺杆泵吸入性能好

C.螺杆泵转速很高,对输送液体搅拌作用强

D.三螺杆泵只适合输送润滑性好的清洁溶液

37.下列对于螺杆泵的使用管理和维护所采用的措施中,错误的是_____。

A.起动前泵内应充满液体

B.螺杆泵应在排出阀关闭的情况下起动

C.螺杆泵不允许长时间关闭排出阀而完全通过调压阀回流运转

D.停车时,应待泵完全停止后再关闭吸入阀

38.关于螺杆泵,不正确的说法是_____。

A.长时间小流量工作,应将旁通调压阀调松

B.切断电源而泵未完全停转时,不宜先关吸入阀

C.可以关吸、排阀并松开调压阀,卸压起动

D.初次使用前或拆修后装复使用前应向泵内灌油

39.螺杆泵工作噪声过大的原因不包括_____。

    A.吸油温度低　　　　　　　　　　B.联轴节对中不好

    C.吸入管漏气　　　　　　　　　　D.排出压力高

40.螺杆泵调节流量通常采用_____调节。

    A.节流　　　　　　　　　　　　　B.回流

    C.变速　　　　　　　　　　　　　D.容积

41.安装螺杆泵机械轴封时,应在_____涂上滑油。

    A.静环与静环密封圈之间　　　　　B.动环与静环之间

    C.动环与动环密封圈之间　　　　　D.轴或轴套上

42.船用双螺杆滑油泵,当主泵运行时,备用泵产生缓慢转动,最可能的原因是_____。

    A.备用泵接线不正确　　　　　　　B.螺杆轴承松动

    C.备用泵出口止回阀损坏　　　　　D.泵内吸、排腔相通

43._____不是螺杆泵工作噪声过大的原因。

    A.吸油温度低　　　　　　　　　　B.吸入管漏气

    C.吸入管滤器堵塞　　　　　　　　D.转速降低

44.如果螺杆泵反转,会导致_____。

    A.吸、排方向不变,推力平衡装置不会失去作用

    B.吸、排方向不变,推力平衡装置会失去作用

    C.吸、排方向改变,推力平衡装置不会失去作用

    D.吸、排方向改变,推力平衡装置会失去作用

45.为实现轻载起动,螺杆泵应_____。

    A.全开吸入阀,关闭排出阀

    B.全开吸入阀,全开排出阀

    C.全开吸入阀,全开排出阀,调松安全阀

    D.全开吸入阀,关闭排出阀,调松安全阀

46.调节螺杆泵流量或工作压力的方法一般是调节_____。

    A.排出阀　　　　　　　　　　　　B.吸入阀

    C.旁通阀　　　　　　　　　　　　D.吸入阀或排出阀

47.立式三螺杆泵的凸螺杆空转时径向力_____,排油工作时径向力_____。

    A.不平衡;不平衡　　　　　　　　B.平衡;平衡

    C.不平衡;平衡　　　　　　　　　D.平衡;不平衡

第五节　离心泵

1.设于离心泵软填料函中的"H"形截面金属环叫_____。

    A.密封环　　　　　　　　　　　　B.阻漏环

    C.水封环　　　　　　　　　　　　D.口环

2.下列关于离心泵工作的说法中,错误的是_____。

A.扩压管的作用是将液体大部分动能转换为压力能

B.液体是靠离心力甩出去的,而不是靠工作容积缩小挤出去的

C.液体在叶轮出口增加的是动能,而非压力能

D.离心泵排送气体时比排送液体时在吸口造成的真空度小得多

3.可关排出阀起动的泵是_____。

A.离心泵　　　　　　　　　　　B.螺杆泵

C.齿轮泵　　　　　　　　　　　D.喷射泵

4.离心泵关排出阀起动时,离心泵的_____。

A.扬程最低　　　　　　　　　　B.起动功率最小

C.效率最高　　　　　　　　　　D.工作噪声最低

5.离心泵在进口加设诱导轮的主要目的是_____。

A.减小必需气蚀余量　　　　　　B.增大必需气蚀余量

C.增大有效气蚀余量　　　　　　D.减小有效气蚀余量

6.离心泵起动后不能供液,以下选项中不正确的是_____。

A.吸入管露出液面　　　　　　　B.自吸装置故障

C.排出管露出液面　　　　　　　D.吸入管漏气

7.将离心泵轴承安装到泵轴上,较好的方法是_____。

A.用专用工具同时敲打轴承内外座圈

B.用专用工具敲打轴承外座圈

C.用专用工具敲打轴承内座圈

D.将轴承用热油煮到足够温度后安装

8.离心泵发生气蚀现象时,可采用的有效措施不包括_____。

A.关小排出阀　　　　　　　　　B.降低吸入液体的温度

C.降低转速　　　　　　　　　　D.开大排出阀

9.关于靠气体喷射器完成自吸的离心泵,以下说法正确的是_____。

A.不允许使用机械轴封

B.不允许使用水润滑轴承

C.离心泵可以延时起动,防止干摩擦

D.常用空气或蒸汽作为喷射器的工作流体

10.双吸式叶轮具有的特点是_____。

A.不能平衡叶轮上的轴向力　　　B.不适合流量大的管系

C.抗气蚀能力较强　　　　　　　D.结构比单吸式叶轮简单

11.随着日用压力水柜水位的升高,关于离心式日用淡水泵参数的变化,说法错误的是_____。

A.吸入真空度降低　　　　　　　B.轴功率增大

C.排出压力增大　　　　　　　　D.流量减小

12.正常情况下,对离心泵容积效率影响最大的是_____。

A.叶轮与泵壳的轴向间隙

B.叶轮与泵壳"蜗舌"处的径向间隙

C.叶轮进口处的径向间隙

D.轴封漏泄

13.离心泵叶轮的固定螺帽通常采用_____,以防反复起动因惯性而松动。

    A.带开口销的螺帽　　　　　　　　　　B.右旋螺纹

    C.左旋螺纹　　　　　　　　　　　　　　D.防松螺帽

14.离心泵出口管路中的滤器脏堵,其工作扬程_____,流量_____。

    A.增大;不变　　　　　　　　　　　　　B.减小;增大

    C.增大;减小　　　　　　　　　　　　　D.减小;减小

15.关于离心泵输送黏度较大的液体,说法错误的是_____。

    A.会造成很大的能量损失　　　　　　　B.会造成管路阻力增大

    C.会造成吸入压力下降　　　　　　　　D.会造成耗功减少

16.离心泵在船上一般不用作_____。

    A.主海水冷却泵　　　　　　　　　　　B.压载泵

    C.消防泵　　　　　　　　　　　　　　D.油水分离器的供水泵

17.以下泵中理论流量与排出压力有关的是_____。

    A.往复泵　　　　　　　　　　　　　　B.叶片泵

    C.螺杆泵　　　　　　　　　　　　　　D.离心泵

18.关于机械轴封的说法中,错误的是_____。

    A.动密封面磨损后能自动补偿

    B.适用于使用滚动轴承和滑动轴承的泵

    C.一般不宜用于有悬浮颗粒的液体

    D.动环和静环必须使用不同的材料

19.流体进入离心泵的过程中,从叶轮中流出的液体_____。

    A.压力增加,速度增加　　　　　　　　B.压力降低,速度降低

    C.压力降低,速度增加　　　　　　　　D.压力增加,速度降低

20.流体进入离心泵,在扩压管中流体_____。

    A.速度降增大　　　　　　　　　　　　B.压力升高

    C.速度降不变　　　　　　　　　　　　D.压力降低

21.离心泵的结构不同,扬程-流量特性曲线也不同,用途也不相同。下图中曲线 A 表示的泵的特点是_____,适用于_____。

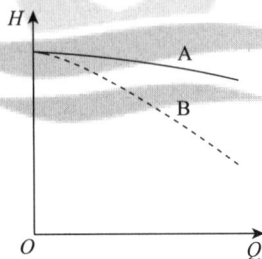

    A.扬程变化小,流量变化大;锅炉给水泵

B.扬程变化大,流量变化小;压力水柜的供水泵

C.扬程变化小,流量变化大;压力水柜的供水泵

D.扬程变化大,流量变化小;锅炉给水泵

22.离心泵的结构不同,扬程-流量特性曲线也不同,用途也不相同。下图中曲线 B 表示的泵的特点是_____,适用于_____。

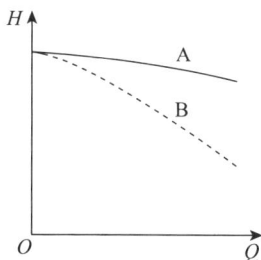

A.扬程变化小,流量变化大;锅炉给水泵

B.扬程变化大,流量变化小;压力水柜的供水泵

C.扬程变化小,流量变化大;压力水柜的供水泵

D.扬程变化大,流量变化小;锅炉给水泵

23.下图为离心泵的剖解图,离心泵叶轮高速旋转时,将_____传递给泵壳内的液体,迫使液体流向蜗壳;蜗壳将液体动能转化成_____,使液体从排出端排出,起到输送液体的目的。

A.动能;压力能　　　　　　　B.压力能;动能

C.势能;动能　　　　　　　　D.动能;内能

24.离心泵在额定工况时_____。

A.扬程最大　　　　　　　　　B.功率最小

C.必需气蚀余量最小　　　　　D.效率最高

25.液体在蜗壳式离心泵中能量的增加是在_____中完成的。

①叶轮;②蜗室;③扩压管

A.①　　　　　　　　　　　　B.②

C.③　　　　　　　　　　　　D.①②③

26.离心泵蜗壳的作用是_____。

①汇聚从叶轮中被甩出的液体;②将液体大部分动能转换为压力能;③将液体小部分动能转

换为压力能

A.①和③   B.②或③

C.①或③   D.①和②

27.在实际应用中,离心泵大都采用_____。

A.后弯叶片   B.径向叶片

C.前弯叶片   D.轴向叶片

28.叶轮两侧盖板都设密封环的离心泵不包括_____离心泵。

A.双吸式   B.带平衡孔的

C.带平衡管的   D.带平衡盘的

29.悬臂式单吸离心泵叶轮通常用_____螺帽固定在泵轴上。

A.右旋螺纹   B.左旋螺纹

C.锁紧   D.带开口销的

30.船用离心式海水泵叶轮多采用_____。

A.开式   B.半开式

C.闭式   D.没有明显区别

31.大流量离心泵常采用_____。

A.多级离心泵   B.开式叶轮

C.低比转数叶轮   D.双吸式叶轮

32.关于双吸式离心泵的以下说法中,不正确的是_____。

A.适用于大流量泵

B.主要目的是平衡轴向力

C.主要是为防止叶轮进口流速太高而发生气蚀

D.叶轮装反,泵运转会过载

33.离心泵有的叶轮做成双吸,主要是为了_____。

A.平衡轴向推力   B.能产生更高扬程

C.易于实现动平衡   D.限制进口流速,提高抗气蚀能力

34.曲径密封环多用于单级_____的离心泵。

A.扬程较高   B.流量较大

C.双吸式   D.效率较高

35.如图所示为离心泵叶轮,此种叶轮为_____叶轮。

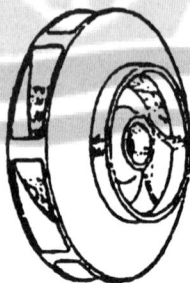

A.闭式   B.开式

C.半闭式　　　　　　　　　　　D.半开式

36.如图所示为离心泵叶轮,此种叶轮为_____叶轮。

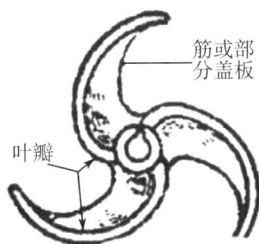

筋或部分盖板

叶瓣

A.闭式　　　　　　　　　　　　B.开式
C.半闭式　　　　　　　　　　　D.半开式

37.如图所示为离心泵常见的三种叶轮,工作时液体漏失少、效率较高、使用最普遍的是_____。

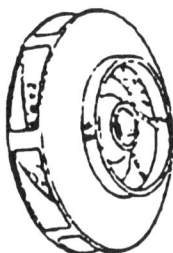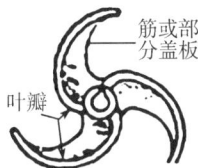

筋或部分盖板

叶瓣

1　　　　　　　　2　　　　　　　3

A.1　　　　　　　　　　　　　　B.2
C.3　　　　　　　　　　　　　　D.2 和 3

38.如图所示为离心泵常见的三种叶轮,铸造比较方便,但工作中液体容易漏失,多用于输送含固体颗粒或黏度较高的液体的是_____。

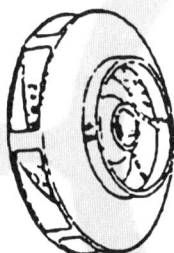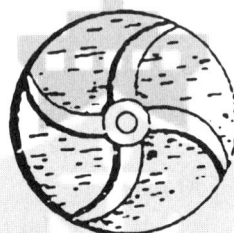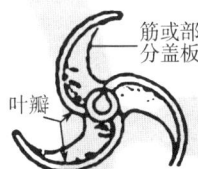

筋或部分盖板

叶瓣

1　　　　　　　　2　　　　　　　3

A.1　　　　　　　　　　　　　　B.2
C.1 和 3　　　　　　　　　　　　D.2 和 3

39.离心水泵密封环的作用是减少_____,提高水泵效率。
　　A.容积损失　　　　　　　　　　B.流动损失
　　C.摩擦损失　　　　　　　　　　D.机械损失

40.离心泵叶轮一般采用_____叶片。
　　A.前弯　　　　　　　　　　　　B.后弯

C.径向　　　　　　　　　　　D.曲线型

41.离心泵采用后弯叶片相比于前弯叶片会使泵_____。

  A.扬程提高　　　　　　　　　B.功率增大

  C.流量增大　　　　　　　　　D.效率提高

42.离心泵若采用前弯叶片不会使泵的_____提高。

  A.扬程　　　　　　　　　　　B.功率

  C.效率　　　　　　　　　　　D.负荷

43.离心泵中实现能量转换的部件是_____。

  A.叶轮　　　　　　　　　　　B.蜗壳

  C.叶轮轴承　　　　　　　　　D.叶轮和蜗壳

44.离心泵叶片采用后弯叶片是为了_____。

  A.提高扬程　　　　　　　　　B.增大流量

  C.提高效率　　　　　　　　　D.便于制造

45._____工况下离心泵理论上会产生不平衡液压径向力。

  A.导轮泵在设计　　　　　　　B.导轮泵在非设计

  C.蜗壳泵在设计　　　　　　　D.蜗壳泵在非设计

46.离心泵开大旁通阀时其轴向推力_____。

  A.增大　　　　　　　　　　　B.减小

  C.不受影响　　　　　　　　　D.因泵而异

47.设平衡盘的离心泵在工作压力增加后平衡盘的_____。

  A.径向间隙增大　　　　　　　B.径向间隙减小

  C.轴向间隙增大　　　　　　　D.轴向间隙减小

48.离心泵采用_____法平衡轴向推力而不设止推轴承。

  A.平衡孔　　　　　　　　　　B.双吸叶轮

  C.叶轮对称布置　　　　　　　D.平衡盘

49.离心泵关小排出阀时,其轴向推力_____。

  A.增大　　　　　　　　　　　B.减小

  C.不受影响　　　　　　　　　D.因泵而异

50.随着排出压力的增大而轴承径向力不增大的是_____。

  A.往复泵　　　　　　　　　　B.单作用叶片泵

  C.单作用水环泵　　　　　　　D.导轮式离心泵

51.离心泵叶轮设平衡管会降低_____。

  A.容积效率　　　　　　　　　B.水力效率

  C.机械效率　　　　　　　　　D.容积效率和水力效率

52.离心泵轴向力平衡的措施中,需配套滑动轴承的是_____。

  A.平衡孔　　　　　　　　　　B.平衡管

  C.双吸叶轮　　　　　　　　　D.平衡盘

53.离心泵平衡管_____平衡轴向力,使泵的水力效率_____。

A.能;不降低   B.能;降低

C.不能;降低   D.不能;不降低

54.离心水泵从低水池向高水池供水,当低水池水位不变而高水池水位逐渐升高时,泵的流量_____。

A.逐渐减小   B.保持不变

C.逐渐增大   D.波动

55.如图所示为某离心泵实测的定速特性曲线,图中泵的额定流量大约为_____L/s。

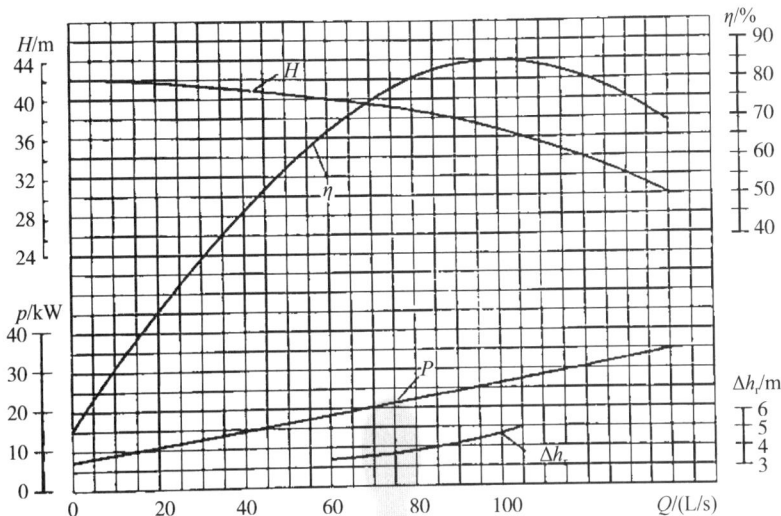

A.60   B.80

C.100   D.120

56.如图所示为某离心泵实测的定速特性曲线,图中泵输送清水,吸排液面敞开,高度差 20 m,管路阻力损失 18 m 水柱,泵的流量大约为_____L/s。

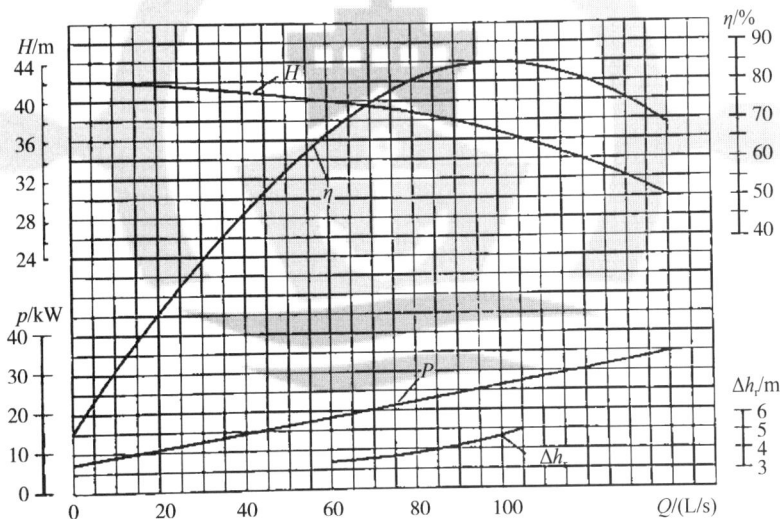

A.60   B.90

C.120   D.0

57.如图所示为某离心泵实测的定速特性曲线,图中泵向压力水柜输送清水,压力水柜液面表压为 0.1 MPa,吸排液面高度差 20 m,管路阻力损失 10 m 水柱,泵的轴功率大约为_____ kW。

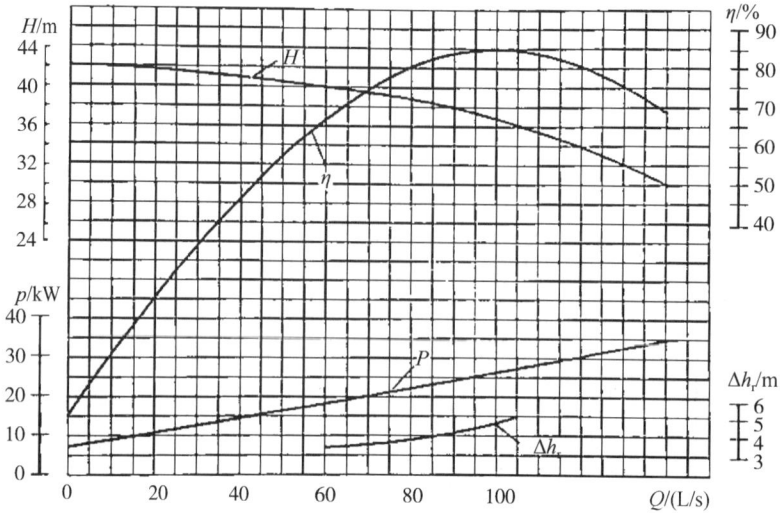

A.9   B.18

C.27   D.36

58.如图所示为某离心泵实测的定速特性曲线,图中泵输送清水,当关小排出阀调小流量,泵工作时有效气蚀余量将_____。

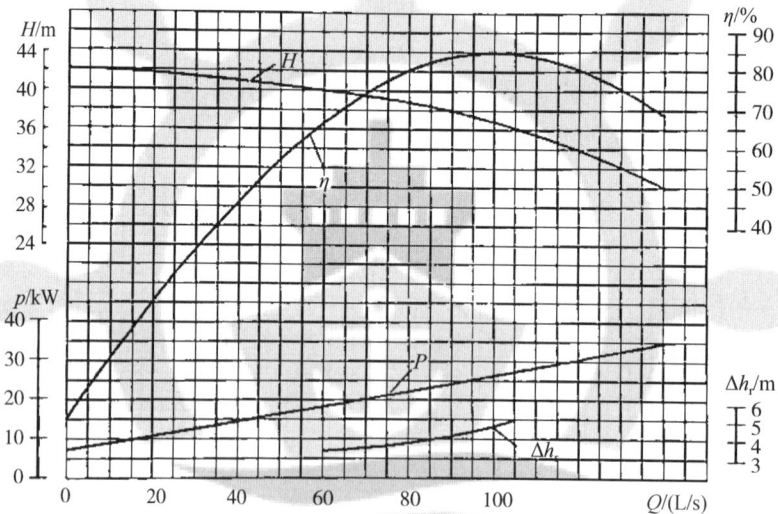

A.增大   B.减少

C.基本不变   D.无法确定

59.某离心泵实测的定速特性曲线如下图所示,图中泵输送清水,水温提高,泵的必需气蚀余量将_____。

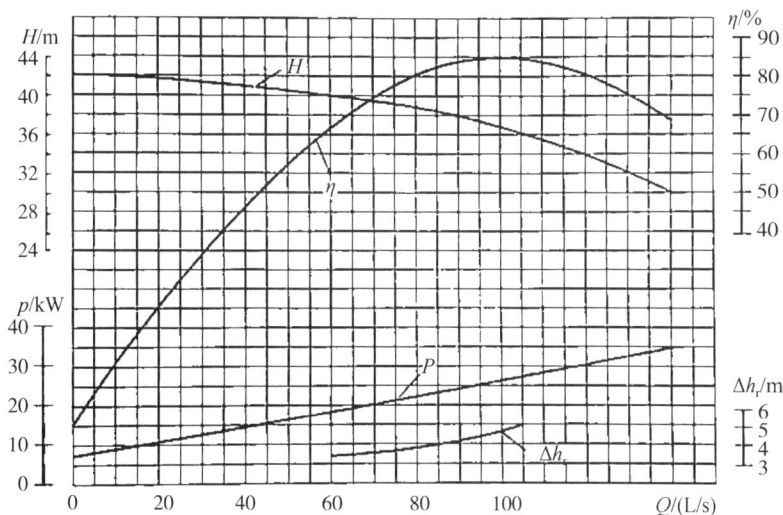

A.增大　　　　　　　　　　　B.减少
C.基本不变　　　　　　　　　D.无法确定

60.与离心泵额定扬程无关的是_____。
　A.叶轮直径　　　　　　　　B.转速
　C.液体密度　　　　　　　　D.叶片出口角

61.离心泵排出压力过高不会导致_____。
　A.电机过载　　　　　　　　B.效率降低
　C.轴承负荷增大　　　　　　D.无法排液

62.船用离心泵为避免发生喘振,流量-扬程曲线应尽量避免_____。
　A.驼峰形　　　　　　　　　B.陡降形
　C.平坦形　　　　　　　　　D.陡降形和平坦形

63.离心泵的特性曲线上未标出_____与流量的关系。
　A.扬程　　　　　　　　　　B.有效功率
　C.必需气蚀余量　　　　　　D.效率

64.离心泵的特性曲线上未标出_____与流量的关系。
　A.扬程　　　　　　　　　　B.轴功率
　C.有效气蚀余量　　　　　　D.效率

65.一般船用离心泵(流量-扬程曲线非驼峰形)关排出阀运行,以下说法错误的是_____。
　A.功率最大　　　　　　　　B.扬程最高
　C.效率为零　　　　　　　　D.时间长了会发热

66.离心泵在额定工况下效率最高是因为该工况下_____损失最小。
　A.漏泄　　　　　　　　　　B.机械摩擦
　C.泵内液体摩擦　　　　　　D.液体进出叶轮撞击

67.离心泵的管路特性曲线陡斜程度高表明_____。
　A.吸、排液面间的压力差大　　B.管路漏泄多

C.吸、排液面间的高度差大   D.管路流动阻力损失大

68.离心式给水泵随着锅炉压力的升高,泵的_____。

A.轴功率增大   B.轴功率下降

C.流量增大   D.轴功率下降、流量增大

69.离心式锅炉给水泵工作时随着锅炉汽压的降低,以下说法错误的是_____。

A.轴功率减小   B.排出压力降低

C.流量增大   D.吸入压力降低

70.离心泵与往复泵相比,其主要缺点是_____。

A.流量不均匀   B.自吸能力差

C.不能抽送含杂质的污水   D.管理维修较麻烦

71.关于离心泵的以下说法中错误的是_____。

A.一般无自吸能力   B.不适用于小流量、高扬程

C.流量随工作扬程而变   D.允许吸上真空度较小

72.估计离心泵的扬程时,扬程应与泵的_____成正比。

A.转速的平方   B.叶轮直径的平方

C.转速与叶轮直径的乘积   D.转速与叶轮直径乘积的平方

73.离心泵水温升高时_____。

A.功率增加   B.流量增加

C.有效气蚀余量减少   D.必需气蚀余量减少

74.离心泵气蚀破坏不会发生在_____。

A.叶片出口处   B.叶片进口处

C.蜗壳或导轮   D.叶轮外缘处盖板

75.离心泵气蚀破坏主要发生在_____。

A.叶片进口背面靠前盖板处

B.叶片进口正面靠前盖板处

C.叶片进口靠前盖板处

D.叶轮外缘叶片及盖板、蜗壳或导轮处

76._____气蚀余量取决于吸、排条件而与泵无关。

A.必需   B.临界

C.有效   D.必需和临界

77.不会使离心泵有效气蚀余量降低的是_____。

A.排出高度降低   B.排出容器压力降低

C.排出管阻力降低   D.泵转速降低

78.会使离心泵有效气蚀余量降低的是_____。

A.泵转速降低   B.液体温度降低

C.泵进口部分形状不理想   D.泵扬程降低

79.离心泵如果_____,会增加发生气蚀的可能性。

A.采用双级叶轮   B.降低安装高度

C.提高转速　　　　　　　　　　　　D.减少吸入管路长度

80.为防止离心泵发生气蚀,以下措施中有效的是_____。

A.增加泵的转速

B.清洗吸入滤器,减小吸入管路阻力

C.使用旁通法调节泵的流量

D.采用封闭起动

81.为消除离心泵气蚀,以下措施中无效的是_____。

A.降低泵的转速　　　　　　　　　　B.降低液体温度

C.降低吸水管高度　　　　　　　　　D.关小吸入阀

82.离心泵输水温度变化时,对_____有明显影响。

A.流量　　　　　　　　　　　　　　B.扬程

C.功率　　　　　　　　　　　　　　D.有效气蚀余量

83._____的方法可减轻离心泵气蚀。

A.切割叶轮　　　　　　　　　　　　B.提高转速

C.关小吸入阀　　　　　　　　　　　D.采用双吸叶轮

84.离心泵的通用特性曲线是将离心泵在_____不同时的特性曲线画在同一个坐标图上。

A.叶轮直径　　　　　　　　　　　　B.叶轮型号

C.转速　　　　　　　　　　　　　　D.吸入口径

85.离心泵排出阀开大后,泵的_____。

A.功率增大、扬程减小　　　　　　　B.功率减小、扬程增大

C.功率增大、扬程增大　　　　　　　D.功率减小、扬程减小

86.离心泵调节流量方法中经济性最好的是_____调节。

A.节流　　　　　　　　　　　　　　B.回流

C.变速　　　　　　　　　　　　　　D.视具体情况而定

87.离心泵调节流量方法中经济性最差的是_____调节。

A.节流　　　　　　　　　　　　　　B.回流

C.变速　　　　　　　　　　　　　　D.视具体情况而定

88.以下泵中调节流量适合采用节流调节的是_____。

A.水环泵　　　　　　　　　　　　　B.喷射泵

C.旋涡泵　　　　　　　　　　　　　D.离心泵

89.离心泵采用关小排出阀节流调节不会_____。

A.增加节流损失　　　　　　　　　　B.降低效率

C.增加气蚀　　　　　　　　　　　　D.降低轴功率

90.离心泵采用变速调节,其主要优点是_____。

A.系统初置费较低　　　　　　　　　B.调节效率较高

C.可只改变流量而排出压力不变　　　D.可只改变排出压力而流量不变

91.船用离心泵需向压力较高容器供液时,最常用的方法是_____。

A.用大直径叶轮　　　　　　　　　　B.提高转速

C.用多级泵　　　　　　　　　　　　D.用并联泵

92.两台离心泵并联工作时总流量为 Q，每台离心泵单独工作时的流量为 Q_1，两者之间的关系
为_____。

A.$Q=2Q_1$　　　　　　　　　　　　B.$Q>2Q_1$

C.$Q<2Q_1$　　　　　　　　　　　　D.$Q \leqslant 2Q_1$

93.两台离心泵串联工作时总扬程为 M，每台离心泵单独工作时的扬程为 N，两者之间的关系
为_____。

A.$M=2N$　　　　　　　　　　　　B.$M>2N$

C.$M<2N$　　　　　　　　　　　　D.$M \geqslant 2N$

94.关于离心泵串联，以下说法错误的是_____。

A.应尽量用额定流量相近的泵

B.单台泵向静压较大的容器排液困难时，可考虑将泵串联用

C.串联时总的工作扬程约为各泵的工作扬程之和

D.串联后总的工作扬程比各泵单独使用时的扬程高，流量不变

95.两台离心泵单独向某系统供液时能正常工作，只是流量较小，现将其并联工作，一段时间后其
中一台泵壳发热，可能是该泵_____。

A.流量太大　　　　　　　　　　　　B.功率太大

C.扬程太高　　　　　　　　　　　　D.流量为零

96.两台同型离心泵，单独向某系统供液时工作扬程接近封闭扬程，如希望得到尽量大的流量，应
_____使用。

A.串联　　　　　　　　　　　　　　B.并联

C.视液体性质而定　　　　　　　　　D.视排出容器高度而定

97.关于离心泵并联，以下说法错误的是_____。

A.尽量用扬程相近的泵

B.管路应是静压较低、阻力较小

C.并联流量为各泵单独使用的流量之和

D.并联后扬程比各泵单独使用时的扬程高

98.两台同型离心泵单独工作时其工作扬程接近封闭扬程，流量较小，要使其正常工作，
应_____。

A.并联　　　　　　　　　　　　　　B.串联

C.节流调节　　　　　　　　　　　　D.回流调节

99.不同型号的离心泵串联，要求其_____。

A.额定扬程相近　　　　　　　　　　B.额定流量相近

C.额定功率相近　　　　　　　　　　D.效率相同

100.两台离心泵并联工作后不能改变的是_____。

A.管路流量　　　　　　　　　　　　B.各泵流量

C.各泵工作压头　　　　　　　　　　D.各泵性能曲线

101.离心泵串联工作时不能提高_____。

A.系统流量 　　　　　　　　　　B.系统压力

C.单泵流量 　　　　　　　　　　D.单泵工作压头

102.关于离心泵并联,以下说法正确的是_____。

A.尽量用流量相近的泵

B.管路应是静压较高、阻力较小

C.并联流量为各泵单独使用的流量之和

D.并联后扬程比各泵单独使用时的扬程高

103.并联运行的两台货油泵,其中一台降速运转时,另一台泵应_____。

A.升速 　　　　　　　　　　　　B.降速

C.维持转速不变 　　　　　　　　D.关小排出阀

104.卸油时随着油舱油位的降低,货油泵应_____运转。

A.升速 　　　　　　　　　　　　B.降速

C.维持转速不变 　　　　　　　　D.开大排出阀

105.卸油后期油舱油位较低时,若发现货油泵流量降低,可起动_____装置保证货油泵正常工作。

A.扫舱 　　　　　　　　　　　　B.引水

C.抽气 　　　　　　　　　　　　D.蒸汽清洗

106.对于油船、化学品船上装在泵舱内的液货泵,说法错误的是_____。

A.常常使用结构简单、运转平稳的离心泵作为液货泵

B.使用管理中要加强对货泵的轴封的监控

C.如果带蒸汽清洗装置的,可直接起动液货泵,停泵后要按要求对轴封进行清洗

D.两台泵并联时要保持两台泵运转同速

107.油船、化学品船等液货船通常采用的液货泵是_____,其特点是结构简单、运转平稳、流量范围很大。

A.离心泵 　　　　　　　　　　　B.往复泵

C.螺杆泵 　　　　　　　　　　　D.齿轮泵

108.关于货油泵,说法错误的是_____。

A.现代大型油船上大都采用离心泵作为货油泵

B.液货泵可能采用蒸汽透平或电动机直接驱动

C.液货泵装有蒸汽清洗装置,只需在停止后对轴封进行清洗

D.在运输多种液货的化学品船上,货油泵可能采用液压马达驱动

109.关于货油泵,说法错误的是_____。

A.随着油舱内液位的降低,货油泵吸口的真空度降低

B.随着油舱内液位的降低,泵应降速运行

C.随着油舱内液位的降低,货油泵可能发生气蚀现象

D.随着油舱内液位的降低,货油泵将发生气蚀现象,但流量不受影响

110.关于水喷射泵,以下说法错误的是_____。

A.流速最高处在喷嘴出口

B.压力最低处在喷嘴出口

C.压力最低处在混合室进口圆柱处

D.混合室进口呈圆锥形,能量损失较小

111.泵缸轴线呈水平状的泵称为_____。

    A.立式泵   B.卧式泵

    C.水平泵   D.平面泵

112.泵缸轴线呈竖直状的泵称为_____。

    A.立式泵   B.卧式泵

    C.垂直泵   D.竖直泵

113.关于立式泵和卧式泵的对比,正确的是_____。

    A.立式泵占地面积大;卧式泵占地面积小

    B.立式泵检修难度人;卧式泵检修较容易

    C.立式泵不好安装,需要校正;卧式泵不需要

    D.在水位变动较大的地方,宜使用卧式泵

114.关于单吸式叶轮,说法错误的是_____。

    A.适合流量较小的管系   B.结构较双吸式简单

    C.可提高抗气蚀能力   D.不能平衡叶轮上的轴向力

115.关于双吸式叶轮,说法正确的是_____。

    A.适合流量较小的管系   B.结构较单吸式简单

    C.可提高抗气蚀能力   D.不能平衡叶轮上的轴向力

116.关于双吸式叶轮,说法错误的是_____。

    A.适合流量较大的管系   B.结构比单吸式简单

    C.可提高抗气蚀能力   D.能平衡叶轮上的轴向力

117.关于单吸式叶轮,说法正确的是_____。

    A.适合流量较大的管系   B.结构比双吸式简单

    C.可提高抗气蚀能力   D.能平衡叶轮上的轴向力

118.双吸式叶轮不具有的优点是_____。

    A.结构比较简单   B.可提高抗气蚀能力

    C.可减小进口流速   D.能平衡叶轮上的轴向力

119.采用双侧吸入的叶轮,_____叶轮进口的流通面积、_____叶轮进口流速,可_____
离心泵的抗气蚀性能。

    A.增大;降低;提高   B.增大;提高;提高

    C.减小;降低;提高   D.减少;提高;降低

120.离心泵起动前加引水的主要目的是_____。

    A.润滑泵壳与运动件   B.密封

    C.排空气   D.便于观察液位

121._____起动前必须加引水。

    A.往复泵   B.离心泵

C.螺杆泵　　　　　　　　　　　　　　　D.齿轮泵

122.关于离心泵自吸装置,下列说法错误的是_____。

　　A.离心泵上加装自吸装置的主要目的是实现离心泵自吸

　　B.空气喷射器和水环泵是常用的两种离心泵自吸装置

　　C.空气喷射器用作离心泵自吸装置时,离心泵不需要延时起动

　　D.靠摩擦离合器自带水环引水泵的离心泵,引水成功后靠排出压力使离合器脱开

123.如图所示,下列说法错误的是_____。

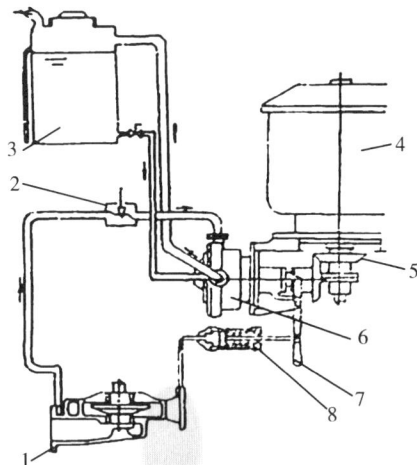

离心泵的水环泵自吸装置

1—离心泵;2—截止止回阀;3—气液分离柜;4—电动机;5—摩擦离合器;6—水环式真空泵;7—控制杆;8—液压缸

　　A.电动机4通过摩擦离合器5驱动水环式真空泵6

　　B.气液分离柜3可向水环泵预充工作水

　　C.松开控制杆7与液压缸中活塞杆的连接插销,可手动操纵控制杆来控制摩擦离合器

　　D.离心泵建立起相应的排出压力后,水环泵仍需继续工作一段时间

124.实现离心泵自吸的方法有_____。

　　①带自吸真空泵或有特殊形式的泵壳能使部分液体回流裹带气体来实现自吸;②在普通离心泵上附设自吸装置;③设真空箱集中抽吸系统,实现各泵起动后自吸;④在用压载泵抽排压舱水时,可用有流柱吸高的舷外水来引水

　　A.①②③④　　　　　　　　　　　　　B.②③④

　　C.①③④　　　　　　　　　　　　　　D.①②

125.离心泵没有自吸能力的原因不包括_____。

　　A.结构形式　　　　　　　　　　　　　B.排气能力差

　　C.密封效果差　　　　　　　　　　　　D.尺寸太大

126.关于离心泵自吸装置,说法正确的是_____。

　　A.采用水环泵作为自吸装置,离心泵不能采用水润滑的轴承

　　B.采用空气喷射器作为自吸装置,可以短时间频繁起动

　　C.采用空气喷射器作为自吸装置,不允许使用机械轴封

D.采用水环泵作为自吸装置,离心泵可以延时起动

127.关于离心泵输送油的温度降低,下列说法错误的是_____。

①油的黏度增加,流动性减弱;②离心泵内部漏泄减少;③离心泵的流量降低;④离心泵的扬程降低;⑤离心泵效率变大;⑥离心泵的轴功率减小

A.①②③ B.②③④

C.④⑤⑥ D.⑤⑥

128.离心泵排送不同密度的流体时,所能产生的吸排压差_____。

A.相同 B.密度大的压差大

C.密度小的压差大 D.无法判断

129.离心泵排送空气与排送水相比,_____更容易漏泄。

A.排送空气 B.排送水

C.都一样 D.无法判断

130.离心泵排送空气与排送水相比,_____扬程更高。

A.排送空气 B.排送水

C.都一样 D.无法判断

131.以下泵中不采用特殊措施就不具备自吸能力的是_____。

A.水环泵 B.开式旋涡泵

C.叶片泵 D.离心泵

132.使用离心泵排压载水,刚起动时离心泵需要引水;可是使用离心泵作为锅炉给水泵时,给水泵则不需要引水。原因是_____。

A.离心泵有时有自吸能力,有时无自吸能力

B.排压载水时离心泵排压低,锅炉给水泵排压高

C.吸入液面与泵的吸口相对位置不一样

D.锅炉给水泵多为多级离心泵,所以不需要引水

133.使用离心泵排压载水,刚起动时离心泵需要引水;可是使用离心泵压入压载水时,一般不需要引水。原因是_____。

A.排压载水的离心泵与压入压载水的离心泵不是同一台泵

B.排压载水时离心泵排压高,压入压载水时离心泵排压低

C.吸入液面与泵的吸口相对位置不一样

D.排压载水时离心泵吸入阻力大,压入压载水时离心泵吸入阻力小

134.关于离心泵没有自吸能力的原因,说法错误的是_____。

①离心泵本身排气能力差;②离心泵内形成不了密封空间;③离心泵输气比输水漏泄要严重;④输气的扬程大于输水的扬程;⑤离心泵抽空气在泵吸、排口产生的压差比较大

A.①②③ B.②③④

C.③④⑤ D.④⑤

135.关于离心泵没有自吸能力的原因,说法正确的是_____。

A.离心泵本身排气能力强 B.离心泵内形成不了密封空间

C.离心泵输气比输水漏泄要轻 D.输气的扬程大于输水的扬程

136.离心式压载泵抽排压载水时若真空引水装置失效,最方便的应急引水方法是_____。

    A.关排出阀起动　　　　　　　　　B.从泵壳漏斗向泵内灌水

    C.吸舷外水帮助吸入管建立真空　　D.外接真空泵

137.靠水环泵引水的离心泵的最佳运行方式是_____。

    A.水环泵由离心泵附带连续工作　　B.引水成功后让水环泵封闭运转

    C.引水成功后让水环泵小流量运转　D.引水成功后让水环泵脱离工作

138.关于靠摩擦离合器自带水环引水泵的离心泵,以下说法错误的是_____。

    A.不允许使用机械轴封

    B.不允许使用水润滑轴承

    C.引水成功后靠排出压力使离合器脱开

    D.引水成功后靠排压继电器使水环泵停止工作

139.关于带自吸装置的离心泵,以下说法错误的是_____。

    A.自吸装置在引水成功后停止工作

    B.常用水环泵或空气喷射器引水

    C.即使需经常起动,也无须设底阀

    D.靠水环泵引水,则离心泵在起动期间可能干摩擦

140.关于靠气体喷射器完成自吸的离心泵,_____。

    ①若靠排压继电器停止喷射器供气,一般设时间继电器推迟离心泵起动;②若设浮子开关停

    止喷射器供气,则无须设时间继电器;③不允许使用机械轴封和水润滑轴承

    A.②③　　　　　　　　　　　　　B.①②③

    C.①③　　　　　　　　　　　　　D.①②

141.离心泵自吸装置的主要作用是_____。

    A.将离心泵的吸入管和泵体内的气体排空

    B.预润滑离心泵

    C.将离心泵的吸入管和泵体内的液体排空

    D.减少离心泵的起动负荷

142.离心泵加装自吸装置的原因是_____。

    A.离心泵起动电流太大　　　　　　B.离心泵扬程相对较小

    C.离心泵无自吸能力　　　　　　　D.离心泵是非密封性泵

143.控制离心泵自吸装置运转的信号一般来自_____。

    A.离心泵的排出压力　　　　　　　B.离心泵的吸入压力

    C.离心泵的运转电流　　　　　　　D.离心泵的排出压力或吸入压力

144.较大的离心泵停泵的合理步骤是_____。

    A.停止原动机→关闭排出阀→关闭吸入阀

    B.关闭吸入阀→停止原动机→关闭排出阀

    C.关闭排出阀→停止原动机→关闭吸入阀

    D.停止原动机→关闭吸入阀→关闭排出阀

145.对离心泵,关闭排出阀起动时_____。

A.扬程最高,轴功率最小,效率最高

B.扬程最高,轴功率最小,效率最低

C.扬程最低,轴功率最大,效率最低

D.扬程最低,轴功率最小,效率最高

146.离心泵关阀起动对电网冲击最小,但泵封闭运转的时间不能过长,一般不应超过_____ min,否则泵会因叶轮搅拌液体而发热。

A.1   B.2~3

C.10~15   D.15~20

147.用离心泵作为压载水泵,起动过程需要注意的事项有_____。

①观察泵的吸口压力表的变化;②查看泵的流量;③检查泵体的振动情况;④检查泵的起动电流;⑤倾听泵的运转声音

A.②③④⑤   B.①③④⑤

C.①②④⑤   D.①②③④

148.关于离心泵的说法,不正确的是_____。

A.起动前要确认接线正常   B.起动前要清除泵周围异物

C.初次使用的泵不需盘车   D.起动前确认润滑剂正常

149.对于大功率的离心泵,以下说法正确的是_____。

A.起动前将吸入阀打开、排出阀关闭

B.起动前将吸入阀关闭、排出阀打开

C.起动前不需灌液

D.开启进、出口阀,直接起动

150.关于离心泵的起动过程,以下说法不正确的是_____。

A.大功率离心泵起动前吸入阀打开,排出阀关闭

B.大功率离心泵起动要考虑减小起动电流和对电网的冲击

C.不管是大功率还是小功率离心泵,起动前均不需灌液

D.有正吸高的离心泵,要避免干转造成磨损过快

151.有流柱吸高的离心泵运行时,封闭排压不足的原因不会是_____。

A.叶轮松脱或淤塞、破损   B.转速低或转向反

C.进入泵内的液体含气多   D.吸入滤器部分脏堵

152.不会使离心泵排压不足的是_____。

A.泵反转   B.密封环间隙大

C.引水中含气多   D.转速过高

153.离心泵电动机过载的原因分析中,错误的结论是_____。

A.叶轮与泵壳摩擦   B.填料压得太紧

C.排出阀开得太小   D.电压过低

154.自吸式离心泵吸不上水,不可能是因为_____。

A.没有初灌   B.吸入管漏气

C.轴封填料老化   D.底阀关不严

155.自吸式离心泵吸入真空度过大而不能排水,可能是_____。
　　A.轴封填料老化　　　　　　　　B.密封环间隙大
　　C.叶轮破损　　　　　　　　　　D.吸入滤器堵塞

156.离心泵输水时流量和扬程正常,但电机电流过大,不会是因为_____。
　　A.电压过低　　　　　　　　　　B.填料太紧
　　C.电流频率太高　　　　　　　　D.叶轮碰擦泵壳

157.离心泵输油时流量和扬程正常,但电机电流过大,不会是因为_____。
　　A.电压过低　　　　　　　　　　B.填料太紧
　　C.叶轮碰擦泵壳　　　　　　　　D.油黏度太大

158.离心泵输送冷水时工作正常,输送热水时发生频率较高的振动和噪声,最可能的原因是发生了_____现象。
　　A.共振　　　　　　　　　　　　B.气蚀
　　C.喘振　　　　　　　　　　　　D.轴承磨损

159.会使离心泵电流降低的是_____。
　　A.排出压力增高　　　　　　　　B.流量增加
　　C.转速增加　　　　　　　　　　D.排出管破裂

160.离心泵电流过大的原因不包括_____。
　　A.填料压得太紧　　　　　　　　B.泵轴弯曲或对中不良
　　C.排出管路堵塞　　　　　　　　D.排出管脱开,敞口运转

161.离心泵电流过大的原因可能是_____。
　　A.关排出阀起动　　　　　　　　B.排出液面升高
　　C.填料压得太紧　　　　　　　　D.排出容器压力升高

162.可能使离心泵电动机电流过大的是_____。
　　A.关排出阀起动　　　　　　　　B.转速提高
　　C.排出液面升高　　　　　　　　D.排出容器压力升高

163.离心泵吸排容器和管路状况未变,流量降低,不是因为_____。
　　A.滤器脏堵　　　　　　　　　　B.电动机反转
　　C.密封环间隙过大　　　　　　　D.双吸叶轮装反

164.离心泵电动机过载的原因可能是_____。
　　①电压过低;②叶轮与泵壳摩擦;③双吸式叶轮装反
　　A.①或③　　　　　　　　　　　B.①或②
　　C.②或③　　　　　　　　　　　D.①或②或③

165.离心泵排出阀全开时,排出压力很低且流量较小;而关闭排出截止阀时,排压基本正常,最可能的原因是_____。
　　A.排出管路不畅　　　　　　　　B.轴承间隙过大
　　C.轴线对中不良　　　　　　　　D.叶轮流道有淤塞

166.有正吸高的自吸离心泵不能产生足够大的真空度,水吸不上来,不会是因为_____。
　　A.初次使用时泵内未灌水　　　　B.吸入管接头漏气

C.轴封失效　　　　　　　　　　D.密封环间隙过大

167.如图所示为离心泵的定速特性曲线 P-Q,管路 ①的特性曲线,管路②的特性曲线,管路③的特性曲线,功率特性曲线 η-Q。为了发挥该离心泵的最佳性能,选配管系时,应该选用_____。

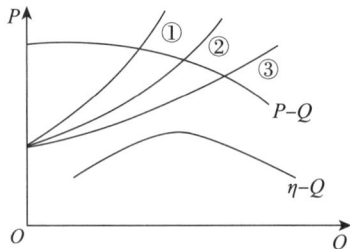

A.①　　　　　　　　　　　　　B.②

C.③　　　　　　　　　　　　　D.①或③

168.离心泵管路系统中的排出阀开度减小,_____。

A.管路阻力损失增大　　　　　　B.管路特性曲线变平坦

C.管路的静能头变大　　　　　　D.管路的静能头变小

169.离心泵管路系统中的吸入液面高度降低,_____。

A.离心泵的扬程增大

B.管路特性曲线变平坦

C.管路特性曲线变陡峭

D.管路特性曲线向下平移

170.离心泵管路系统中的排出液面高度升高,_____。

A.离心泵的扬程减小

B.管路特性曲线变平坦

C.管路特性曲线变陡峭

D.管路特性曲线向上平移

171.离心泵管路系统中的离心泵的旁通阀开大,_____。

A.离心泵的扬程增大

B.管路特性曲线变平坦

C.管路特性曲线变陡峭

D.管路特性曲线向下平移

172.离心旋涡泵主要是利用离心叶轮和旋涡叶轮串联,来_____。

A.提高泵流量

B.提高泵压头

C.改善离心叶轮的抗气蚀性能和旋涡叶轮的自吸能力

D.改善离心叶轮的自吸能力和旋涡叶轮的抗气蚀性能

173.下图中的图 a 所示为采用离心泵的水输送管路系统,当阀1阀2全开、阀3关闭时,泵的装置特性如图 b 所示。如果开大阀3,泵的装置特性变化应趋向_____。

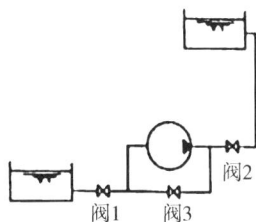 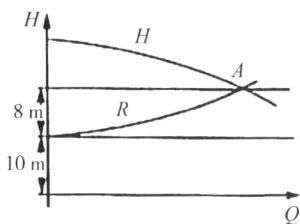 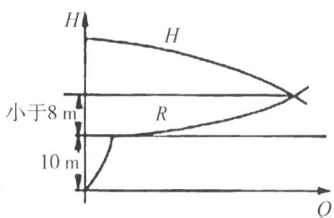

图a 图b 图c

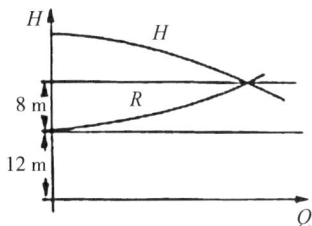 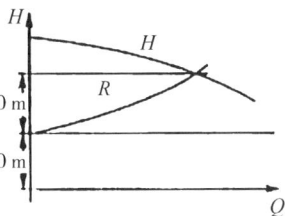 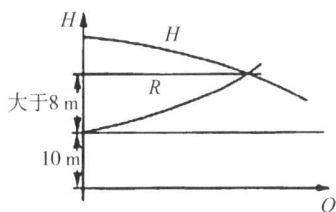

图d 图e 图f

A.图 c B.图 d

C.图 e D.图 f

174.下图中的图 a 所示为采用离心泵的水输送管路系统,当阀 1 阀 2 全开、阀 3 关闭时,泵的装置特性如图 b 所示。如果吸入液面降低 2 m,泵的装置特性变化应趋向_____。

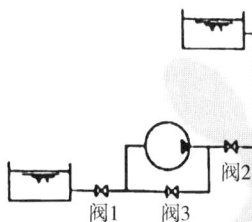 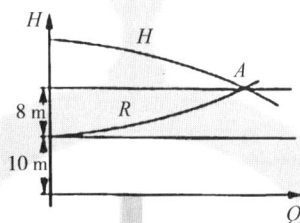 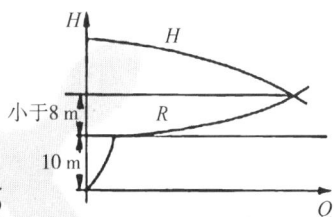

图a 图b 图c

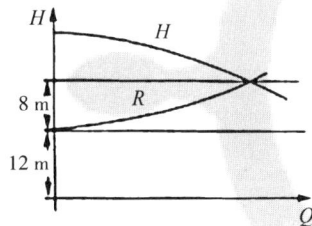 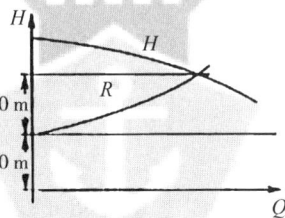 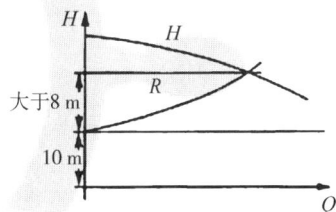

图d 图e 图f

A.图 b B.图 c

C.图 d D.图 e

175.关于离心泵管理的以下说法中,错误的是_____。

A.用润滑脂润滑的轴承应定期加满润滑脂

B.关闭排出阀运行时间不宜过长

C.运转时轴承温升应不超过 35 ℃

D.关排出阀起停对电网冲击最小

176.关小离心泵的排出阀后,泵本身的工作扬程将_____,管路中的有效扬程将_____。

A.增加;降低   B.降低;降低

C.不变;降低   D.降低;增加

177.电动离心泵三相电相序接错,泵会_____。

A.发生气蚀   B.电动机过载

C.流量不足   D.安全阀开启

178.关于离心泵,说法正确的是_____。

A.离心泵可通过调节吸入阀开度来调节其流量

B.节流调节在所有调节方式中经济性最差

C.节流调节会使电动机功率变大

D.离心泵可封闭起动

179.《钢质海船入级规范》规定离心泵水压试验的压力为设计压力的_____倍,时间不少于_____ min,铸件表面不渗漏。

A.1.5;5   B.1.7;5

C.1.5;10   D.1.7;10

180.关于离心泵部件,以下情况可以考虑设法修复的是_____。

A.泵轴出现裂纹

B.叶轮的叶片因锈蚀而缺损

C.泵体出现裂纹

D.叶轮盖板及叶片因冲刷而显著变薄

181.离心泵叶轮必须换新的是_____。

①叶片变薄,不能保证足够的强度;②进口靠近密封环处严重偏磨;③裂纹无法焊补

A.①   B.②

C.③   D.①②③

182.离心泵叶轮用黄铜补焊后,应_____。

A.立即进行机械加工   B.立即冷却回火

C.缓慢冷却回火   D.没有特别要求

183.在检修离心泵时,需要记录的测量数据是_____。

A.轴线对中数据   B.密封环尺寸与间隙

C.滚动轴承间隙   D.叶轮外径

184.船用立式离心泵,两只止推轴承常以_____安装,以承受_____窜动的轴向力。

A.背靠背;运转时向上和起动时向下

B.背靠背;运转时向下和起动时向上

C.背对背;运转时向上和起动时向下

D.背对背;运转时向下和起动时向上

185.离心泵流量不足的可能原因有_____。

①排出液面压力增大;②叶轮部分破损;③密封环磨损使内部漏泄加大;④液体温度高使泵

发生气蚀

A.①②③
B.①②④

C.①③④
D.①②③④

186.会使离心泵流量减小的是_____。

①排出容器液面升高;②排出管路阻力增加;③泵转速降低;④排出管路阻力降低;⑤排出压力降低;⑥泵转速增加

A.①②③
B.②③④

C.③④⑤
D.④⑤⑥

187.离心泵敞口运行时_____。

A.效率最高
B.功率最大

C.允许吸入真空度最大
D.扬程最高

188.多级离心泵轴向力平衡多采用平衡盘平衡轴向力,关于采用平衡盘的泵轴承的选用说法中,正确的是_____。

A.宜用推力轴承作为平衡轴向力的补充手段

B.只能采用滑动轴承

C.不能采用滚动轴承

D.既可采用滑动轴承也可采用滚动轴承

189.大型油船货油系统的货油泵常采用_____。

A.立式深潜式离心泵
B.卧式离心泵

C.卧式齿轮泵
D.立式悬挂式三螺杆泵

190.关于离心泵自吸装置的说法中,错误的是_____。

A.采用水环泵自吸装置的离心泵,应避免使用机械轴封和以水润滑的轴承

B.水环泵作为离心泵的自吸泵,主要作用是排送气体

C.采用空气喷射器自吸装置的离心泵,在运转中如因吸入过多气体而使排压降低到一定程度,喷射器会再次投入工作抽吸离心泵中的气体

D.为了保证空气喷射器自吸装置能快速抽吸空气,为其提供的压缩空气一般为 30 MPa 的高压空气

191.离心泵采用封闭起动的目的是_____。

A.减轻起动时的振动
B.降低起动噪声

C.减小电动机的起动电流
D.提高泵的自吸能力

192.关于机械油封的说法,错误的是_____。

A.动密封面磨损后能自动补偿

B.适用于使用滚动轴承和滑动轴承的泵

C.一般不宜用于有悬浮颗粒的液体

D.动环和静环必须使用不同的材料

193.关于离心泵变速调节,以下说法错误的是_____。

A.适合可变速的原动机,应用范围广

B.超过额定转速,必须征得制造厂家的同意

C.经济性比节流调节、回流调节好

D.降速不会恶化泵的吸入性能

194.船舶压载泵的压头损失主要消耗在_____。

A.克服水的摩擦、撞击和漩涡上　　　　　B.克服管路的水力阻力上

C.自下而上地挤压水上　　　　　　　　　D.克服船舶浮力上

195.额定值为扬程 60 m、流量 50 m³/h、轴功率 10 kW 的离心泵工作时排出压力为 0.5 MPa，吸入压力为 −0.05 MPa，其工作流量 Q 和轴功率 P 应_____。

A.$Q < 50$ m³/h，$P < 10$ kW

B.$Q < 50$ m³/h，$P > 10$ kW

C.$Q = 50$ m³/h，$P = 10$ kW

D.$Q > 50$ m³/h，$P > 10$ kW

196.离心泵采用_____使有效流量减少，泵的功率增加。

A.回流调节　　　　　　　　　　　　　　B.节流调节

C.节流调节或回流调节　　　　　　　　　D.变速调节

197.以离心泵作货油泵时，说法正确的是_____。

A.货油泵的流量通常不能调节

B.为了降低起动功率，货油泵起动时采用封闭起动的方式

C.为了保证货油泵起动成功，可较长时间封闭起动

D.装有蒸汽清洗器装置的货油泵只需清洗轴封，不需清洗口环

198.离心泵采用_____法平衡轴向推力不需设止推轴承。

A.平衡孔　　　　　　　　　　　　　　　B.双吸叶轮

C.平衡盘　　　　　　　　　　　　　　　D.叶轮对称布置

199.离心泵原先在额定工况下工作，关小排出阀后不会_____。

A.工作扬程增大　　　　　　　　　　　　B.允许吸入真空度减小

C.流量减小　　　　　　　　　　　　　　D.效率降低

200.离心泵排出阀关小后，泵的_____。

A.功率增大，扬程减小　　　　　　　　　B.功率减小，扬程减小

C.功率增大，扬程增大　　　　　　　　　D.功率减小，扬程增大

201.离心泵叶轮中叶片的数量过多会_____。

A.容易发生涡流　　　　　　　　　　　　B.增加水摩擦阻力

C.增加叶轮圆盘摩擦损失　　　　　　　　D.增加冲击损失

202.离心泵开大排出阀后_____。

A.轴功率减小　　　　　　　　　　　　　B.必需气蚀余量变大

C.扬程增加　　　　　　　　　　　　　　D.效率增加

203._____是影响离心泵效率的主要因素。

A.容积损失　　　　　　　　　　　　　　B.水力损失

C.摩擦损失　　　　　　　　　　　　　　D.机械损失

204.关于离心泵轴承的以下说法中，错误的是_____。

A.轴承在安装前可加热至 150 ℃左右再装入轴上

B.轴承外圈与安装处通常为过盈配合

C.立式泵若有两只止推轴承,通常"背靠背"安装

D.水润滑轴承功率损失小,但承载能力低

205.下图中示出了船用离心泵所用的一种水环泵自吸装置简图,根据图形说法,错误的
是_____。

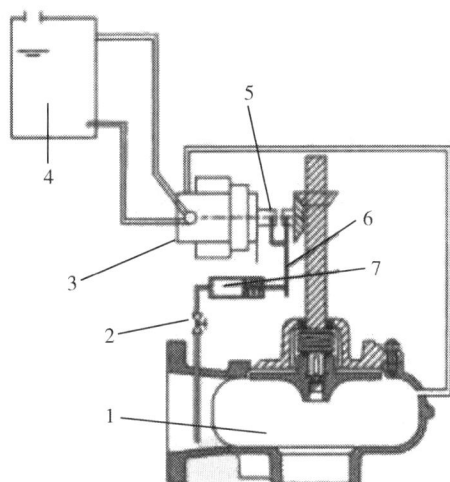

A.驱动离心泵的电动机可同时靠离合器驱动水环式真空泵

B.水环泵工作中截止止回阀 3 要关闭

C.起动离心泵时,靠离合器同时驱动水环泵工作

D.离心泵自吸成功并建立压力后,排出压力水进入液压缸 7 克服弹簧推动控制杆,使离合器
脱开,水环泵停止工作

206.根据下图对离心泵的 *Q-H* 定速特性曲线回答,舱底水泵、压载水泵适用_____形式的泵。

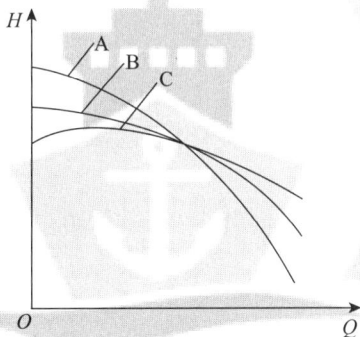

A.曲线 B
B.曲线 C
C.曲线 A
D.曲线 A 和曲线 C

207.图示为采用平衡盘结构的离心泵,请问 b_2 是_____间隙,该离心泵应该采用_____
轴承。

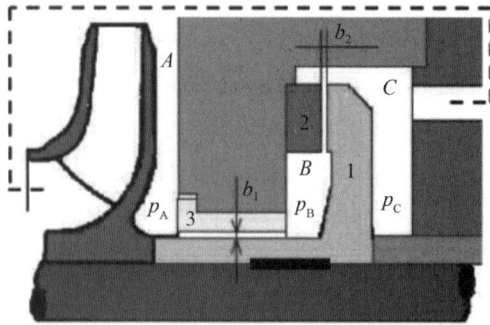

A.轴向；滑动　　　　　　　　B.轴向；止推

C.径向；止推　　　　　　　　D.径向；滑动

208.离心泵自吸装置的吸口一般安装在_____。

　　A.离心泵的壳体内　　　　　　B.离心泵的进口或出口

　　C.离心泵的出口　　　　　　　D.离心泵的进口

209.离心泵经济性能最好的工况调节方法是_____。

　　A.节流调节法　　　　　　　　B.变速调节法

　　C.回流调节法　　　　　　　　D.切割叶轮法

210.若离心泵串联,各泵的型号_____,但_____应相近。

　　A.必须相同；额定转速　　　　B.不一定相同；额定功率

　　C.一定相同；额定扬程　　　　D.不一定相同；额定流量

211.对于设平衡盘的离心泵,在工作压力减小后,平衡盘的_____。

　　A.轴向间隙增大　　　　　　　B.径向间隙减小

　　C.径向间隙增大　　　　　　　D.轴向间隙减小

第六节　旋涡泵

1.旋涡泵效率最低的类型是_____。

　A.开式旋涡泵吸入端为闭式流道,排出端采用开式流道并附加闭式流道

　B.开式旋涡泵配闭式流道

　C.开式旋涡泵配吸入端为闭式流道,排出端为开式流道

　D.闭式旋涡泵配开式流道

2.关于旋涡泵,说法错误的是_____。

　A.闭式叶轮要配闭式流道

　B.效率一般比离心泵低

　C.与叶轮直径、转速相同的离心泵比,旋涡泵扬程较高

　D.工作时液体相对叶轮的运动轨迹是一条后退的螺旋线

3.旋涡泵比离心泵能产生较高扬程的原因是_____。

　A.转速稳定　　　　　　　　　B.级数更多

C.液体进入叶轮的次数更多　　　　　　　D.叶轮直径更大

4.开式旋涡泵采用向心开式流道代替闭式流道,最主要是为了_____。

　A.提高自吸能力

　B.提高自吸能力和降低必需气蚀余量

　C.提高效率

　D.降低必需气蚀余量

5.下列各种船用泵中,_____对流体的黏度值要求最小。

　A.离心泵　　　　　　　　　　　　　　B.往复泵

　C.旋涡泵　　　　　　　　　　　　　　D.齿轮泵

6.下列各种船用泵中,_____对流体黏度的允许值要求最大。

　A.离心泵　　　　　　　　　　　　　　B.往复泵

　C.旋涡泵　　　　　　　　　　　　　　D.齿轮泵

7.旋涡泵属于_____。

　A.回转式泵　　　　　　　　　　　　　B.容积式泵

　C.叶轮式泵　　　　　　　　　　　　　D.喷射式泵

8.下列对于旋涡泵的说法中,正确的是_____。

　A.没有自吸能力

　B.气蚀性能较好

　C.适宜输送固体颗粒和黏度太大的液体

　D.扬程较高

9.关于旋涡泵以下说法,对的是_____。

　A.工作时液体相对叶轮的运动轨迹是一条前进的螺旋线

　B.开式叶轮只能配用闭式流道

　C.回流调节流量比节流调节效率高

　D.开式旋涡泵只能做成单级

10.旋涡泵效率低是因为_____。

　A.内部漏泄多

　B.水力损失大

　C.机械摩擦大

　D.内部漏泄多、水力损失大、机械摩擦大

11.与旋涡泵的额定扬程关系较小的是_____。

　A.转速　　　　　　　　　　　　　　B.叶轮直径

　C.流道截面积　　　　　　　　　　　D.流道和叶片形状

12.旋涡泵常用作辅锅炉给水泵,主要是利用其_____的特点。

　A.自吸能力强　　　　　　　　　　　B.效率较高

　C.流量小、扬程高　　　　　　　　　D.抗气蚀性能好

13.旋涡泵与离心泵相比,_____。

　A.必需气蚀余量较小　　　　　　　　B.较容易实现自吸

C.适用功率范围较大   D.效率较高

14.旋涡泵与离心泵都属于叶轮式泵,属于两者相同点的是_____。

    A.流量均匀,连续平稳   B.都可以封闭起动

    C.都有较大的排量   D.都没有自吸能力

15.下列关于旋涡泵的说法中,错误的是_____。

    A.旋涡泵流量增大时扬程下降很快   B.封闭起动消耗功率最大

    C.功率随流量的增大而下降   D.应关闭排出阀起动

16.关于旋涡泵的工作原理,说法正确的是_____。

    A.液体在叶片和环形流道中的运行轨迹是纵向旋涡和绕泵轴的圆周速度的叠加

    B.工作时液体相对叶轮的运动轨迹是一条前进的螺旋线

    C.工作时液体相对固定泵壳的运动轨迹是一条后退的螺旋线

    D.旋涡泵中液体的纵向旋涡越强,液体进入叶轮的次数就越少,泵产生的扬程就越低

17.旋涡泵漏泄一般主要发生于_____。

    A.叶轮整个圆周处的径向间隙   B.叶轮端面的轴向间隙

    C.叶轮在隔舌圆周处的径向间隙   D.轴封处

18.开式旋涡泵是指_____。

    A.泵与电动机不在同一个壳体内   B.流道两端直通吸口或排口

    C.叶轮无中间隔板或端盖板   D.流道有一端直通吸口或排口

19.闭式旋涡泵是指_____。

    A.流道不直通吸排口   B.叶轮无中间隔板或端盖板

    C.电动机与泵封闭在同一个壳体内   D.叶轮有中间隔板或端盖板

20.旋涡泵可能是_____。

    ①闭式叶轮配闭式流道;②开式叶轮配闭式流道;③开式叶轮配开式流道

    A.①②   B.①③

    C.①②③   D.②③

21.关于旋涡泵结构,下列说法错误的是_____。

    A.闭式旋涡泵配开式流道

    B.闭式旋涡泵配闭式流道

    C.开式旋涡泵配闭式流道

    D.开式旋涡泵的吸入端为闭式流道,排出端为开式流道

22.开式旋涡泵配_____不具有自吸能力。

    A.闭式流道   B.向心式流道

    C.开式流道及附加辅助闭式流道   D.开式流道

23.采用开式流道的开式旋涡泵加辅助闭式流道是为了_____。

    A.提高效率   B.具备自吸能力

    C.降低必需气蚀余量   D.减少能量损失

24.旋涡泵中效率最差的是_____。

    A.闭式流道   B.普通开式流道

C.向心开式流道   D.开式流道加辅助闭式流道

25.旋涡泵相对于离心泵,主要优点是_____。

　　A.旋涡泵的流量较大   B.旋涡泵的扬程较高

　　C.旋涡泵的水力损失少   D.旋涡泵的流量均匀

26.关于旋涡泵的性能,下列说法错误的是_____。

　　A.流量较小、扬程较高   B.封闭扬程高、功率小

　　C.一般使用回流调节流量   D.泵的水力损失较大

27.不会使锅炉给水泵吸入压力降低的是_____。

　　A.热水井滤层严重堵塞   B.吸入阀未开足

　　C.泵转速增大   D.排出阀未开足

28.下列对于旋涡泵不排液的故障原因,说法错误的是_____。

　　A.泵内无液体或灌入液体不够   B.泵转向错误

　　C.安装高度过低   D.吸入管漏气

29.旋涡泵不宜采用_____方法来调节流量。

　　A.节流调节   B.回流调节

　　C.变速调节   D.回流调节、变速调节

30.旋涡泵运转时关小排出阀则_____。

　　A.功率增大,扬程减小   B.功率减小,扬程增大

　　C.功率增大,扬程增大   D.功率减小,扬程减小

31.旋涡泵运转时开大排出阀则_____。

　　A.功率增大,扬程减小   B.功率减小,扬程增大

　　C.功率增大,扬程增大   D.功率减小,扬程减小

32.关于旋涡泵的使用,以下说法正确的是_____。

　　①应关闭排出阀起动;②用节流法调节流量

　　A.①   B.②

　　C.①和②   D.都不对

33.旋涡泵比较经济简便的流量调节方法是_____。

　　A.回流调节   B.节流调节

　　C.变速调节   D.切割叶轮调节

34.关于旋涡泵的以下说法中,错误的是_____。

　　A.采用回流调节比节流调节好   B.较容易实现自吸

　　C.应关排出阀起动   D.抗气蚀性能较差

35.关于旋涡泵,说法正确的是_____。

　　A.旋涡泵可以调节排出阀的开度调流量

　　B.开式旋涡泵起动前必须灌满液体

　　C.旋涡泵效率较高

　　D.旋涡泵可以输送黏度较大的液体

36.关于旋涡泵,说法正确的是_____。

A.旋涡泵效率较高

B.开式旋涡泵有自吸能力,起动前无须灌满液体

C.旋涡泵不可用节流调节调流量

D.旋涡泵可以输送含固体颗粒的液体

37.旋涡泵运转时开大旁通阀则_____。

A.功率增大,扬程减小 　　　　　B.功率减小,扬程提高

C.功率增大,扬程提高 　　　　　D.功率减小,扬程降低

38.为提高开式旋涡泵自吸能力,通常做法是_____。

A.泵出口设气液分离室 　　　　　B.配自吸喷射泵

C.与离心叶轮串联 　　　　　　　D.配自吸水环泵

39.为提高闭式旋涡泵自吸能力,通常做法是_____。

A.泵出口设气液分离室 　　　　　B.配自吸喷射泵

C.与离心叶轮串联 　　　　　　　D.配自吸水环泵

40.旋涡泵初次使用时应向泵内灌水,主要目的是_____。

A.提高容积效率 　　　　　　　　B.实现自吸

C.提高冷却效果 　　　　　　　　D.提高润滑效果

41.下列_____不是旋涡泵的管理要点。

A.流量调节用回流调节 　　　　　B.适用于流量小、扬程高的场合

C.关闭排出阀起动 　　　　　　　D.起动前灌满液体

42.旋涡泵叶片可采用_____。

A.前弯 　　　　　　　　　　　　B.后弯

C.径向 　　　　　　　　　　　　D.前弯、后弯和径向

第七节　喷射泵

1.水喷射泵在船上一般不用作_____。

A.货舱排水泵 　　　　　　　　　B.造水机排盐水泵

C.应急舱底水泵 　　　　　　　　D.应急消防泵

2.以下泵中效率最低的一般是_____。

A.水环泵(排气) 　　　　　　　　B.喷射泵

C.闭式旋涡泵 　　　　　　　　　D.离心泵

3.喷射泵的混合室做成_____形状时,其进口能量损失较小。

A.圆锥和圆柱组合 　　　　　　　B.圆锥

C.扩压管 　　　　　　　　　　　D.圆柱

4.关于蒸汽式喷油器,以下说法错误的是_____。

A.有时可用空气代替蒸汽来帮助燃油雾化

B.喷油量改变时不影响雾化质量

C.燃油可以无须加压

D.结构简单,但工作时噪声较大

5.下列对于喷射泵的说法中,错误的是_____。

　　A.效率低,通常在25%以下

　　B.没有运动部件

　　C.自吸能力较强,能形成较高的真空度

　　D.不适宜输送含有固体杂质的液体

6.喷射泵的部件不包括_____。

　　A.混合室　　　　　　　　　　　　　B.扩压室

　　C.吸入室　　　　　　　　　　　　　D.排出室

7.喷射泵中将压力能转换为速度能的元件主要是_____。

　　A.喷嘴　　　　　　　　　　　　　　B.吸入室

　　C.混合室　　　　　　　　　　　　　D.扩压室

8.喷射泵中将速度能转换为压力能的元件主要是_____。

　　A.喷嘴　　　　　　　　　　　　　　B.吸入室

　　C.混合室　　　　　　　　　　　　　D.扩压室

9.以下泵中不采用电动机带动的是_____。

　　A.往复泵　　　　　　　　　　　　　B.水环泵

　　C.喷射泵　　　　　　　　　　　　　D.旋涡泵

10.喷射泵的扩压室通常是_____。

　　A.圆柱形　　　　　　　　　　　　　B.收缩的圆锥形

　　C.扩张的圆锥形　　　　　　　　　　D.收缩和扩张的圆锥形

11.喷射泵工作流体先后流过_____。

　　A.喷嘴、吸入室、扩压室、排出室　　　B.喷嘴、吸入室、混合室、扩压室

　　C.喷嘴、吸入室、混合室、排出室　　　D.喷嘴、混合室、扩压室、排出室

12.喷射泵混合室出口截面上流速均匀,可_____。

　　A.减少在混合室中的能量损失　　　　B.减少在扩压室中的能量损失

　　C.增加在混合室中的能量交换　　　　D.增加在扩压室中的动量交换

13.在如下水喷射泵结构图中,1、2、3、4段分别称为_____。

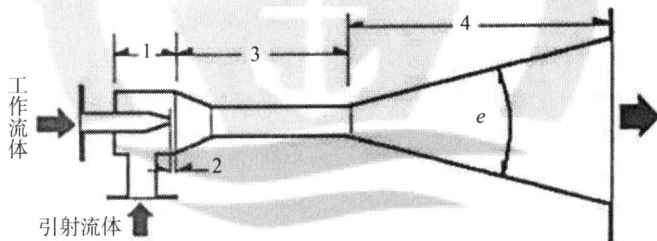

水喷射泵结构图

　　A.喷嘴、吸入室、混合室、扩压室

　　B.吸入室、喉嘴距、混合室、扩压室

　　C.工作室、吸入室、动力室、排出室

D.喷嘴、面积比、收缩管、混合室

14.喷射泵中工作流体的引射作用主要是在_____中完成的。

A.喷嘴 　　　　　　　　　　　　　B.吸入室

C.混合室 　　　　　　　　　　　　D.扩压室

15.喷射泵的流量比(引射系数)是指_____的体积与流量之比。

A.工作流体与被引射流体 　　　　　B.被引射流体与工作流体

C.工作流体与泵出口流体 　　　　　D.泵出口流体与工作流体

16.喷射泵的喉嘴距是指喷嘴出口至_____截面的距离。

A.混合室进口 　　　　　　　　　　B.混合室出口

C.混合室圆柱段开始处 　　　　　　D.引射的圆锥流束与混合室相交处

17.对于喉嘴面积比比较小的喷射泵,工作中最大的水力损失是_____损失。

A.喷嘴 　　　　　　　　　　　　　B.混合

C.混合室进口和摩擦 　　　　　　　D.扩压

18.效率相对较高的水喷射泵的喉嘴面积比 m _____。

A.较大 　　　　　　　　　　　　　B.较小

C.适中 　　　　　　　　　　　　　D.效率与 m 无关

19.以下泵中自吸能力最强的是_____。

A.螺杆泵 　　　　　　　　　　　　B.往复泵

C.齿轮泵 　　　　　　　　　　　　D.喷射泵

20.水喷射泵常用作应急舱底水泵,不是因为_____。

A.自吸能力强 　　　　　　　　　　B.被水浸没也能工作

C.检修工作少 　　　　　　　　　　D.无运动件,效率高

21.关于蒸汽抽气器的以下说法中,错误的是_____。

A.常用来为离心泵引水

B.抽吸液体时比用空气喷射器效率高

C.喷嘴截面呈缩放形

D.常用来为蒸汽冷凝器抽气

22.水射抽气器在船上常用来_____。

A.为造水机抽真空 　　　　　　　　B.为离心泵引水

C.为蒸汽冷凝器抽气 　　　　　　　D.抽吸滑油

23.水射抽气器抽吸空气时,实际抽气量_____理论抽气量,实际真空度_____理论真空度。

A.小于;小于 　　　　　　　　　　B.小于;大于

C.大于;大于 　　　　　　　　　　D.大于;小于

24.关于水射抽气器,下列说法错误的是_____。

A.水射抽气器的工作流体是水

B.水射抽气器抽吸纯蒸汽时,其流量和抽吸干空气时的流量差不多

C.水射抽气器是用来抽除空气或空气与水蒸气的混合物

D.水射抽气器为了增加工作水与吸入气体的接触面积,多做成多喷嘴形式

25.蒸汽喷射器被广泛用作_____的抽气器。
　　A.油船扫舱泵　　　　　　　　B.离心泵引水装置
　　C.造水机抽真空装置　　　　　D.蒸汽动力装置的冷凝器

26.关于蒸汽喷射器,下列说法错误的是_____。
　　A.蒸汽喷射器采用低过热度的蒸汽作为动力
　　B.蒸汽喷射器采用含水的工作蒸汽会使喷射器工作不稳定
　　C.蒸汽喷射器也是可以抽水的
　　D.工作蒸汽用来抽水时,需要与被抽水的温度基本一致

27.关于空气喷射器,下列说法错误的是_____。
　　A.船上空气喷射器所用的工质一般是高压氮气
　　B.尺寸和机构一般都比较小
　　C.在船上常用作离心泵的自吸装置
　　D.其输送液体的效率不如蒸汽喷射器

28.关于空气抽气器的以下说法中,错误的是_____。
　　A.可用来为离心泵引水
　　B.抽吸液体时不如蒸汽喷射器效率高
　　C.喷嘴截面呈缩放形
　　D.有用来为蒸汽冷凝器抽气的

29.空气喷射器在船上常用来_____。
　　A.为造水机抽真空　　　　　　B.为离心泵引水
　　C.为蒸汽冷凝器抽气　　　　　D.抽吸舱底水

30.不会使水喷射泵引射流量降低的是_____。
　　A.工作水压降低　　　　　　　B.喉嘴距减小
　　C.排出压力降低　　　　　　　D.吸入液面降低

31.喷射泵的喉嘴距过大将导致_____。
　　A.工作水耗量增加　　　　　　B.工作水耗量减少
　　C.引射流量过多,效率下降　　D.引射流量过少,效率下降

32.喷射泵的喉嘴距过小将导致_____。
　　A.工作水耗量增加　　　　　　B.工作水耗量减少
　　C.引射流量过多,效率下降　　D.引射流量过少,效率下降

33._____不是使喷射泵工作能力降低的原因。
　　A.喷嘴和混合室不同心　　　　B.喷嘴口径过度磨损
　　C.工作水温太高　　　　　　　D.工作水温太低

34.喷射泵的喉嘴距过大不会导致_____。
　　A.引射流量过多,效率下降
　　B.混合室中靠外周部分液体出现倒流
　　C.排出压力达不到要求
　　D.工作水耗量增加

35.喷射泵喷嘴口径因磨损而过分增大,将直接导致_____。

    A.工作流体流量减少　　　　　　　　B.喷射泵排出压力增加

    C.泵工作效率下降　　　　　　　　　D.吸入压力下降

36.造水机水射抽气器抽真空能力下降的原因是_____。

    A.造水机机体漏泄　　　　　　　　　B.水射抽气器出口管漏泄

    C.工作海水压力太小　　　　　　　　D.工作海水温度变低

37.会造成喷射泵吸入能力减弱的是_____。

    A.工作压力升高　　　　　　　　　　B.被引射水温度降低

    C.喷嘴磨损变大　　　　　　　　　　D.喷嘴与混合室对中良好

38.水喷射泵在未达临界流量比之前,若其他条件不变,_____。

    A.排出压力升高,则引射流量增加　　B.吸入压力增加,则引射流量减少

    C.工作水压增加,则引射流量增加　　D.排出压力减少,则引射流量减少

39.喷射泵使用日久后最容易磨损的是_____。

    A.喷嘴　　　　　　　　　　　　　　B.吸入室

    C.混合室　　　　　　　　　　　　　D.扩压室

40.水喷射泵的工作液体或引射液体温度过高,最容易在_____处产生"气穴"现象。

    A.喷嘴出口　　　　　　　　　　　　B.吸入室进口

    C.混合室喉部　　　　　　　　　　　D.扩压室出口

41.水喷射泵安装时_____。

    ①应保持合适的喉嘴距;②应保持喷嘴、混合室和扩压室三者的同心度;③应保持排出管路的
清洁

    A.①②　　　　　　　　　　　　　　B.①③

    C.②③　　　　　　　　　　　　　　D.①②③

42.喷射泵_____的同心度对其正常工作尤为重要。

    A.喷嘴与吸入室　　　　　　　　　　B.喷嘴与混合室

    C.喷嘴与扩压室　　　　　　　　　　D.混合室与扩压室

43.喷射泵工作效率低的原因是_____。

    A.机械效率低

    B.容积效率低

    C.水力效率低

    D.机械效率、容积效率、水力效率都低

44.关于水喷射泵的特点,说法不正确的是_____。

    A.无运动部件,结构简单　　　　　　B.工作噪声小

    C.使用寿命长　　　　　　　　　　　D.自吸能力不如往复泵

45.关于喷射泵,说法错误的是_____。

    A.不能将喷射泵的扬程设置太大,否则会导致引射流量很小

    B.不能将喷射泵的工作水压力调至很小,否则会导致引射流量很小

    C.为了达到较好的引射效果,应尽可能增大喷射泵的工作水压力

D.允许将喷射泵的扬程设置得小一点儿

46.用于蒸汽喷射器的工作蒸汽应为＿＿＿＿＿＿＿。

A.饱和蒸汽　　　　　　　　　B.湿蒸汽

C.过热蒸汽　　　　　　　　　D.没有特别要求

47.水喷射泵效率低是因为＿＿＿＿＿＿＿。

A.容积效率低　　　　　　　　B.机械效率低

C.水力效率低　　　　　　　　D.质量效率低

48.下列关于水喷射泵的描述中,错误的是＿＿＿＿＿＿＿。

A.水喷射泵可用于真空沸腾式造水机

B.水喷射泵的工作流体的压力越高,引射流量越大

C.水喷射泵可用作扫舱泵

D.水喷射泵具有很强的自吸能力

49.关于水喷射泵结构,叙述正确的是＿＿＿＿＿＿＿。

A.扩压室扩压角越大,效率越高

B.压力最低点出现在混合室圆柱段末端

C.混合室最好由圆锥形与圆柱形结合而成

D.混合与扩压在相同部件内完成的

50.关于水射抽气器的以下说法中,错误的是＿＿＿＿＿＿＿。

A.质量引射系数很小

B.有设计成多喷嘴的

C.工作水温度越高则抽气量和能达到的真空度越大

D.抽蒸汽比抽空气效果好

第八节　泵送流体的黏度设计(轴流泵)

1.轴流泵主要由＿＿＿＿＿＿＿组成。

①泵体;②叶轮;③齿轮;④导叶装置;⑤进口管;⑥出口管

A.①③④⑤⑥　　　　　　　　B.①②④⑤⑥

C.①②③⑤⑥　　　　　　　　D.①②③④⑥

2.轴流泵的工作原理是＿＿＿＿＿＿＿。

A.靠旋转叶轮的叶片对液体产生的作用力使液体沿轴线方向输送

B.靠泵壳上的导叶片对液体产生的作用力使液体沿轴线方向输送

C.靠流体的冲击力使叶轮的叶片旋转进而产生推力使液体沿轴线方向输送

D.靠流体的冲击力使泵壳上的导叶片旋转进而产生推力使液体沿轴线方向输送

3.轴流泵的＿＿＿＿＿＿＿是用来消除液体的旋转运动,使之变为轴向运动,并把旋转运动的动能转变为压力能。

A.叶轮叶片　　　　　　　　　B.泵壳导叶片

C.泵壳叶片　　　　　　　　　D.叶轮导叶片

4.关于轴流泵,说法错误的是_____。

A.切断电源后,泵即停止工作

B.橡胶轴承可与油类接触

C.长期停用,要对各运动部件涂敷油脂

D.外界温度低于 0 ℃时,不要将泵浸入水中

5.关于轴流泵,说法错误的是_____。

A.在运转过程中,填料压紧程度以有水滴出为宜

B.橡胶轴承不得与油类接触

C.长期停用,要对各运动部件涂敷油脂

D.泵浸没在水中,不用更换轴承中的润滑油或油脂

6.关于轴流泵,说法错误的是_____。

A.轴流泵属于叶轮式泵

B.轴流泵输送液体不像离心泵那样沿径向流动,而是沿泵轴方向流动

C.轴流泵的叶片是螺旋形的

D.轴流泵只有立式和斜式,没有卧式

7.关于轴流泵的叶轮,说法错误的是_____。

A.叶轮一般由 2~6 片弯曲叶片组成,没有扭曲

B.叶轮的叶片有固定和可调节螺旋角两种

C.可调节叶轮叶片分为半调节式和全调节式

D.大型轴流泵的叶片大多为全调节式

8.关于轴流泵的导叶装置,说法错误的是_____。

A.能使从叶轮出来的液体流经导叶片所构成的流道后压力减小

B.能够提高轴流泵的效率

C.进口管为喇叭形

D.出口管通常为 60°或 90°的弯管,其作用是改变液体流出的方向

9.关于轴流泵的特点,说法错误的是_____。

A.流量大、结构简单、重量轻

B.形体为管状,占地面积小

C.立式轴流泵工作时叶轮全部浸没在水中,起动时需要灌泵

D.对于调节式轴流泵可以调节叶片角度,可保持在较高效率下工作

10.关于轴流泵的特点,说法不正确的是_____。

A.流量大、结构简单、重量轻

B.形体为管状,占地面积小

C.立式轴流泵工作时叶轮全部浸没在水中,起动时不需要灌泵

D.轴流泵是高扬程、大流量的泵

11.关于轴流泵起动前的检查工作,说法错误的是_____。

A.起动前要确定泵的技术状态良好

B.检查用电设施是否完好

C.泵起动前,无须向填料函的上接管引水

D.检查滑油量,使滑油保持在规定的油位

12.关于轴流泵的起动、停车,说法不正确的是_____。

A.起动前要做试运行,检查转向、有无卡阻现象等

B.起动后,检查是否有不正常的声响

C.起动后,发现异常声响无须停车检查

D.起动后,检查电流是否正常

13.大型轴流泵的叶片大多为_____。

A.螺旋角式　　　　　　　　　　　B.固定式

C.半调节式　　　　　　　　　　　D.全调节式

参考答案

第一节　基础知识

1.C	2.D	3.D	4.C	5.C	6.D	7.A	8.D	9.C	10.C
11.D	12.D	13.A	14.A	15.D	16.A	17.D	18.D	19.B	20.B
21.B	22.B	23.D	24.A	25.D	26.B	27.D	28.A	29.B	30.D
31.B	32.D	33.D	34.B	35.D	36.C	37.B	38.A	39.C	40.A
41.B	42.A	43.B	44.D	45.D	46.C	47.C	48.B	49.C	50.B
51.B	52.C	53.D	54.C	55.D	56.A	57.C	58.C	59.D	60.D
61.D	62.A	63.C	64.B	65.B	66.A	67.A	68.C	69.B	70.B
71.B	72.D	73.D	74.B						

第二节　往复泵

1.A	2.B	3.D	4.B	5.B	6.C	7.B	8.D	9.D	10.A
11.A	12.B	13.D	14.D	15.C	16.D	17.D	18.D	19.A	20.B
21.C	22.C	23.C	24.A	25.D	26.C	27.D	28.D	29.C	30.B
31.C	32.B	33.C	34.A	35.D	36.A	37.A	38.D	39.C	40.C
41.A	42.A	43.D	44.D	45.B	46.C	47.D	48.D	49.B	50.C
51.A	52.B	53.A	54.D	55.B	56.D	57.C	58.B	59.B	60.C
61.C	62.A	63.D	64.C	65.C	66.D	67.B	68.D	69.D	70.C
71.D	72.A	73.D	74.D	75.D	76.D	77.B	78.B	79.B	80.D
81.C	82.C	83.A	84.A	85.B	86.A	87.D	88.B	89.B	90.C
91.C	92.B	93.A	94.B	95.B	96.A				

第三节　齿轮泵

1.A	2.A	3.B	4.A	5.D	6.C	7.C	8.A	9.A	10.B
11.D	12.B	13.B	14.C	15.A	16.A	17.B	18.C	19.D	20.D
21.B	22.C	23.C	24.C	25.D	26.D	27.B	28.D	29.A	30.C
31.C	32.D	33.D	34.B	35.B	36.C	37.B	38.D	39.D	40.D
41.C	42.B	43.D	44.B	45.A	46.D	47.C	48.A	49.D	50.A
51.C	52.D	53.B	54.C	55.D	56.A	57.D	58.D	59.D	60.D
61.B	62.A	63.C	64.C	65.C	66.B	67.C	68.B	69.C	70.D
71.C	72.B	73.D	74.B	75.A	76.B	77.B	78.D	79.C	80.B
81.B	82.A	83.D	84.D	85.A	86.B	87.A			

第四节　螺杆泵

1.A	2.C	3.D	4.B	5.B	6.A	7.D	8.B	9.D	10.C
11.B	12.C	13.A	14.C	15.C	16.C	17.C	18.D	19.C	20.C
21.A	22.D	23.D	24.D	25.C	26.A	27.B	28.D	29.B	30.A
31.D	32.C	33.A	34.C	35.D	36.C	37.B	38.A	39.D	40.B
41.D	42.C	43.D	44.D	45.C	46.C	47.B			

第五节　离心泵

1.C	2.C	3.A	4.B	5.A	6.C	7.C	8.D	9.C	10.C
11.A	12.C	13.C	14.C	15.D	16.D	17.D	18.B	19.A	20.B
21.A	22.B	23.A	24.D	25.A	26.D	27.A	28.D	29.B	30.C
31.D	32.B	33.D	34.A	35.A	36.D	37.A	38.D	39.A	40.B
41.D	42.C	43.D	44.C	45.D	46.D	47.D	48.D	49.A	50.D
51.A	52.D	53.A	54.C	55.B	56.D	57.B	58.A	59.C	60.C
61.A	62.A	63.B	64.C	65.A	66.D	67.D	68.B	69.A	70.B
71.D	72.D	73.C	74.B	75.D	76.C	77.D	78.D	79.C	80.B
81.D	82.D	83.D	84.C	85.A	86.C	87.B	88.D	89.C	90.B
91.C	92.C	93.C	94.D	95.D	96.A	97.C	98.B	99.B	100.D
101.D	102.D	103.B	104.B	105.C	106.C	107.A	108.C	109.D	110.B
111.B	112.A	113.B	114.C	115.C	116.B	117.B	118.A	119.A	120.C
121.B	122.C	123.D	124.A	125.D	126.A	127.D	128.B	129.A	130.B
131.D	132.C	133.C	134.D	135.B	136.C	137.D	138.D	139.C	140.D
141.A	142.C	143.A	144.C	145.B	146.B	147.B	148.C	149.A	150.C

151.D	152.D	153.C	154.D	155.D	156.C	157.D	158.B	159.A	160.C
161.C	162.B	163.D	164.D	165.D	166.D	167.B	168.A	169.A	170.D
171.B	172.D	173.A	174.C	175.A	176.A	177.C	178.D	179.C	180.C
181.D	182.C	183.B	184.B	185.D	186.A	187.B	188.B	189.A	190.D
191.C	192.B	193.A	194.A	195.A	196.A	197.B	198.C	199.B	200.D
201.B	202.B	203.B	204.B	205.B	206.C	207.A	208.D	209.B	210.D
211.A									

第六节　旋涡泵

1.B	2.A	3.C	4.C	5.C	6.D	7.C	8.D	9.C	10.B
11.C	12.C	13.B	14.A	15.D	16.A	17.B	18.C	19.D	20.D
21.B	22.D	23.B	24.A	25.B	26.B	27.D	28.C	29.A	30.C
31.D	32.D	33.A	34.C	35.B	36.C	37.D	38.A	39.A	40.B
41.C	42.D								

第七节　喷射泵

1.D	2.B	3.A	4.C	5.D	6.D	7.A	8.D	9.C	10.C
11.B	12.B	13.B	14.B	15.B	16.A	17.D	18.C	19.D	20.D
21.A	22.A	23.A	24.B	25.D	26.D	27.A	28.D	29.B	30.C
31.C	32.D	33.D	34.D	35.C	36.C	37.C	38.C	39.A	40.C
41.D	42.B	43.C	44.D	45.C	46.C	47.C	48.B	49.C	50.C

第八节　泵送流体的黏度设计(轴流泵)

| 1.B | 2.A | 3.B | 4.B | 5.D | 6.D | 7.A | 8.A | 9.C | 10.D |
| 11.C | 12.C | 13.D | | | | | | | |

第三章

船舶辅助管系

第一节　管系的基础知识

1._____的阀杆不具有自锁功能。

　　A.截止阀　　　　　　　　　　　　B.蝶阀

　　C.球阀　　　　　　　　　　　　　D.闸阀

2.下列_____属于船舶辅助管系。

　　A.冷却系统　　　　　　　　　　　B.燃油系统

　　C.滑油系统　　　　　　　　　　　D.消防系统

3.关于船舶管系的说法,不正确的是_____。

　　A.为防止各舱舱底水相互串通,管路中的分配阀箱、舱底水管和直通舱底水泵支管上的阀门均
　　　应为截止止回阀

　　B.锚链冲洗水一般取自消防水系统,不应设置隔离阀

　　C.生活淡水系统压力供水的特点是设置压力水柜,借助水柜中空气的压力将水送至各用水处

　　D.船舶压载水在一定程度上可以减轻船体和轴系的振动

4.动力管系管壁表面温度超过_____℃时,一般应包扎绝热材料。

　　A.50　　　　　　　　　　　　　　B.60

　　C.70　　　　　　　　　　　　　　D.80

5.截止阀的进、出口方向如果反向安装,则介质_____,管路阻力_____。

　　A.不能流通;增大　　　　　　　　B.不能流通;减小

　　C.可以流通;增大　　　　　　　　D.可以流通;减小

6.截止阀直立向上安装,阀体上的介质流动方向标识不清时,可按照_____的原则判断进、出
口方向。

　　A.低进高出　　　　　　　　　　　B.高进低出

　　C.左进右出　　　　　　　　　　　D.右进左出

7.安装升降式止回阀时,阀盖侧_____。

　　A.应向下　　　　　　　　　　　　B.应向上

　　C.应水平　　　　　　　　　　　　D.可随意

8.中心式蝶阀的阀盘最大可以转动_____。

A.45°
B.90°
C.180°
D.360°

9.管路密封垫片应根据工作压力、工作温度、密封介质的腐蚀性及结合密封面的形式来选用,下列不符合选用原则的是_____。

A.在常温、低压下,选用金属软密封垫片

B.在中压高温时,选用金属与非金属组合密封垫片或金属密封垫片

C.在温度、压力有较大波动时,选用弹性好的或自紧式密封垫片

D.在低温、腐蚀性介质或真空条件下,应考虑密封垫片的特殊性能

10.下列不属于船舶辅助管系的是_____。

A.压载水系统
B.舱底水系统
C.副机冷却系统
D.消防系统

11.截止阀介质流动方向标志不清,可按_____。

A.高进低出

B.低进高出

C.是高进低出还是低进高出没有任何影响

D.根据管路不同进行选择

12.在船舶管系中,淡水管路颜色为_____。

A.棕色
B.黄色
C.灰色
D.银白色

13.压缩空气管路的识别颜色是_____。

A.黄色
B.绿色
C.浅蓝色
D.灰色

14.截止阀可用于海水、淡水、燃油及温度小于_____℃的蒸汽管路。

A.100
B.150
C.200
D.225

15.暗杆式闸阀的传动螺纹在体腔_____,阀上_____设行程指示器。

A.内部;需要
B.外部;需要
C.外部;不需
D.内部;不需

16.船舶管系根据_____可分为_____。

A.设计温度;3级
B.设计压力;4级
C.设计温度和设计压力;3级
D.管子材料;4级

第二节　舱底水系统

1.舱底水系统通常采用装有_____的舱底水吸入阀箱。

A.安全阀
B.减压阀
C.止回阀
D.截止止回阀

2.舱底水系统中的分配阀箱、舱底水管和直通舱底水泵支管上的阀门均是_____。

  A.截止止回阀   B.截止阀

  C.蝶阀   D.电磁阀

3.关于舱底水系统的日常管理,下列说法中错误的是_____。

  A.货舱舱底积水对船体有腐蚀作用

  B.货舱舱底积水必须经过油水分离器处理后才能出海

  C.货舱舱底积水过多会影响船舶稳性

  D.货舱舱底积水会浸湿货物,造成货损

4.油水分离器给水泵要求对液体的搅动少,降低乳化程度,因此一般选用_____。

  A.离心泵   B.单螺杆泵

  C.齿轮泵   D.喷射泵

5.《钢质海船入级规范》规定,舱底水管应在船舶横倾_____以内能把舱底水排干。

  A.5°   B.10°

  C.15°   D.20°

6.舱底水系统的功用有_____。

  ①将舱底水处理,净化后排出舷外;②排出船体破损时的进水;③消防灭火

  A.①   B.②

  C.①②   D.①②③

7.舱底水系统管路布置必须满足_____的要求。

  A.既进又出   B.只出不进

  C.只进不出   D.无特殊要求

8.舱底水系统的管理要点是_____。

  ①定期清洗污水井和吸水口滤器,保持系统通畅;②做好油水分离器的管理维护工作,保证其处于良好的工作状态;③严格按规定程序进行排放含油污水,并按要求认真填写油类记录簿

  A.①②   B.①②③

  C.①③   D.②③

9.正常营运情况下,机舱舱底水不允许_____。

  A.经舱底水泵排往舱底水舱

  B.经舱底水泵排放入海

  C.经通岸接头排到港口接收设施

  D.经油水分离器处理合格后排放入海

10.船体破损导致机舱大量进水时,可通过_____将水排出。

  A.应急吸口   B.污水井吸口

  C.高位海底门   D.低位海底门

11.关于舱底水系统的维护管理,说法不正确的是_____。

  A.定期试验污水井高位报警

  B.舱底水泵一般采用具有自吸能力的齿轮泵

  C.平时保持机舱内花钢板下清洁

D.定期清洁污水井泥箱

12.关于舱底水系统要求,下列各项说法中不正确的是_____。

A.舱底水泵、压载水泵、消防泵相互连通时,管路应保证各泵同时工作不互相干扰

B.机器处所舱底水可以用舱底水泵排至舷外

C.舱底水管理中的液流是单向的,只允许将舱室中积水向外抽出

D.为防止各舱底水相互串通,管路中的分配阀箱、舱底水管和直通舱底水泵支管上的阀门均应为止回阀

13.机舱舱底水的主要来源有_____。

①机舱天窗漏入的雨水;②设备检修放水;③艉轴填料函处的漏水;④来自厨房的污水

A.①②③④　　　　　　　　　　　B.①②③

C.①②　　　　　　　　　　　　　D.②③

14.船舱破损大量进水时,可用于应急排水的泵有_____。

A.淡水冷却泵或污水泵　　　　　　B.压载水泵或主海水泵

C.淡水冷却泵或压载水泵　　　　　D.应急消防泵或扫舱泵

15.舱底水系统中的分配阀箱、舱底水管和直通舱底水泵支管上的阀门均是_____。

A.闸阀　　　　　　　　　　　　　B.截止止回阀

C.蝶阀　　　　　　　　　　　　　D.截止阀

第三节　压载水系统

1.关于压载水系统,下列说法中错误的是_____。

A.压载水管必须通过饮水舱时,要加大壁厚

B.压载泵要能在6~8 h内将全船所有压载舱排空或注满

C.压载水管不允许穿过艏、艉防撞舱壁

D.淡水舱作为压载舱时,压载水管要装设盲板

2.关于压载水系统的操作管理,下列说法中错误的是_____。

A.自动化程度高的船舶,压载水控制站内有压载舱液位检测装置

B.自动化程度高的船舶,压载水系统直接由甲板部操作

C.压载水处理装置的主要作用是调整吃水、保持船舶合适的稳心高度

D.在压载水控制站内,可遥控操作压载泵和管路上的阀门

3.压载水管不可避免通过饮水舱、锅炉用水舱、润滑油舱时,舱内的压载水管应_____,管子接头应采用_____连接。

A.加大壁厚;法兰方式　　　　　　B.加大管径;法兰方式

C.加大管径;焊接方式　　　　　　D.加大壁厚;焊接方式

4.关于压载水系统的一般要求,不正确的是_____。

A.通常要求压载泵能在2~2.5 h内将最大压载舱注满或排空

B.压载水管不得通过饮水舱、炉水舱或滑油舱

C.在压载水管路上,可以设置止回阀和止回阀箱,防止压载水舱串水

D.压载舱长度超过 35 m 时,一般应在前、后端设吸口

5.关于船舶进行压载操作的目的,下列说法中错误的是_____。

A.减轻船体和轴系的振动

B.减小船体变形,避免产生过大的弯曲力和剪应力

C.使船舶在横向保持平衡,在纵向有合乎要求的吃水差

D.减轻船舶负载,减少能耗

6.船舶设压载水系统的目的是为了_____。

A.增加排水量   B.提高抗沉性

C.增加载重量   D.调整吃水、浮态、稳性

7.压载水管一般可以通过_____。

A.饮水舱   B.燃油舱

C.滑油舱   D.污水舱

8.关于压载水管系和舱底水管系的互用性,_____是正确的。

A.压载水泵可代替舱底水泵,压载水管不可代替舱底水管

B.压载水泵可代替舱底水泵,压载水管也可代替舱底水管

C.压载水泵不可代替舱底水泵,压载水管可代替舱底水管

D.压载水泵不可代替舱底水泵,压载水管也不可代替舱底水管

9.在压载水管系中,一般不装设_____。

A.截止阀   B.闸门阀

C.止回阀   D.旁通阀

10.在压载系统的管路上,除出海阀外不设_____。

A.截止阀   B.蝶阀

C.止回阀   D.遥控阀

11.关于船舶压载水系统的作用,描述错误的是_____。

A.使船舶在横向保持平衡,在纵向有合乎要求的吃水差

B.减小船体变形,避免产生过大的弯曲力矩和剪应力

C.减轻船体和轴系的振动

D.在发生火灾时,提供消防水

12.通常要求压载泵能在_____内将全船所有的压载水舱注满或排空。

A.1~2 h   B.2~2.5 h

C.2.5~5 h   D.6~8 h

13.关于压载水系统的布置,下列说法中正确的是_____。

A.支管式压载水系统,布置相对简单,能够节省管材

B.支管式压载水系统,在打开多个舱阀门时,可能出现舱与舱之间水串通

C.总管式压载水系统,比较适合采用阀门遥控系统

D.总管式压载水系统,可将阀门集中布置,便于操作和管理

第四节 船舶消防系统

1.根据《钢质海船入级规范》,应急消防泵排量应不小于所需消防泵总排量的_____且任何情
　况下不得少于_____。
　A.40%;40 m^3/h　　　　　　　　B.25%;50 m^3/h
　C.40%;25 m^3/h　　　　　　　　D.25%;40 m^3/h

2.燃油舱可能用作压载舱时,压载管系必须加装_____。
　A.截止阀　　　　　　　　　　　B.单向阀
　C.调驳阀　　　　　　　　　　　D.盲板

3.当甲板需要使用锚链冲洗水时,机舱应起动_____供水。
　A.主海水泵　　　　　　　　　　B.消防泵
　C.压载泵　　　　　　　　　　　D.日用海水泵

4.6 000 DWT 及以上的货船,当两台消防水泵同时工作并通过规定水枪由任何相邻消火栓输出
　要求水量时,在所有消火栓上维持的压力应不小于_____MPa。
　A.0.15　　　　　　　　　　　　B.0.27
　C.0.4　　　　　　　　　　　　　D.0.8

5.使用固定式 CO_2 灭火器前应先_____。
　A.打开舱室水密门以便通风　　　　B.使用消防水扑灭明火
　C.使用干粉扑灭明火　　　　　　　D.发出声光报警信号

6.对于被保护的燃油锅炉舱、机舱及货油泵舱,消防系统应能使所需 CO_2 量的85%在_____min
　内注入。
　A.2　　　　　　　　　　　　　　B.8
　C.15　　　　　　　　　　　　　　D.20

7.烟气探测装置有感烟式、感温式和感光式,货舱多用_____,居住舱室多用_____。
　A.感烟式;感温式　　　　　　　　B.感光式;感温式
　C.感温式;感烟式　　　　　　　　D.感光式;感烟式

8.根据《钢质海船入级规范》,船舶固定式消防系统包括_____。
　①水消防系统;②蒸汽消防系统;③CO_2消防系统;④泡沫消防系统;⑤干粉消防系统
　A.①②③④⑤　　　　　　　　　　B.①②③④
　C.①②③　　　　　　　　　　　　D.①②

9.国际航行的散货船机舱的消防系统主要包括_____。
　A.固定式水消防系统、CO_2消防系统、水雾灭火系统
　B.固定式泡沫消防系统、CO_2消防系统、水雾灭火系统
　C.固定式水消防系统、CO_2消防系统、蒸汽消防系统
　D.固定式泡沫消防系统、蒸汽消防系统、水雾灭火系统

10.下图中标有"PS"的是指_____。

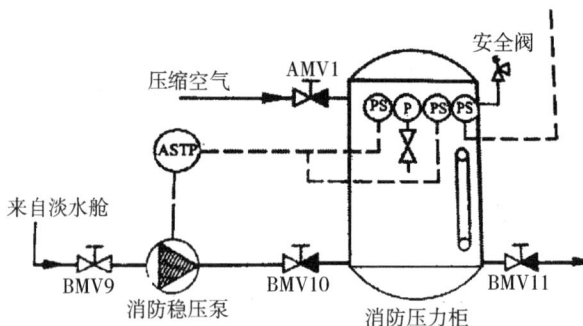

A.压力开关　　　　　　　　　　　B.压缩空气

C.压力表　　　　　　　　　　　　D.放气考克

11.救生设备的日常检查主要由_____来负责,但船舶所有高级船员和普通船员都有维护保养设施、设备的责任和义务。

A.大副　　　　　　　　　　　　　B.三副

C.二副　　　　　　　　　　　　　D.船长

第五节　机舱供水系统

1.压力水柜水位计能正常显示,若发现水位计充满水,应_____。

A.放水后起动水泵供水　　　　　　B.放水并补气

C.直接补气　　　　　　　　　　　D.放气

2.船上生活淡水系统中,热水柜的压力是由_____提供的。

A.热水循环泵　　　　　　　　　　B.淡水压力柜

C.压缩空气　　　　　　　　　　　D.淡水供水泵

3.目前,大中型海船基本上采用_____方式供水,供水压力一般控制在_____。

A.压力水柜;0.2~0.4 MPa

B.压力水柜;0.6~0.8 MPa

C.重力;0.6~0.8 MPa

D.重力;0.2~0.4 MPa

4.造成水柜中压力较高而水位偏低的主要原因是_____。

A.泵压太高　　　　　　　　　　　B.水阀关闭不严

C.水柜泄舱底阀漏泄　　　　　　　D.压缩空气阀关闭不严

5.生活淡水系统中,为保证管路中一直有热水,需要_____将热水回水送入热水柜。

A.给水泵　　　　　　　　　　　　B.回水泵

C.循环水泵　　　　　　　　　　　D.淡水泵

6.卫生海水系统用来_____。

A.冲洗甲板　　　　　　　　　　　B.冲洗机舱

C.冲刷厕所　　　　　　　　　　　D.冲刷地板

7.船舶一般采用压力供水系统。供水泵的起、停依据压力水柜的上、下限压力设定,正常运行中供水泵起停频繁可能的原因是_____。

A.压力水柜的最高压力设定得过高　　　B.压力水柜的最低压力设定得过低

C.压力水柜的压缩空气量过多　　　D.压力水柜的压缩空气量过少

8.下图为某船舶生活淡水系统的简图,下列表述中正确的是_____。

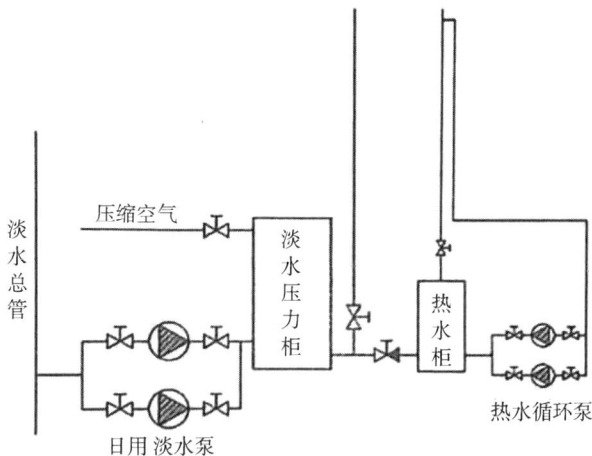

压缩空气　淡水压力柜　热水柜　热水循环泵　淡水总管　日用淡水泵

A.热水循环泵将热水柜内的热水送至船员房间

B.热水循环泵将管路内的水送至热水柜

C.热水柜压力大于淡水柜压力

D.热水柜内有压缩空气

9.船舶生活淡水系统不会用于_____。

A.浴室　　　B.洗衣室

C.洗手盆　　　D.炊事用水

10.关于船舶饮用水系统,说法不正确的是_____。

A.压力水柜中的空气压力不足时需要补气

B.饮用水可直接作为炊事用水

C.饮用水舱中的水质若满足要求,不必通过饮水矿化装置

D.饮用水可以通过甲板上的加水口从岸上加水

11.船舶的_____向船员提供生活用水。

A.压载管系　　　B.舱底管系

C.消防水管系　　　D.日用水管系

12.控制系统通过自动调节两个封闭水舱空气连接管上的阀门来控制舱中水的流速,使水的流动周期在较大范围内与横摇周期一致,这属于_____。

A.可控主动式减摇水舱　　　B.不可控被动式减摇水舱

C.可控被动式减摇水舱　　　D.不可控主动式减摇水舱

13.在轴隧末端靠近舰尖舱舱壁处,设有应急围井通至露天甲板上,其作用是_____。

①平时作为通风口;②应急时作为机舱和轴隧的逃生口;③作为测量孔

A.①②　　　B.①②③

C.①③   D.②③

第六节　船舶通风系统

1.关于机舱通风系统管理，下列描述中错误的是_____。

　　A.进入密闭舱室时，应提前使用移动式风机进行通风

　　B.夏季航行时，机舱温度很高，应加强机舱通风，防止机舱温度过高

　　C.应定期进行锅炉间的防火风闸关闭试验

　　D.化学品船在装卸货期间，应加强机舱通风

2.根据运转特性，轴流式风机_____节流调节，_____串并联运行。

　　A.适合；不适合   B.不适合；适合

　　C.适合；适合   D.不适合；不适合

3.船用离心风机的进口有多种形态，其中_____流动阻力损失最小，使用较多的是_____。

　　A.圆锥形；圆弧形   B.双曲线形；圆弧形

　　C.圆弧形；双曲线形   D.圆筒形；圆锥形

4.下图为三种叶片形式的离心风机示意图，在风量较大、风压较高的场合一般选用_____叶轮。

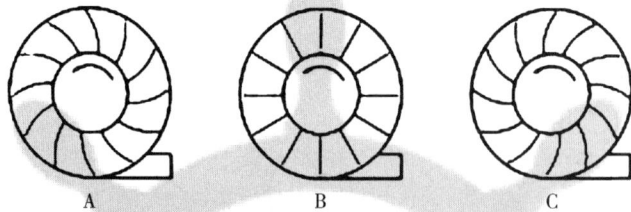

　　A.A   B.B
　　C.C   D.A 和 C

5.下图为三种叶片形式的离心风机示意图，下列关于风机效率的描述正确的是_____。

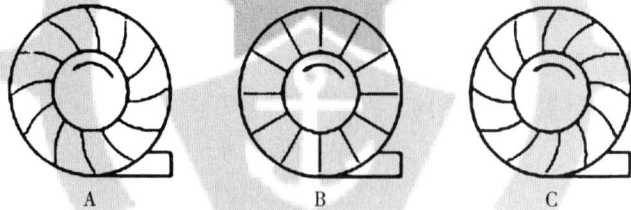

　　A.A>B>C   B.B>C>A
　　C.C>A>B   D.C>B>A

6.按照气体在通风机内的流动方向可分为_____。

　　A.送风机和轴流风机   B.抽风机和离心风机
　　C.送风机和抽风机   D.轴流风机和离心风机

7.关于船上通风要求，下列说法中错误的是_____。

　　A.在病房、化验室等舱室进风量应大于抽风量

B.所有风管上应有适当地方用于检查和清洁

C.在结构风管最低处应开泄放水孔

D.所有的通风百叶窗及通风筒应设有不锈钢防鼠网

8.机舱通风机主要用于_____。

A.为机舱人员提供足够空气并保持机舱内的一定清新度

B.为机舱燃烧设备提供足够空气并保持机舱内的一定清新度

C.为机舱人员提供足够空气

D.为机舱燃烧设备提供足够空气

9.下列关于通风系统的描述中,错误的是_____。

A.在寒冷天气锚泊时,应减少机舱通风

B.在结构风管最低处应开泄水孔

C.装载有毒液体易挥发货物时,应加强机舱通风

D.进入密闭舱室时,应提前使用移动式风机进行鼓风

10.下列关于通风系统的描述中,错误的是_____。

A.风管应每隔 2~3 m 设固定支架　　　B.在病房应加设抽风机

C.在结构风管最低处应开泄水孔　　　D.在化验室进风量要大于抽风量

11.下列关于机舱通风系统管理的描述,错误的是_____。

A.卸货期间,发电机负荷过高,可以关停部分机舱风机

B.装货期间,发电机负荷过高,不可以关停机舱风机

C.通风系统对确保机舱空气清新和柴油机高效工作有重要作用

D.航行期间,可以打开锅炉间防盗门,进行自然通风

12.下列不属于船用通风系统的是_____。

A.风机　　　　　　　　　　　B.风筒

C.加湿器　　　　　　　　　　D.风闸

13.船用通风机与电动机连接传动的方式不包括_____。

A.直接传动　　　　　　　　　B.皮带传动

C.摩擦片传动　　　　　　　　D.联轴器传动

参考答案

第一节　管系的基础知识

1.B　　2.D　　3.B　　4.B　　5.C　　6.A　　7.B　　8.B　　9.A　　10.C

11.B　　12.C　　13.C　　14.D　　15.A　　16.C

第二节　舱底水系统

1.D	2.A	3.B	4.B	5.A	6.C	7.B	8.B	9.B	10.A
11.B	12.B	13.B	14.B	15.B					

第三节　压载水系统

1.A	2.C	3.D	4.C	5.D	6.D	7.D	8.A	9.C	10.C
11.D	12.D	13.C							

第四节　船舶消防系统

1.C	2.D	3.B	4.B	5.D	6.A	7.A	8.A	9.A	10.A
11.B									

第五节　机舱供水系统

1.B	2.B	3.A	4.D	5.C	6.C	7.D	8.B	9.D	10.B
11.D	12.C	13.A							

第六节　船舶通风系统

1.D	2.D	3.B	4.A	5.D	6.D	7.A	8.B	9.C	10.D
11.A	12.C	13.C							

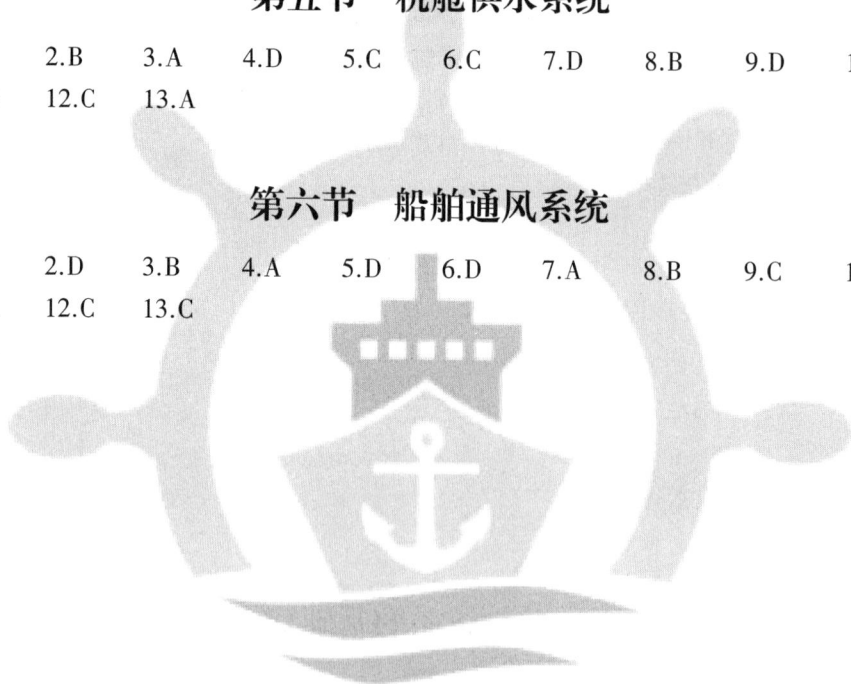

第四章

活塞式空气压缩机

第一节　基础理论

1.风冷空压机一般常以_____作为评价指标。

　　A.等温总效率　　　　　　　　　　B.绝热指示效率

　　C.绝热总效率　　　　　　　　　　D.等温指示效率

2.水冷空压机一般常以_____作为评价指标。

　　A.绝热总效率　　　　　　　　　　B.等温总效率

　　C.绝热指示效率　　　　　　　　　D.等温指示效率

3.船用空压机选用压缩级数是按_____确定的。

　　A.耗功最省　　　　　　　　　　　B.排气温度不超过允许值

　　C.输气系数最高　　　　　　　　　D.效率最高

4.空压机中_____反映了实际气体在工作过程中由于吸、排气阻力及气体的摩擦、旋涡等流动
　损失造成的能量损失的大小。

　　A.指示效率　　　　　　　　　　　B.水力效率

　　C.机械效率　　　　　　　　　　　D.总效率

5.下图为活塞式空气压缩机的理论循环图,图中1—2 表示的过程为_____。

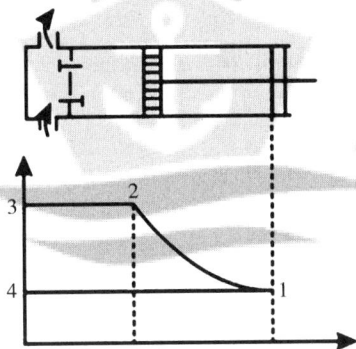

　　A.压缩过程　　　　　　　　　　　B.排气过程

　　C.膨胀过程　　　　　　　　　　　D.吸气过程

6.下图为活塞式空气压缩机的理论循环图,图中4—1表示的过程为_____。

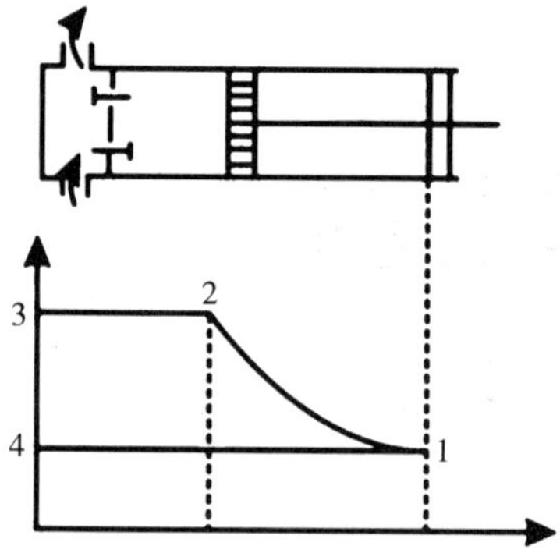

A.吸气过程   B.压缩过程

C.排气过程   D.膨胀过程

7.控制空气系统是将来自起动空气系统的空气经_____、干燥并过滤处理后供入各用气的控制系统和元器件。

A.冷却   B.增压

C.加热   D.减压

8.船用两级水冷压缩机的工作过程是_____。

A.外界空气经滤器后先进行一级压缩,压缩后经中间冷却后进入二级压缩,排出后通过后冷却器进入气瓶

B.外界空气先进行一级压缩,压缩后进入二级压缩,排出后直接进入气瓶

C.外界空气经过滤后,进入压气机吸口,经压缩后由排出口排出,排出后的高压气体经冷却器后进入气瓶

D.外界空气进入压气机吸口,经压缩后由排出口排出,排出后的高压气体进入气瓶

9.关于压缩空气在船舶上的应用,错误的是_____。

A.压缩空气供主机起动与换向

B.压缩空气用来起动发电柴油机

C.压缩空气作为舷梯升降机的动力

D.压缩空气作为舵机的动力

10.关于压缩空气在船舶上的应用,错误的是_____。

A.压缩空气为压力水柜供气

B.压缩空气为汽笛供气

C.压缩空气作为起货机的动力

D.压缩空气作为气动控制系统的动力

11.关于压缩空气在船舶上的应用,错误的是_____。

A.作为锚机的动力   B.供主机起动与换向

C.起动发电柴油机   D.用来吹洗零部件、滤器

12.往复式空压机可以比往复泵转速高得多,主要是因为_____。

A.对效率要求不高

B.气阀比水阀敲击轻

C.要求排气量大

D.气体流过阀后压降小,且无惯性能头和液体汽化问题

13.下列关于活塞式空压机的实际循环,描述错误的是_____。

A.吸、排气过程中,由于气阀需要在一定压力下打开,有压力损失

B.多级压缩因过程复杂,会降低输气系数

C.排气压力过高,导致输气系数降低

D.压缩气体过程中,气体温度升高,并导致气缸温度升高,需冷却

14.如图所示,关于活塞式空压机的理论循环,说法错误的是_____。

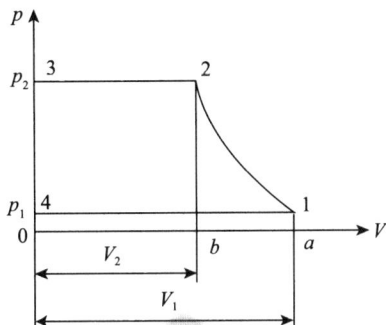

A.1—2 的过程表示活塞上行压缩气体

B.1—2 的过程为放热过程

C.$V_1 - V_2$ 为压缩机的余隙容积

D.1、2、3、4 组成的面积是每一个循环消耗的功

15.空压机的理论循环没有假定_____。

A.空压机没有余隙容积　　　　　　　B.吸气过程中气体与缸壁无热交换

C.被压缩气体为理想气体　　　　　　D.工作过程中有少量气体漏泄

16.空压机的理论工作循环过程不包括_____。

A.吸气过程　　　　　　　　　　　　B.压缩过程

C.排气过程　　　　　　　　　　　　D.等压过程

17.空压机的理论压缩过程不包括_____。

A.等温压缩　　　　　　　　　　　　B.绝热压缩

C.等压压缩　　　　　　　　　　　　D.多变压缩

18.会造成空压机实际工作循环的排气量减少的是_____。

A.余隙容积增大　　　　　　　　　　B.吸气压力损失减少

C.冷却水温度降低　　　　　　　　　D.更换密封性更好的活塞环

19.活塞式空压机实际工作中对排气量影响最大的一般是_____。

A.余隙　　　　　　　　　　　　　　B.吸气阻力

C.吸气预热　　　　　　　　　　　　D.漏泄

20.活塞式压气机的余隙容积是指_____容积。

A.气缸余隙高度构成的圆柱形

B.气阀通气缸的气道

C.气缸余隙高度构成的圆柱形和气阀通气缸的气道

D.活塞在上止点时缸内残留气体的全部

21.高压级的相对余隙容积和低压级相比_____。

 A.一样大   B.前者大

 C.后者大   D.不一定

22.活塞式空压机的阻力系数可衡量_____引起的排气量损失。

 A.吸、排气漏泄   B.吸气阻力

 C.排气阻力   D.吸气阻力和排气阻力

23.活塞式空压机的温度系数表征了_____引起的排气量损失。

 A.气体在吸气过程中从气缸吸热

 B.气体在排气过程中从气缸吸热

 C.气缸散热

 D.气体在吸、排气过程中从气缸吸热

24.空压机的预热损失一般随压力比的增高而_____。

 A.减小   B.增加

 C.不变   D.不一定

25.空气在空压机中被压缩时温度会_____。

 A.缓慢升高   B.缓慢降低

 C.急剧升高   D.急剧降低

26.以下关于空压机的输气系数的说法中正确的是_____。

 A.等于1   B.大于1

 C.小于1   D.不确定

27.活塞式空压机的输气系数随压力比增加会迅速减小，其中_____减小最快。

 A.容积系数   B.温度系数

 C.压力系数   D.气密系数

28.空压机的输气系数不会因_____而减小。

 A.余隙高度减小   B.压力比增高

 C.空气滤清器脏污   D.气缸冷却差

29.空压机的排气量一般是指单位时间内排送的_____状态下的空气体积。

 A.排气   B.第一级吸气

 C.标准   D.第二级吸气

30.空压机的公称排气量是指其_____排气量。

 A.理论

 B.在标准吸气状态和名义转速下的

 C.在额定排气压力和名义转速下的

 D.在额定排气压力和额定转速下的

31.活塞式空压机的理论排气量是指_____。

A.在标准吸气状态下的排气量

B.在标准排气状态下的排气量

C.在标准吸气和排气状态下的排气量

D.单位时间内第一级活塞扫过的容积

32.空压机的排气量随着储气瓶压力的升高而_____。

A.增大　　　　　　　　　　　　B.减小

C.不变　　　　　　　　　　　　D.波动

33.压缩机的输气系数是指_____之比。

A.理论排气量与实际排气量　　　B.实际输气量与理论输气量

C.余隙容积与气缸工作容积　　　D.气缸工作容积与气缸总容积

34.输气系数会因_____而提高。

A.缸头垫片加厚　　　　　　　　B.排气压力提高

C.清洗空气滤清器　　　　　　　D.增大气阀弹簧张力

35.排气压力损失的影响程度大小可以用_____衡量。

A.容积系数　　　　　　　　　　B.压力系数

C.温度系数　　　　　　　　　　D.气密系数

36.水冷式空压机常以_____效率为评价其经济性的标准。

A.等温　　　　　　　　　　　　B.绝热

C.指示　　　　　　　　　　　　D.机械

37.风冷式空压机常以_____效率为评价其经济性的标准。

A.等温　　　　　　　　　　　　B.绝热

C.指示　　　　　　　　　　　　D.机械

38.空压机的机械效率是_____。

A.等温理论功率与轴功率之比　　B.指示功率与轴功率之比

C.理论功率与轴功率之比　　　　D.绝热理论功率与轴功率之比

39.空压机的_____称为轴功率。

A.理论循环所需的功率　　　　　B.输入功率与理论功率之差

C.曲轴所得到的输入功率　　　　D.电动机发出的功率

40.空压机用于压送气体的功率称为_____。

A.理论功率　　　　　　　　　　B.等温理论功率

C.绝热理论功率　　　　　　　　D.指示功率

41.关于吸气预热损失,下列说法中正确的是_____。

A.吸入空气被加热导致实际吸入气体量减少

B.吸气预热会导致输气系数变大

C.第一级吸气预热不会影响第二级吸气量

D.改变冷却水量不会影响吸气预热损失

42.空压机按理论循环计算,各级_____相等时总耗功最省。

A.压差　　　　　　　　　　　　B.压力比

C.温升   D.多变指数

43.以下关于二级压缩的说法中正确的是_____。

  A.冷却水首先进入级后可降低耗功

  B.冷却水首先进入级后可提高输气系数

  C.冷却水首先进入级间可降低耗功

  D.空压机的效率与冷却水进入空压机的顺序无关

44.实际中关于多级压缩,各级压缩比应当_____。

  A.后级大于前级   B.后级小于前级

  C.后级等于前级   D.不确定

45.船用空压机通常采用多级压缩中间冷却,是为了使压缩过程线接近_____过程线,减少耗功。

  A.等压压缩   B.等温压缩

  C.等比压缩   D.绝热压缩

46.控制系统一般要求压缩空气干燥,针对上述要求在船上所采取的主要措施包括_____。

①级间冷却;②设置气液分离器;③设置干燥器;④设置空气滤清器;⑤及时放残;⑥设置加热器

  A.②③⑤   B.①②③④⑥

  C.①②③④   D.②③④

47.气动控制系统中的杂质所带来的危害不包括_____。

  A.油和水所形成的乳化物有一定的黏性,使运动部件无法正常动作

  B.水会引起运动部件生锈,使之磨损或卡住

  C.固体物质与油水乳化液混合后会堵塞细小的孔道

  D.油和水所形成的乳化物会减慢膜片和其他橡胶制品的老化

48._____不是气动控制系统的杂质带来的危害。

  A.油和水所形成的乳化物能在运动部件中产生磨损腐蚀现象

  B.水会引起运动部件生锈,使之磨损或卡住

  C.固体物质与油水乳化液混合后会堵塞细小的孔道

  D.油和水所形成的乳化物会加速膜片和其他橡胶制品的老化

49._____不是气动控制系统的杂质带来的危害。

  A.金属磨屑和其他微小的颗粒能在运动部件中产生磨损腐蚀现象

  B.油和水所形成的乳化物能使运动部件无法正常动作

  C.油会引起运动部件生锈,使之磨损或卡住

  D.油和水所形成的乳化物会加速膜片和其他橡胶制品的老化

50._____不是气动元件的运动部件卡阻的原因。

  A.空压机所输送出的空气中含有来自气缸的油分和在冷却器中凝结所产生的水分

  B.空气的过滤使用细滤器作为吸入滤器

  C.空压机所输送的空气中有高黏度的乳化液

  D.轮机人员每天手动放残次数少

51.气动空气系统中减压阀常出现故障的原因是_____。

A.控制空气系统中安装了自动泄放装置

B.控制空气系统中可能安装了需要轮机人员每天操作的手动放残装置

C.空气中所携带的乳化物没有过滤干净

D.控制空气系统中使用了硅酸盐滤器、吸收式或制冷式干燥器

52.关于控制系统空气的干燥过滤,说法错误的是_____。

A.前置滤器的作用是过滤空气中的杂质

B.中间干燥器的作用是去除空气中的水分

C.后置滤器的作用是防止干燥器中的杂质进入系统

D.中间干燥器的作用是去除空气中的杂质

53.对于活塞式空气压缩机,下列各项中能够降低输气系数的是_____。

A.降低气缸冷却水温度　　　　　　　B.清洗吸气滤器

C.换新活塞体　　　　　　　　　　　D.提高排气压力

54.通常情况下,压缩空气在船上的作用不包括_____。

A.为气动主机遥控系统供气　　　　　B.起动救生艇柴油机

C.起动主柴油机　　　　　　　　　　D.起动发电柴油机

55.空气压缩机用于柴油机船上提供压缩空气,其用途主要有_____。

①供主机起动与换向;②起动发电柴油机;③为气动辅机(如舷梯升降机、救生艇起落装置等)或其他需要气源的设备(如压力水柜、汽笛、离心泵自吸装置、气动控制系统等)供气;④检修工作中用来吹扫零件、滤器等

A.①②③④　　　　　　　　　　　　B.②③④

C.①②③　　　　　　　　　　　　　D.①③④

第二节　活塞式空气压缩机的结构及控制

1.关于船用空气压缩机(以下简称空压机)的结构,说法错误的是_____。

A.级差式空压机低压级和高压级均设有安全阀

B.船用空压机冷却器后常设气液分离器

C.船用空压机使用最普遍的是环装阀

D.一般船用空压机低压级安全阀的开启压力比额定排压高 30%

2.两级活塞式船用空压机高、低压级安全阀的开启压力一般约比该级的排气压力各高出_____。

A.15%、15%　　　　　　　　　　　B.10%、10%

C.10%、15%　　　　　　　　　　　D.15%、10%

3.空压机通空气瓶的管道上必须有_____。

A.节流阀　　　　　　　　　　　　　B.流量调节阀

C.减压阀　　　　　　　　　　　　　D.单向阀

4.船用空气瓶上应设有必要的附件,不包括_____。

A.放残阀　　　　　　　　　　　　　B.加热器

C.安全阀　　　　　　　　　　　　　D.压力表

5.通常_____的工作寿命是决定活塞式空气压缩机维修周期的主要因素。

A.活塞　　　　　　　　　　　　　　B.连杆

C.气缸套　　　　　　　　　　　　　D.气阀

6.船用空压机常使_____打开,实现卸载起动。

A.低压级吸气阀　　　　　　　　　　B.高压级吸气阀

C.高压级排气阀　　　　　　　　　　D.低压级排气阀

7.一般来说,船用空压机卸载起动的主要目的是为了_____。

A.降低起动时的转速

B.降低起动时的电流

C.降低起动时的空气压力

D.降低起动时的冷却水流量

8.空压机飞溅润滑的部位不包括_____。

A.主轴承　　　　　　　　　　　　　B.连杆小端

C.级差式活塞上部活塞环　　　　　　D.气缸下部工作面

9.船用活塞式空压机的常用冷却方式为_____。

A.水冷　　　　　　　　　　　　　　B.风冷

C.自动冷却　　　　　　　　　　　　D.不需冷却

10.一般情况下,船用空压机出口至空气瓶之间会安装_____。

A.止回阀　　　　　　　　　　　　　B.截止止回阀

C.节流阀　　　　　　　　　　　　　D.截止阀

11.级差活塞式空压机一般低压级安全阀的开启压力比额定排压高_____ MPa。

A.0.15　　　　　　　　　　　　　　B.0.05

C.0.1　　　　　　　　　　　　　　D.0.2

12.采用级差式活塞的船用空压机,设滴油杯通常是为了润滑_____。

A.高压级活塞和气缸　　　　　　　　B.低压级活塞和气缸

C.曲轴和连杆大端　　　　　　　　　D.活塞销

13.采用级差式活塞的船用空压机,设高油杯通常是为了润滑_____。

A.高压级活塞和气缸　　　　　　　　B.低压级活塞和气缸

C.曲轴和连杆大端　　　　　　　　　D.活塞销

14.级差式空压机气缸上部工作面可以靠_____润滑。

A.注油器注油、油杯滴油、从曲轴箱吸入油雾

B.注油器注油

C.从曲轴箱吸入油雾

D.油杯滴油

15.关于级差活塞式空压机的以下说法中,错误的是_____。

A.一般是无十字头式

B.活塞分上大、下小两段,都设有密封环和刮油环

C.曲轴通常配有飞轮

D.每级都必须设安全阀

16.级差活塞式空压机的高、低压级气阀通常_____。

　　A.前者设在气缸盖内,后者设在气缸中部的阀室内

　　B.前者设在气缸中部的阀室内,后者设在气缸盖内

　　C.都设在气缸盖内

　　D.都设在气缸中部的阀室内

17.缸盖垫片厚度将影响级差活塞式空压机_____的余隙容积。

　　A.高压级　　　　　　　　　　B.低压级

　　C.高压级和低压级　　　　　　D.高压级或低压级

18.现代级差式空压机活塞刮油环设在活塞_____。

　　A.直径较大段上部　　　　　　B.直径较大段下部

　　C.直径较小段上部　　　　　　D.直径较小段下部

19.活塞式空压机气阀开启频率在_____改变时会改变。

　　A.气阀弹簧张力　　　　　　　B.排气量

　　C.排气压力　　　　　　　　　D.电机供电频率

20.空压机通常在_____后面设安全阀。

　　A.第一级　　　　　　　　　　B.最末级

　　C.每一级　　　　　　　　　　D.第二级

21.空压机系统不能在_____处泄放压缩空气携带的油分和水分。

　　A.级间冷却器后空气管泄水阀　　B.气液分离器泄放阀

　　C.气缸下部泄水旋塞　　　　　　D.空气瓶泄水阀

22.船用水冷活塞式空气压缩机最常采用_____。

　　A.单级　　　　　　　　　　　B.双级

　　C.三级　　　　　　　　　　　D.单级或三级

23.实际上活塞式多级空压机各级压力比_____。

　　A.相等　　　　　　　　　　　B.逐级增加

　　C.逐级减小　　　　　　　　　D.无固定要求

24.两级空压机中间压力升高通常不会引起_____。

　　A.安全阀开启　　　　　　　　B.耗功增加

　　C.效率降低　　　　　　　　　D.压缩机停车

25.关于空压机多级压缩中间冷却的说法,错误的是_____。

　　A.采用单级压缩,普通压缩机很难实现很高的压缩比

　　B.为了提高输气量和经济性,通常采用后冷却的方式

　　C.可以减小压缩比,减轻活塞上的作用力

　　D.可以降低排气温度,保证有效润滑

26.关于空压机多级压缩压缩比逐级降低的原因,错误的是_____。

　　A.后一级的余隙容积对输气系数的影响比前一级的大

B.后一级的冷却效果不如前一级的冷却效果

C.压缩比逐级降低是因为压缩机耗功最省

D.后一级的压缩过程中排气压力、温度高,更偏离等温过程

27.非级差式空压机采用多级压缩和级间冷却不能_____。

A.降低排气温度

B.提高输气系数

C.节省压缩功

D.使高压缸和低压缸活塞承受的压差都减轻

28.空压机气缸冷却不起_____的作用。

A.减少压缩功 　　　　　　　　　B.降低排气和滑油温度

C.提高输气系数 　　　　　　　　D.防止高温腐蚀

29.空压机气缸冷却不宜过强的原因是为了避免_____。

A.排气压力降低 　　　　　　　　B.滑油过黏

C.缸壁结露 　　　　　　　　　　D.耗功增加

30.空压机最后级排气冷却主要是为了_____。

A.防止着火 　　　　　　　　　　B.减小排气比容

C.提高排气量 　　　　　　　　　D.节省功率

31.空压机级间冷却主要是为了_____。

A.减小排气比容 　　　　　　　　B.降低排气温度

C.防止着火与爆炸 　　　　　　　D.使排气中油蒸气冷凝而分离

32.关于船用空气压缩机冷却系统,描述不正确的是_____。

A.采用空气冷却时,冷却效果较差,必要时可采用三级压缩

B.采用海水冷却时,冷却效果较好,维护管理方便

C.采用淡水冷却可防止冷却水温度过低,水系统污染轻

D.为保持良好的润滑和气密作用,也需对滑油进行适当冷却

33.空压机的中间冷却器的主要作用是_____。

A.级间冷却,能降低排气温度和减少功耗

B.减小最后排气的比容,提高气瓶储气量

C.冷却空压机气缸

D.使滑油保持良好的润滑和气密作用

34.空压机的后冷却器的主要作用是_____。

A.级间冷却,能降低排气温度和减少功耗的效果

B.减小最后排气的比容,提高气瓶储气量

C.冷却空压机气缸

D.使滑油保持良好的润滑和气密作用

35.空气压缩机的_____的主要作用是级间冷却,能降低排气温度和减少功耗。

A.中间冷却 　　　　　　　　　　B.后冷却

C.气缸冷却 　　　　　　　　　　D.滑油冷却

36.空气压缩机的_____的主要作用是减小最后排气的比容,提高气瓶储气量。

A.中间冷却　　　　　　　　　　B.后冷却

C.气缸冷却　　　　　　　　　　D.滑油冷却

37.关于空压机,下列说法中错误的是_____。

A.滑油冷却温度越低越好

B.冷却滑油可延缓油的氧化变质

C.冷却滑油可帮助摩擦面散热

D.滑油冷却应使油温保持在 70 ℃以下

38.空压机滴油杯常设在_____处。

A.低压级吸气管　　　　　　　　B.低压级排气管

C.高压级吸气管　　　　　　　　D.高压级排气管

39.级差式空压机的_____不能靠飞溅润滑。

A.主轴承　　　　　　　　　　　B.连杆大、小端轴承

C.下部气缸工作面　　　　　　　D.上部气缸工作面

40.空压机中最重要而需优先保证的是_____冷却。

A.滑油　　　　　　　　　　　　B.级间

C.气缸　　　　　　　　　　　　D.末级排气

41.级差式空压机低压级缸部的润滑是通过_____来实现的。

A.飞溅润滑

B.油杯滴油润滑

C.油泵压力润滑

D.飞溅润滑和油泵压力润滑共同作用

42.船用活塞式空气压缩机采用曲轴驱动油泵的压力润滑形式,其润滑部位一般不包括_____。

A.活塞环与缸套之间　　　　　　B.主轴承

C.连杆大端轴承　　　　　　　　D.连杆小端轴承

43.对空压机润滑油的要求主要有_____。

①有适当高的闪点;②高温下应保持适当的黏度;③有良好的抗氧化和积炭的能力;④有良好的抗乳化性

A.②③④　　　　　　　　　　　B.①③④

C.①②　　　　　　　　　　　　D.①②③④

44.空压机润滑的作用主要有_____。

①减少相对运动部件的摩擦;②带走部分摩擦热;③增加气缸壁与活塞环间的密封性

A.②③　　　　　　　　　　　　B.①③

C.①②　　　　　　　　　　　　D.①②③

45._____不是空压机曲轴箱油量多的危害。

A.润滑不良　　　　　　　　　　B.耗功增加

C.影响空气品质　　　　　　　　D.气阀结焦、活塞环失灵

46.空压机采用滴油润滑的低压级气缸,油杯油位不低于_____,油杯滴油量为_____。

    A.1/4;1~2 滴/min

    B.1/2;4~6 滴/min

    C.1/5;7~10 滴/min

    D.1/3;4~6 滴/min

47.空压机空气滤清器的作用是_____。

    A.除水分

    B.除油气

    C.除水分、油气和灰尘

    D.除灰尘等固定杂质

48.下列气液分离器中,船用空压机使用最多的是_____。

    A.惯性式

    B.过滤式

    C.吸附式

    D.离心式

49.在气液分离器出口设置止回球阀的作用是_____。

    A.防止分离的液体返回压缩机

    B.防止停车时气流返回压缩机

    C.防止分离的液体返回气液分离器

    D.防止停车时气流返回气瓶

50._____气液分离器是利用液滴和气体的比重不同而分离。

    A.过滤式

    B.吸附式

    C.惯性式

    D.离心式

51._____气液分离器利用气体与液体的微粒大小不同来分离。

    A.过滤式

    B.吸附式

    C.惯性式

    D.离心式

52._____气液分离器利用液体的黏性来分离。

    A.过滤式

    B.吸附式

    C.惯性式

    D.离心式

53.在船上空压机的起、停一般由_____控制。

    A.手动

    B.时间继电器

    C.压力继电器

    D.温度继电器

54.空压机的起动运行过程中,优先工作的空压机_____。

    A.先起动、先停车

    B.先起动、后停车

    C.后起动、先停车

    D.后起动、后停车

55.空压机自动安全保护中一般需延时动作的是_____。

    A.电机过载保护

    B.滑油压力低保护

    C.排气温度高保护

    D.过电流保护

56.船用空压机自动控制一般不包括_____。

    A.自动起停

    B.自动卸载和泄放

    C.排气高温和滑油低压自动停车

    D.滑油温度自动控制

57.能使空压机停车的自动保护不包括_____。

    A.排气温度过高

    B.滑油压力过低

    C.冷却水温度过高

    D.排气压力过高

58.船用空压机自动保护一般包括_____。

A.能量卸载自动调节

B.滑油温度自动控制

C.电机低电流保护

D.排气高温和滑油低压自动停车

59.空压机设气液分离器是分离_____。

A.滑油　　　　　　　　　　B.燃油

C.凝水　　　　　　　　　　D.凝水和滑油

60.空气经空气压缩机压缩后_____。

A.温度升高,压力升高,体积减小

B.温度升高,压力不变,体积不变

C.温度不变,压力升高,体积减小

D.温度升高,压力升高,体积升高

61.船用空压机控制一般不包括_____。

A.自动起停

B.滑油温度自动控制

C.自动卸载和泄放

D.排气高温和滑油低压自动停车

62.船用空气压缩机的自动起、停一般采用_____。

A.油压继电器来控制　　　　B.空气瓶上的压力继电器来控制

C.水压继电器来控制　　　　D.定时器定时控制

63.关于空压机气阀升程,以下说法中错误的是_____。

A.工作中随流量而变

B.严格限制,多在 2~4 mm

C.转速高的及工作压力大的升程较小

D.不宜过大,以免关闭滞后和撞击加重

64.下列关于空压机冷却的说法中,正确的有_____。

①级间冷却效果越好,降低排气温度和减少功耗的效果越显著;②后冷却的作用是为了减少最后排气的比容、提高气瓶储气量,并有利于排气中油和水蒸气的分离;③气缸冷却有利于减少压缩功、降低排气温度和避免滑油温度过高;④滑油冷却有助于使滑油保持良好的润滑、气密作用和带走摩擦面产生的热量,并能减缓氧化变质的速度

A.②③④　　　　　　　　　B.①③④

C.①②　　　　　　　　　　D.①②③④

65.关于空压机冷却的说法,错误的是_____。

A.后冷却能使排气中的油和水蒸气冷凝而便于分离

B.后冷却温度越低越好

C.冷却滑油可延缓缸内滑油的氧化变质

D.空压机一般冷却水最先进入级间冷却器

66.活塞式空压机的实际输气量与理论输气量之比称为_____，对此系数影响最大的是_____。

    A.输气系数；进排气阀的气密性

    B.气密系数；压缩比

    C.输气系数；压缩比

    D.气密系数；进排气阀的气密性

67.关于船舶压缩空气系统，说法正确的有_____。

    ①每艘船一般设有 2~3 台排压为 3 MPa 的空压机向主气瓶供气，其他需要较低压力空气的场所则由主气瓶经减压阀供气；②有的大型船舶分别设有主、辅空压机和杂用空压机，各自向主、辅气瓶和杂用气瓶供气；③船上小型柴油机驱动的或手动的应急空压机(有的设计采用应急发电机供电)，可直接向辅气瓶供气，以便应急时起动发电柴油机

    A.①②③   B.①③

    C.②③   D.①②

68.关于船上压缩空气，说法正确的是_____。

    ①用于起动主机；②吹除通海阀、油渣柜和用作气笛能源；③作为自动控制和自动调节等的能源以及海上航行补给系统中燃油补给后的吹除残油等；④压缩空气的应用场合不同，它的使用压力范围也是不同的

    A.①③④   B.①②③④

    C.①②③   D.②③④

69.一般来说，船用双级空压机自动起、停是通过压力继电器感受_____的压力来实现的。

    A.空压机出口压力   B.空气瓶空气压力

    C.空压机中间压力   D.空压机进口压力

70.级差式空压机气缸上部可以靠_____润滑。

    A.注油器注油、油杯滴油、从曲轴箱吸入油雾

    B.注油器注油

    C.从曲轴箱吸入油雾

    D.油杯滴油

第三节　活塞式空气压缩机的管理

1.关于船舶压缩空气系统的管理，下列说法中错误的是_____。

    A.定期对空压机进行检修

    B.保证系统清洁，定期放残

    C.定期对安全阀进行效用试验

    D.保证压缩气体的正常使用温度

2.必要时常用_____的方法检查活塞式空压机的余隙高度。

    A.压铅丝   B.千分尺测量

    C.游标卡尺测量   D.塞尺测量

3.管理中空压机气阀漏泄一般不会造成_____。
    A.排气量下降　　　　　　　　　　B.缸套异常发热
    C.安全阀开启　　　　　　　　　　D.排气温度上升

4.关于船用空压机的泄放阀的起闭顺序,下列说法中正确的是_____。
    A.起动时,按照由低到高的顺序;停车时,按照由高到低的顺序
    B.起动时,按照由高到低的顺序;停车时,按照由高到低的顺序
    C.起动时,按照由高到低的顺序;停车时,按照由低到高的顺序
    D.起动时,按照由低到高的顺序;停车时,按照由低到高的顺序

5.关于空压机检修后或长期停用后起动的管理要点,说法错误的是_____。
    A.可直接以自动工作模式起动
    B.起动前要手动盘车 1~2 转
    C.检查曲轴箱油位
    D.全开通往气瓶管路的截止阀

6.空压机检修后或长期停用后起动的管理要点包括_____。
    ①检查曲轴箱油位;②检查系统各阀件是否处于正确启闭状态;③起动前要手动盘车 1~2 转;
    ④起动后注意转向、起动电流与声音,有异常应立即停车检查
    A.①②③　　　　　　　　　　　　B.①④
    C.②③④　　　　　　　　　　　　D.①②③④

7.关于空压机起动前的准备工作,说法错误的是_____。
    A.要做各种检查,比如盘车、油量检查等
    B.经过各种检查后,开启冷却水管路
    C.在起动前要打开通往气瓶的所有阀
    D.起动前手动卸载不能处于卸载位置

8.关于空压机的起动过程,说法错误的是_____。
    A.所有工作准备就绪后,需先点动 1~2 次
    B.起动过程中要注意电流变化是否正常
    C.等电流正常后,观察自动卸载机构是否自动卸载
    D.检查是否有漏气、漏水等情况

9.关于空压机的停车过程,说法错误的是_____。
    A.对于非自动控制空压机,应按由低至高顺序依次开启泄放阀卸载
    B.自动控制空压机自动完成卸载阀的开启
    C.停车时打开卸载阀,要注意防止缸内存气伤人事故发生
    D.空压机停车前要先开启各卸载阀

10.船用空气压缩机的自动保护包括_____。
    ①油压过低保护;②排气温度过高保护;③油位过低保护
    A.①　　　　　　　　　　　　　　B.①③
    C.②③　　　　　　　　　　　　　D.①②③

11.关于船用空压机各级冷却器泄放电磁阀,错误的功能描述是_____。

A.在起动之前和起动最初数秒打开

B.在空压机冷却器温度较高时打开

C.在空压机运行一定间隔期打开

D.在空压机停机时打开

12.船用活塞式空气压缩机一般设置自动起、停。关于自动起、停的压力设定,正确的是_____。

A.备用空压机的起动压力低于优先工作的空压机的起动压力

B.备用空压机的起动压力高于优先工作的空压机的起动压力

C.备用空压机的停车压力高于优先工作的空压机的停车压力

D.备用空压机的停车压力等于优先工作的空压机的停车压力

13.活塞式空压机排气阀开启频率_____。

A.等于转速   B.等于转速的2倍

C.等于转速的1/2   D.随排量而变

14.水冷式制冷系统中,水量调节阀一般起_____的作用。

A.控制蒸发压力   B.控制冷凝压力

C.调节过冷度的大小   D.调节过热度的大小

15.活塞式空压机的自动控制主要包括_____。

①压缩机的自动起、停;②压缩机的自动卸载;③冷却水、滑油的自动控制;④空压机自动安全保护

A.②③④   B.①③④

C.①②   D.①②③④

16.管理中空压机排气量减小的最常见原因是_____。

A.气阀和活塞环漏泄   B.安全阀漏泄

C.余隙增大   D.冷却不良

17.下列关于活塞式空气压缩机的实际循环,描述错误的是_____。

A.吸排气过程中,由于气阀需要在一定压力下打开,有压力损失

B.多级压缩因过程复杂,会降低输气系数

C.压缩气体过程中,气体温度升高,并导致气缸温度升高,需冷却

D.由于吸、排气阀关闭不严,活塞密封环等密封不严,空压机在工作过程中存在漏泄

18.关于船用空压机冷却的说法,错误的是_____。

A.后冷却主要是为了降低排气温度,减少排气比容

B.滑油冷却可延缓滑油的氧化变质

C.级间冷却可减少压缩功

D.空压机冷却温度应尽可能低,以提高输气效率

19.活塞式空压机气阀漏泄会造成_____。

A.排气量上升   B.排气量下降

C.排气温度下降   D.缸套温度降低

参考答案

第一节　基础理论

1.B	2.B	3.B	4.A	5.A	6.A	7.D	8.A	9.D	10.C
11.A	12.D	13.B	14.C	15.D	16.D	17.C	18.A	19.D	20.D
21.B	22.B	23.A	24.B	25.C	26.C	27.A	28.A	29.B	30.D
31.D	32.B	33.B	34.C	35.A	36.A	37.B	38.B	39.C	40.D
41.A	42.B	43.C	44.B	45.B	46.A	47.D	48.A	49.C	50.B
51.C	52.D	53.D	54.B	55.A					

第二节　活塞式空气压缩机的结构及控制

1.D	2.C	3.D	4.B	5.D	6.A	7.B	8.C	9.A	10.B
11.A	12.B	13.B	14.D	15.B	16.B	17.B	18.D	19.D	20.C
21.C	22.B	23.C	24.D	25.B	26.C	27.D	28.D	29.C	30.B
31.B	32.B	33.A	34.B	35.A	36.B	37.A	38.A	39.D	40.B
41.B	42.A	43.D	44.D	45.A	46.D	47.D	48.A	49.B	50.C
51.A	52.B	53.C	54.B	55.B	56.C	57.D	58.D	59.D	60.A
61.B	62.B	63.A	64.D	65.B	66.C	67.D	68.B	69.B	70.A

第三节　活塞式空气压缩机的管理

1.D	2.A	3.C	4.A	5.A	6.D	7.D	8.C	9.A	10.D
11.B	12.A	13.A	14.B	15.D	16.A	17.B	18.D	19.B	

第五章

船舶制冷装置

第一节 蒸气压缩式制冷装置的基本组成原理

1.蒸发式制冷系统中,冷凝器中液态制冷剂过冷的制冷循环与理论循环比较,单位质量制冷量_____,单位绝热压缩功_____,制冷系数_____。
  A.增加;不变;提高   B.减小;增大;减小
  C.增加;增大;不确定   D.减小;不变;减小

2.在冷凝温度和压缩机状况等条件不变时,随着蒸发温度的降低,单位质量制冷量_____,制冷系数_____。
  A.减小;降低   B.减小;增大
  C.增大;增大   D.增大;降低

3.在蒸发温度和压缩机状况等条件不变时,随着冷凝温度的降低,压缩机的制冷系数_____,压缩机轴功率_____。
  A.增大;降低   B.减小;降低
  C.减小;增大   D.增大;增大

4.制冷剂在蒸发器中流动,在完全汽化前实际上是_____过程。
  A.等压等温   B.降压降温
  C.等压升温   D.降压升温

5.制冷剂在蒸发器中流动,在完全汽化前理论上是_____过程。
  A.定压定温   B.降压降温
  C.定压升温   D.降压升温

6.蒸气压缩式制冷循环的基本原理是_____。
  A.液体汽化吸热   B.液体膨胀吸热
  C.气体膨胀吸热   D.气体冷凝放热

7.在蒸气压缩制冷理论循环中,制冷剂在蒸发器内发生_____汽化过程。
  A.定压降温   B.降压定温
  C.定压定温   D.降压降温

8.完成蒸气压缩式制冷循环的基本元件是_____。

A.冷凝器、节流元件、蒸发器、压缩机

B.压缩机、冷却器、干燥器、蒸发器

C.冷凝器、蒸发器、回热器、压缩机

D.压缩机、冷却器、节流元件、回热器

9.制冷设备工作时,随着热负荷的变化,蒸发器的供液量应该是_____。

A.热负荷减少供液量增加

B.热负荷增大供液量减少

C.热负荷减少供液量不变

D.热负荷增大供液量增加

10.制冷剂在冷凝器中放热时基本不变的是_____。

A.压力　　　　　　　　　　　　　B.焓值

C.温度　　　　　　　　　　　　　D.相态

11.若工质和蒸发温度不变,冷凝器的冷凝温度越高,即单位质量制冷量就将随着冷凝温度的上升而_____。

A.增大　　　　　　　　　　　　　B.减少

C.不变　　　　　　　　　　　　　D.无法确定

12.当压缩机和其他元件的状况不变时,随着冷凝温度的降低,制冷量_____。

A.先增大,在冷凝温度低到一定程度反而减小

B.增大

C.减小

D.不变

13.制冷剂从冷凝器进口至出口通常由_____变成_____。

A.过热蒸气;过冷液体　　　　　　B.湿蒸气;饱和液体

C.饱和蒸气;饱和液体　　　　　　D.过热蒸气;饱和液体

14.压缩制冷装置中制冷剂由低压变为高压是以_____元件为分界点。

A.电磁阀　　　　　　　　　　　　B.压缩机

C.膨胀阀　　　　　　　　　　　　D.蒸发压力调节阀

15.在压缩制冷装置中,制冷剂由高压气态变为高压液态是以_____元件为分界点。

A.电磁阀　　　　　　　　　　　　B.冷凝器

C.膨胀阀　　　　　　　　　　　　D.蒸发压力调节阀

16.压缩制冷装置中制冷剂由高压变为低压是以_____元件为分界点。

A.蒸发压力调节阀　　　　　　　　B.回热器

C.电磁阀　　　　　　　　　　　　D.膨胀阀

17.制冷剂在压缩机进口和出口通常是_____和_____。

A.湿蒸气;饱和蒸气　　　　　　　B.饱和蒸气;过热蒸气

C.湿蒸气;过热蒸气　　　　　　　D.过热蒸气;过热蒸气

18.下图为压缩式制冷原理图,系统正常运转时,进入压缩机的制冷剂的状态主要是_____。

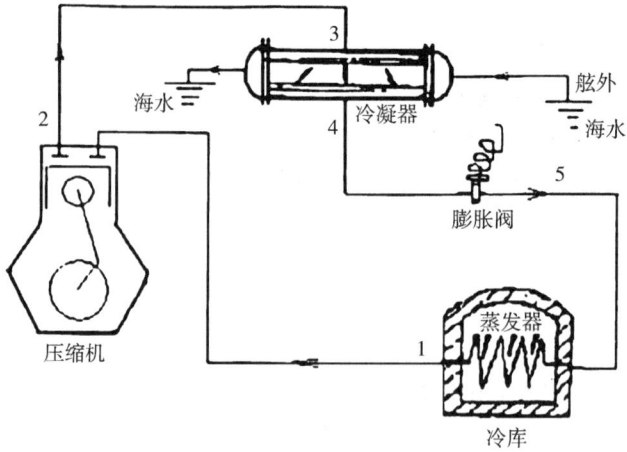

A.高温高压的蒸气　　　　　　　　　B.低温低压的液态

C.高温高压的液态　　　　　　　　　D.低温低压的蒸气

19.制冷装置中排气管是指从压缩机通_____的管路。

　　A.冷凝器　　　　　　　　　　　　B.蒸发器

　　C.膨胀阀　　　　　　　　　　　　D.回热器

20.制冷装置中液管是指从_____通_____的管路。

　　A.冷凝器;蒸发器　　　　　　　　　B.冷凝器;膨胀阀

　　C.蒸发器;压缩机　　　　　　　　　D.压缩机;冷凝器

21.下图为压缩式制冷原理图,系统正常运转时,进入冷凝器的制冷剂的状态主要是_____。

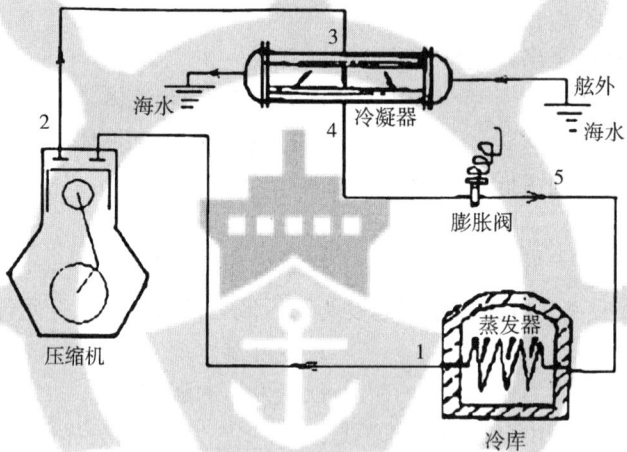

A.高温高压的蒸气　　　　　　　　　B.低温低压的液态

C.高温高压的液态　　　　　　　　　D.低温低压的蒸气

22.制冷剂流经膨胀阀的节流过程前后_____近似相等。

　　A.压力　　　　　　　　　　　　　B.温度

　　C.焓值　　　　　　　　　　　　　D.比容

23.制冷装置正常工作时,制冷剂流过膨胀阀后应是_____。

　　A.过冷液体　　　　　　　　　　　B.饱和液体

C.湿蒸气　　　　　　　　　　　　　D.饱和蒸气

24.制冷剂流过膨胀阀工作正常时是由_____变成_____。

　　A.饱和液体;饱和蒸气　　　　　　　B.过冷液体;湿蒸气

　　C.过冷液体;饱和蒸气　　　　　　　D.过冷液体;过热蒸气

25.下图为压缩机制冷原理图,系统正常运转时,膨胀阀的主要作用是_____。

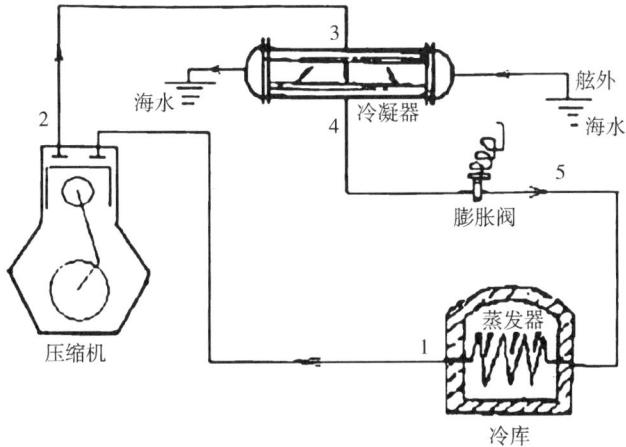

　　A.节流降温　　　　　　　　　　　　B.节流降压

　　C.使制冷剂从液态变为气态　　　　　D.使制冷剂从气态变为液态

26.氟利昂制冷剂工作正常时由蒸发器进口至出口是由_____变成_____。

　　A.饱和液体;饱和蒸气　　　　　　　B.湿蒸气;饱和蒸气

　　C.湿蒸气;过热蒸气　　　　　　　　D.过冷液体;过热蒸气

27.制冷剂在蒸发器中流动,在完全汽化前_____增高。

　　A.温度　　　　　　　　　　　　　　B.过热度

　　C.干度　　　　　　　　　　　　　　D.压力

28.制冷剂在蒸发器中流动,在完全汽化前_____不增高。

　　A.焓值　　　　　　　　　　　　　　B.比容

　　C.干度　　　　　　　　　　　　　　D.温度

29.下图为压缩机制冷原理图,系统正常运转时,进入蒸发器的制冷剂的状态主要是_____。

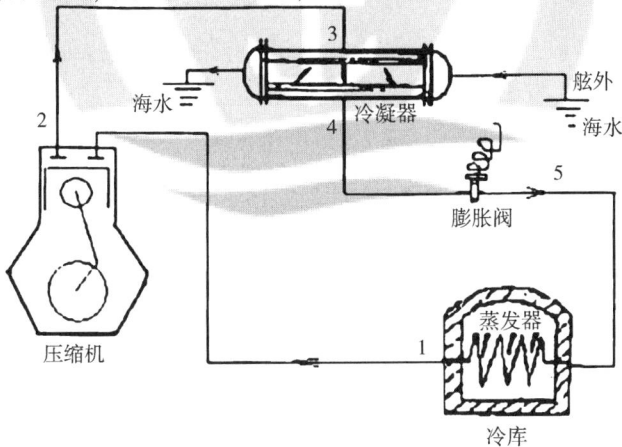

A.高温高压的蒸气　　　　　　　　　　B.低温低压的湿蒸气

C.高温高压的液态　　　　　　　　　　D.低温低压的蒸气

30.在压缩机状况和其他温度条件不变时,随着吸气过热度的增大,制冷压缩机的轴功率_____。

    A.增大　　　　　　　　　　　　　　　B.不变

    C.减小　　　　　　　　　　　　　　　D.随制冷剂种类不同而变

31.在压缩机状况和其他温度条件不变时,随着吸气过热度的减小,制冷压缩机的轴功率_____。

    A.增大　　　　　　　　　　　　　　　B.随制冷剂种类不同而变

    C.减小　　　　　　　　　　　　　　　D.不变

32.在压缩机状况和其他温度条件不变时,随着吸气过热度的增大,制冷压缩机的制冷量_____。

    A.增大　　　　　　　　　　　　　　　B.不变

    C.减小　　　　　　　　　　　　　　　D.随制冷剂种类不同而变

33.在压缩机状况和其他温度条件不变时,随着膨胀阀前制冷剂过冷度的增大,制冷压缩机的制冷量_____。

    A.增大　　　　　　　　　　　　　　　B.不变

    C.减小　　　　　　　　　　　　　　　D.先增大,在过冷度达到一定程度后反而减小

34.在压缩机状况和其他温度条件不变时,随着膨胀阀前制冷剂过冷度的减小,制冷压缩机的轴功率_____。

    A.增大　　　　　　　　　　　　　　　B.不变

    C.减小　　　　　　　　　　　　　　　D.先减小,在过冷度达到一定程度后反而增大

35.在压缩机状况和其他温度条件不变时,随着膨胀阀前制冷剂过冷度的减小,制冷压缩机的制冷量_____。

    A.增大　　　　　　　　　　　　　　　B.不变

    C.减小　　　　　　　　　　　　　　　D.先减小,在过冷度达到一定程度后反而增大

36.在压缩机状况和其他温度条件不变时,随着膨胀阀前制冷剂过冷度的增大,制冷系数_____。

    A.增大　　　　　　　　　　　　　　　B.不变

    C.减小　　　　　　　　　　　　　　　D.先增大,在过冷度达到一定程度后反而减小

37.在压缩机状况和其他温度条件不变时,随着膨胀阀前制冷剂过冷度的减小,制冷系数_____。

    A.增大　　　　　　　　　　　　　　　B.不变

    C.减小　　　　　　　　　　　　　　　D.先减小,在过冷度达到一定程度后反而增大

38.其他条件相同时,冷凝压力越低,则制冷装置_____。

    A.制冷量越大　　　　　　　　　　　　B.压缩机轴功率越低

    C.膨胀阀后制冷剂干度越大　　　　　　D.冷凝器出口过冷度越大

39.当压缩机状况和其他温度条件不变时,随着冷凝温度的提高,制冷压缩机的轴功率_____。

    A.增大　　　　　　　　　　　　　　　B.不变

    C.降低　　　　　　　　　　　　　　　D.在压力比为3左右出现最大值

40.当压缩机状况和其他温度条件不变时,随着冷凝温度的提高,制冷压缩机的制冷系数_____。

A.增大   B.不变

C.降低   D.在压力比为 3 左右出现最大值

41.其他条件相同时,制冷装置冷却水量减小不会引起_____。

    A.制冷量下降   B.轴功率增大

    C.制冷系数增大   D.排气温度升高

42.当压缩机状况和其他温度条件不变时,随着冷凝温度的提高,制冷压缩机的制冷量_____。

    A.增大   B.不变

    C.降低   D.在压力比为 3 左右出现最大值

43.制冷压缩机在吸、排压力相同的状态下起动后,随着两者压差的增大,轴功率_____。

    A.不断增加   B.不断下降

    C.先降后增   D.先增后降

44.当压缩机状况和其他温度条件不变时,随着蒸发温度的提高,制冷压缩机的轴功率_____。

    A.不断随之增大

    B.不变

    C.不断降低

    D.先增大,在压力比为 3 左右转而降低

45.当压缩机状况和其他温度条件不变时,随着蒸发温度的降低,制冷压缩机的制冷量_____。

    A.增大   B.不变

    C.降低   D.在压力比为 3 左右出现最大值

46.当压缩机状况和其他温度条件不变时,随着蒸发温度的提高,制冷压缩机的制冷量_____。

    A.增大   B.不变

    C.降低   D.在压力比为 3 左右出现最大值

47.有关理想制冷循环蒸发器制冷量的说法,错误的是_____。

    A.蒸发器的制冷量就是蒸发器的吸热能力

    B.蒸发器的制冷量大小取决于蒸发器的传热面积、传热系数和传热温差

    C.蒸发器的制冷量反映了制冷装置的制冷能力

    D.蒸发器的制冷量大小等于冷凝器的热负荷大小

48.根据制冷装置中冷凝器在系统中的作用,其所排放出去的热量,应该近似等于_____。

    A.装置的制冷量

    B.装置的制冷量与压缩机的指示功率之和

    C.装置的制冷量与压缩机的摩擦功率之和

    D.装置的制冷量与压缩机的轴功率之和

49.关于制冷循环制冷系数的描述中,正确的是_____。

    A.理论制冷系数为单位制冷量与单位理论功(多变压缩)之比

    B.指示制冷系数为单位制冷量与单位指示功之比

    C.指示制冷系数为装置制冷量与轴功率之比

    D.装置的性能系数是压缩机单位轴功率的制冷量,仅与压缩机的轴效率和工况有关

50.已知压缩制冷装置管路中制冷剂焓值不变,若压缩机进口焓值为 415 kJ/kg,压缩机出口焓值

为 480 kJ/kg,冷凝器出口焓值为 245 kJ/kg,则单位制冷量为_____ kJ/kg,单位排热量为_____ kJ/kg。

A.225;185　　　　　　　　　　B.185;225

C.255;270　　　　　　　　　　D.170;235

51.在蒸气压缩式船舶制冷装置中,与实际单位压缩功无关的因素是_____。

A.制冷剂的种类　　　　　　　　B.指示效率

C.制冷量　　　　　　　　　　　D.制冷工况

52.制冷装置的最理想循环是_____。

A.定容加热循环　　　　　　　　B.定压加热循环

C.逆向卡诺循环　　　　　　　　D.混合加热循环

53.在 T-s 图上的任意一个制冷循环,工质是_____吸热的。

A.从低温热源　　　　　　　　　B.不从热源

C.从高温热源　　　　　　　　　D.从低温热源或高温热源

54.在 T-s 图上的任意一个制冷循环,工质是_____放热的。

A.向低温热源　　　　　　　　　B.不向热源

C.向高温热源　　　　　　　　　D.向低温热源或高温热源

55.下述_____的工作原理是逆卡诺循环的应用。

A.蒸汽机　　　　　　　　　　　B.热机

C.锅炉　　　　　　　　　　　　D.制冷装置

56.蒸气压缩式理论循环中,假设压缩是_____过程。

A.等温　　　　　　　　　　　　B.等焓

C.多变　　　　　　　　　　　　D.等熵

57.蒸气压缩式理论循环中,未对制冷剂做_____的假设。

A.压缩机中是等熵过程　　　　　B.换热器中是等压过程

C.膨胀阀前后焓相等　　　　　　D.冷凝器中是多温过程

58.下图为压缩式制冷原理图,系统正常运转,制冷剂把冷库中的热量不断带出,维持冷库温度在一定的低温范围内,这些热量最终被_____。

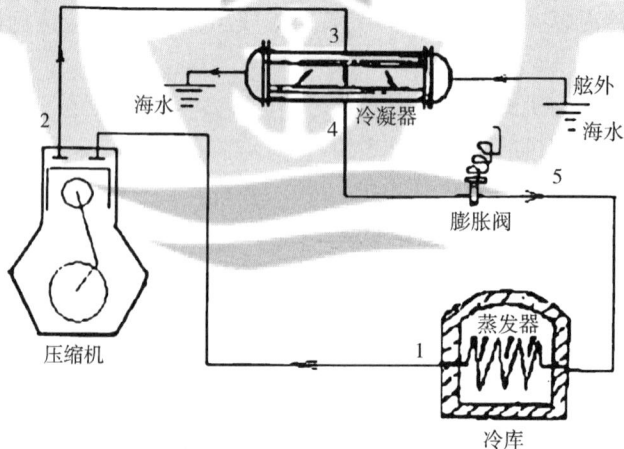

A.冷却海水带到舷外　　　　　　　　B.储存在制冷剂里

C.压缩机吸收　　　　　　　　　　　D.储存在冷凝器内

59.下图为压缩式制冷原理图,系统正常运转时,在管路5处的制冷剂状态主要是_____。

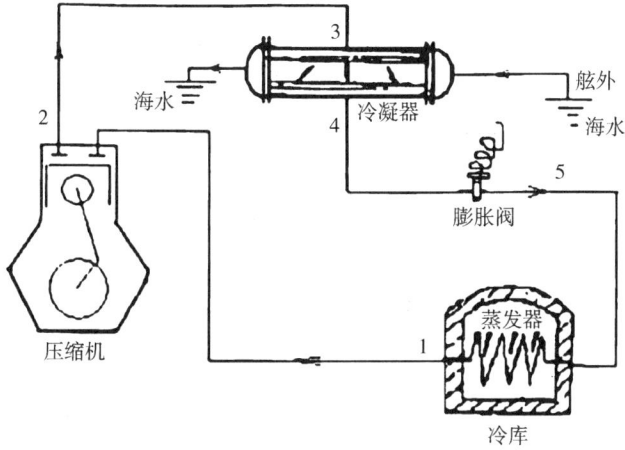

A.高温高压的蒸气　　　　　　　　　B.低温低压的湿蒸气

C.低温低压的干蒸气　　　　　　　　D.高温高压的液态

60.下图为采用回热器的制冷循环图,系统正常运转时,管路1中的制冷剂状态主要是_____。

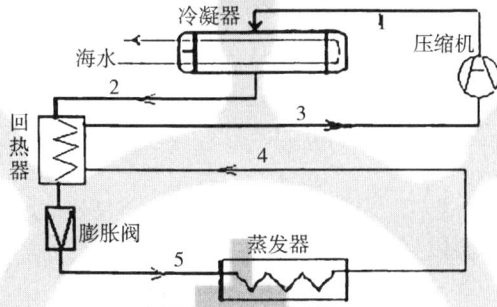

A.高温高压的蒸气　　　　　　　　　B.低温低压的液态

C.高温高压的液态　　　　　　　　　D.低温低压的蒸气

61.下图为采用回热器的制冷循环图,系统正常运转时,管路3中的制冷剂状态主要是_____。

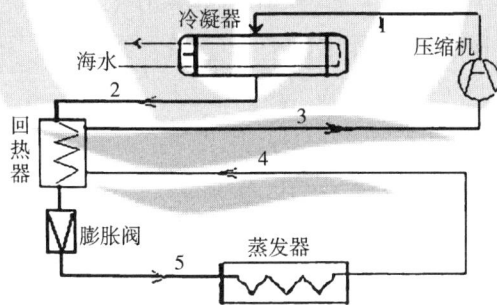

A.高温高压的蒸气　　　　　　　　　B.低温低压的液态

C.高温高压的液态　　　　　　　　　D.低温低压的蒸气

62.下图为采用回热器的制冷循环图,回热器的作用主要是_____。

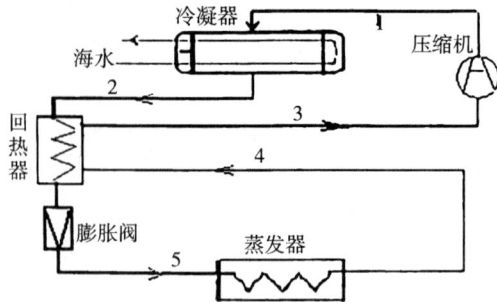

A.管路4中的制冷剂进一步过冷,管路2中的制冷剂也进一步过冷

B.管路4中的制冷剂进一步过热,管路2中的制冷剂也进一步过热

C.管路4中的制冷剂进一步过冷,管路2中的制冷剂进一步过热

D.管路4中的制冷剂进一步过热,管路2中的制冷剂进一步过冷

63.在蒸气压缩式制冷装置运行中,冷凝器的功能是将压缩机排出的_____制冷剂蒸气冷却成_____。

A.高温高压;过冷液体　　　　　　　B.低温高压;饱和液体

C.高温高压;饱和液体　　　　　　　D.低温高压;过冷液体

64.在一些船舶的鱼、肉低温库中,常选用蒸发盘管式而不选用空气冷却器式蒸发器,其原因是_____。

A.不会增加库内热负荷,且食品干耗少

B.除湿效果好

C.传热系数高

D.可以使库温分布均匀

65.长航线船舶的鱼、肉库库温以_____为宜。

A.0 ℃以下　　　　　　　　　　　　B.-8~-10 ℃

C.-10~-12 ℃　　　　　　　　　　D.-18~-20 ℃

66.短航线船舶的鱼、肉库库温以_____为宜。

A.0 ℃以下　　　　　　　　　　　　B.-8~-10 ℃

C.-10~-12 ℃　　　　　　　　　　D.-18~-20 ℃

67.在①菜库、②鱼库、③肉库、④干货库中,_____属"高温库"。

A.②　　　　　　　　　　　　　　　B.③

C.②④　　　　　　　　　　　　　　D.①④

68.关于食品冷藏,说法不正确的是_____。

A.低温冷藏可以杀灭细菌

B.低温冷藏应保持适当的湿度

C.臭氧不适用于绿叶类食品

D.长航线鱼、肉库温度以-18~-20 ℃为宜

69.CO_2在食品冷藏中的作用是_____。

A.CO_2可以抑制细菌繁殖

B.CO_2可以杀灭细菌

C.适当的CO_2浓度可以抑制蔬菜、水果的呼吸作用

D.CO_2浓度越高越利于食品冷藏

70.水果、蔬菜的水分蒸发主要取决于储藏的_____，_____会使食品干缩，_____会使食品容易发霉腐烂。

    A.温度条件；温度过高；温度过低   B.温度条件；温度过低；温度过高

    C.湿度条件；湿度过大；湿度过小   D.湿度条件；湿度过小；湿度过大

71.其他条件相同时，制冷装置冷凝器冷却水管脏污不会引起_____。

    A.制冷量下降   B.轴功率增大

    C.制冷系数减小   D.排气温度降低

72.下列设备中不能实现制冷剂液体过冷的是_____。

    A.蒸发器   B.冷凝器

    C.过冷器   D.回热器

73.在蒸发器内绝大部分制冷剂处于_____状态。

    A.过冷液体   B.过热蒸气

    C.湿蒸气   D.饱和液体

74.在基本蒸气动力装置的理想循环中，蒸气在冷凝器中进行的是一个_____放热过程。

    A.定熵   B.定压

    C.定容   D.定焓

75.制冷循环在工程上实现的作用是_____。

    A.使工质冷凝放热做功

    B.使冷库温度降低

    C.实现热量由低温热源向高温热源的转移

    D.使工质可以汽化吸收热量

76.蒸气压缩式制冷循环中，低温低压的液体制冷剂进入_____中，吸收冷库内被冷物体释放的热量而不断沸腾汽化。

    A.冷凝器   B.膨胀阀

    C.压缩机   D.蒸发器

77.蒸气压缩式制冷循环中，为了使蒸发器中的压力不致因制冷剂的不断流入汽化而升高，需要_____将蒸发器中的冷剂抽出，并维持蒸发器中稳定的低压。

    A.膨胀阀   B.冷凝器

    C.压缩机   D.蒸气阀

78.关于冷凝压力，以下说法中错误的是_____。

    A.压缩机质量流量增大，冷凝压力就高

    B.压缩机吸气压力低，冷凝压力就高

    C.冷凝器传热温差小，冷凝压力就高

    D.冷凝器换热面积小，冷凝压力就高

79.其他条件不变时,蒸气压缩制冷循环的制冷系数随冷凝温度的降低而_____。

 A.降低   B.升高

 C.不变   D.无法确定

80.蒸气压缩式制冷循环中,制冷剂定压放热过程是发生在_____。

 A.膨胀阀   B.蒸发器

 C.冷凝器   D.压缩机

81.在制冷循环中,_____的作用是为制冷循环提供动力,压缩和输送制冷剂的设备。

 A.蒸发器   B.冷凝器

 C.节流阀   D.压缩机

82.在制冷循环中,_____的作用是利用液态低温制冷剂在低压下易蒸发,转变为蒸气并吸收被冷却介质的热量。

 A.压缩机   B.蒸发器

 C.膨胀阀   D.冷凝器

83.蒸气压缩式理想制冷循环的制冷系数与_____有关。

 A.蒸发温度   B.冷凝温度

 C.制冷剂种类   D.蒸发温度和冷凝温度

84.提高_____和_____,可以提高蒸气压缩制冷理想循环的制冷系数。

 A.冷凝温度;冷剂量   B.冷凝温度;过冷度

 C.蒸发温度;过冷度   D.蒸发温度;冷凝温度

第二节　制冷剂和冷冻机油

1.以下制冷剂中,属于共沸混合物的是_____。

 A.R410A   B.R404A

 C.R407C   D.R507

2.对制冷剂热力性质的错误要求是_____。

 A.冷凝压力越低越好   B.标准沸点比要达到的低温适当低

 C.汽化潜热要较大   D.临界温度要较高

3.共沸混合物是指_____的混合物。

 A.各组分的标准沸点相同

 B.各组分的密度相近

 C.各组分的质量分数相等

 D.相变过程中液、气相的各组分质量分数不变

4.关于共沸混合物的以下说法中错误的是_____。

 A.在既定压力下相变过程中的温度不变

 B.相变过程中液、气相的各组分质量分数不变

 C.标准沸点常比各组分的更低

 D.在既定蒸发温度时的蒸发压力比各组分的更低

5.关于非共沸混合物的以下说法中错误的是_____。

    A.在既定压力下的相变过程中,相变温度一直在改变

    B.在既定压力下的相变过程中,气、液相各组分的质量分数一直在改变

    C.使用的装置若冷却水管漏泄,装置中制冷剂组分的质量比即改变

    D.使用的装置若冷凝器或蒸发器漏泄,装置中制冷剂组分的质量比即改变

6.R134a 不破坏臭氧层是因为它_____。

    A.不含氢   B.不含氟

    C.不含氯   D.在大气中可分解

7.采用 R134a 为制冷剂主要是因为它_____。

    A.价廉   B.制冷系数高

    C.单位制冷量大   D.不破坏臭氧层

8.对于 R134a 制冷剂,以下说法错误的是_____。

    A.不能采用卤素检漏灯方法检漏

    B.压缩排气终温高,需要采用水冷方式冷却

    C.不能采用硅胶作干燥剂

    D.冷冻机油必须采用合适的脂类油

9.对于非共沸混合制冷剂,将少量的低沸点组分加入主要的高沸点组分当中,所形成的混合制冷剂与其主要成分相比,具有_____的特点。

    A.制冷系数降低、轴功率下降、制冷量提高

    B.制冷系数降低,但制冷量提高、轴功率增加

    C.制冷系数提高、轴功率下降,但制冷量降低

    D.制冷系数提高、制冷量降低,但轴功率增加

10.对于使用非共沸混合制冷剂的装置,如果发生制冷剂泄漏,则对于小型制冷装置而言,采取的补救方法是_____。

    A.采用通常的制冷剂添加方法,往里添加同种牌号的制冷剂

    B.按比例分别添加原组成成分的制冷剂

    C.可以添加性能相近的制冷剂

    D.将剩余的制冷剂全部排出,然后重新充注制冷剂

11.下列不是对制冷剂的要求的是_____。

    A.在工作温度范围内,具有适当的压力和压力比

    B.临界温度要低

    C.热导率要大

    D.化学稳定性和热稳定性要好

12.下列对制冷剂的要求中,说法不正确的是_____。

    A.不易燃烧,对人体无害,不会污染冷藏物品

    B.对于封闭式或半封闭式制冷压缩机,要求制冷剂具有良好的电气绝缘性

    C.黏度、比重要小,以减少功耗

    D.热导率要小,以减少能量散失

13.氟利昂溶入滑油中,会使滑油_____。

    A.黏度增大　　　　　　　　　　　　B.黏度减小

    C.倾点变高　　　　　　　　　　　　D.倾点变低

14.用卤素检漏灯对制冷系统检漏时,当火焰的颜色由浅蓝色变为_____色时,则表明有泄漏。

    A.深绿　　　　　　　　　　　　　　B.无

    C.白　　　　　　　　　　　　　　　D.紫红

15.氟利昂检漏灯调节阀可用来调节_____。

    A.火焰亮度　　　　　　　　　　　　B.吸入气体流量

    C.火焰高度　　　　　　　　　　　　D.火焰颜色

16.非共沸混合制冷剂如将少量的高沸点组分加入低沸点主要组分中,所形成的混合制冷剂和主
    要成分相比,说法正确的是_____。

    A.制冷系数提高,能耗升高,制冷量有所升高

    B.制冷系数降低,能耗升高,制冷量有所升高

    C.制冷系数降低,能耗下降,制冷量有所下降

    D.制冷系数提高,能耗下降,制冷量有所下降

17.氟利昂易溶于油不会_____。

    A.使滑油黏度降低　　　　　　　　　B.妨碍冷凝器传热

    C.使蒸发压力降低　　　　　　　　　D.久停车后起动时"奔油"

18.以 R134a 代替过去常用的氟利昂作制冷剂,以下说法中错误的是_____。

    A.必须改用适于它的脂类润滑油　　　B.不能用卤素检漏灯

    C.不能用硅胶做干燥剂　　　　　　　D.排气温度高需要采用水冷

19.制冷装置中冷冻机油黏度过低,主要的危害是_____。

    A.容易奔油　　　　　　　　　　　　B.压缩机容积效率降低

    C.油损耗过快　　　　　　　　　　　D.油进入系统量增多

20.以下选项中,不属于制冷剂特性的是_____。

    A.热导率高　　　　　　　　　　　　B.绝热指数大

    C.蒸发压力不低于大气压力　　　　　D.凝固温度低

第三节　蒸气压缩式制冷系统的主要装置

1.根据制冷压缩机性能曲线可由_____确定制冷量。

    A.蒸发温度　　　　　　　　　　　　B.蒸发温度和吸气过热度

    C.蒸发温度和冷凝温度　　　　　　　D.蒸发温度和供液过冷度

2.根据制冷压缩机性能曲线可由蒸发温度和冷凝温度确定_____。

    A.制冷量和理论制冷系数　　　　　　B.制冷量和指示功率

    C.制冷量和单位压缩功　　　　　　　D.制冷量和轴功率

3.热力膨胀阀感温包漏气则阀_____。

    A.开大　　　　　　　　　　　　　　B.全关

C.开度视蒸发压力而定　　　　　　　　D.开度视感温包温度而定

4.相对于蒸发盘管,制冷装置中冷风机不具有的特点是_____。

　　A.能降低库内热负荷　　　　　　　　B.传热系数大

　　C.可采用电热自动融霜　　　　　　　D.使食品干耗大

5.蒸气压缩制冷装置主要由压缩机、冷凝器、_____和蒸发器组成。

　　A.排气阀　　　　　　　　　　　　　B.喷油阀

　　C.锅炉　　　　　　　　　　　　　　D.膨胀阀

6.关于制冷压缩机,以下选项中错误的是_____。

　　A.半封闭式活塞制冷压缩机不需要轴封和联轴器

　　B.开启式活塞制冷压缩机需要轴封和联轴器

　　C.开启式活塞制冷压缩机比全封闭式压缩机更容易拆卸和修理

　　D.全封闭式活塞制冷压缩机比开启式压缩机更容易拆卸和修理

7.其他条件不变时,海水温度越高则制冷装置_____。

　　A.冷凝器冷却效果差,冷凝压力降低

　　B.冷凝器冷却效果不受影响,冷凝压力提高

　　C.冷凝器冷却效果差,冷凝压力提高

　　D.冷凝器冷却效果好,冷凝压力提高

8.制冷系统中的冷凝器的功用是_____。

　　A.将压缩机内高温高压气态润滑油冷凝成液体润滑油

　　B.将液态制冷剂蒸发成气态制冷剂

　　C.吸收被冷空间的热量

　　D.将压缩机排出的高温高压气态制冷剂冷凝成常温的液态制冷剂

9.蒸气压缩式制冷循环的四大部件不包括_____。

　　A.压缩机　　　　　　　　　　　　　B.冷凝器

　　C.膨胀阀　　　　　　　　　　　　　D.发生器

10.蒸气压缩式制冷循环的四大部件包括_____。

　　①发生器;②喷射器;③蒸发器;④吸收器;⑤冷凝器;⑥制冷压缩机;⑦节流阀;⑧吸附床;

　　⑨制冷机

　　A.①③④⑤　　　　　　　　　　　　B.②⑥⑦⑨

　　C.③⑤⑥⑦　　　　　　　　　　　　D.③④⑤⑧

11.压缩制冷装置中冷凝器的容量偏小不会导致_____。

　　A.排气压力降低　　　　　　　　　　B.冷凝温度升高

　　C.排气温度升高　　　　　　　　　　D.制冷量降低

12.关于制冷循环冷凝器的作用,下列描述中正确的是_____。

　　A.维持冷凝器中为高压、蒸发器中为低压的重要部件

　　B.利用液态低温制冷剂在低压下易蒸发的特性,将其转变为蒸气并吸收被冷却介质的热量

　　C.压缩和输送制冷剂的设备

　　D.将高温高压的制冷剂过热蒸气冷却成液体或气液混合物

13.蒸气压缩制冷装置中,膨胀阀前的制冷剂比较理想的状态应是_____。

    A.饱和液体   B.过冷液体

    C.饱和蒸气   D.湿蒸气

14._____一般不造成制冷剂在膨胀阀前"闪气"产生气体。

    A.冷凝压力太低   B.液管流阻过大

    C.液管吸热过多   D.液管上行高度大

15.采用过冷循环制冷装置的制冷剂循环原理图如下,膨胀阀2出口的制冷剂应该是_____。

    A.液态   B.气态

    C.湿蒸气状态   D.随制冷量的变化,三种状态交替变化

16.在制冷循环中,_____的作用是使冷凝器出来的高压液体节流降压,使液态制冷剂在低压(低温)下汽化吸热。

    A.压缩机   B.蒸发器

    C.膨胀阀   D.冷凝器

17.关于制冷循环中膨胀阀作用的描述中,错误的是_____。

    A.为制冷循环提供动力

    B.维持冷凝器中为高压、蒸发器中为低压的重要部件

    C.控制制冷剂合理分配给蒸发器,让蒸发器处于正常的制冷工作状态

    D.使高压液体节流降压,使液态制冷剂在低压(低温)下汽化吸热

18.关于制冷循环中膨胀阀作用的描述中,正确的是_____。

    A.为制冷循环提供动力

    B.将高温高压的制冷剂过热蒸气冷却成液体或气液混合物

    C.使高压液体节流降压,使液态制冷剂在低压(低温)下汽化吸热

    D.利用液态低温制冷剂在低压下易蒸发的特性,将其转变为蒸气并吸收被冷却介质的热量

19.冷库制冷装置要求蒸发压力不低于大气压力主要为了_____。

    A.不使制冷量降低   B.不使制冷系数降低

    C.不使吸气温度太低   D.防止空气漏入系统

20.对制冷循环中蒸发器的作用,描述正确的是_____。

　　A.为制冷循环提供动力,压缩和输送制冷剂的设备

　　B.控制制冷剂合理分配给蒸发器,让蒸发器处于正常的制冷工作状态

　　C.使高压液体节流降压,使液态制冷剂在低压(低温)下汽化吸热

　　D.利用液态低温制冷剂在低压下易蒸发的特性,将其转变为蒸气并吸收被冷却介质的热量

21.在船舶制冷装置中,关于蒸发器的换热能力的表述,错误的是_____。

　　A.蒸发器的换热能力就是它的制冷量

　　B.蒸发器的换热能力与它的内表面积成反比

　　C.蒸发器的换热能力与它的传热系数成正比

　　D.蒸发器的换热能力与蒸发管的长度成正比

22.在制冷循环中,冷凝器的排热量_____制冷装置的制冷量。

　　A.大于　　　　　　　　　　　　　　B.等于

　　C.小于　　　　　　　　　　　　　　D.约等于

23.关于制冷装置中蒸发温度的说法,错误的是_____。

　　A.调整蒸发温度,实际上就是调整蒸发温度与被冷却介质的温度差

　　B.温差大,传热效果好,降温快

　　C.冷凝温度一定,蒸发温度越低,制冷量越大

　　D.通过调节节流阀的阀孔开度,能实现蒸发温度的调整

24.在采用膨胀阀的船舶制冷装置中,关于冷凝器热负荷的描述,正确的是_____。

　　A.冷凝器的热负荷即为蒸发器的制冷量

　　B.冷凝器的热负荷为装置的制冷量与指示功率之和

　　C.冷凝器的热负荷为装置的制冷量与装置轴功率之和

　　D.冷凝器的热负荷为装置的制冷量与压缩机压送功率之和

25.关于半封闭式活塞制冷压缩机的描述,错误的是_____。

　　A.压缩机与电动机共用一根主轴

　　B.不用设轴封

　　C.端板与缸盖做成一体

　　D.电动机可由吸入的制冷剂气体冷却

26.容积型制冷压缩机根据其压缩部件的运动特点可分为_____两种。

　　A.往复式和回转式　　　　　　　　　B.往复式和转子式

　　C.活塞式和螺杆式　　　　　　　　　D.离心式和往复式

27._____制冷压缩机使用最广泛,是船舶制冷装置采用的主要机型。

　　A.往复式　　　　　　　　　　　　　B.离心式

　　C.滑片式　　　　　　　　　　　　　D.螺杆式

28._____制冷压缩机制冷量一般小于 11 kW,在船上主要见于冷藏集装箱上。

　　A.旋涡式　　　　　　　　　　　　　B.离心式

　　C.活塞式　　　　　　　　　　　　　D.螺杆式

29._____制冷压缩机因其流量受转速限制,只用于制冷量小于 200 kW 的中小制冷量范围。

A.旋涡式　　　　　　　　　　　　　B.离心式

C.活塞式　　　　　　　　　　　　　D.螺杆式

30.制冷压缩机双阀座截止阀多用通道接压力表时,使用中_____。

A.要么全开,要么全关　　　　　　　B.开启时开一半为宜

C.开足后应退回一圈　　　　　　　　D.关足后应退回一圈

31.活塞式制冷压缩机假盖的主要作用是_____。

A.减小余隙容积　　　　　　　　　　B.改善缸头冷却

C.防止液击造成机损　　　　　　　　D.降低排气阻力

32.制冷压缩机采用双阀座截止阀是为了_____。

A.加强阀气密性　　　　　　　　　　B.减小阀流动阻力

C.可启闭多用通道　　　　　　　　　D.提高阀使用寿命

33.制冷压缩机排气压力超过规定数值时,若压缩机安全阀被打开,高压气体将_____。

A.流回储液器　　　　　　　　　　　B.排向蒸发器

C.流回吸气腔或曲轴箱　　　　　　　D.排向舷外

34.制冷压缩机甲的高温工况和制冷压缩机乙的低温工况制冷量相等,则活塞行程容积_____。

A.甲比乙大　　　　　　　　　　　　B.乙比甲大

C.两者相等　　　　　　　　　　　　D.无法比较大小

35._____是制冷压缩机需要采用能量调节装置的主要原因。

A.制冷量大　　　　　　　　　　　　B.气缸数目多

C.热负荷变化大　　　　　　　　　　D.制冷温度低

36.关于制冷压缩机能量调节的以下说法中,错误的是_____。

A.也就是输气量调节　　　　　　　　B.一般兼能卸载起动

C.可以减少压缩机起、停次数　　　　D.一般仅用于空调装置

37.活塞式制冷压缩机的以下能量调节方法中运行经济性最好的是_____法。

A.吸气节流　　　　　　　　　　　　B.吸气回流

C.吸气截断　　　　　　　　　　　　D.变速调节

38.制冷压缩机能量调节通常是以_____为信号(被调参数)。

A.排气压力　　　　　　　　　　　　B.吸气压力

C.滑油压力　　　　　　　　　　　　D.蒸发温度

39.活塞式制冷压缩机能量调节的最常用方式是_____。

A.改变转速　　　　　　　　　　　　B.改变活塞行程

C.顶开吸入阀　　　　　　　　　　　D.顶开排出阀

40.活塞式制冷压缩机能量调节机构一般不采用_____为驱动力。

A.滑油压力　　　　　　　　　　　　B.排气压力

C.吸气压力　　　　　　　　　　　　D.电磁力

41.活塞式制冷压缩机能量调节的感受信号为_____。

A.滑油泵排出压力　　　　　　　　　B.吸气压力

C.排气压力　　　　　　　　　　　　D.蒸发压力

42.活塞式制冷压缩机能量调节的目的是_____。

A.根据制冷装置负荷的变化相应调节压缩机的制冷量

B.调节冷凝压力

C.调节吸气压力和滑油压力

D.调节排气温度

43.活塞式制冷压缩机的容量调节的方法有_____。

①吸气节流法;②排气节流法;③排气回流法;④变速调节法;⑤吸气回流法;⑥截断吸气法

A.②③④⑤⑥   B.①③④⑤⑥

C.①②④⑤⑥   D.①②③④⑥

44.下列关于活塞式制冷压缩机容量调节方法中,_____的经济性较好,是目前多缸活塞式制冷压缩机普遍应用的容量调节法。

A.吸气节流法   B.排气回流法

C.变速调节法   D.吸气回流法

45.在活塞式制冷压缩机的下隔板上,开有一个与曲轴箱相通的孔,该孔的作用不包括_____。

A.均衡隔板上、下腔室之间的压力

B.吸气带回的滑油经此孔流回曲轴箱

C.利用此孔抽空曲轴箱

D.利用此孔抽走曲轴箱内制冷剂

46.制冷压缩机采用双阀座截止阀,与采用普通截止阀相比,采用双阀座截止阀_____。

A.密封性能更好   B.具有更小的流动阻力

C.可以增加一个多用通道   D.更耐用,使用寿命更长

47.关于开启式制冷压缩机轴封的作用,以下说法中错误的是_____。

A.防止制冷剂漏出机体   B.改善轴的润滑

C.防止机体外空气漏入曲轴箱   D.防止滑油漏出机体

48.在活塞式制冷压缩机中,油压启阀式卸载机构会在_____时发生卸载动作。

A.压缩机过载,膨胀阀开度过大

B.压缩机过载,滑油失压

C.吸气压力过低,起动时未建立起油压

D.膨胀阀开度过大,油泵断油

49.在氟利昂制冷压缩机中,其摩擦环式轴封在轴上的紧固程度要求适中,如果太紧,可能导致的故障是_____。

A.轴向静密封失效   B.径向静密封失效

C.轴向动密封失效   D.径向动密封失效

50.关于船用半封闭式制冷压缩机的说法中,错误的是_____。

A.压缩机吸气都需要经过电机,起到冷却电机的目的

B.压缩机和电动机连成一个整体,共用一根主轴

C.无轴封

D.有可拆卸的缸盖

51. 活塞式制冷压缩机容量调节方法中,最经济的是_____。

  A.吸气节流法   B.变速调节法

  C.排气回流法   D.吸气回流法

52. 活塞式制冷压缩机容量调节方法中,最不经济的是_____。

  A.吸气节流法   B.变速调节法

  C.排气回流法   D.吸气回流法

53. 热力膨胀阀除节流降压外,还能控制_____。

  A.蒸发压力   B.蒸发温度

  C.蒸发器出口温度   D.蒸发器出口过热度

54. 制冷装置热力膨胀阀靠调节_____来保证蒸发器出口过热度合适。

  A.蒸发温度   B.蒸发压力

  C.制冷剂流量   D.蒸发器换热量

55. 内平衡式热力膨胀阀波纹管上方作用着_____。

  A.蒸发器进口压力   B.蒸发器出口压力

  C.温包内饱和压力   D.冷凝压力

56. 内平衡式热力膨胀阀弹性元件下方作用着_____。

  A.蒸发器进口压力   B.蒸发器出口压力

  C.温包内饱和压力   D.冷凝压力

57. 热力膨胀阀温包所充的易挥发液体因_____而异。

  A.阀容量大小   B.所用蒸发器温度高低

  C.系统所用制冷剂不同   D.阀为内平衡式或外平衡式

58. 其他条件不变时,蒸发器结霜逐渐加厚,热力膨胀阀开度会_____。

  A.加大   B.关小

  C.不变   D.全闭

59. 其他条件不变时,蒸发器风机停转,热力膨胀阀开度会_____。

  A.加大   B.关小

  C.不变   D.全闭

60. 热力膨胀阀波纹管上、下方的压力差反映了_____。

  A.蒸发器出口温度   B.蒸发器出口过热度

  C.蒸发器进口温度   D.蒸发温度

61. 热力膨胀阀选用外平衡式的依据是_____。

  A.蒸发温度低

  B.蒸发压力低

  C.蒸发器中压降大引起制冷剂饱和温度降低多

  D.蒸发器中压降小引起制冷剂饱和温度降低多

62. 原来用外平衡式膨胀阀的蒸发器改用内平衡式膨胀阀不会导致_____。

  A.出口过热度增大   B.制冷量降低

  C.蒸发压力降低   D.压缩机轴功率增大

63.调节热力膨胀阀主要的依据是_____。

　　A.蒸发压力高低　　　　　　　　　　B.排气温度高低

　　C.吸气温度高低　　　　　　　　　　D.蒸发器出口制冷剂过热度高低

64.一般热力膨胀阀调到蒸发器出口工作过热度为_____℃为宜。

　　A.0　　　　　　　　　　　　　　　　B.2

　　C.3~6　　　　　　　　　　　　　　D.2~8

65.热力膨胀阀的调试_____。

　　A.应在停机时进行　　　　　　　　　B.应在开机时进行

　　C.随时都可进行　　　　　　　　　　D.应在装置运转稳定时进行

66.外平衡式热力膨胀阀的平衡管结霜表明_____。

　　A.蒸发温度太低　　　　　　　　　　B.蒸发器出口制冷剂过热度太低

　　C.膨胀阀制冷剂流量太大　　　　　　D.膨胀阀波纹管顶杆填料漏泄

67.制冷系统中热力膨胀阀感温包从管路上脱开则阀_____。

　　A.开大　　　　　　　　　　　　　　B.全关

　　C.开度视蒸发压力而定　　　　　　　D.开度变小

68.制冷系统中高温库的热力膨胀阀感温包毛细管冻在低温库的回气管路上,则阀_____。

　　A.开大　　　　　　　　　　　　　　B.全关

　　C.开度视蒸发压力而定　　　　　　　D.开度变小

69.制冷系统中热力膨胀阀选得太小,不会使_____。

　　A.蒸发压力太低　　　　　　　　　　B.制冷系数变低

　　C.压缩机容易吸入湿蒸气　　　　　　D.装置制冷量变小

70.制冷系统中热力膨胀阀选得太大,会使_____。

　　A.蒸发压力太高　　　　　　　　　　B.装置制冷量太大

　　C.膨胀阀工作不稳定　　　　　　　　D.压缩机吸气过热度太低

71.热力膨胀阀流量过大,可能的原因是_____。

　　A.感温包从管路上脱开　　　　　　　B.感温包漏气

　　C.蒸发器漏气　　　　　　　　　　　D.吸气压力过高

72.电冰箱中使用的毛细管是一种_____。

　　A.蒸发器　　　　　　　　　　　　　B.冷凝器

　　C.节流机构　　　　　　　　　　　　D.安全设备

73.在船舶制冷装置中,热力膨胀阀不具有的作用是_____。

　　A.对制冷剂液体节流降压　　　　　　B.自动控制制冷剂的流量

　　C.自动控制蒸发器电热融霜　　　　　D.自动控制蒸发器出口过热度的大小

74.船舶制冷装置菜库使用最普遍的蒸发器是_____。

　　A.盘管式　　　　　　　　　　　　　B.壳管式

　　C.板式　　　　　　　　　　　　　　D.冷风机

75.船舶制冷装置所用的冷凝器几乎都是_____。

　　A.盘管式　　　　　　　　　　　　　B.立式壳管式

C.卧式壳管式　　　　　　　　　　D.板式

76.活塞式制冷压缩机的容量调节一般都以_____为被调参数,它测取方便,反应较快。

　A.吸入压力　　　　　　　　　　B.排出压力

　C.温度　　　　　　　　　　　　D.制冷量

77.冷却器发生漏泄时无法修复,便采用封管的办法,其冷却效果变差,这是因为_____。

　A.导热系数变小　　　　　　　　B.换热面积减小

　C.流阻增加　　　　　　　　　　D.温差改变了

78.壳管式冷凝器的壳体一般采用_____焊接而成。

　A.锅炉钢板　　　　　　　　　　B.铝合金

　C.铸铁　　　　　　　　　　　　D.镍合金

79.壳管式冷凝器中,关于制冷剂和冷却水的描述,正确的是_____。

　A.制冷剂在管外流动,冷却水在管内流动

　B.制冷剂在管内流动,冷却水在管外流动

　C.制冷剂在管外流动,冷却水也在管外流动

　D.制冷剂在管内流动,冷却水也在管内流动

80.在冷凝器的温度控制式水量调节阀中,感温包感受的温度是_____。

　A.冷凝器进水温度　　　　　　　B.冷凝器出水温度

　C.冷凝器的冷凝温度　　　　　　D.冷凝器的过冷度

81.空气进入冷凝器的冷却水系统中,会造成_____。

　A.热传递增加　　　　　　　　　B.热传递减小

　C.热传递不变　　　　　　　　　D.热传递先增加后减小

82.压缩制冷循环中增加膨胀阀前供液过冷度可以_____。

　A.提高压缩机效率　　　　　　　B.降低压缩机轴功率

　C.减少液击可能性　　　　　　　D.提高制冷系数

83.压缩制冷循环中增加膨胀阀前制冷剂过冷度不能_____。

　A.增加制冷量　　　　　　　　　B.减小压缩机轴功率

　C.提高制冷系数　　　　　　　　D.减少膨胀阀后制冷剂干度

84.压缩制冷循环中增加膨胀阀前制冷剂过冷度不会_____。

　A.减少膨胀阀前"闪气"可能性　　B.增加单位制冷量

　C.增加膨胀阀后制冷剂干度　　　D.提高制冷系数

85.当其他温度条件一定时,冷凝温度越低,则_____。

　A.单位功耗越大　　　　　　　　B.制冷系数越小

　C.制冷剂循环量越大　　　　　　D.膨胀阀后蒸气干度越小

86.会使压缩制冷装置蒸发温度降低的是_____。

　A.冷库新进一批货物　　　　　　B.清除蒸发器结霜

　C.增加膨胀阀开度　　　　　　　D.增加压缩机工作缸数

87.会使压缩制冷装置蒸发温度提高的是_____。

　A.蒸发器风机转速降低　　　　　B.蒸发器结霜加重

C.冷库库温降低　　　　　　　　　　D.压缩机皮带传动打滑

88.当其他温度条件一定时,蒸发温度越高,_____越小。

　　A.单位质量制冷量　　　　　　　　B.单位冷凝热负荷

　　C.单位容积制冷量　　　　　　　　D.单位功耗

89.压缩制冷装置中蒸发器选得太小不会导致_____。

　　A.吸气压力偏低　　　　　　　　　B.制冷量降低

　　C.制冷系数偏低　　　　　　　　　D.吸气过热度偏低

90.制冷装置运行中,膨胀阀开度过小会导致_____。

　　A.供液量不足,蒸发压力和蒸发温度均下降

　　B.供液量过多,蒸发温度升高,蒸发压力降低

　　C.供液量不足,蒸发压力升高,蒸发温度降低

　　D.供液量过多,蒸发温度和蒸发压力均升高

91.制冷压缩机经常拆检重装后不赶空气的危害不包括_____。

　　A.可能带入水分引起冰塞　　　　　B.加快滑油氧化变质

　　C.使制冷系数降低　　　　　　　　D.使流过膨胀阀的制冷剂流量减少

92.活塞式制冷压缩机在曲轴箱内设电加热器是为了_____。

　　A.降低滑油黏度,便于起动　　　　B.防止起动时"奔油"

　　C.提高吸气过热度　　　　　　　　D.防止冬季滑油凝固

93.消除制冷系统冰塞的主要方法有_____。

　　①用热敷法化除冰塞并启用干燥器;②用高压氮气吹干系统并换新制冷剂;③用纯甲醇消除冰塞以应急;④用"解冻剂"消除冰塞,然后用干燥剂吸收水分和"解冻剂"

　　A.②③④　　　　　　　　　　　　B.①③④

　　C.①②　　　　　　　　　　　　　D.①②③④

94.制冷压缩机吸入阀多用通道在_____操作中不会被用到。

　　A.加制冷剂　　　　　　　　　　　B.加滑油

　　C.放空气　　　　　　　　　　　　D.用压缩机做系统气密试验

95.制冷压缩机排出阀多用通道在_____操作中不会被用到。

　　A.放空气　　　　　　　　　　　　B.从系统中取出制冷剂

　　C.用压缩机抽空系统　　　　　　　D.加制冷剂

96.关于制冷装置检漏,说法错误的是_____。

　　A.皂液检漏法不适合在低温库内检漏

　　B.卤素灯不适合 R134a 检漏

　　C.任何制冷剂从缝隙处泄漏,都会留下油迹

　　D.卤素检漏灯用完后不宜将调节阀关太紧

97.冷凝器排热能力太小不会使制冷装置_____。

　　A.排气压力高　　　　　　　　　　B.排气温度高

　　C.制冷量和制冷系数降低　　　　　D.吸气压力降低

98.热力膨胀阀的选用应考虑的因素是_____。

①制冷系统所选用的冷剂；②蒸发器的蒸发温度；③蒸发器的压降大小

A.①②
B.①③
C.②③
D.①②③

99.制冷压缩机一般采用_____轴封。

A.软填料
B.机械
C.皮碗
D.石棉绳

100.在_____的情况下，有油压顶杆启阀式调节机构的制冷压缩机会卸载。

A.滑油压力太低
B.排气压力太高
C.滑油压力太高
D.吸气压力太高

101.关于活塞式制冷压缩机，以下说法中错误的是_____。

A.为避免"奔油"现象，可以采用关闭吸入阀后"点动"起动的方式

B.在制冷压缩机曲轴箱中，都设有滑油加热器

C.在天气寒冷时，长期停用的压缩机起动时应该使滑油加热器提前通电加热

D.在制冷压缩机曲轴箱中，一般设滑油加热器的目的是使冷剂在滑油中的溶解度降低

102.热力膨胀阀温包毛细管断裂将导致_____。

A.阀全关
B.阀全开
C.根据蒸发压力来确定
D.不确定

103.关于半封闭式制冷压缩机的特点，不恰当的说法是_____。

A.电动机和压缩机共用一根轴

B.电动机和压缩机共用一个壳体，无须轴封

C.仅有缸盖可拆卸，以供换、修气阀

D.电动机所用的绝缘材料必须耐油、耐制冷剂

104.外平衡式热力膨胀阀的外平衡管接_____。

A.蒸发器进口压力
B.蒸发器出口压力
C.温包内的压力
D.吸气压力

105.压缩式制冷装置中"有害过热"发生在_____中。

A.蒸发器
B.回热器
C.压缩机
D.吸气管

106.压缩制冷装置中冷凝器容量偏大不会导致_____降低。

A.排气压力
B.排气温度
C.制冷系数
D.轴功率

107.在船舶制冷装置中，如果冷凝器的容量太小，不会带来的危害是_____。

A.吸气压力降低
B.轴功率增大
C.制冷量和制冷系数降低
D.排气温度增加

108.以下条件中对制冷压缩机工况影响最大的是_____。

A.环境温度
B.压缩机吸、排气压力
C.吸气过热度和供液过冷度
D.压缩机吸、排气温度

第四节　蒸气压缩式制冷系统的辅助装置和自动控制装置

1.自动化的船舶伙食冷库有可能不设的是_____。
   A.水量调节阀　　　　　　　　　　B.温度控制器
   C.高低压控制器　　　　　　　　　D.蒸发压力调节阀

2.下列哪项不是热力膨胀阀的作用_____。
   A.保证制冷剂气体保持一定的过热度
   B.使冷却水的流量与制冷剂热负荷相匹配
   C.自动调节膨胀阀的开启度以调节流量
   D.使高压常温的制冷剂液体节流降压,变为低温低压制冷剂湿蒸气

3.制冷装置中安装蒸发压力调节阀的作用是可以_____。
   A.提高高温库蒸发温度　　　　　　B.降低高温库的库温
   C.用做流量调节　　　　　　　　　D.提高制冷系数

4.在制冷装置液管上一般不设的元件是_____。
   A.液体观察镜　　　　　　　　　　B.干燥器
   C.流量计　　　　　　　　　　　　D.回热器

5.采用过冷循环制冷装置的制冷剂循环原理图,如图工作中,图中经过膨胀阀 1 与膨胀阀 2 的制
   冷剂流量_____。

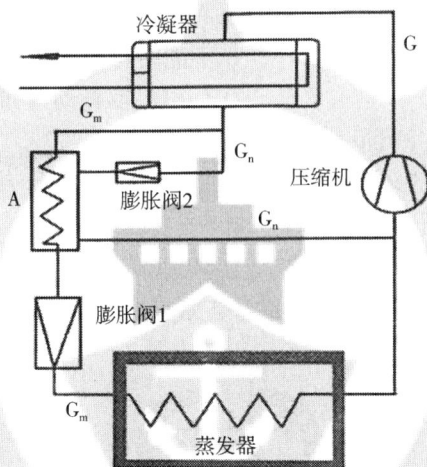

   A.阀 2 大　　　　　　　　　　　　B.一样大小
   C.阀 1 大　　　　　　　　　　　　D.无法确定

6.制冷装置储液器不设_____。
   A.液位观察镜　　　　　　　　　　B.放气阀
   C.安全阀　　　　　　　　　　　　D.安全阀或易熔塞

7.船用制冷装置滑油分离器分离出来的滑油主要靠_____返回压缩机。
   A.吸气压力　　　　　　　　　　　B.排气压力

C.重力　　　　　　　　　　　　　D.压缩机抽吸作用

8.在船舶制冷装置中,热力膨胀阀对蒸发器出口过热度的调节是靠_____来实现的。

    A.调节蒸发器的蒸发温度　　　　　B.调节蒸发器的蒸发压力

    C.调节制冷剂的流量　　　　　　　D.调节冷却水的流量

9.在船舶制冷装置中,热力膨胀阀对制冷剂流量的控制是通过调节_____来实现的。

    A.顶杆的长度　　　　　　　　　　B.顶杆的行程

    C.针阀的开度　　　　　　　　　　D.感温包内制冷剂的型号

10.在船舶制冷装置中,热力膨胀阀开度的大小,是由_____来调定的。

    A.蒸发器出口制冷剂的压力　　　　B.蒸发器进口制冷剂的压力

    C.蒸发器内的蒸发温度　　　　　　D.蒸发器出口过热度

11.在船舶制冷装置中,外平衡式热力膨胀阀的平衡管如果结霜,可能的原因是_____。

    A.蒸发温度太高　　　　　　　　　B.蒸发器出口制冷剂的过热度太高

    C.膨胀阀波纹管顶杆填料漏泄　　　D.制冷剂的流量过小

12.制冷系统中滑油分离器通常设在_____。

    A.压缩机吸入端　　　　　　　　　B.压缩机排出端

    C.冷凝器出口端　　　　　　　　　D.储液器出口端

13.氟利昂开启式活塞制冷压缩机的滑油分离器分出的滑油通常是_____。

    A.放至油污柜　　　　　　　　　　B.排回到吸气管

    C.直接排回到曲轴箱　　　　　　　D.经吸气腔回油孔回到曲轴箱

14.关于制冷装置滑油分离器,下列说法中错误的是_____。

    A.氟利昂装置多采用过滤式　　　　B.不能将排气携带油全部分出

    C.所有制冷装置都须设置　　　　　D.分出的油自动返回吸入端

15.在蒸气压缩式制冷装置中,滑油分离器可以将压缩机_____携带出的大部分油滴分离出来,防止滑油进入_____影响传热效果。

    A.排气;热交换器　　　　　　　　　B.排气;膨胀阀

    C.吸气;冷凝器　　　　　　　　　　D.吸气;蒸发器

16.如图所示为制冷系统滤网式油分离器,系统正常运转时_____。

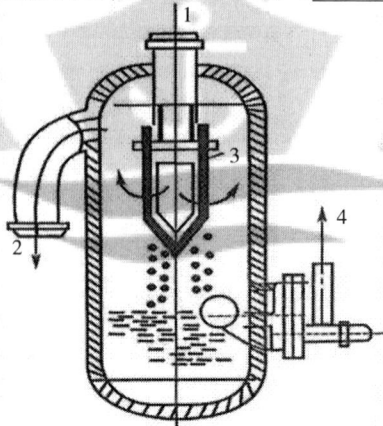

滤网式油分离器

1—进气;2—出气;3—金属丝网;4—回油

A.回油管回油时是热的　　　　　　　　B.回油管回油时是冷的

C.回油管应一直是热的　　　　　　　　D.回油管应一直是冷的

17.下图为制冷系统滤网式油分离器,系统正常运转时,回油管一直是热的,且停机后压缩机的低压压力很快上升,则最可能的是_____。

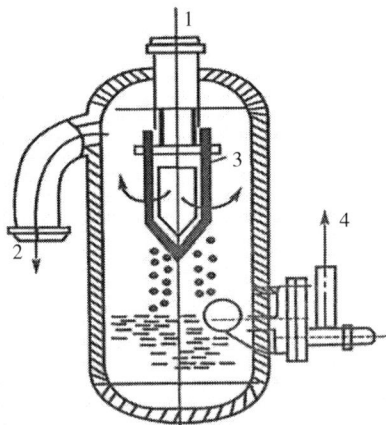

滤网式油分离器

1—进气;2—出气;3—金属丝网;4—回油

A.回油阀堵塞或不能开启　　　　　　　B.回油阀漏泄或不能关闭

C.制冷剂携带油雾太多　　　　　　　　D.制冷剂没有携带油雾

18.氟利昂制冷装置滑油分离器的回油通常靠_____控制。

A.截止阀手动

B.浮球阀

C.电磁阀

D.浮球阀或电磁阀

19.在制冷装置的滑油分离器回油管路上,安装节流孔板的目的,错误的是_____。

A.可以减缓回流速度　　　　　　　　　B.可以降低浮球阀的压降

C.可以防止浮球阀的冲蚀　　　　　　　D.可以降低压缩机的起、停频率

20.在制冷装置的滑油分离器回油管路上装有电磁阀,其启闭的时机是_____。

A.在压缩机运行和停机时均开启,以利回油

B.在压缩机运行时关闭,以防压缩机排气回流

C.仅在压缩机停机时开启,以方便回油

D.随压缩机起、停而启闭,以防压缩机排气回流

21.制冷装置储液器设在靠近_____处。

A.压缩机吸入口　　　　　　　　　　　B.压缩机排出口

C.冷凝器出口　　　　　　　　　　　　D.蒸发器出口

22.制冷装置储液器的功用不包括_____。

A.热负荷减少时避免冷凝器中液位太高

B.热负荷大时避免膨胀阀供应液态制冷剂不足

C.检修或长期停用时收存制冷剂,减少漏泄

D.通过顶部放气阀释放不凝性气体

23.下图是船舶蒸气压缩式食品制冷系统简图。如图所示,冷凝器 2 与储液器 5 之间设置管路 13 的作用是_____。

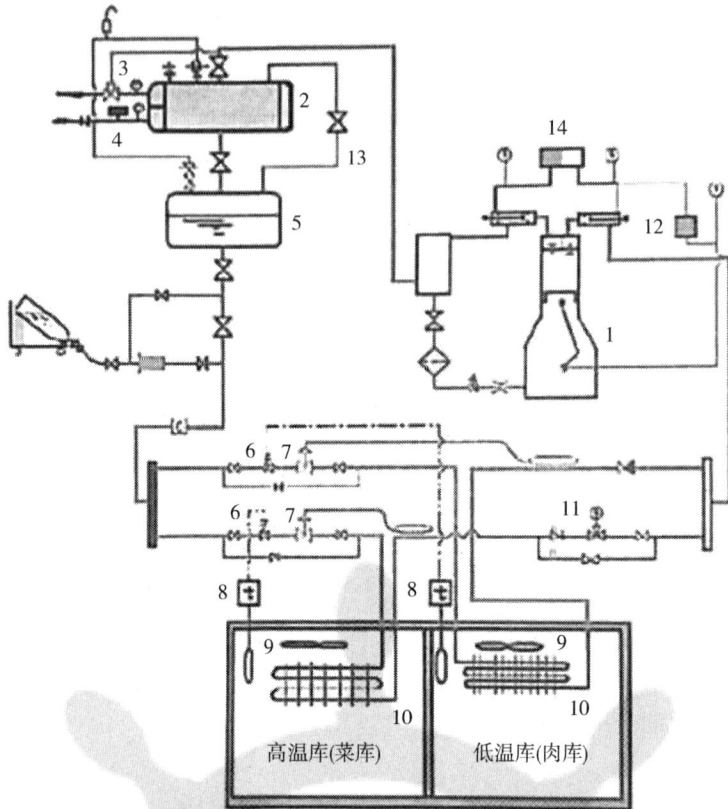

A.超压保护   B.便于冷剂流入储液器
C.释放不凝性气体时用   D.抽空系统时用

24.制冷装置将系统中制冷剂全部回收到储液器中时,液体容积应占_____为宜。
A.正好装满   B.不超过 80%
C.1/2～2/3   D.1/3～1/2

25.在船舶制冷装置中,冷凝器与储液器之间加装平衡管,所起的作用是_____。
A.使得冷凝器内压力不至过高
B.保证冷凝器内制冷剂液流依重力能自动流入储液器
C.抽空系统时所用
D.放气时所用

26.某些船舶的鱼、肉库采用蒸发盘管而不用冷风机,主要是因为它_____。
A.传热系数高   B.安装方便
C.除湿效果好   D.附加热负荷小,且不易使食品风干

27.在单机多库制冷装置中,高、低温库蒸发器_____。
A.都在进口设蒸发压力调节阀

B.都在出口设蒸发压力调节阀

C.高温库蒸发器出口设蒸发压力调节阀,低温库蒸发器出口设止回阀

D.低温库蒸发器出口设蒸发压力调节阀,高温库蒸发器出口设止回阀

28.在船舶制冷装置蒸发器中,空气冷却器式与蒸发盘管式相比,不具有的特点是_____。

　　A.不会增加库内热负荷　　　　　　B.便于使用自动化融霜

　　C.安装便捷方便　　　　　　　　　D.可以使库温分布均匀

29.下图是船舶蒸气压缩式食品制冷系统简图。如图所示,应设延时功能的是_____。

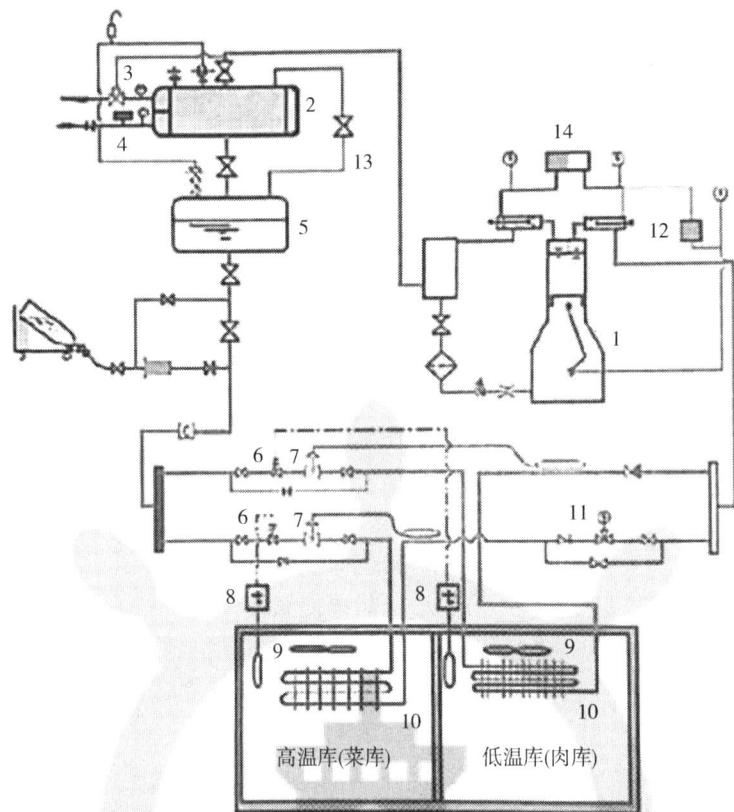

　　A.控制器 8　　　　　　　　　　　B.控制器 12

　　C.控制器 14　　　　　　　　　　　D.不确定

30.制冷装置冷凝器设水量调节阀的主要好处是_____。

　　A.防止冷却水压力太高　　　　　　B.防止冷却水泄漏

　　C.控制冷凝压力　　　　　　　　　D.节约冷却水耗量

31.制冷装置中控制库温的是_____。

　　A.热力膨胀阀　　　　　　　　　　B.蒸发压力调节阀

　　C.温度控制器　　　　　　　　　　D.高压继电器

32.伙食冷库的温度控制器最常见的是用来控制_____动作。

　　A.电子膨胀阀　　　　　　　　　　B.供液电磁阀

　　C.蒸发压力调节阀　　　　　　　　D.回油电磁阀

33.制冷装置中低压控制器可以防止_____压力过低。

    A.吸气   B.排气

    C.滑油   D.冷却水

34.关于制冷装置油压差控制器的以下说法中,正确的是_____。

    A.油泵排压低于调定值时立即停车

    B.油泵排压低于调定值时延时停车

    C.油泵排压与吸入压力之差低于调定值时立即停车

    D.油泵排压与吸入压力之差低于调定值后延时停车

35.以下关于制冷装置油压差控制器的说法中,错误的是_____。

    A.通常设有测试用的部件

    B.油压差控制器动作停车后需人工复位

    C.以电加热金属片为延时元件的控制器停车后立即复位无效

    D.调节弹簧张力可改变接通和断开的幅差

36.制冷装置中防止冷凝压力过低的元件是_____。

    A.热力膨胀阀   B.冷却水量调节阀

    C.低压控制器   D.高压控制器

37.制冷自动控制元件不包括_____。

    A.热力膨胀阀   B.温度继电器

    C.低压控制器   D.干燥过滤器

38.在船舶制冷系统的温度自动调节元件中,_____是用温度作为控制信号的一种电开关。

    A.膨胀阀   B.压力继电器

    C.温度继电器   D.热电偶温度计

39.在船舶制冷装置中,_____膨胀阀是一种很有发展前途的自控节能元件。

    A.电子式   B.内平衡式

    C.外平衡式   D.热电式

40.在船舶制冷装置中,关于高、低压控制器控制压缩机起、停的说法中,错误的是_____。

    A.排气压力低于高压给定值时允许起动

    B.排气压力高于高压给定值时压缩机停机

    C.吸入压力低于低压给定值时允许起动

    D.吸入压力高于低压给定值时允许起动

41.在船舶制冷装置中,温度控制器可以_____。

    A.控制制冷压缩机的起、停   B.调节膨胀阀的开度

    C.控制冷藏室风机的起、停   D.调节水量调节阀的开度

42.在船舶制冷装置中,冷藏室温度控制系统普遍采用_____。

    A.比例控制   B.比例积分控制

    C.比例积分微分控制   D.双位控制

43.船舶冷库隔热材料应具备_____性能。

    ①导热系数小;②导热系数大;③无毒无味;④防腐、防霉、防蛀;⑤吸湿性小;⑥吸湿性大;

⑦重量轻

A.①②③④⑤　　　　　　　　　　B.②③④⑤

C.①③④⑤⑦　　　　　　　　　　D.②③④⑥⑦

44.制冷装置调整好后,压缩机起、停一般以每小时起动不超过_____为宜。

A.1 次　　　　　　　　　　　　　B.2 次

C.4 次　　　　　　　　　　　　　D.6 次

45.制冷系统运行时无须做紧急停车处理的是_____。

A.突然停冷却水停车　　　　　　　B.遇火警停车

C.储液器液位偏低停车　　　　　　D.电源突然中断停车

46.制冷系统运行中,储液器的液位应位于_____处较合适。

A.最低　　　　　　　　　　　　　B.1/3 ~ 1/2

C.最高　　　　　　　　　　　　　D.接近最满

47.可能使制冷压缩机吸气过热度增加的是_____。

A.膨胀阀感温包脱离管道　　　　　B.冷凝压力过低

C.冷却水量不足　　　　　　　　　D.蒸发器结霜严重

48.可能使制冷压缩机吸气过热度降低的是_____。

A.膨胀阀"冰塞"　　　　　　　　　B.蒸发器风机停转

C.冷却水温太低　　　　　　　　　D.系统中制冷剂不足

49.制冷装置蒸发器风机停转不会引起压缩机_____。

A.吸气压力降低　　　　　　　　　B.轴功率降低

C.吸气过热度增加　　　　　　　　D.排气量减小

50.制冷装置蒸发器结霜加重不会引起压缩机_____。

A.吸气压力降低　　　　　　　　　B.轴功率减小

C.吸气过热度增加　　　　　　　　D.排气量减小

51.制冷压缩机排气压力过高不会是_____造成的。

A.冷凝器脏堵　　　　　　　　　　B.吸入空气温度过高

C.冷却水流量不足　　　　　　　　D.压缩机排气阀片漏泄

52.制冷压缩机电动机热继电器发生保护动作的原因通常是_____。

A.压缩机排气压力偏高　　　　　　B.压缩机吸气压力过低

C.压缩机起、停频繁　　　　　　　D.电动机过载

53.制冷装置中空气主要聚集在_____中。

A.压缩机曲轴箱　　　　　　　　　B.吸气管

C.排气管至冷凝器　　　　　　　　D.储液器

54.制冷系统混入空气时,放气时不可能在_____处进行。

A.排出阀多用通道　　　　　　　　B.高压表接头

C.吸入阀多用通道　　　　　　　　D.冷凝器放气阀

55.导致制冷装置发生冰塞的可能原因包括_____。

①液管上滤器脏堵;②膨胀阀前、后的阀开度不足;③膨胀阀的节流作用;④膨胀阀前、后的阀

开度太大;⑤制冷装置的负荷过小;⑥制冷装置的负荷过大

A.①②③   B.②③④

C.④⑤⑥   D.①⑤⑥

56.在船舶航行时,如果发现制冷装置的蒸发盘管式蒸发器漏泄,以下正确的应急方法是_____。

A.换装新的蒸发器

B.采用夹箍加橡胶垫堵漏的方式处理

C.采用电焊修补

D.该冷库停止使用

57.关于蒸发压缩式制冷装置辅助器件的说法中,错误的是_____。

A.滑油分离器将从压缩机排气携带出的大部分油滴分离出来,防止滑油进入热交换器影响传热效果,并使其返回曲轴箱,防止压缩机缺油

B.储液器主要用于储存来自冷凝器的液体制冷剂,以适应制冷剂在工况变动时,系统制冷剂循环量的调节

C.气液分离器能滤除系统中的污染物,以防出现脏堵并可去除系统中的水分,以防止冰塞

D.油压差继电器输入的信号是油泵出口和压缩机曲轴箱油压之差

58.制冷系统的附件中,_____的作用是将从压缩机排气携带出的大部分油滴和油气分离出来,防止滑油进入热交换器影响传热效果,并使其返回曲轴箱,防止压缩机缺油。

A.油水分离器   B.分油器

C.过滤器   D.滑油分离器

59.关于食品冷藏,菜库、乳品库以_____为宜。

A.0~10 ℃   B.-5~5 ℃

C.5~10 ℃   D.0~5 ℃

60.在制冷装置中作为干燥剂用的硅胶吸足水分后_____。

A.会变色   B.发生化学反应

C.温度降低   D.流动阻力增加

61.氟利昂制冷装置常用的干燥剂是利用其对水的_____。

A.化学反应   B.吸附作用

C.拦截作用   D.乳化作用

62.制冷装置设蒸发压力调节阀可以_____。

A.控制高温库库温   B.提高制冷系数和控制高温库库温

C.提高制冷系数   D.控制高温库蒸发温度合适

63.干燥器长期接入系统中的不利方面不包括_____。

A.增加粉末进系统的机会   B.易被油和杂质污染

C.使水分重新冲入系统   D.流阻大,使制冷剂闪气

64.制冷压缩机以下部件中滑油泵排油会通到的是_____。

①卸载油缸;②油压差控制器;③滑油分离器;④干燥过滤器;⑤机械轴封;⑥油压调节阀

A.①③⑥   B.①③④⑥

C.①②④⑤⑥   D.①②⑤⑥

65.单机多库制冷装置取消蒸发压力调节阀不会使_____。

　　A.高温库库温严重不均　　　　　　　B.高温库食品干耗过大

　　C.低温库库温降低慢　　　　　　　　D.装置制冷系数降低

66.关于制冷装置"冰塞"的说法,错误的是_____。

　　A.会使蒸发器盘管严重结霜　　　　　B.会使吸气压力降低

　　C.会使压缩机起、停频繁　　　　　　D.氨制冷装置不会"冰塞"

67.如图所示,关于有的制冷装置吸气管所设气液分离器结构的以下说法中,错误的是_____。

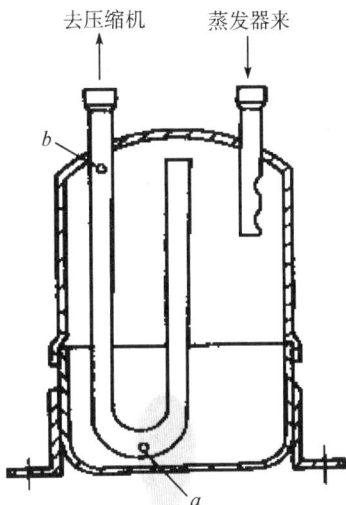

　　A.底部通常设有浮球阀控制工质流出

　　B.U 形出口管上开有通流面积不超过管内截面积 10%的许多小孔

　　C.其出口管是向上开口的 U 形管

　　D.其进口管向下开口

68.关于船舶伙食冷库的隔热层,说法错误的是_____。

　　A.应有足够的厚度

　　B.要求耐振、防蛀、不易吸湿、不燃、密度小、价廉、易施工

　　C.有很强的防潮能力,不会受潮

　　D.隔热层中不应形成"热桥"

69.船舶冷库应用最广泛的隔热材料是_____。

　　A.辐射隔热涂料和阻隔性隔热涂料　　B.反射隔热涂料

　　C.辐射隔热涂料　　　　　　　　　　D.阻隔性隔热涂料

70.进口带滤网的热力膨胀阀在有制冷剂流过时整个阀体结霜,说明_____。

　　A.蒸发温度太低　　　　　　　　　　B.冷库库温太低

　　C.制冷剂流量大　　　　　　　　　　D.进口滤网脏堵

71.许多直接蒸发式空调制冷装置采用温度继电器,在_____温度太低时使电磁阀关闭,制冷压缩机停止工作。

　　A.新风　　　　　　　　　　　　　　B.回风

C.送风   D.舱室

72.按照下列阀件不但要注意进出口方向,而且必须直立安装的是_____。

    A.供液电磁阀   B.背压阀

    C.热力膨胀阀   D.冷却水量调节阀

73.气动薄膜调节阀可以近似看成_____。

    A.比例环节   B.惯性环节

    C.积分环节   D.微分环节

第五节　蒸气压缩式制冷系统的操作与管理

1.从充剂阀向制冷系统充注制冷剂时,错误的操作是_____。

    A.开所有冷库电磁阀(只要高温库温度未到0 ℃以下)

    B.关储液器出液阀

    C.开足冷凝器冷却水

    D.开干燥器旁通阀

2.制冷压缩机通过_____加滑油时,可不停车。

    ①油泵吸入端三通阀;②曲轴箱加油螺塞;③曲轴箱带阀加油接头

    A.①③   B.②③

    C.①②③   D.①②

3.关于制冷装置运行参数的说法中,错误的是_____。

    A.调整参数的目的是为了更好的经济性和安全性

    B.运行参数不是固定的,随着冷却水温度的改变而变化

    C.制冷装置运行的参数主要有蒸发温度、蒸发压力、冷凝温度、冷凝压力和压缩机吸排压力等

    D.运行参数是固定的,与被冷却对象的热负荷无关

4.冷凝器出口的液态制冷剂的温度高于正常值的原因可能是_____。

    A.空气进入冷凝器

    B.冷却水流量加大或者进入冷凝器的冷却水温度降低

    C.冷却水流量加大

    D.进入冷凝器的冷却水温度降低

5.关于长时间停用后制冷装置的起动程序,下列说法中错误的是_____。

    A.检查系统自动控制元件工作状况,确认制冷装置工作稳定

    B.起动后逐渐开启压缩机吸气阀及储液器出液阀

    C.观察机器运转和振动情况,检查高低压系统、油压是否正常

    D.检查电源电压,接通电源后直接起动

6.船舶制冷系统中用于冷却淡水、盐水或其他载冷剂的蒸发器属于_____。

    A.强迫对流蒸发器   B.自然对流蒸发器

    C.间接冷却式蒸发器   D.直接冷却式蒸发器

7.关于船用制冷装置冷凝器管理的说法中,错误的是_____。

A.冷却水侧要定期清洗

B.端盖垫片要保持完好

C.冷却水进、出口阀要全开,以保持尽可能低的冷凝压力

D.水室要经常放气

8.判断活塞式制冷压缩机工作中滑油系统工作是否正常主要是根据_____。

A.滑油泵排出压力

B.滑油泵吸入压力

C.油泵排出压力与压缩机吸入压力之差

D.压缩机排出压力与油泵排出压力之差

9.在采用盐水作为载冷剂的冷却系统中,_____一般不用来配置盐水。

A.氯化钠　　　　　　　　　　　B.氯化钙

C.氯化氢　　　　　　　　　　　D.氯化镁

10.在采用盐水作为载冷剂的冷却系统中,盐水溶液凝固温度取决于_____。

A.盐水的种类　　　　　　　　　B.盐水的浓度

C.盐水的压力　　　　　　　　　D.配置的盐水的浓度和种类

11.在采用盐水作为载冷剂的冷却系统中,关于盐水溶液浓度的描述不正确的是_____。

A.盐水浓度越大,流动阻力越大

B.盐水溶液的凝固温度不能选择太高,防止在蒸发器中冻结

C.盐水浓度越大,比热越小

D.盐水浓度和制冷温度无关

12.在采用盐水作为载冷剂的冷却系统中,盐水的 pH 值必须保持在_____范围内。

A.5.5～6.5　　　　　　　　　　B.7.5～8.5

C.6.5～7.0　　　　　　　　　　D.9.0～10.0

13.船舶制冷系统中采用盐水作为载冷剂时,为了_____,盐水的 pH 值必须保持在 7.5～8.5 范围内。

A.减缓盐水对系统设备、管路的腐蚀

B.提高盐水的制冷量

C.提高盐水的浓度

D.降低盐水的凝固点

14.在采用盐水作为载冷剂的冷却系统中,为了防止腐蚀,盐水溶液要保持弱碱性,常添加的防腐剂是_____。

A.氢氧化钠和重铬酸盐　　　　　B.氢氧化钠和重钼酸盐

C.盐酸和重铬酸盐　　　　　　　D.盐酸和重钼酸盐

15.在采用盐水作为载冷剂的冷却系统中,对盐水载冷剂的选用,应根据制冷装置的_____选择盐水浓度。

A.最低温度　　　　　　　　　　B.最高温度

C.平均温度　　　　　　　　　　D.工作温度

16.船舶制冷系统以盐水作为载冷剂,应选择冷却系统的盐水的浓度使其_____比制冷装置的

蒸发温度低 5~8 ℃为宜。

A.凝固点　　　　　　　　　　　　B.浊点

C.沸点　　　　　　　　　　　　　D.倾点

17.船舶制冷系统中,采用盐水作为载冷剂时,按溶液的凝固温度比制冷机的蒸发温度低 5 ℃左右为准来选定_____为宜。

A.盐水的浓度　　　　　　　　　　B.盐水的制冷量

C.盐水的酸碱值　　　　　　　　　D.盐水的质量

18.空气进入冷凝器的冷却水系统中,可用_____泄放。

A.放气旋塞　　　　　　　　　　　B.进气阀

C.安全阀　　　　　　　　　　　　D.平衡管

19.船舶制冷装置起动前的准备工作包括_____。

①检查装置四周有无障碍物;②储液器内制冷剂应在视液镜 1/3 ~ 1/2 处;③开启压缩机排气阀及高低压系统有关阀门;④保证压缩机曲轴箱内的润滑油适量

A.①②③④　　　　　　　　　　　B.②③④

C.①④　　　　　　　　　　　　　D.①②③

20.下列有关船舶制冷装置起动前的准备工作,正确的是_____。

①新安装或检修复装后首次起动的压缩机,应手动盘车试转;②对具有卸载能量调节装置的压缩机,应将能量调节手柄放在最低的容量位置;③检查制冷循环系统所有的管系,保证气密无漏泄

A.①③　　　　　　　　　　　　　B.①②③

C.②③　　　　　　　　　　　　　D.①②

21.热气融霜系统如不设置通冷凝器进口的回液管,融霜后期应注意防止压缩机_____。

A.排气压力太低　　　　　　　　　B.排气压力太高

C.吸气压力太低　　　　　　　　　D.吸气压力太高

22.不会使压缩制冷循环冷凝温度升高的是_____。

A.冷却水流量减少　　　　　　　　B.空气进入系统

C.制冷装置工作时间长　　　　　　D.冷凝器换热面脏污

23.不能使压缩机制冷装置冷凝温度降低的是_____。

A.清洗冷凝器　　　　　　　　　　B.增加冷却水量

C.提高压缩机转速　　　　　　　　D.降低冷却水温

24.冷库新装进一批冷货,制冷装置的_____是不会增高的。

A.制冷剂流量　　　　　　　　　　B.吸气压力和排气压力

C.制冷量和轴功率　　　　　　　　D.供液过冷度

25.冷库制冷装置随着库温的下降,_____不会下降。

A.吸气压力和排气压力　　　　　　B.压缩机轴功率

C.制冷剂流量　　　　　　　　　　D.供液过冷度

26.若制冷装置反复发生起、停现象,且停车时间逐渐加长,起动的时间逐渐缩短,则制冷装置可能发生了_____故障。

A.冰塞　　　　　　　　　　　　B.制冷剂充注过多

C.制冷剂充注过少　　　　　　　D.制冷装置的负荷过大

27.不能帮助判断制冷装置制冷剂不足的迹象的是_____。

　　A.液管上观察镜中有大气泡流过　　B.膨胀阀有"嘶嘶"的响声

　　C.蒸发器前部不结霜　　　　　　　D.吸气压力低,过热度大

28.制冷装置参数中关于冷凝温度说法,错误的是_____。

　　A.适当降低冷凝温度对装置运行有利

　　B.降低冷凝器进水温度可以降低冷凝温度

　　C.加大冷却水量也可以降低冷凝温度

　　D.升高冷凝温度对装置运行有利

29.关于压缩机的排气温度说法,正确的是_____。

　　A.排气温度与制冷剂种类无关

　　B.排气温度随着吸气温度的升高而提高

　　C.排气温度随着吸气压力的升高而降低

　　D.排气温度随着吸气压力比的升高而降低

30.制冷装置中不凝性气体增多的危害不包括_____。

　　①使排气压力和温度升高;②使制冷量降低;③使轴功率增大;④造成起动时"奔油";⑤使吸气过热度增加

　　A.①④　　　　　　　　　　　　B.②⑤

　　C.③④　　　　　　　　　　　　D.④⑤

31.制冷系统放空气有可能在_____处进行。

　　A.储液器顶部　　　　　　　　　B.吸入阀多用通道

　　C.膨胀阀进口　　　　　　　　　D.冷凝器顶部

32.制冷系统的以下部位中可能用来放空气的是_____。

　　①冷凝器;②储液器;③排出压力表接头;④吸入压力表接头;⑤膨胀阀

　　A.①③④　　　　　　　　　　　B.①②③④

　　C.①③　　　　　　　　　　　　D.①②③④⑤

33.空气漏入制冷系统可能会_____。

　　①使冰塞可能性增加;②使排气压力、温度升高;③使机器运转时间延长;④使工作噪声增大

　　A.①②④　　　　　　　　　　　B.②③④

　　C.①③④　　　　　　　　　　　D.①②③

34.制冷系统放空气应在_____进行。

　　A.运行中　　　　　　　　　　　B.停车后及时

　　C.停车一段时间后　　　　　　　D.任何时间

35.以下关于制冷系统中不凝性气体释放的说法中正确的是_____。

　　A.应将冷剂抽回冷凝器中,静置直到压力不再下降时,再释放

　　B.尽量一次释放完毕

　　C.只能从冷凝器泄放

D.只能从压缩机排出口泄放

36.制冷系统中不凝性气体的危害主要有_____。

①使排气压力和温度升高,增加压缩机功耗;②影响滑油的品质;③影响传热,降低装置的制冷量;④容易携带水分

A.②③④ B.①③④

C.①②③④ D.①②

37.关于排除制冷系统不凝性气体的说法中,不正确的是_____。

A.一般可通过冷凝器顶部的放空气阀来排除气体

B.在压缩机运行工作中不得排放空气

C.最好在压缩机刚停止后,立即排放气体

D.放气过程中,用手迎着气流,如手上出现油迹并有凉的感觉,则表明已放出制冷剂气体

38.制冷压缩机起动时发生"奔油"是因为_____。

A.滑油中溶解的水分逸出 B.滑油中溶解的制冷剂逸出

C.油位太高 D.油温太高

39._____容易导致活塞式氟利昂制冷压缩机起动时发生"奔油"。

A.油位偏低 B.油位偏高

C.油温偏高 D.油温偏低

40.制冷系统的干燥剂硅胶一般是蓝色(或白色)颗粒,吸水后变为_____。

A.黑色(或紫色) B.红色(或蓝色)

C.黄色(或粉色) D.灰色(或绿色)

41.制冷剂瓶口向下斜放从充剂阀充注制冷剂,如发现钢瓶出口端底部结霜,表明_____。

A.充剂太快 B.制冷剂中有杂质

C.瓶中制冷剂快用完 D.制冷剂含水量多

42.制冷装置在以下操作中可能用到排出阀多用通道的是_____。

①加制冷剂;②加滑油;③放空气;④做气密试验;⑤系统抽空;⑥制冷剂取出

A.③⑤⑥ B.①③⑤⑥

C.②③④⑥ D.①③④⑤

43.制冷压缩机排出阀多用通道在_____操作中可能被用到。

A.加制冷剂 B.加滑油

C.放空气 D.用压缩机做系统气密试验

44.要将系统中残存制冷剂全取出时,一般是将钢瓶接在_____。

A.充剂阀 B.排出阀多用通道

C.吸入阀多用通道 D.出液阀

45.制冷压缩机吸入阀多用通道在_____操作中可以被用到。

A.放空气 B.从系统中取出制冷剂

C.用压缩机把系统抽空 D.加制冷剂

46.制冷装置充剂阀一般设在_____。

A.压缩机吸气管上 B.压缩机排气管上

C.液管干燥器前　　　　　　　　　　　D.液管干燥器后

47.制冷装置充制冷剂过多可能会使_____。

　　A.蔬菜水果冻坏　　　　　　　　　　B.肉库温度太低

　　C.压缩机液击　　　　　　　　　　　D.高压控制器停车

48.制冷压缩机排出阀外接通道取出系统中残留全部制冷剂时,以下做法中不恰当的是_____。

　　A.手动小排量开动压缩机

　　B.全开蒸发压力调节阀或使之旁通

　　C.保持排气压力表有效

　　D.全关压缩机排出阀,用冰水冷却钢瓶

49.船舶制冷系统添加润滑油可采用的方法有_____。

　　①从压缩机多用孔道吸入;②从压缩机曲柄箱的加油孔注入;③利用曲轴箱上的加油阀加油

　　A.①②③　　　　　　　　　　　　　B.①②

　　C.②③　　　　　　　　　　　　　　D.①③

50.下列不是制冷压缩机滑油油位降低过多的原因的是_____。

　　A.活塞环装反　　　　　　　　　　　B.制冷剂大量漏泄

　　C.制冷剂过多　　　　　　　　　　　D.滑油分离器回油阀无法开启

51.制冷压缩机添加滑油位置错误的是_____。

　　A.压缩机吸气阀多用通道　　　　　　B.压缩机排气阀多用通道

　　C.曲轴箱加油阀　　　　　　　　　　D.曲轴箱加油孔

52.如果发现制冷装置有漏泄,一般可采用_____进行查漏。

　　①瓶装氧气;②瓶装氮气;③起泡洗涤剂;④肥皂水

　　A.①②　　　　　　　　　　　　　　B.③④

　　C.①④　　　　　　　　　　　　　　D.②③

53.制冷压缩机在运行过程中,发现压缩机的曲柄箱油位过低,应采取的措施是_____。

　　A.立即补油,防止压缩机因润滑不良而损坏

　　B.为防止液击,压缩机停止运转后再补油

　　C.检查滑油分离器的回油是否正常再决定是否补油

　　D.不需要补油,滑油压差继电器报警后再补油

54.制冷装置中高压控制器是用来防止_____压力过高。

　　A.吸气　　　　　　　　　　　　　　B.滑油

　　C.排气　　　　　　　　　　　　　　D.冷却水

55.制冷压缩机吸气腔最低处所开的通轴箱的孔道,作用不包括_____。

　　A.让吸气带回的滑油返回曲轴箱　　　B.必要时抽空曲轴箱

　　C.抽走漏入曲轴箱的制冷剂　　　　　D.减少吸气压力波动

56.伙食冰机在运转过程中,发现压缩机的吸口管结霜严重,应采取的措施是_____。

　　A.适当调节膨胀阀的开度变大　　　　B.减小冷凝器的冷却水水量

　　C.适当调节膨胀阀的开度变小　　　　D.增加冷凝器的冷却水水量

参考答案

第一节　蒸气压缩式制冷装置的基本组成原理

1.A	2.A	3.B	4.B	5.A	6.A	7.C	8.A	9.D	10.A
11.B	12.A	13.A	14.B	15.B	16.D	17.D	18.D	19.A	20.B
21.A	22.C	23.C	24.B	25.B	26.C	27.C	28.D	29.B	30.C
31.A	32.D	33.A	34.B	35.C	36.A	37.C	38.B	39.A	40.C
41.C	42.C	43.D	44.D	45.C	46.A	47.D	48.B	49.B	50.D
51.C	52.C	53.A	54.C	55.B	56.D	57.D	58.A	59.B	60.A
61.D	62.D	63.A	64.A	65.D	66.C	67.D	68.A	69.C	70.D
71.D	72.A	73.C	74.B	75.B	76.D	77.C	78.B	79.B	80.C
81.D	82.B	83.D	84.C						

第二节　制冷剂和冷冻机油

1.D	2.A	3.D	4.D	5.C	6.C	7.D	8.B	9.B	10.D
11.B	12.D	13.B	14.A	15.C	16.D	17.B	18.D	19.B	20.B

第三节　蒸气压缩式制冷系统的主要装置

1.C	2.D	3.B	4.A	5.D	6.D	7.C	8.D	9.D	10.C
11.A	12.D	13.B	14.A	15.C	16.C	17.A	18.C	19.D	20.D
21.B	22.A	23.C	24.B	25.C	26.B	27.A	28.A	29.C	30.C
31.C	32.C	33.C	34.B	35.C	36.D	37.D	38.B	39.C	40.C
41.B	42.A	43.D	44.D	45.C	46.C	47.B	48.C	49.C	50.A
51.B	52.C	53.D	54.C	55.C	56.A	57.C	58.B	59.B	60.B
61.C	62.D	63.D	64.C	65.D	66.D	67.A	68.D	69.C	70.C
71.A	72.C	73.C	74.D	75.C	76.A	77.B	78.A	79.B	80.B
81.B	82.D	83.B	84.C	85.D	86.D	87.D	88.D	89.D	90.A
91.D	92.B	93.D	94.C	95.D	96.C	97.D	98.D	99.B	100.A
101.B	102.A	103.C	104.B	105.D	106.C	107.A	108.B		

第四节　蒸气压缩式制冷系统的辅助装置和自动控制装置

1.D	2.B	3.A	4.C	5.C	6.B	7.B	8.C	9.C	10.D

11.C	12.B	13.C	14.C	15.A	16.A	17.B	18.D	19.D	20.D
21.C	22.D	23.B	24.B	25.B	26.D	27.C	28.A	29.B	30.C
31.C	32.B	33.A	34.D	35.D	36.B	37.D	38.C	39.A	40.C
41.A	42.D	43.C	44.C	45.C	46.B	47.B	48.B	49.C	50.C
51.D	52.D	53.C	54.C	55.A	56.B	57.C	58.D	59.D	60.A
61.B	62.D	63.C	64.D	65.D	66.A	67.A	68.C	69.D	70.D
71.B	72.C	73.A							

第五节　蒸气压缩式制冷系统的操作与管理

1.D	2.A	3.D	4.A	5.D	6.C	7.C	8.C	9.C	10.D
11.D	12.B	13.A	14.A	15.A	16.A	17.A	18.A	19.A	20.B
21.B	22.C	23.C	24.D	25.D	26.A	27.C	28.D	29.B	30.D
31.D	32.C	33.D	34.C	35.A	36.C	37.C	38.B	39.D	40.B
41.C	42.A	43.C	44.B	45.D	46.C	47.D	48.D	49.A	50.C
51.B	52.B	53.C	54.C	55.D	56.C				

第六章

船舶空气调节装置

第一节　基础理论

1.以下各库中对通风要求较高的是_____。
   A.鱼库　　　　　　　　　　　　　　B.肉库
   C.菜库　　　　　　　　　　　　　　D.干货库

2.湿空气的①干球温度、②湿球温度、③露点之间的大小关系是_____。
   A.①>②>③　　　　　　　　　　　　B.①<②<③
   C.①<③<②　　　　　　　　　　　　D.①>③>②

3.使人能感觉空气干燥与否的空气参数是_____。
   A.含湿量　　　　　　　　　　　　　B.相对湿度
   C.水蒸气分压力　　　　　　　　　　D.露点

4.船舶空调中,以下舱室中不设机械排风的是_____。
   A.卫生间　　　　　　　　　　　　　B.病房
   C.公共活动室　　　　　　　　　　　D.船员卧室

5.空调舱室的热湿比是指_____之比。
   A.显热负荷与湿负荷　　　　　　　　B.全热负荷与潜热负荷
   C.全热负荷与湿负荷　　　　　　　　D.显热负荷与潜热负荷

6.关于集中式空调系统,不正确的说法是:取暖工况时空气_____。
   A.流经风机是等湿升温　　　　　　　B.流经加热器是等湿升温
   C.喷水加湿是等温加湿　　　　　　　D.在走廊回风是等湿降温

7.在中央空调器中,降温工况时空气经冷却器后_____。
   A.含湿量和相对湿度降低　　　　　　B.含湿量不变,相对湿度降低
   C.含湿量降低,相对湿度不变　　　　D.含湿量降低,相对湿度增加

8.下列船用空调系统中,冬、夏季都可变质调节的是_____系统。
   A.分区再热式单风管　　　　　　　　B.末端再热式单风管
   C.双风管　　　　　　　　　　　　　D.集中式单风管

9.下列船用空调系统中,冬、夏季都只能变量调节的是_____系统。

A.分区再热式单风管　　　　　　　　B.末端电再热式单风管

C.双风管　　　　　　　　　　　　　D.末端水换热式

10.关于双风管空调系统,说法错误的是_____。

A.中央空调器长度较长

B.冬、夏皆可变质调节

C.一级送风是未处理的新风

D.较多用于对空调性能要求高的客船

11.新风比为零,没有舱外空气补充,舱内空气全部循环的空调系统为_____。

A.混合式　　　　　　　　　　　　　B.封闭式

C.半集中式　　　　　　　　　　　　D.分散式

12.远洋船舶的生活区通常选用_____空调系统,风机、冷却器、加湿器、加热器、过滤器等安装在一个空调机房。

A.半集中式　　　　　　　　　　　　B.完全集中式

C.区域再热式　　　　　　　　　　　D.末端加热式

13.间接冷却式空调制冷装置采用双位调节时,感受_____温度信号来控制载冷剂流量。

A.新风　　　　　　　　　　　　　　B.回风

C.送风　　　　　　　　　　　　　　D.外界

14.采用双脉冲供风温度调节系统的船舶空调系统在冬季取暖工况时,双脉冲温度调节器的温度信号来源于_____。

A.供风温度和回风温度

B.新风温度和回风温度

C.供风温度和新风温度

D.新风温度、供风温度和回风温度三者中的任意两者

15.采用双脉冲供风温度调节系统的船舶空调系统在冬季取暖工况时,从调节原理来看,供风温度补偿调节属于_____。

A.前馈调节　　　　　　　　　　　　B.正反馈调节

C.负反馈调节　　　　　　　　　　　D.滞后反馈调节

16.船舶直接冷却式空调工作于夏季工况时,热力膨胀阀的开度取决于_____。

A.回风温度　　　　　　　　　　　　B.新风温度

C.制冷剂回气过热度　　　　　　　　D.制冷剂过冷度

17.取暖工况时用控制送风露点来控制舱室内相对湿度,不正确的是_____。

A.能控制送风含湿量

B.需要控制空气预热器后的温度恒定

C.往空气预热器后过量喷水

D.往空气预热器后过量喷汽

18.有的湿度调节器带有干、湿感温元件,其温度差反映了空气的_____。

A.相对湿度　　　　　　　　　　　　B.含湿量

C.露点　　　　　　　　　　　　　　D.水蒸气分压力

19.以下最理想的感湿元件是_____。

A.电阻式　　　　　　　　　　B.电容式

C.毛发式　　　　　　　　　　D.尼龙薄膜式

20.当空气_____变化时,电容式元件的电容发生变化。

A.含湿量　　　　　　　　　　B.相对湿度

C.露点　　　　　　　　　　　D.水蒸气分压力

21.为给船员提供舒适的工作和休息环境,船舶需要安装空调。下列关于远洋船舶空调要求的描述中,错误的是_____。

A.夏季舱室的室内、外温差不宜过大,以 6~10 ℃为宜

B.船舶空调必须严格控制湿度,确保船员舒适

C.船舶空调装置的噪声必须限制在 60~65 dB(A)

D.船舶空调为了提高经济性能,可以适当增加回风量

22.为了保证船员居住舱室的舒适程度,除保证空气新鲜、温度合适外,还要保证一定的湿度,船舶空调一般冬季_____,夏季_____。

A.除湿;除湿　　　　　　　　B.加湿;加湿

C.除湿;加湿　　　　　　　　D.加湿;除湿

23.在无限航区,船舶空调舱室冬季相对湿度实际多控制在_____。

A.50%~60%　　　　　　　　B.30%~40%

C.60%~70%　　　　　　　　D.70%以内

24.冬季使用空调对空气进行加热,在不进行加湿的情况下,其含湿量_____。

A.不变　　　　　　　　　　　B.可能变大,也可能变小

C.变大　　　　　　　　　　　D.变小

25.取暖工况时控制中央空调器送风相对湿度的调节器一般采用_____调节方式。

A.比例　　　　　　　　　　　B.双位或比例积分

C.双位　　　　　　　　　　　D.比例积分

26.如图所示是集中式(吸入式)单风管空调系统在降温工况时空气参数在湿空气焓湿图上的变化过程,新风是状态点 1,回风是状态点 2,舱室是状态点 7。该空调系统的单位除湿量是_____。

集中式(吸入式)单风管空调系统在降温工况时空气参数变化过程

A.d_1-d_2 B.d_3-d_4
C.d_7-d_6 D.d_1-d_3

27.关于对货船船用空调的要求,说法错误的是_____。
　A.船舶空调为了提高经济性能,可以适当增加回风量
　B.船舶空调装置的噪声应限制在 60~65 dB(A)
　C.夏季舱室的室内、外温差不宜过大,以 6~10 ℃为宜
　D.船舶空调必须严格控制湿度,确保船员舒适

28.集中式船舶空调系统的送风舱室不包括_____。
　A.餐厅 B.机舱集控室
　C.海图室 D.驾驶台

29.对湿空气冷却除湿处理后,其温度_____,含湿量_____,相对湿度_____。
　A.降低;减少;增大 B.降低;减少;降低
　C.升高;减少;降低 D.降低;增加;降低

第二节　船舶空调装置的组成

1.空调制冷装置的热力膨胀阀多用外平衡式,因为其_____。
　A.制冷量大 B.蒸发温度高
　C.制冷剂流过冷风机压降大 D.蒸发器出口制冷剂过热度大

2.在船舶制冷装置中,储液器所起的作用不包括_____。
　A.调节制冷装置中制冷剂的循环量 B.形成对供液管路的液封
　C.提高冷凝器的冷却效率 D.提高制冷量和制冷系数

3.船舶冷藏室制冷系统中的温度自动调节元件包括_____。
　①膨胀阀;②压力继电器;③温度继电器;④压差继电器
　A.②③④ B.①③④
　C.①②④ D.①②③

4.集中式空调装置采用回风的主要目的是_____。
　A.节省能量消耗 B.改善室内空气湿度
　C.改善舱内空气洁净度 D.减少外界病菌传入的机会

5.风压不高的空调系统风机布置多采用吸入式,以利于_____。
　A.提高空调制冷装置制冷量 B.降低降温工况送风温度
　C.提高空调制冷装置制冷系数 D.空气均匀流过换热器

6.中央空调器风机出口风道截面积突然增大,有利于_____。
　A.增大风量 B.减小流动阻力
　C.消减高频噪声 D.消减低频噪声

7.中央空调器风机出口风道壁面贴有多孔性材料,其主要作用是_____。
　A.减轻风机振动 B.吸尘
　C.消减高频噪声 D.消减低频噪声

8.船舶集中式空调器一般不设_____。

    A.加热器   B.冷却器

    C.干燥器   D.加湿器

9.船舶中央空调器中的空气加热器通常采用_____加热。

    A.电   B.热水

    C.蒸汽   D.电或热水

10.船舶中央空调器中的加湿器多放在_____。

    A.加热器前   B.加热器后

    C.空气混合室   D.空气分配室

11.集中式空调系统在夏季主要是通过_____降低空气湿度。

    A.承水盘   B.干燥剂

    C.空气冷却器   D.滤器

12.中央空调器中在取暖工况时不起作用的设备是_____。

    A.滤器   B.加湿器

    C.挡水板   D.空气加热器

13.中央空调器中在降温工况时不起作用的设备是_____。

    A.滤器   B.加湿器

    C.挡水板   D.空气冷却器

14.其他条件不变时,在降温工况下空调器中空气冷却器壁温降低,则送风_____。

    A.含湿量下降   B.含湿量增大

    C.含湿量不变   D.相对湿度减小

15.对布风器的要求不包括_____。

    A.能使送风与室内空气很好混合   B.能保持人活动区域的风速适宜

    C.能调节送风温度   D.阻力和噪声较小

16.消音箱中设有电加热器的末端再热式空调系统布风器,其调节旋钮将风门完全关闭时,_____。

    A.布风器仍应向舱室内输送最小量通风

    B.布风器不应仍有风吹向舱室内

    C.布风器内安全开关应自动切断加热电源

    D.布风器再加热和空调风机应都停止

17.空调系统直布式布风器由于其出口做成有利于送风气流扩散的形状,如喇叭形、格栅形等,故其_____。

    A.出口风速较大   B.送风阻力较小

    C.送风温差不受限制   D.价格较高

18.扩散式直布式布风器对室内空气_____卷吸诱导作用,因而可_____供风量。

    A.有;减小   B.没有;减小

    C.有;增大   D.没有;增大

19.下图为完全集中式空调系统的直布式布风器结构图,下列说法错误的是_____。

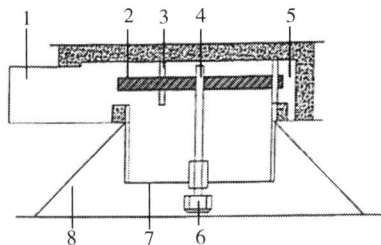

A.通过旋进旋钮 6 可以减少进入舱室的风量

B.该布风器颈部风速高,对室内空气具有一定的诱导作用

C.通过该布风器调节室内温度不影响其他房间

D.该布风器前端需有容积较大的消音箱

20.下图为完全集中式空调系统的直布式布风器结构图,下列说法中错误的是_____。

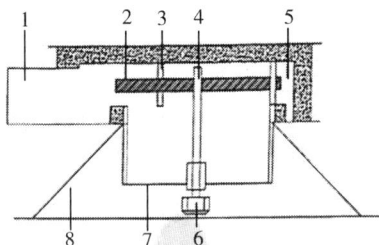

A.该布风器有末端电加热功能

B.图中 5 为消音箱,用于减小高速气流导致的噪声

C.通过该布风器调节室内温度影响其他房间的风速和风量

D.风门导杆 3 的长度决定了该布风器调节的最大开度

21.双风管空调系统的两根风管分别送_____。

　A.新风和回风　　　　　　　　　　B.高速风和低速风

　C.经冷却和加热的空气　　　　　　D.经不同程度处理的空气

22.空调装置变量调节是指改变_____。

　A.舱室送风量　　　　　　　　　　B.新风比

　C.舱室送风温度　　　　　　　　　D.风机转速

23.空调装置变质调节是指改变送风的_____。

　A.含湿量　　　　　　　　　　　　B.温度

　C.速度　　　　　　　　　　　　　D.新鲜程度

24.空调用双脉冲温度调节器的两个感温元件分别感受_____的温度。

　A.新风和回风　　　　　　　　　　B.新风和送风

　C.新风和舱室　　　　　　　　　　D.回风和舱室

25.中央空调器选用双液体温包温度调节器,温度补偿率为 0.67,温包甲与温包乙的容积比为 3:2,安装时应_____。

　A.甲放新风处,乙放送风处　　　　B.甲放送风处,乙放新风处

　C.甲放回风处,乙放新风处　　　　D.甲放新风处,乙放回风处

26.空调装置在取暖工况时可用单温包直接作用式温度调节器感受_____的温度,来调节加热蒸气流量。

    A.送风   B.回风

    C.典型舱室   D.送风或回风或典型舱室

27.船舶空调系统在夏季降温工况时,采用控制供风温度对空气温度自动调节的特点包括_____。

    ①测温点离调节器近;②测温点离调节器远;③调节系统滞后时间长;④调节系统滞后时间短;⑤有部分舱室的温度需要单调;⑥各舱室的温度无须单调

    A.①④⑤   B.②③⑥

    C.①③⑤   D.②④⑥

28.船舶空调系统在夏季降温工况下采用控制供风温度自动调节温度时,当外界气温下降时,热力膨胀阀的开度_____。

    A.自动开大   B.无法确定

    C.自动关小   D.不变

29.船舶空调系统在夏季降温工况时,可利用_____实现控制回风温度方式对空气冷却温度自动调节。

    A.制冷装置的热力膨胀阀   B.温度继电器

    C.单脉冲温度调节器   D.流量调节阀

30.船舶空调系统在冬季取暖工况时,对供风加热温度的自动调节最常使用的方法是采用_____。

    A.单脉冲供风温度调节系统

    B.双脉冲供风温度调节系统

    C.温度继电器

    D.蒸汽流量控制阀

31.船舶空调液体感温包直接作用式温度调节器的温度调定值可通过_____来调节。

    A.调温旋钮   B.调节阀

    C.调节螺杆   D.液体感温包

32.船舶空调装置在夏季调节空气时,空气是通过_____去湿的。

    A.冷凝器   B.干燥器

    C.空气冷却器   D.蒸发器

33.船舶空调装置在夏季工况时,直接冷却式空调温度的控制是通过控制进入空冷器的_____流量实现的。

    A.载冷剂   B.制冷剂

    C.回风   D.新风

34.船舶空调装置在夏季工况时,间接冷却式空调温度的控制是通过控制进入系统的_____流量实现的。

    A.制冷剂   B.回风

    C.送风   D.载冷剂

35.船舶空调装置在夏季工况时,单脉冲双位温度控制系统中单脉冲信号是指_____。

　　A.新风温度　　　　　　　　　　B.回风温度

　　C.蒸发温度　　　　　　　　　　D.冷凝温度

36.船舶空调装置在冬季工况时,双脉冲信号温度调节系统中双脉冲信号是指_____。

　　A.蒸发温度和冷凝温度

　　B.回风温度和供风温度

　　C.新风温度和回风温度

　　D.新风温度和供风温度

37.船舶空调装置中,制冷压缩机能量调节机构是根据_____的变化来进行增减缸运行的。

　　A.冷凝压力　　　　　　　　　　B.蒸发压力

　　C.排气压力　　　　　　　　　　D.滑油压力

38.船舶空调装置在冬季工况时,下列属于空调温度控制方法的是_____。

　　A.由新风温度控制空气加热器的蒸汽流量调节阀

　　B.由回风温度控制空气加热器的蒸汽流量调节阀

　　C.由新风温度控制空气电加热器的运行

　　D.由回风温度控制风机的运行

39.船舶空调装置在取暖工况时,对于单脉冲供风温度调节系统,影响加热工质流量调节阀开度的因素是_____。

　　A.供风温度　　　　　　　　　　B.新风温度

　　C.温度补偿率　　　　　　　　　D.舱室温度

40.船舶空调装置在取暖工况时,对于双脉冲供风温度调节系统,影响加热工质流量调节阀开度的因素有_____。

　　A.供风温度

　　B.新风温度

　　C.温度补偿率

　　D.供风温度、新风温度和温度补偿率

41.船舶空调装置在取暖工况时,单脉冲供风温度调节系统的特点是_____。

　　A.舱室温度保持基本稳定

　　B.供风温度保持基本稳定

　　C.温度补偿率保持基本稳定

　　D.舱室容易实现个别调节的自动化

42.空调装置在取暖工况时,湿度调节可以用双位调节直接控制_____的相对湿度。

　　A.送风　　　　　　　　　　　　B.回风

　　C.典型舱室　　　　　　　　　　D.回风或典型舱室

43.在船舶空调中,调节室内湿度是调节_____。

　　A.相对湿度　　　　　　　　　　B.干球温度

　　C.湿球温度　　　　　　　　　　D.绝对湿度

44.下列_____不会造成蒸发器传热系数下降。

A.换热面融霜　　　　　　　　　　　　B.换热面被油污染

C.换热面被腐蚀生成铁锈　　　　　　　D.换热面有污垢沉积

45.船舶上,一般通过调节_____来控制进入淡水冷却器的淡水量,从而达到调节高温淡水温度的目的。

A.高温淡水三通阀的开度　　　　　　　B.淡水泵的出口压力

C.淡水泵的流量　　　　　　　　　　　D.低温淡水旁通阀

46.卧式壳管式冷凝器水室的放气旋塞位于_____。

A.冷凝器顶部

B.冷凝器顶部两端处

C.有外接水管的端盖的最高处

D.无外接水管的端盖的最高处

47.关于空气进入冷凝器的冷却水系统的影响,正确的是_____。

A.形成气囊,不利于传热　　　　　　　B.热传递增强

C.热传递不变　　　　　　　　　　　　D.热传递先增强后减弱

48.关于末端电加热式单风管系统,说法错误的是_____。

A.该系统统一提供冷风

B.与完全集中式空调系统相比,该系统温度调节更灵活

C.与完全集中式空调系统相比,该系统管理更方便

D.该系统可对各个舱室进行单独的温度控制

49.下列船用空调系统中,夏季只能变量调节,冬季可以变质调节的是_____系统。

A.分区再热式单风管　　　　　　　　　B.末端电再热式单风管

C.双风管　　　　　　　　　　　　　　D.集中式单风管

50.船舶上一般通过调节_____对滑油冷却器进行温度控制。

A.泵的出口压力　　　　　　　　　　　B.三通阀的开度

C.被冷却介质的温度　　　　　　　　　D.冷却液的温度

第三节　船舶空调装置的使用与管理

1.当外界气候恶劣,船舶空调舱室内温度难以达到要求时,常用的应急措施是_____。

A.延长空调装置工作时间　　　　　　　B.增大风机转速

C.提高舱室送风温度　　　　　　　　　D.减小新风比

2.船舶空调的相对湿度调节器分为_____。

①气动式;②电动式;③电子式

A.①②　　　　　　　　　　　　　　　B.②③

C.①③　　　　　　　　　　　　　　　D.①②③

3.船舶空调系统在取暖工况时,其湿度自动调节方案有_____。

①控制典型舱室的相对湿度;②控制回风的相对湿度;③控制送风的相对湿度;④控制送风的含湿量

A.①②③
B.①②③④
C.①②④
D.②③④

4.船舶空调系统选用控制回风或典型舱室的相对湿度的自动调节方案大多采用_____调节,将舱室内空气湿度控制在30%～50%即可。

A.比例
B.双位

C.比例积分
D.温度

5.船舶空调取暖工况的湿度自动调节方案主要有_____。

①控制回风的相对湿度;②控制送风的相对湿度;③控制送风的含湿量(露点)

A.②③
B.①③

C.①②
D.①②③

6.关于船用空调在降温工况时的起动准备,错误操作是_____。

A.检查系统制冷剂是否充足

B.检查冷却水泵是否工作正常

C.检查风机是否工作正常

D.检查制冷压缩机的进、出双阀座截止阀是否全开

7.船用空调运行中,说法错误的是_____。

A.舱室门窗应保持关闭

B.保持适当的回风比

C.降温工况运行时,膨胀阀的开度要合适,保持合适的蒸发温度

D.取暖工况运行时,制冷压缩机应继续保持运行

8.集中式空调装置在降温工况下气候条件变化时_____。

A.自动改变送风量

B.舱室温度大致不变

C.舱室温度随之浮动

D.送风温度大致不变

9.当空调装置处于降温工况时,下列描述中错误的是_____。

A.使用空调装置时,应开启空调舱室门窗和其他有关的门窗

B.用冷媒水作冷却介质时,应经常开启管系顶部的放气阀排空气

C.应定期清洗滤器和集水盘

D.当空调器的风机和电动机采用三角皮带传动时,应定期检查三角皮带的松紧

10.空调装置在取暖工况下用双脉冲送风温度调节时_____。

A.室外气温变化,送风温度不变

B.舱室隔热差,则温度补偿率要高

C.双风管系统温度补偿率较小

D.室外气温高,则温度补偿率低

11.关于空调装置在降温工况下的起动和运行管理,说法错误的是_____。

A.起动空调前,应关闭空调舱室门窗,以降低空调装置的热负荷

B.起动空调时,应先起动制冷压缩机,然后再开风机

C.空调运行中,泄水管不断有凝水流出,集水盘应定期清扫,泄水孔应保持畅通

D.长期停用制冷装置时,应把制冷系统中的制冷剂收回至储液器中,防止制冷剂泄漏

12.关于空调装置取暖工况,说法正确的是_____。

①使用热水加热空气时,应定期打开系统中的放气阀;②注意加湿阀的启闭程度,工作时先开加热器,再开风机,最后开加湿阀;③停用空调时,要在停止风机以前停止加湿;④关闭空调舱室门窗和其他有关的门窗,以防热空气的侵入,降低空调装置的热负荷

A.①②③④ B.②③④

C.①② D.①③④

13.船用轴流式通风机在起动前,需要检查的主要工作是_____。

①轴承的润滑状态良好;②盘车,无卡阻、摩擦;③如果是皮带传动,确保皮带很紧;④确保电机的转向正确;⑤电机传动轮与风机轮的对中或平行度

A.①②③④⑤ B.①②④⑤

C.①③④⑤ D.②③④⑤

14.空调装置在取暖工况时可用控制送风露点(含湿量)的方法来控制舱室相对湿度,特别适合_____空调系统。

A.末端电再热式 B.双风管

C.分区再热式 D.双风管+区域再热式

15.船舶空调装置在取暖工况时的湿度调节一般采用比例调节直接控制_____。

A.典型舱室的相对湿度

B.回风的相对湿度

C.送风的相对湿度

D.回风或典型舱室的相对湿度

16.船舶空调装置春秋季节在通风工况下工作时,空调器的回风门应_____,加热、加湿、冷却系统均停用,风机宜在_____。

A.完全关闭;高速运行

B.完全打开;低速运行

C.完全打开;高速运行

D.完全关闭;低速运行

17.当外界气温降低需要长期停用空调时,应把制冷系统中的制冷剂回收至_____。

A.储液器 B.压缩机

C.把系统内的制冷剂放空 D.蒸发器

18.船舶空调出现送风口滴水现象的原因不包括_____。

A.泄水管堵塞 B.挡水板损坏

C.室温较低 D.供风温度过低

19.由于船舶舒适性空调允许舱室温度在一定范围内波动,所以一般都采用_____调节。

A.微分 B.比例

C.比例积分 D.积分

参考答案

第一节　基础理论

1.C	2.A	3.B	4.D	5.C	6.C	7.D	8.C	9.A	10.C
11.B	12.B	13.B	14.C	15.A	16.C	17.D	18.A	19.B	20.B
21.B	22.D	23.B	24.A	25.A	26.B	27.D	28.B	29.A	

第二节　船舶空调装置的组成

1.C	2.D	3.D	4.A	5.D	6.D	7.C	8.C	9.C	10.B
11.C	12.C	13.B	14.A	15.C	16.A	17.B	18.A	19.C	20.A
21.D	22.A	23.B	24.B	25.B	26.D	27.A	28.C	29.B	30.A
31.A	32.C	33.B	34.D	35.B	36.D	37.B	38.B	39.A	40.D
41.B	42.D	43.A	44.A	45.A	46.D	47.A	48.C	49.B	50.B

第三节　船舶空调装置的使用与管理

| 1.D | 2.D | 3.B | 4.B | 5.D | 6.D | 7.D | 8.C | 9.A | 10.B |
| 11.B | 12.A | 13.B | 14.D | 15.C | 16.D | 17.A | 18.C | 19.B | |

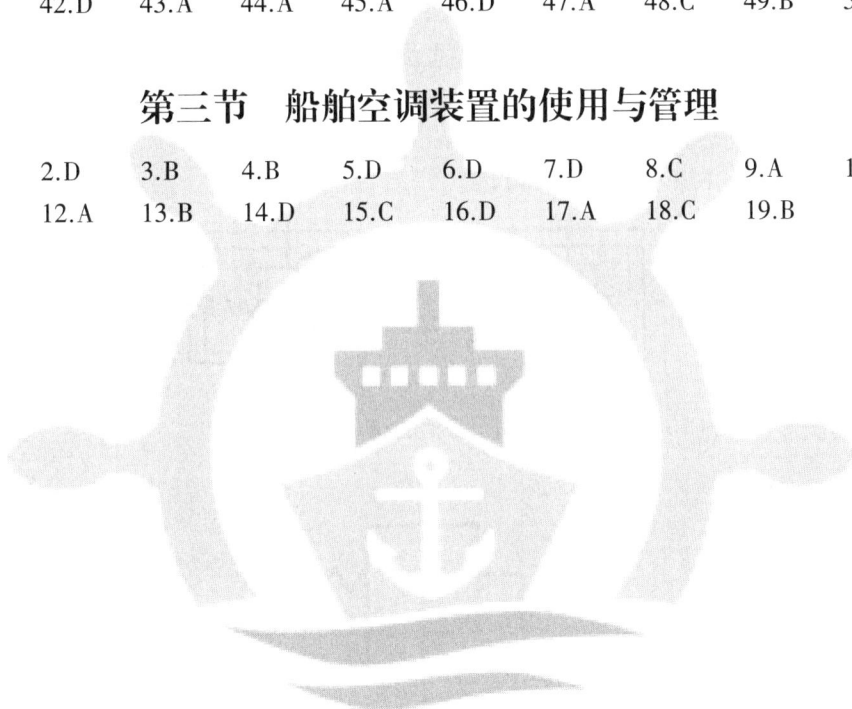

第七章

船舶液压设备

第一节　液压基本知识

1.单向阀作背压阀用时比一般单向阀_____。

  A.开启压力较大　　　　　　　　　B.动态压力超调量小

  C.压力损失较小　　　　　　　　　D.开启压力较小

2.关于叶片式马达,说法错误的是_____。

  A.因马达有叶片压紧机构,所以密封性较好

  B.因需正反转,所以叶片顶端左右对称,两根主油管口的口径相同

  C.轴承处有单独通油箱的泄油管

  D.马达叶片一律径向放置

3.平衡阀的图形符号(GB/T 786.1—2021)是_____。

    A　　　　　　　　B　　　　　　　　C　　　　　　　　D

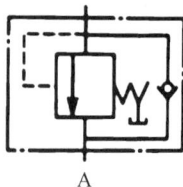

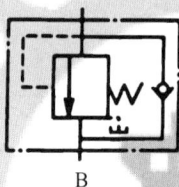

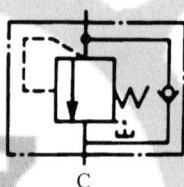

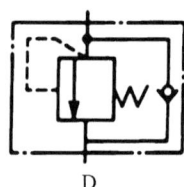

4.如图所示的图形符号(GB/T 786.1—2021)表示的是_____。

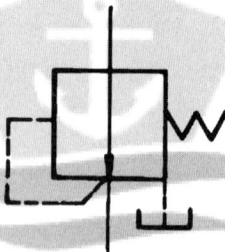

  A.溢流阀　　　　　　　　　　　B.减压阀

  C.卸荷阀　　　　　　　　　　　D.顺序阀

5.如图所示的图形符号(GB/T 786.1—2021)表示的是_____。

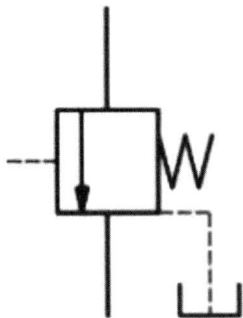

A.溢流阀　　　　　　　　　　　　　B.减压阀
C.卸荷阀　　　　　　　　　　　　　D.顺序阀

6.双向变量液压泵的图形符号(GB/T 786.1—2021)是_____。

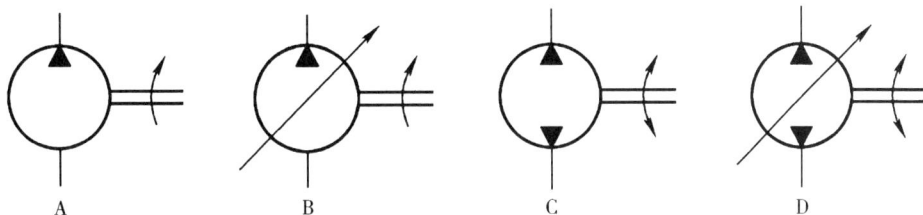

7.单向定量液压泵的图形符号(GB/T 786.1—2021)是_____。

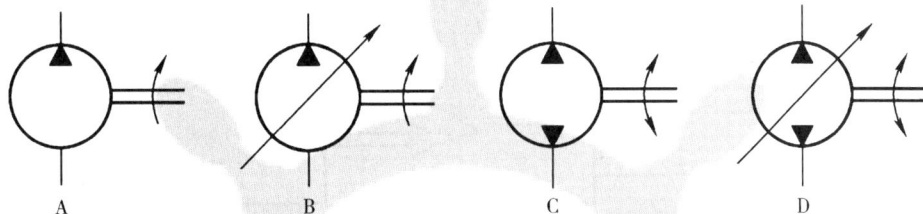

8.在图(GB/T 786.1—2021)中,下列_____属于液压缸的图形符号。

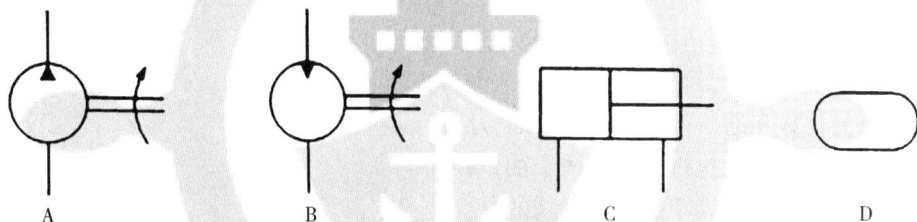

9.在图(GB/T 786.1—2021)中,下列_____属于液压系统中双向定量液压马达的图形符号。

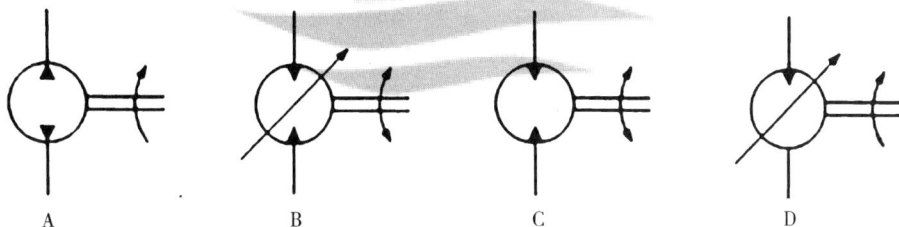

10.在图(GB/T 786.1—2021)中,下列_____属于液压系统中双向变量液压马达的图形符号。

A	B	C	D

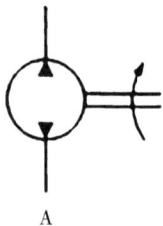

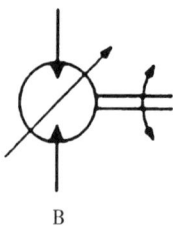

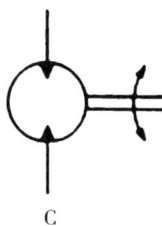

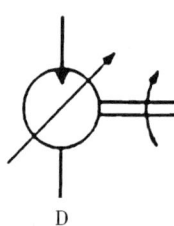

11.关于溢流阀的以下说法：①作定压阀用时工作中是常开的；②作安全阀用时工作中是常闭的；_____。

    A.②正确   B.①正确

    C.①②都不正确   D.①②都正确

12.下列关于溢流阀的说法中，错误的是_____。

    A.常态下进、出油口不通   B.出油口接油箱

    C.可作背压阀使用   D.出油口接执行元件

13.液压控制元件中踏板式人力控制的图形符号（GB/T 786.1—2021）是_____。

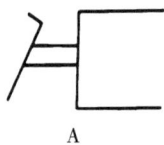

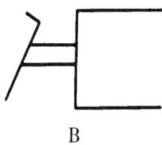

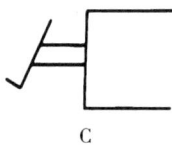

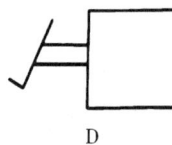

A	B	C	D

14.液压控制元件中手柄式人力控制的图形符号（GB/T 786.1—2021）是_____。

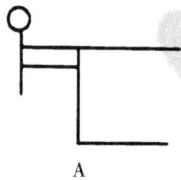

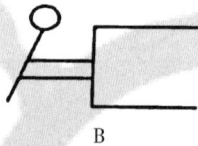

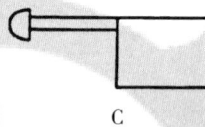

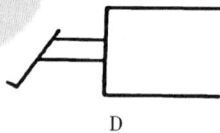

A	B	C	D

15.M 型三位四通换向阀中位时_____。

    A.通油泵的油口锁闭，通执行机构的两个油口相通

    B.通油泵的油口卸荷，通执行机构的两个油口锁闭

    C.通油泵的油口和通执行机构的两个油口卸荷

    D.通油泵的油口和通执行机构的两个油口锁闭

16.下列液压控制阀中不属于流量控制阀的是_____。

    A.节流阀   B.液控单向阀

    C.调速阀   D.溢流节流阀

17.下列液压控制阀中不属于流量控制阀的是_____。

    A.调速阀   B.溢流节流阀

    C.固定节流阀   D.卸荷阀

18.以下液压控制阀中属于流量控制阀的是_____。

    A.卸荷阀   B.背压阀

    C.溢流节流阀   D.平衡阀

19.以下液压控制阀中属于流量控制阀的是_____。

    A.顺序阀　　　　　　　　　　　　　B.电液换向阀

    C.调速阀　　　　　　　　　　　　　D.液控单向阀

20.目前一般船用液压流量控制阀不要求_____。

    A.流量调节范围大　　　　　　　　　B.负载变化对流量的影响要小

    C.流量与调节幅度成正比　　　　　　D.调定流量不受油温影响

21.下列有关液压系统密封件保管的要求中,不正确的是_____。

    A.避免放在室温较低的地方,以免密封件变硬老化

    B.将密封件装入聚乙烯口袋,当封口后保存在阴暗凉爽处

    C.在包装袋上记载密封件上船年月,并按后进先用的顺序使用

    D.须堆放、吊挂在一起,以避免因分散放置而找不到相关密封件

22.双作用叶片泵的叶片从定子的短半径圆弧向长半径圆弧转动时,泵对应的工作容腔容积_____,该容腔处于_____过程。

    A.增大;吸油　　　　　　　　　　　B.减小;排油

    C.不变;压缩　　　　　　　　　　　D.减小;吸油

23.双作用叶片泵的叶片从定子的长半径圆弧向短半径圆弧转动时,泵对应的工作容腔容积_____,该容腔处于_____过程。

    A.增大;吸油　　　　　　　　　　　B.减小;排油

    C.增大;排油　　　　　　　　　　　D.减小;吸油

24.液压控制阀中普通型调速阀由_____组成。

    A.节流阀和定差减压阀串联　　　　　B.节流阀和定差溢流阀并联

    C.节流阀和定差减压阀并联　　　　　D.节流阀和定差溢流阀串联

25.溢流节流阀和普通型调速阀相比_____。

    A.流量稳定性较好,经济性也较好　　B.流量稳定性较差,经济性也较差

    C.流量稳定性较好,但经济性较差　　D.流量稳定性较差,但经济性较好

26.普通型调速阀的定差减压阀阀芯卡死在最大开度,会导致_____。

    A.执行元件不能动作　　　　　　　　B.调速阀起不到调速作用

    C.执行元件速度受负荷影响变大　　　D.液压泵因压力高而损坏

27.三位四通换向阀能在中位使执行油缸锁闭,油泵不卸荷的是_____型。

    A.O　　　　　　　　　　　　　　　B.H

    C.P　　　　　　　　　　　　　　　D.M

28.叶片式马达两侧端盖内侧有油道,使液槽底部始终与叶片_____相通,油压保持一致。

    A.中部　　　　　　　　　　　　　　B.油槽

    C.底部　　　　　　　　　　　　　　D.顶部

29.在液压系统(GB/T 786.1—2021)中,是_____的图形符号。

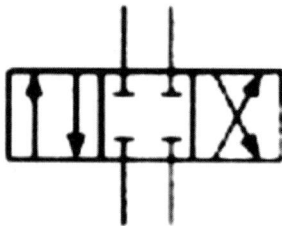

A.四位三通阀　　　　　　　　　　B.三位三通阀

C.四位四通阀　　　　　　　　　　D.三位四通阀

30.轴向柱塞泵中的柱塞往复运动一次,完成一次_____。

A.进油　　　　　　　　　　　　　B.排油

C.进油和排油　　　　　　　　　　D.进油或排油

31.轴向柱塞泵的非对称配流盘设阻尼孔,有利于降低泵的_____。

A.压力冲击　　　　　　　　　　　B.不平衡液压力

C.困油现象　　　　　　　　　　　D.排出阻力

32.连杆式马达若控制油口配_____型三位四通阀换向滑阀控制,可实现无极变量。

A.L　　　　　　　　　　　　　　B.O

C.D　　　　　　　　　　　　　　D.M

33.斜盘式轴向柱塞泵内部泄漏主要发生在配油盘与缸体之间、柱塞与缸体之间、_____之间以及滑履与斜盘之间。

A.滑履与回程盘　　　　　　　　　B.转子与定子

C.泵体与缸体　　　　　　　　　　D.柱塞头与滑履

34.斜盘式轴向柱塞泵内部泄漏主要发生在配油盘与缸体之间、_____之间、柱塞头与滑履之间以及滑履与斜盘之间。

A.滑履与回程盘　　　　　　　　　B.转子与定子

C.柱塞与缸体　　　　　　　　　　D.泵体与缸体

35.如图所示,表示的是_____。

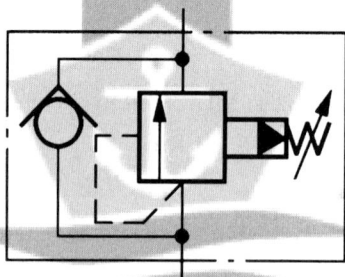

A.单向减压阀　　　　　　　　　　B.单向溢流阀

C.双向平衡阀　　　　　　　　　　D.单向顺序阀

36.下列液压控制阀中属于方向控制阀的是_____。

A.平衡阀　　　　　　　　　　　　B.顺序阀

C.溢流节流阀　　　　　　　　　　D.液压锁

37.下列液压控制阀中不属于方向控制阀的是_____。

　　A.换向阀　　　　　　　　　　　　B.低压选择阀

　　C.液控单向阀　　　　　　　　　　D.调速阀

38.下列液压控制阀中不属于方向控制阀的是_____。

　　A.液控单向阀　　　　　　　　　　B.顺序阀

　　C.换向阀　　　　　　　　　　　　D.梭阀

39.下列液压控制阀中不属于压力控制阀的是_____。

　　A.减压阀　　　　　　　　　　　　B.顺序阀

　　C.背压阀　　　　　　　　　　　　D.溢流节流阀

40.下列液压控制阀中属于压力控制阀的是_____。

　　A.调速阀　　　　　　　　　　　　B.梭阀

　　C.液控单向阀　　　　　　　　　　D.平衡阀

41.下列液压控制阀中属于压力控制阀的是_____。

　　A.卸荷阀　　　　　　　　　　　　B.溢流节流阀

　　C.液控单向阀　　　　　　　　　　D.低压选择阀

42.液压马达在液压系统中的功用是将_____能变为_____能。

　　A.电;液压　　　　　　　　　　　B.液压;机械

　　C.机械;液压　　　　　　　　　　D.电;机械

43.如图所示,图中元件 2 是_____。

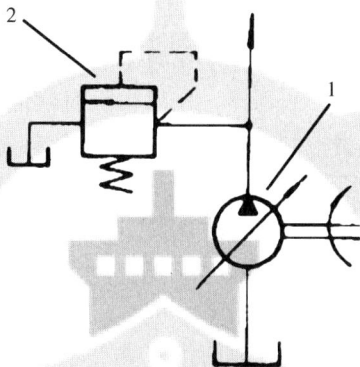

　　A.先导型溢流阀　　　　　　　　　B.直动式溢流阀

　　C.减压阀　　　　　　　　　　　　D.顺序阀

44.滑阀式换向阀的换向原理是由于滑阀相对阀体做_____。

　　A.径向移动　　　　　　　　　　　B.轴向移动

　　C.转动　　　　　　　　　　　　　D.旋转

45.油液颗粒污染等级越_____,越容易发生故障。

　　A.小　　　　　　　　　　　　　　B.中

　　C.无规律　　　　　　　　　　　　D.大

46.船用液压系统管理中,说法正确的是_____。

　　A.新油的污染度一般合乎要求　　　B.大修后的系统要冲洗

C.每年要换油一次   D.新安装的系统最干净

47.国际标准化组织以_____来评定滤油器的过滤精度。

    A.绝对过滤精度   B.过滤效率

    C.过滤比   D.滤芯孔隙直径

48.滤油器的滤芯应能承受_____。

    A.额定工作压力   B.初始压降

    C.饱和压降   D.饱和压降及可能的液压冲击

49.滤油器的公称流量是指_____不超过标示值所允许通过的最大流量。

    A.流速   B.初始压降

    C.饱和压降   D.工作油压

50.下列滤器中属于表面型的是_____滤油器。

    A.纤维型   B.纸质

    C.线隙式   D.金属粉末烧结型

51.安装 V 形密封圈时,V 形开口应朝向_____。

    A.密封介质侧   B.压盖侧

    C.轴颈侧   D.任意侧

52.蓄能器与管路之间应安装_____,以便系统长期停用时将其切断。

    A.截止阀   B.单向阀

    C.减压阀   D.节流阀

53.蓄能器在液压系统中不具备的功能是_____。

    A.停泵期间系统保持一定的供油压力   B.减小液压冲击

    C.防止液压泵过载   D.增大瞬时供油能力

54.气囊式蓄能器下部有一个弹簧控制的菌形阀,通常工作状态_____。

    A.常关   B.不确定

    C.常开   D.随工作状态而改变

55.关于液压系统的工作油箱,下列说法中错误的是_____。

    A.回油管出口为 45°切口,使出油朝向箱壁

    B.泄油管出口必须在液面下足够深度以防带入空气

    C.吸油管常与回油管、泄油管置于隔板两侧

    D.通气孔应设空气滤网及孔罩

56.下列滤油器中过滤精度最高的滤芯是_____。

    A.编网式   B.纸质

    C.磁性   D.纤维

57.关于液压系统的油箱,下列说法中错误的是_____。

    A.内壁的防锈涂层应能与油相容

    B.内有隔板,高至油面 2/3 高度

    C.容积为泵每分钟排量的 1~2 倍,以利散热和分离气体和杂质

    D.底部宜成凹型,便于放油

58.关于蓄能器的使用,下列各项中不正确的是_____。

    A.充气式蓄能器中常用的是氮气

    B.以油口向下垂直安装为宜

    C.蓄能器与液压泵之间应安装单向阀

    D.蓄能器需用焊接固定,以免因震动而松动

59.蓄能器与液压泵之间应设_____,以防止泵停转时蓄能器压力油向泵倒灌。

    A.调速阀   B.单向阀

    C.减压阀   D.节流阀

60.吸收液压冲击或压力脉动用的蓄能器,应安装在_____。

    A.换向阀处   B.泵出口处

    C.靠近冲击源或脉动源处   D.无特殊要求

61.下列滤油器中常作为吸油滤器使用的有_____。

    A.网式   B.纸质

    C.磁性   D.网式和磁性

62.下列蓄能器中,在船上使用较多的是_____。

    A.活塞式   B.重锤式

    C.弹簧式   D.气囊式

63.下列滤油器中工作时压力损失最小的是_____。

    A.网式   B.纸质

    C.纤维式   D.线隙式

64.采用阀控型系统的恒功率变量泵为液压系统主泵的锚绞机械,恒功率泵一般使用_____。

    A.单向定量泵   B.单向变量泵

    C.双向变量泵   D.双向定量泵

65.液压马达是指_____的动力机械。

    A.将液体压力能转变成机械能   B.将机械能转变成液体压力能

    C.将液体内能转变成机械能   D.将机械能转变成液体内能

66.外控顺序阀作卸荷阀要使系统卸荷应_____。

    A.使外控油口直通油箱   B.减小主弹簧张力

    C.加大主弹簧张力   D.向外控油口供压力油

67.叶片式马达的叶片顶端对定子内表面_____较大,机械效率、起动效率较低。

    A.传动力   B.离心力

    C.惯性力   D.摩擦力

68.连杆式变量马达实现变量的方法是_____。

    A.改变液压泵的油压   B.改变偏心距

    C.改变多列柱塞的工作列数   D.改变柱塞的有效作用数

69.连杆式马达可做成_____可变的变量马达。

    A.不会超过阀的开启压力   B.不会超过阀的调定压力

    C.有可能瞬时超过调定压力   D.最大工作压力比调定压力大些

70.船用比例换向阀常用_____将电信号转变为机械信号。

    A.比例电磁铁   B.力矩马达

    C.伺服电动机   D.步进马达

71.叶片泵作为液压泵,以下说法中正确的是_____。

    ①都是定量泵;②既有单作用也有双作用

    A.①正确   B.②正确

    C.①②都正确   D.①②都不正确

72.斜盘泵是靠_____的帮助将回程盘压在斜盘上

    A.轴泵油压   B.中心弹簧

    C.螺栓   D.主泵油压

73.变量液压马达轻载工作时其排量应_____。

    A.取较小值   B.取较大值

    C.按转速需要取   D.按输出功率需要取

74.在下列斜盘泵的部件中不转动的是_____。

    A.缸体   B.滑履

    C.回程盘   D.斜盘

75.以下液压控制阀中能用来限制起重机构开式系统下降速度的是_____。

    A.调速阀   B.溢流节流阀

    C.平衡阀   D.调速阀或溢流节流阀

76.高速液压马达的特点是_____。

    A.每转排量小   B.每转排量大

    C.输出功率小   D.工作油压低

77.单侧配流盘排油的叶片泵在另一侧配流盘相应排油窗口处开有盲孔,是为了_____。

    A.减小液压冲击   B.平衡叶片轴向力

    C.平衡径向力   D.消除困油

78.叶片泵按转向看,叶片通常是采用_____。

    A.前倒角   B.后倒角

    C.无倒角   D.前倒角或后倒角或无倒角

79.液压马达的作用是将液压油的压力能转换为_____。

    A.动能   B.势能

    C.静压力   D.机械能

80.液压系统中的安全阀开启压力应不小于_____倍最大工作压力。

    A.1   B.1.5

    C.1.25   D.1.75

81.内曲线式液压马达的漏泄不发生在_____之间。

    A.油缸体与壳体   B.柱塞与油缸体

    C.油缸体与配流轴   D.输出轴与端盖

82.下列泵中适合用作液压泵的是_____。

　　A.柱塞泵　　　　　　　　　　　　　　B.离心泵

　　C.混流泵　　　　　　　　　　　　　　D.喷射泵

83.用节流调节法改变泵的流量一般应改变_____阀的开度。

　　A.吸入　　　　　　　　　　　　　　　B.排出

　　C.旁通　　　　　　　　　　　　　　　D.安全

84.电磁式膨胀阀电磁线圈未通电时,电磁阀的阀芯状态为_____。

　　A.全开　　　　　　　　　　　　　　　B.全关

　　C.半开半关　　　　　　　　　　　　　D.视环境温度而定

85.单向阀一般不用来控制_____。

　　A.油流方向　　　　　　　　　　　　　B.回油背压

　　C.滤器旁通　　　　　　　　　　　　　D.超压溢流

86.布置在同一个阀体中的双联液控单向阀常用来_____。

　　A.控制回油背压　　　　　　　　　　　B.在一定条件下锁闭油路

　　C.改换油流方向　　　　　　　　　　　D.作为卸荷阀

87.单作用电磁控制的图形符号(GB/T 786.1—2021)是_____。

　　　　A　　　　　　　　B　　　　　　　　C　　　　　　　　D

88."液压锁"通常是由一对_____组成。

　　A.直控顺序阀　　　　　　　　　　　　B.外控顺序阀

　　C.液控单向阀　　　　　　　　　　　　D.单向节流阀

89.双向"液压锁"有_____条与系统相通的油路。

　　A.2　　　　　　　　　　　　　　　　　B.3

　　C.4　　　　　　　　　　　　　　　　　D.1

90.梭阀是一种_____控制的二位三通阀。

　　A.手动　　　　　　　　　　　　　　　B.液动

　　C.电磁　　　　　　　　　　　　　　　D.电液

91.船舶液压装置中使用比例换向阀较多的是_____。

　　A.舵机　　　　　　　　　　　　　　　B.锚机

　　C.绞缆机　　　　　　　　　　　　　　D.起货机

92.三位四通换向阀如下图所示,阀上应接有_____根油管。

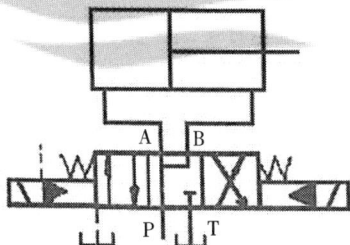

A.2   B.4

C.5   D.6

93.液控单向阀在要求_____需加液压信号。

    A.某个方向关闭时   B.某个方向开启时

    C.任一方向关闭时都   D.任一方向开启时都

94.采用卸荷型液控单向阀是为了_____。

    A.降低正向开启压力

    B.减小流过阀的压力损失

    C.降低反向开启的控制油压

    D.降低正向开启压力,减小流过阀的压力损失

95.调节液动换向阀左端阻尼器使其节流口关小,则阀芯移动速度_____。

    A.向左减慢,向右不变   B.向左不变,向右减慢

    C.向左、右都减慢   D.向左、右都不变

96.关于三位四通电磁换向阀,说法错误的是_____。

    A.现常用湿式电磁阀,阀芯推杆不设密封圈,油可进电磁铁内部

    B.阀芯的液压径向力完全平衡,不会径向偏移

    C.阀流量越大,则阀芯移动时的液动阻力越大

    D.为保证正常工作,电压波动不应超过额定电压的±10%

97.换向阀的阀芯凸肩上开有数圈环形槽的作用是_____。

    A.减少阀芯移动阻力   B.提高阀芯密封性能

    C.润滑阀芯   D.减轻阀芯重量

98.弹簧对中型电液换向阀的先导阀可用_____型。

    A.Y   B.O

    C.M   D.P

99.电液换向阀的导阀和主阀的控制方式分别是_____。

    A.液压、电磁   B.电磁、液压

    C.液压、液压   D.电磁、电磁

100.三位四通电液换向阀如接有六根油管,它应是_____。

    A.外供控制油,内部泄油   B.内供控制油,外部泄油

    C.外供控制油,外部泄油   D.内供控制油,内部泄油

101.三位四通电液换向阀如接有四根油管,它应是_____。

    A.外供控制油,内部泄油   B.内供控制油,外部泄油

    C.外供控制油,外部泄油   D.内供控制油,内部泄油

102.液压对中型电液换向阀的先导阀可用_____型。

    A.Y   B.O

    C.M   D.P

103.先导型溢流阀用于远控调压时导阀弹簧张力应_____。

    A.调至较大   B.调至最小

C.调至适中 　　　　　　　　　　D.按要求随时调整

104.电磁溢流阀是由_____组成。

A.电磁换向阀和直动型溢流阀　　　B.电磁换向阀和先导型溢流阀

C.比例电磁线圈和直动型溢流阀　　D.比例电磁线圈和先导型溢流阀

105.溢流阀的作用是_____。

A.控制通过阀的流量　　　　　　　B.防止阀前压力超过调定值

C.控制阀后压力稳定　　　　　　　D.控制油流动方向

106.定压溢流阀可用来保持_____稳定。

A.阀前压力　　　　　　　　　　　B.阀后压力

C.阀前后压差　　　　　　　　　　D.溢流流量

107.外部压力控制顺序阀的一般图形符号(GB/T 786.1—2021)是_____。

A　　　　　　　B　　　　　　　C　　　　　　　D

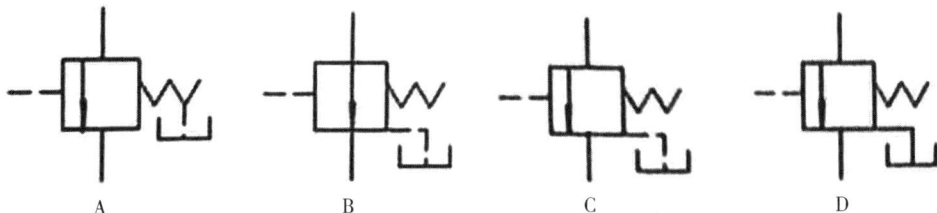

108.内部压力控制顺序阀的一般图形符号(GB/T 786.1—2021)是_____。

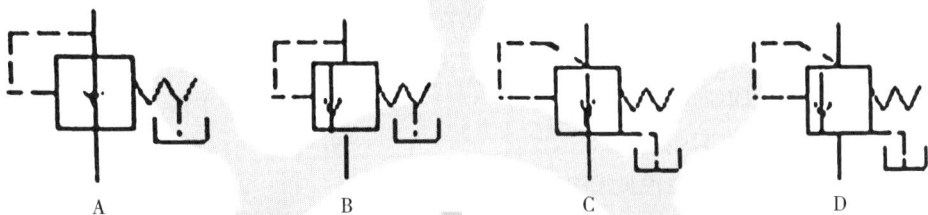

A　　　　　　　B　　　　　　　C　　　　　　　D

109.溢流阀的一般图形符号(GB/T 786.1—2021)是_____。

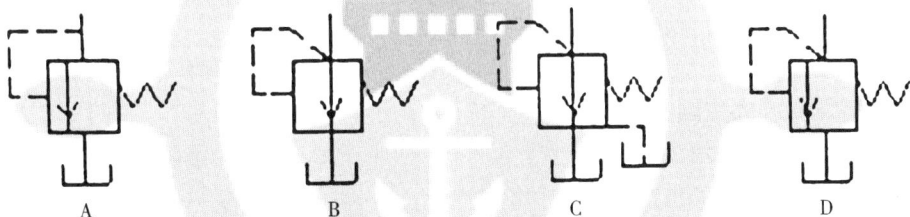

A　　　　　　　B　　　　　　　C　　　　　　　D

110.先导型减压阀的图形符号(GB/T 786.1—2021)是_____。

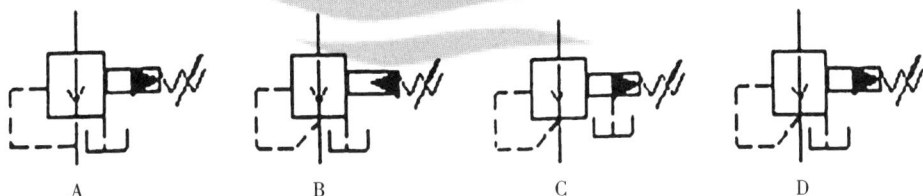

A　　　　　　　B　　　　　　　C　　　　　　　D

111.船用液压装置中最常见的减压阀是_____。

A.定值减压阀   B.定差减压阀

C.定比减压阀   D.定积减压阀

112.可以作为卸荷阀使用的是_____。

  A.直控顺序阀   B.外控顺序阀

  C.减压阀   D.可调节流阀

113.可以作为卸荷阀使用的是_____。

  A.先导型减压阀   B.先导型溢流阀

  C.直动型溢流阀   D.直控顺序阀

114.顺序阀的作用是_____。

  A.控制通过阀的流量   B.控制油流动方向

  C.当油压信号达到调定值时开启 D.当油压信号达到调定值时关闭

115.顺序阀的特点是_____。

  A.阀开启时进、出油口间油压损失小

  B.出口通常是直通油箱或与低压管相通

  C.阀不设外泄油管

  D.出口通常是直通油箱或与低压管相通,且阀不设外泄油管

116.卸荷溢流阀用于向蓄能器供油时,蓄能器压力升高到调定值时液压泵_____。

  A.通蓄能器的油路切断并溢流运转 B.通蓄能器的油路切断并减压运转

  C.通蓄能器的油路切断并卸荷运转 D.停止运转

117.卸荷溢流阀是由_____组合而成。

  A.直动型溢流阀和单向阀

  B.先导型溢流阀和单向阀

  C.带控制活塞的先导型溢流阀和单向阀

  D.卸荷阀和溢流阀

118.卸荷溢流阀用于双泵供油系统时,当负载压力升高到调定值时,_____。

  A.小流量泵卸荷   B.大流量泵卸荷

  C.大流量泵停转   D.大、小流量泵同时卸荷

119.先导型减压阀开大主阀是靠_____。

  A.主阀上、下的油压差

  B.主弹簧力

  C.主弹簧力减去主阀上、下的油压差而得的力

  D.主阀上、下的油压差减去主弹簧力而得的力

120.先导型减压阀和作安全阀用的先导型溢流阀的导阀在工作中_____。

  A.全都常开   B.全都常闭

  C.前者常开,后者常闭   D.前者常闭,后者常开

121.先导型减压阀的导阀释放的油_____。

  A.由外控油口通油箱   B.由外接泄油管通油箱

  C.由内部通道通主阀后的油通道 D.由外接油管通主阀后的油通道

122.先导型顺序阀是_____开启。

A.有控制油压信号时　　　　　　　　B.工作压力高时

C.无控制油压信号时　　　　　　　　D.按时间顺序

123.顺序阀实质上是一种靠_____控制油路通与不通的阀。

A.油温　　　　　　　　　　　　　　B.油压

C.电信号　　　　　　　　　　　　　D.定时

124.外控顺序阀作卸荷阀用,_____时阀开启卸荷。

A.有压力控制信号　　　　　　　　　B.无压力控制信号

C.有电信号　　　　　　　　　　　　D.无电信号

125.顺序阀与溢流阀相比,_____是错误的。

A.顺序阀必须有通油箱的泄油管,溢流阀则无

B.作卸荷阀用时,溢流阀的远控油口应泄压,顺序阀的远控油口应加压

C.开启后顺序阀进出口间油压差很小,而溢流阀进出口间油压差大

D.顺序阀是方向控制阀,而溢流阀是流量控制阀

126.可调节流阀实质上调节的是_____。

A.阀后油压　　　　　　　　　　　　B.阀前油压

C.阀的流量　　　　　　　　　　　　D.阀的通流截面积

127.溢流节流阀的作用是_____。

A.防止阀前压力超过调定值　　　　　B.控制阀后压力稳定

C.保持通过阀的流量稳定　　　　　　D.控制阀前、后压差恒定

128.当负载减小时,调速阀中减压口_____。

A.开大　　　　　　　　　　　　　　B.关小

C.不变　　　　　　　　　　　　　　D.靠手动调节

129.调速阀稳定流量主要是靠自动改变_____开度。

A.节流阀　　　　　　　　　　　　　B.定差减压阀

C.分流阀　　　　　　　　　　　　　D.定值溢流阀

130.执行机构负载减小时调速阀中_____。

A.减压阀开大　　　　　　　　　　　B.减压阀关小

C.溢流阀开大　　　　　　　　　　　D.溢流阀关小

131.调速阀稳定流量的方法属_____补偿型。

A.温度　　　　　　　　　　　　　　B.黏度

C.压力　　　　　　　　　　　　　　D.流量

132.当负载增大时,溢流节流阀中溢流口_____。

A.开大　　　　　　　　　　　　　　B.关小

C.不变　　　　　　　　　　　　　　D.靠手动调节

133.溢流节流阀是由节流阀和_____而成。

A.定差减压阀并联　　　　　　　　　B.定差溢流阀串联

C.定差溢流阀并联　　　　　　　　　D.定差减压阀串联

134.溢流节流阀稳定流量主要是靠自动改变_____开度。

    A.节流阀   B.定差减压阀

    C.定差溢流阀   D.定值溢流阀

135.执行机构负载增大时溢流节流阀中_____。

    A.减压阀开大   B.减压阀关小

    C.溢流阀开大   D.溢流阀关小

136.溢流节流阀稳定流量的方法属_____补偿型。

    A.温度   B.黏度

    C.压力   D.温度、压力双

137.以下液压控制阀中不是由两种阀组合而成的是_____。

    A.调速阀   B.平衡阀

    C.液控单向阀   D.电液换向阀

138.以下液压控制阀中由两种阀组合而成的是_____。

    A.调速阀   B.平衡阀

    C.液控单向阀   D.调速阀和平衡阀

139.以下液压阀除进、出口外还有泄油口的是_____。

    A.先导型溢流阀   B.先导型减压阀

    C.调速阀   D.直动型卸荷阀

140.以下液压阀除进、出口外没有泄油口的是_____。

    A.溢流节流阀   B.调速阀

    C.顺序阀   D.先导型减压阀

141.下图为三位四通换向阀图,换向阀中位机能是_____型。

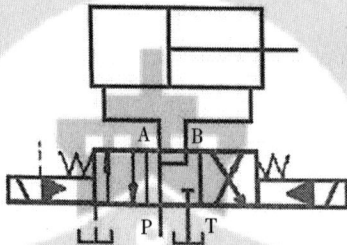

    A.P   B.Y

    C.H   D.K

142.对开度既定的节流阀的流量影响最大的是_____。

    A.阀前、后油压之差   B.油温

    C.节流口吸附层厚度   D.油污染程度

143.以下关于节流阀说法中正确的是_____。

    A.节流口用细长孔比薄壁孔流量稳定性好

    B.装在定量油源的分支油路上可调节流量

    C.普通截止阀也可当作节流阀用

    D.节流阀的调速比不低于10

144.U 型三位四通换向阀中位时_____。
    A.通油泵的油口锁闭,通执行机构的两个油口相通
    B.通油泵的油口卸荷,通执行机构的两个油口锁闭
    C.通油泵的油口和通执行机构的两个油口都锁闭
    D.通油泵的油口和通执行机构的两个油口都卸荷

145.O 型三位四通换向阀中位时_____。
    A.通油泵的油口锁闭,通执行机构的两个油口相通
    B.通油泵的油口卸荷,通执行机构的两个油口锁闭
    C.通油泵的油口和通执行机构的两个油口都锁闭
    D.通油泵的油口和通执行机构的两个油口都卸荷

146.H 型三位四通换向阀中位时_____。
    A.通油泵的油口锁闭,通执行机构的两个油口相通
    B.通油泵的油口卸荷,通执行机构的两个油口锁闭
    C.通油泵的油口和通执行机构的两个油口都锁闭
    D.通油泵的油口和通执行机构的两个油口都卸荷

147.Y 型三位四通换向阀中位时_____。
    A.通油泵的油口锁闭,通执行机构的两个油口卸荷
    B.通油泵的油口卸荷,通执行机构的两个油口锁闭
    C.通油泵的油口和通执行机构的两个油口都锁闭
    D.通油泵的油口和通执行机构的两个油口都卸荷

148.K 型三位四通滑阀在中位时_____。
    A.P、T、A、B 全通   B.P、B、T 相通
    C.B、T 相通,P、A 相通   D.P、A、T 相通

149.三位四通换向阀能在中位使执行油缸可移动,而油泵卸荷的是_____型。
    A.O   B.P
    C.H   D.M

150.直流电磁换向阀与交流电磁换向阀相比不具有_____的特点。
    A.工作寿命长   B.允许换向频率较高
    C.换向动作平稳   D.价格较低

151.交流电磁换向阀与直流电磁换向阀相比_____。
    A.使用寿命长   B.阀芯卡阻时易烧毁
    C.换向速度慢   D.价格贵

152.交流电磁换向阀与直流电磁换向阀相比不具有_____的特点。
    A.价格较低   B.换向冲击大
    C.换向频率可以较高   D.使用寿命不如后者

153.叶片泵内部漏泄最大的间隙是在_____之间。
    A.配流盘与转子   B.叶片与叶槽
    C.叶片与定子   D.叶片与配流盘

154.柱塞式液压泵常用调节_____的方法来调节流量。

A.工作油缸数目

B.柱塞行程

C.转速

D.改变工作油缸数目、柱塞行程或转速三种调节方法使用率几乎一样

155.斜盘式轴向柱塞泵改变排油方向是靠改变_____来实现的。

A.转向　　　　　　　　　　B.缸体偏摆方向

C.斜盘倾斜方向　　　　　　D.浮动环偏心方向

156.斜盘式轴向柱塞泵改变流量是靠改变_____。

A.转速　　　　　　　　　　B.缸体摆角

C.工作油缸数目　　　　　　D.斜盘倾角

157.斜轴式轴向柱塞泵改变流量是靠改变_____。

A.转速　　　　　　　　　　B.缸体摆角

C.工作油缸数目　　　　　　D.斜盘倾角

158.对斜盘泵排量不直接产生影响的是_____。

A.柱塞直径和个数　　　　　B.斜盘倾角

C.油缸分布圆直径　　　　　D.柱塞长度

159.变量泵的流量随工作压力的增高呈反比减小,则称为_____泵。

A.限压式　　　　　　　　　B.恒流量式

C.恒功率式　　　　　　　　D.伺服式

160.以下液压泵中会自动调节流量的是_____。

A.恒功率式　　　　　　　　B.恒压式

C.伺服变量式　　　　　　　D.恒功率式和恒压式

161.叶片泵单位功率的重量是所有液压泵中_____。

A.最轻的　　　　　　　　　B.一般的

C.最重的　　　　　　　　　D.最不确定的

162.采用变量泵和变量液压马达的液压传动系统,如输出扭矩不变,若减小变量泵流量(设管路阻力变化可忽略),正确的是_____。

A.液压马达转速降低　　　　B.最大输出扭矩降低

C.工作油压降低　　　　　　D.液压马达转速不变

163.液压泵吸入管路上的滤油器要求其压力降不超过 0.02 MPa,是为了防止泵发生_____现象。

A.堵塞　　　　　　　　　　B.腐蚀

C.超压　　　　　　　　　　D."气穴"

164.双作用叶片泵的叶片底端空间一般_____。

A.通排油腔　　　　　　　　B.通吸油腔

C.与吸、排腔都不通　　　　D.吸、排区分别通吸、排腔

165.双作用叶片泵的叶片两侧面反装,则_____。

A.无法工作　　　　　　　　　　B.叶片弯曲,与槽磨损加重

C.液压冲击严重　　　　　　　　D.叶片不易贴紧定子,漏泄加重

166.关于叶片泵,下列说法中正确的是_____。
    A.各叶片尺寸相同,可与各叶片槽任意换装使用
    B.定子过一定使用期后,可两端面互换安装
    C.叶片装入叶槽中不能太松,应用手轻推才移动
    D.叶片和转子与配流盘的轴向间隙是相等的

167.与单作用叶片泵相比,双作用叶片泵的优点不包括_____。
    A.容积效率高　　　　　　　　B.使用寿命长
    C.流量均匀性好　　　　　　　D.易于实现无级变量

168.柱塞式液压泵除主油管外,壳体上还有直通油箱的油管,主要是为了_____。
    A.向壳体供润滑油
    B.适应泵壳体内油受热膨胀
    C.补充漏泄
    D.以漏油置换泵体内的油并流回油箱,防止搅动发热

169.柱塞式液压泵壳体上的泄油口通常应_____。
    A.朝上　　　　　　　　　　　B.朝下
    C.朝左　　　　　　　　　　　D.朝右

170.对斜盘式轴向柱塞泵的容积效率影响最大的密封是在_____。
    A.柱塞与柱塞孔之间　　　　　B.配流盘与缸体之间
    C.配流盘与泵体之间　　　　　D.配流轴与缸体之间

171.斜盘式轴向柱塞泵配流盘在_____处设有阻尼孔。
    A.两油窗口的两端　　　　　　B.两油窗口的油缸转入端
    C.排油窗口的两端　　　　　　D.两油窗口的油缸转出端

172.斜盘泵配流盘采用负重迭型可以_____。
    A.减轻液压冲击
    B.避免容积效率明显降低
    C.避免困油现象
    D.减轻液压冲击和避免容积效率明显降低

173.带阻尼孔的负重迭型非对称的斜盘式柱塞液压泵如果反转,将会_____。
    A.发生困油现象　　　　　　　B.电机过载
    C.产生噪声和振动　　　　　　D.正常运转

174.轴向柱塞泵配流盘上的盲孔的作用是_____。
    A.改善润滑　　　　　　　　　B.减少压力冲击
    C.消除困油　　　　　　　　　D.平衡作用

175.限压式斜轴泵在工作压力超过调定值时_____。
    A.使溢流阀溢流　　　　　　　B.使泵停止排油
    C.使缸体摆角减小　　　　　　D.使泵的转速降低

176.斜盘式轴向柱塞泵配流盘上的辅助支承面起_____作用。

    A.静压平衡   B.减轻磨损

    C.密封   D.减少液压冲击

177.斜盘式柱塞泵工作中既不转动又不连续往复运动的零件是_____。

    A.斜盘   B.滑履

    C.柱塞   D.缸体

178.斜轴式变量液压泵,结构上不存在的部件是_____。

    A.配流盘   B.滑履

    C.缸体   D.柱塞

179.相对于斜盘式变量液压泵,斜轴式变量液压泵的优点中,不正确的是_____。

    A.取消了滑履,结构强度和抗冲击性更好

    B.变量范围更大,功率质量比更高

    C.采用球面配油,抗油液污染能力强

    D.驱动轴不穿过缸体,工艺简单,造价低廉

180.不能实现无级变量的液压泵或油马达是_____。

    A.单作用式叶片泵   B.连杆式油马达

    C.内曲线式油马达   D.斜轴式液压泵

181.液压马达的实际输出扭矩小于理论输出扭矩是因为_____。

    A.油在马达内流动存在压力损失

    B.油在马达内流动存在漏泄损失

    C.液压马达相对运动部件存在摩擦损失

    D.油在马达内流动存在压力损失与液压马达相对运动部件存在摩擦损失

182.液压马达的实际输出扭矩与理论输出扭矩之比称为液压马达的_____。

    A.机械效率   B.容积效率

    C.水力效率   D.指示效率

183.定量液压马达转速的大小主要取决于_____。

    A.输入功率   B.供入油流量

    C.进、出口油压差   D.负载

184.液压马达调速方法一般不包括改变_____。

    A.液压泵排量   B.液压马达排量

    C.液压泵转速   D.流量调节阀供油流量

185.液压甲板机械采用高速液压马达的好处是_____。

    A.输出功率大   B.工作压力高

    C.结构尺寸小   D.可省去减速机构

186.液压马达调速方法中属于节流调速的是改变_____。

    A.液压泵排量   B.液压马达排量

    C.液压泵转速   D.流量调节阀供油流量

187.定量液压马达的工作油压大小取决于液压马达的_____。

A.功率　　　　　　　　　　　B.流量

C.转速　　　　　　　　　　　D.负载

188.液压柱塞泵若直接改作液压马达使用,则将是_____液压马达。

    A.低速大扭矩　　　　　　　　B.低速小扭矩

    C.高速大扭矩　　　　　　　　D.高速小扭矩

189.低速液压马达的特点是_____。

    A.每转排量小　　　　　　　　B.每转排量大

    C.结构强度大　　　　　　　　D.输出功率大

190.液压甲板机械采用低速液压马达的好处是_____。

    A.输出功率大　　　　　　　　B.工作压力高

    C.结构强度高　　　　　　　　D.可省去减速机构

191.液压甲板机械采用高速液压马达_____。

    A.适用扭矩小的负载　　　　　B.适用小功率负载

    C.需配高减速比传动机构　　　D.完全不合适

192.以下液压马达中一般不属于高速的是_____。

    A.齿轮式　　　　　　　　　　B.内曲线式

    C.螺杆式　　　　　　　　　　D.轴向柱塞式

193.液压马达的输出功率与_____无直接关系。

    A.供入液压马达的流量　　　　B.进出液压马达的压差

    C.电动机的拖动功率　　　　　D.液压马达的总效率

194.关于液压马达性能参数的说法中,错误的是_____。

    A.液压马达的实际输出扭矩与理论输出扭矩之比称为机械效率

    B.液压马达的实际转速取决于供入液压马达的流量和马达的排量、容积效率

    C.液压马达连续运转所允许使用的最高工作压力称为额定压力

    D.液压马达的实际输出功率等于实际扭矩和实际角速度之比

195.液压马达与电动机相比,不具有_____的优点。

    A.同样功率体积更小、重量更轻　　B.容易实现低速转动

    C.易于大范围无级调速　　　　D.对环境温度适应性强

196.液压马达与电动机相比,所具有的优点包括_____。

    A.对环境温度适应性强　　　　B.便于带负荷起动

    C.可实现精确的传动比　　　　D.维护更方便

197.关于叶片式马达,下列说法中错误的是_____。

    A.叶片式马达的基本结构与叶片泵相似,但为了保证起动前叶片能贴紧定子内表面,需要有叶片压紧机构

    B.叶片式马达需要正、反转,马达的叶片需径向放置,叶片顶端左右对称,两个进出油口口径相同

    C.叶片式马达轴承处的漏油需单独通油箱

    D.叶片式马达主要用于高压液压系统中

198.关于叶片式马达,下列说法中错误的是_____。
  A.叶片顶端左、右对称   B.两个油口口径相同
  C.叶片一律径向安置   D.除主油管外无直通油箱的泄油管

199.连杆式马达常用改变_____的方法做成变量式。
  A.有效参与工作的缸数   B.有效参与工作的油缸列数
  C.偏心轮的偏心距   D.进油压力

200.连杆式液压马达的进、出油管是接在_____上。
  A.壳体   B.配流轴
  C.端盖   D.配流壳

201.直接影响连杆式液压马达排量的是_____。
  A.连杆长度   B.偏心轮直径
  C.转速   D.偏心轮的偏心距

202.将轴转式内曲线马达的输出轴和缸体固定,而允许壳体和配流轴转动,则可做成_____。
  A.壳转式马达   B.叶片式马达
  C.连杆式马达   D.螺杆式马达

203.内曲线式液压马达漏泄的最主要部位通常是_____。
  A.柱塞与油缸体间   B.油缸体与配流轴间
  C.输出轴与端盖间   D.配流盘与端盖间

204.不会影响内曲线液压马达排量的是_____。
  A.导轨曲面段数   B.导轨曲面升程
  C.柱塞数目   D.配流轴直径

205.会影响内曲线液压马达排量的是_____直径。
  A.配流轴   B.油缸体
  C.滚轮   D.柱塞

206.轴转式的内曲线液压马达的进、出油管是接在_____上。
  A.壳体   B.配流轴
  C.端盖   D.配流壳

207.内曲线液压马达的"作用数"通常由_____决定。
  A.柱塞数   B.油窗口数
  C.导轨曲面段数   D.滚轮数

208.内曲线液压马达的性能优点不包括_____。
  A.容积效率最高   B.径向液压力完全平衡
  C.起动效率高   D.扭矩脉动率为零

209.内曲线液压马达中的径向液压力不能平衡的是_____。
  A.壳体   B.油缸体
  C.配流轴   D.柱塞

210._____的运行原理是以液体为工作介质,通过泵、马达、控制阀等各种元件和控制监测手段,实现能量转换、传递和控制。

A.液压系统　　　　　　　　　　　　　B.电动系统

C.气动系统　　　　　　　　　　　　　D.蒸汽系统

211.液压系统中的_____的作用是将液压能转换成带动工作部件运动的机械能。

A.动力元件　　　　　　　　　　　　　B.执行元件

C.控制元件　　　　　　　　　　　　　D.辅助元件

212.液压系统中油箱属于_____。

A.动力元件　　　　　　　　　　　　　B.执行元件

C.控制元件　　　　　　　　　　　　　D.辅助元件

213.下列属于液压系统控制元件的有_____。

①单向阀;②换向阀;③减压阀;④顺序阀;⑤液压马达;⑥液压缸

A.①②③④　　　　　　　　　　　　　B.⑤⑥

C.①②　　　　　　　　　　　　　　　D.③④

214.液压系统中液压马达属于_____。

A.动力元件　　　　　　　　　　　　　B.执行元件

C.控制元件　　　　　　　　　　　　　D.辅助元件

215.液压系统中液压缸属于_____。

A.动力元件　　　　　　　　　　　　　B.执行元件

C.控制元件　　　　　　　　　　　　　D.辅助元件

216.液压系统中液压泵属于_____。

A.动力元件　　　　　　　　　　　　　B.执行元件

C.控制元件　　　　　　　　　　　　　D.辅助元件

217.液压系统中的_____的作用是控制液压系统中液压油的流向、流量和压力,以满足工作部件对方向、速度和输出力的要求。

A.动力元件　　　　　　　　　　　　　B.控制元件

C.执行元件　　　　　　　　　　　　　D.辅助元件

218.在液压系统(GB/T 786.1—2021)中,属于_____的图形符号。

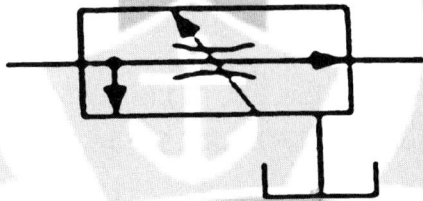

A.单向调速阀　　　　　　　　　　　　B.可调节流阀

C.可调单向节流阀　　　　　　　　　　D.旁通型调速阀

219.在液压系统中,单向阀的图形符号(GB/T 786.1—2021)是_____。

  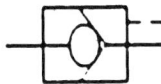

A　　　　　　　　　　B　　　　　　　　　　C　　　　　　　　　　D

220.在液压系统中,液控单向阀的图形符号(GB/T 786.1—2021)是_____。

A B C D

221.在液压系统中,液压油缸的图形符号(GB/T 786.1—2021)是_____。

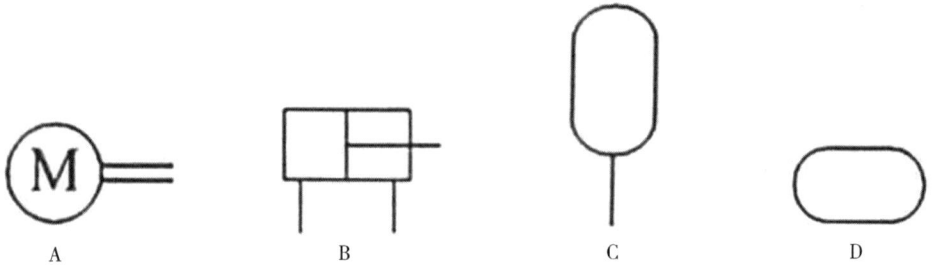

A B C D

222.在液压系统(GB/T 786.1—2021)中,下图是_____的图形符号。

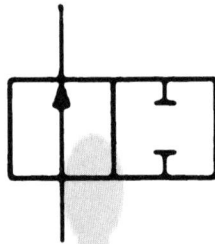

A.常闭式二位二通阀　　　　　　　　B.常开式二位二通阀
C.二位三通阀　　　　　　　　　　　D.三位二通阀

223.在液压系统中,常闭式二位二通阀的图形符号(GB/T 786.1—2021)是_____。

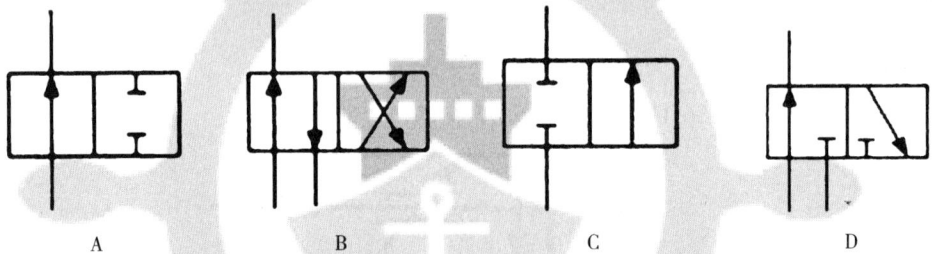

A B C D

224.在液压系统中,三位四通阀的图形符号(GB/T 786.1—2021)是_____。

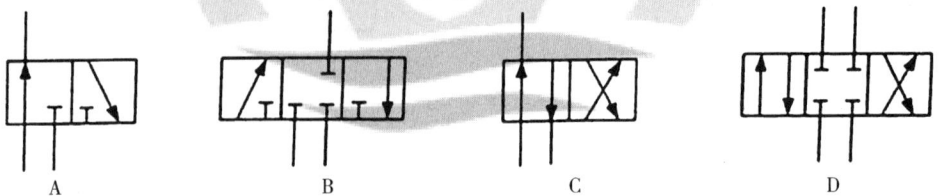

A B C D

225.先导式液压控制阀的图形符号(GB/T 786.1—2021)是_____。

A　　　　　　B　　　　　　C　　　　　　D

226._____不会直接导致液压装置油温升高的热量成比例地增大。

A.管路压力损失大　　　　　　　　B.装置溢流阀开启时溢油压差大

C.装置溢流阀溢流量大　　　　　　D.执行元件进、出口压差大

227.对液压装置的维护包括_____。

①控制液压油的污染;②控制液压油的温度;③控制液压油的漏泄

A.①②　　　　　　　　　　　　　B.②③

C.①③　　　　　　　　　　　　　D.①②③

228.先导型溢流阀主阀芯与阀座间的密封大多采用_____。

A.间隙密封　　　　　　　　　　　B.锥阀

C.球阀　　　　　　　　　　　　　D.间隙或球阀

229.关于液压泵的说法中,错误的是_____。

A.斜轴式轴向柱塞泵改变缸体摆角的大小,即可改变泵的排量

B.斜盘式轴向柱塞泵改变斜盘倾角的大小,即可改变泵的流量

C.单作用叶片泵的流量可以通过改变转子和定子之间的偏心距来调节

D.单作用叶片泵作用在定子及转子上的液压力完全平衡,属于卸荷式叶片泵

230.直控顺序阀和溢流阀相比,下列说法中正确的是_____。

①前者外部泄油,后者内部泄油;②开启后前者进、出口油压差小,后者大;③前者控制阀后压力,后者控制阀前压力

A.①　　　　　　　　　　　　　　B.②

C.①②　　　　　　　　　　　　　D.①③

231.液压马达出现"爬行现象",主要是由于_____引起的。

A.油压过高　　　　　　　　　　　B.负荷过小

C.马达瞬时排量不均　　　　　　　D.摩擦力太大

232.在负荷变化比较大的应用场合,开式液压系统采用_____限速方案的经济性好。

A.变频　　　　　　　　　　　　　B.远控平衡阀

C.单向节流阀　　　　　　　　　　D.直控平衡阀

233.连杆式马达属于_____液压马达。

A.单作用　　　　　　　　　　　　B.双作用

C.正作用　　　　　　　　　　　　D.反作用

234.液压马达输入功率的大小主要由_____决定。

A.供入油流量　　　　　　　　　　B.进、排油压差

C.供入油流量×进排油压差　　　　D.进、排油压差×转速

235.下列属于液压系统中执行机构的图形符号(GB/T 786.1—2021)的是_____。

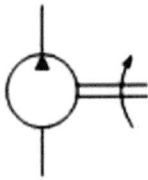 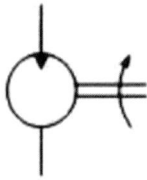 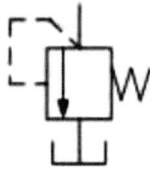 

    A   B   C   D

236.电液换向阀的阻尼器是一种_____。

 A.节流阀   B.调速阀

 C.单向节流阀   D.溢流阀

237.斜盘式轴向柱塞泵中采用静力平衡措施的元件不包括_____。

 A.柱塞   B.油缸体

 C.滑履   D.斜盘

238.斜盘式轴向柱塞泵内部泄漏主要发生在:配流盘与缸体之间、_____之间、滑履与斜盘(或止推板)之间、滑履与柱塞球头之间,柱塞球头和滑履均有小孔通油以助润滑。

 A.滑履与回程盘   B.转子与定子

 C.泵体与缸体   D.柱塞与缸体

239.O 形密封圈应_____保存。

 A.用铁丝穿拴悬挂   B.用密封的塑料袋

 C.放在高温场所   D.放在阳光直射场所

240.O 形密封圈在安装、保存时的注意事项有_____。

 ①安装时保证 O 形密封圈不扭曲,不过量拉伸 O 形密封圈;②使用无锐边的工具;③使用辅助工具安装 O 形密封圈,并保证正确定位;④将 O 形密封圈用密封袋子装好,记载制造及出厂日期,以便按先后次序使用;⑤一般在密封、阴凉处储存年限2~5 年;⑥密封件和零件是否已涂抹润滑脂或润滑液

 A.①②③④⑤⑥   B.①②③④⑥

 C.①③④   D.①③④⑥

241.V 形密封圈的结构不包括_____。

 A.承磨环   B.支撑环

 C.密封环   D.压环

242.下列有关液压系统密封装置中 O 形密封圈的说法中,不正确的是_____。

 A.一般用耐油橡胶制成,其内外侧和端面都能起密封作用

 B.结构简单、制造容易

 C.密封性能好、摩擦力小、安装方便

 D.适用在工程机械液压系统中的固定密封上,不适用运动密封

243.对于 O 形密封圈的保管,下列哪项说法不正确_____。

 A.O 形密封圈的存放必须离开加热设备 1 m 以外,而且不允许放在有酸、碱的室内

 B.O 形密封圈存放时,不允许受压,以免引起压缩永久变形

C.存放O形密封圈的聚乙烯塑料袋,必须记载其制造和出厂日期,以便按照先后次序使用

D.橡胶材料制造的O形密封圈的保管有效期一般为5~7年

244.下列关于O形密封圈安装使用时的注意事项中,哪项说法是不对的_____。

    A.装配前,密封沟槽、密封耦合面必须严格清洗;同时对O形密封圈装配中要通过的表面涂敷润滑脂

    B.安装过程中不允许出现O形密封圈被划伤和位置安装不正,但允许出现O形密封圈稍有扭曲的现象

    C.为了防止O形密封圈在安装时被尖角和螺纹等锐边切伤或划伤,应在安装的轴端和孔端留有15°~30°的引入角

    D.当O形密封圈需通过外螺纹时,应使用专用的薄壁金属导套,套住外螺纹

245.以下液压控制阀中属于流量调节阀的是_____。

    A.顺序阀   B.电液换向阀

    C.调速阀   D.液控单向阀

246.斜轴泵不转动的部件是_____。

    A.柱塞   B.缸体

    C.配流盘   D.中心连杆

247.为使电液换向阀工作平稳,常在控制油路中设置_____。

    A.单向阀   B.单向节流阀

    C.节流阀   D.溢流阀

248.关于换向阀的以下说法中,错误的是_____。

    A.公称通径既定时,流量过大则压力损失迅速增大

    B.公称通径既定时,流量过大则阀芯移动的液动阻力增大

    C.工作压力增大时,允许的流量相应增大

    D.工作压力增大时,内漏泄量增大

249.液压系统中的_____的作用是将机械能转变成液压油的压力能。

    A.执行元件   B.动力元件

    C.控制元件   D.辅助元件

250.下列关于调速阀的说法中,正确的是_____。

    A.调速阀是由定差减压阀和节流阀串联而成

    B.调速阀的作用是控制动力元件转速

    C.调速阀是通过调节油泵的流量来调节执行机构工作速度的

    D.调速阀是通过调节执行机构供油压力来调节执行机构工作速度的

251.有关连杆式液压马达,下列说法中正确的是_____。

    A.工作转速较高时,会出现"爬行现象"

    B.属于径向柱塞式马达

    C.密封性差,适用于中低压

    D.属于高速液压马达

252.叶片式马达的工作原理和_____相反。

A.齿轮泵   B.叶片泵

C.螺杆泵   D.离心泵

253.叶片泵设计成双作用式结构,有利于平衡_____液压力。

  A.径向   B.轴向

  C.切向   D.法向

254.双作用叶片泵叶片采用前倾角的主要目的是_____。

  A.改善泵的吸入性能   B.提高泵的效率

  C.减轻叶片缩回时所受弯曲力 D.增加泵的流量

255.变量液压马达是指液压马达的_____可改变。

  A.进油流量   B.每转排量

  C.转速   D.功率

256.定量液压马达是指液压马达的_____不变。

  A.进油流量   B.功率

  C.转速   D.每转排量

257.在液压系统中要使同一台液压泵以不同压力供几个不同用途,应使用_____。

  A.溢流阀   B.减压阀

  C.平衡阀   D.顺序阀

258.定值减压阀通常是保持_____稳定。

  A.阀前压力   B.阀后压力

  C.阀前、后压差   D.阀前流量

259.调速阀是通过调节_____来调节执行机构工作速度的。

  A.油泵流量   B.执行机构供油流量

  C.执行机构供油压力   D.换向阀移动距离

260.先导型溢流阀中的先导阀大多采用锥阀结构,因为其_____。

  A.密封性好   B.强度好

  C.灵敏度高   D.刚性好

261.关于柱塞式液压泵的以下说法中正确的是_____。

  A.不宜用皮带传动   B.允许的吸入真空度较大

  C.泵壳内的油压不允许大于 0.5 MPa D.允许在中位较长时间运转

262.下列不属于油箱主要功能的是_____。

  A.散热   B.分离气体,沉淀固体

  C.膨胀和补油   D.提供系统背压

263.具有负重迭型配流盘的轴向柱塞泵,容积效率是_____。

  A.不一定   B.有所增加

  C.略有下降   D.下降较多

264.液压装置工作油箱内设隔板是为了_____。

  A.更好地分离回油中的气体、杂质 B.增加油箱刚度

  C.船摇晃时减轻液面变化   D.油漏泄时不至于流光

265.液压系统中储能器属于_____。

A.控制元件 B.辅助元件

C.动力元件 D.执行元件

266.在液压系统(GB/T 786.1—2021)中,下图中(b)属于_____的图形符号。

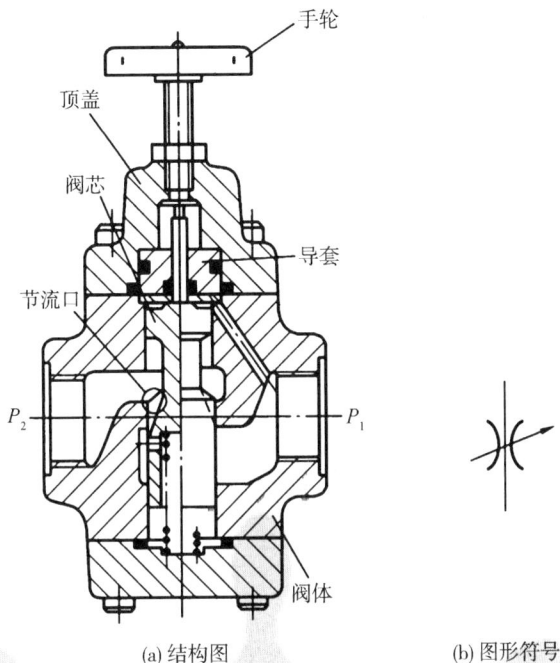

(a) 结构图　　　　　　(b) 图形符号

A.可调节流阀 B.可调单向节流阀

C.不可调节流阀 D.截止阀

267.关于连杆式马达的以下说法中不正确的是_____。

A.配流轴可以做成静压平衡

B.连杆小端球头不太好实现静压平衡

C.压力油可通至连杆大端底部,实现静压平衡

D.配流轴常与曲轴做成一体

268.三位四通换向阀能在中位使执行油缸移动,而油泵载荷的是_____型。

A.P B.O

C.H D.M

269.清洗或更换滤油器滤芯时要特别注意_____。

A.清洗后用棉纱揩净 B.别忘清洗滤器壳体内部

C.清洗后用水冲洗 D.不允许用洗涤剂

270.下列关于O形密封圈的使用管理,错误的是_____。

A.在不使用的情况下,尽量不要打开O形密封圈原包装

B.O形密封圈安装时,应保证干净,避免粘上油脂

C.尽量避免阳光直射或者放置在锅炉等高温热源附近

D.O 形密封圈装入沟槽中时,不要将 O 形密封圈发生扭曲

271.油流过以下阀件中的_____发热程度最轻。

A.溢流阀   B.减压阀

C.顺序阀   D.平衡阀

272.斜盘式轴向柱塞泵吸入压力过低容易损坏的部位是_____。

A.斜盘   B.滚柱轴承

C.柱塞   D.滑履铰接处

273.液压系统工作油箱应有足够容积,这不是为了_____。

A.尽可能多存放液压油   B.利于分离固态杂质

C.利于散热   D.利于分离空气

274.如图所示,系统突然失压,那个元件动作可实现安全保护作用_____。

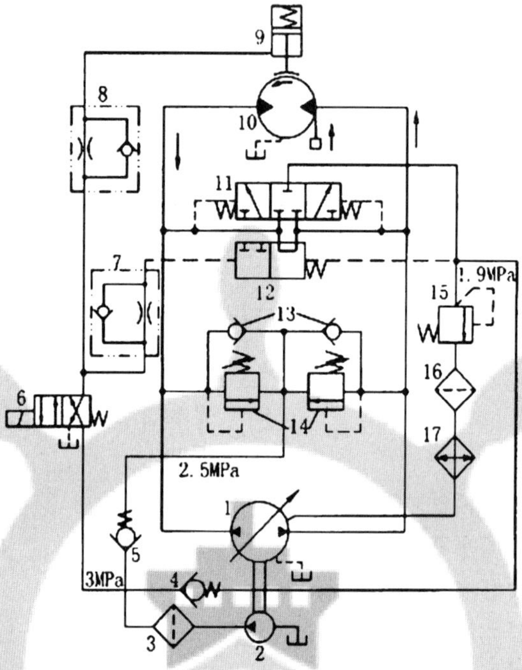

A.6   B.14

C.8   D.11

275.下图为减压阀用于液压系统管路示意图,其中(b)减压阀所起的作用是_____。

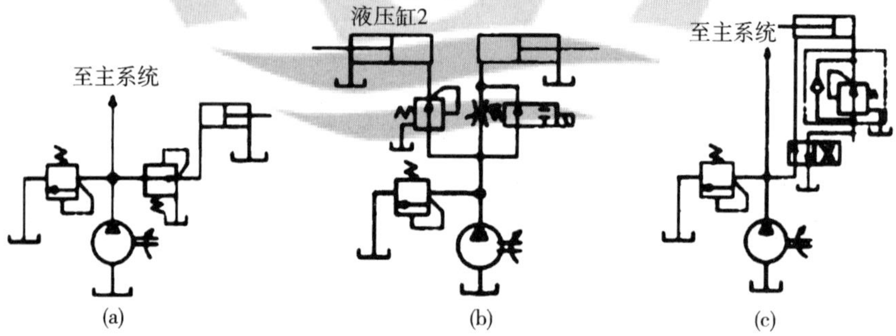

(a)   (b)   (c)

A.稳压　　　　　　　　　　　　B.作为安全阀

C.卸荷　　　　　　　　　　　　D.作为背压阀

276.下图为减压阀用于液压系统管路示意图,其中(a)减压阀所起的作用是_____。

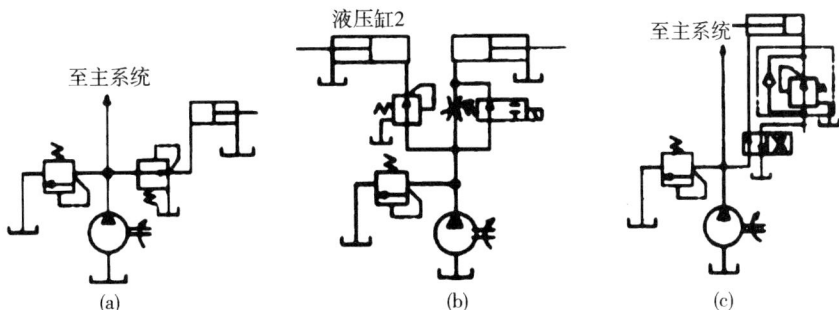

至主系统　　　　　液压缸2　　　　　　至主系统

(a)　　　　　　　(b)　　　　　　　(c)

A.作为背压阀　　　　　　　　　B.减压

C.作为安全阀　　　　　　　　　D.稳压

277.液压起货机的手动液压操纵机构应该_____补油。

A.定期向低压侧系统　　　　　　B.随时向低压侧系统

C.定期向高压侧系统　　　　　　D.随时向高压侧系统

278.如图所示的图形符号表示的是_____阀。

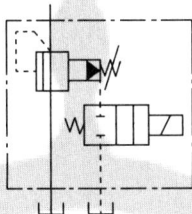

A.先导型溢流　　　　　　　　　B.电磁溢流

C.遥控卸荷　　　　　　　　　　D.先导型定值减压

279.滤油器的压力损失在达到_____时,应清洗或更换滤芯。

A.110%初始压降　　　　　　　B.120%初始压降

C.饱和压降　　　　　　　　　　D.110%饱和压降

280.滤油器的性能参数不包括_____。

A.过滤精度　　　　　　　　　　B.初始压力损失

C.公称流量和公称压力　　　　　D.使用寿命

281.下列滤油器中属不可清洗型的有_____。

A.网式　　　　　　　　　　　　B.纸质

C.线隙式　　　　　　　　　　　D.磁性

282.液压装置滤油器不使用_____滤油器。

A.表面型　　　　　　　　　　　B.深度型

C.磁性　　　　　　　　　　　　D.重力分离型

283.下列滤油器中滤油精度要求较高的是_____。

A.金属网式　　　　　　　　　　B.金属线隙式

C.金属纤维式   D.金属缝隙式

284.下列滤油器中纳垢量较大的是_____。

    A.金属网式   B.金属线隙式

    C.金属粉末烧结式   D.纤维式

285.下列滤油器中一次性使用的是_____。

    A.金属纤维式   B.金属网式

    C.纸质   D.缝隙式

286.下列滤油器中属于深度型的是_____。

    A.金属网式   B.金属线隙式

    C.缝隙式   D.纤维式

第二节　液压舵机

1.十字头式转舵机构具有_____的特点。

    ①扭矩特性良好,承载能力较大,可用于转舵扭矩很大的场合;②撞杆和油缸间的密封大多采用V形密封圈,密封可靠,磨损后具有自动补偿能力;③在公称转舵扭矩和最大工作油压相同的情况下,与拨叉式相比,需要较大的布置空间;④结构简单,安装、检修比较方便

    A.①②④   B.①②③

    C.①②③④   D.②③

2.摆缸式转舵机构的转舵油缸,采用与支架铰接的双作用_____式摆动油缸。

    A.活塞   B.滚轮

    C.柱塞   D.拨叉

3.滚轮式转舵机构的结构特点是_____。

    A.每个油缸均与其撞杆自成一组,可采用单列式、双列式或上、下重叠式

    B.油缸内壁除靠近密封端的一小段外,可不经加工或仅做粗略加工

    C.其撞杆的往复运动可以转变为舵柄的摆动

    D.用装在舵柄端部的滚轮代替滑式机构中的十字头或拨叉

4.阀控型舵机的电气遥控系统的控制对象是_____。

    A.三位四通电磁换向阀   B.伺服电动机

    C.力矩电动机   D.力矩或伺服电动机

5.十字头式转舵机构属于_____转舵机构。

    A.筒状活塞式   B.回转式

    C.往复式   D.滚轮式

6.同一艘船舶若吃水和航速相同,在最大舵角范围内操舵,正航所需转舵扭矩_____倒航所需转舵扭矩。

    A.大于   B.小于

    C.等于   D.大于等于

7.平衡舵有利于_____。

    A.减少舵机负荷   B.增大转船力矩

    C.减少舵叶面积   D.增快转舵速度

8.十字头式转舵机构的油缸与柱塞间不承受_____,密封更可靠。

    A.周向力   B.轴向力

    C.径向力   D.侧推力

9.拨叉式转舵机构油缸需设置承受侧向力的是_____。

    A.导板   B.壳体

    C.挡板   D.导向套

10.可操纵船舶舵机系统的位置是_____。

    ①驾驶台;②集控室;③舵机房;④船长房间

    A.①②   B.①②④

    C.①③   D.①②③④

11.驾驶台试舵时,先后从 0°起向两舷进行_____操舵试验。

    ①5°;②15°;③30°;④35°

    A.②③④   B.①②④

    C.①③④   D.①②③

12.拨叉式转舵机构省去了_____,结构比十字头式简单。

    A.柱塞   B.油缸

    C.十字头   D.十字头和导板

13._____系统只能控制舵机的起、停和转舵方向,当舵转至所需要的舵角时,操舵者必须再次发出停止转舵的信号,才能使舵停转。它通常既可设在驾驶台操纵,也可在舵机室操纵,以备应急操舵或检修、调试舵机之用。

    A.随动操舵   B.自动操舵

    C.单动操舵   D.机旁手动操舵

14.船舶上舵机的作用是_____。

    A.控制航速

    B.保持船舶的正确航向和良好的操纵性能

    C.增加船舶稳性

    D.为主机提供动力

15.当结构尺寸和工作油压既定时,拨叉式转舵机构所能产生的转舵扭矩随舵角的增加而_____。

    A.不变   B.减小

    C.增加   D.先减后增

16._____转舵机构在最大工作油压和主要尺寸既定时,所能产生的转舵扭矩与舵角大小无关。

    A.拨叉式   B.摆缸式

    C.滚轮式   D.转叶式

17._____转舵机构在最大工作油压和主要尺寸既定时,所能产生的最大转舵扭矩随舵角的增大而增大。

A.滚轮式 B.摆缸式

C.转叶式 D.拨叉式

18.船舶舵机非随动系统_____。

A.可自动发出信号使操舵装置改变舵角

B.可使舵按指定方向转动,而且在舵转到指令舵角后还能自动停止

C.只能控制舵机的起、停和转舵方向

D.可在集控室操纵

19.往复式转舵油缸的型式包括_____。

①滑式;②滚轮式;③摆缸式;④旋转式

A.②③④ B.①③④

C.①②④ D.①②③

20.电动液压舵机电气系统一般由_____组成。

①电机电路系统;②操舵系统;③转舵控制阀;④舵角反馈和指示

A.①②③ B.①②③④

C.①②④ D.②③④

21.转叶式转舵机构所能产生的转舵扭矩_____。

A.随舵角的增大而增大

B.随舵角的增大而减小

C.与转叶压力中心至舵杆轴线间的距离无关

D.与舵角无关

22.有关液压舵机液压系统,说法错误的是_____。

A.液压系统发生油温高等故障时应在舵机房、集控室和驾驶台给出声光报警

B.每一液压系统的循环油箱应分别设低液位和高液位报警器

C.液压缸体上和各管路连接处应设隔离阀

D.液压系统中能被隔断的任何部分均应设置安全阀

23.海船舵叶的型式有_____。

①不平衡舵;②平衡舵;③半平衡舵;④单面舵

A.②③④ B.①②③

C.①③④ D.①②④

24.舵机液压系统中的安全阀_____排量应不小于所有泵能通过其排放的总容量的110%。

A.最大 B.额定

C.安全 D.最小

25.当滚轮式转舵机构使舵处于最大舵角时,_____。

A.舵的水动力矩较大,转舵机构的转舵扭矩最大

B.舵的水动力矩较大,转舵机构的转舵扭矩最小

C.舵的水动力矩较小,转舵机构的转舵扭矩最小

D.舵的水动力矩较小,转舵机构的转舵扭矩最大

26.关于摆缸式转舵机构的主要特点,说法错误的是_____。

    A.结构简单,安装方便   B.对油缸内表面的加工精度等要求较高

    C.由于油缸的摆动,油缸的利用率较低   D.扭矩特点不好

27.滚轮式转舵机构柱塞与舵柄的轮之间靠_____传动。

    A.接触   B.摩擦

    C.非接触   D.液压

28.摆缸式转舵机构主要由_____组成。

    ①油缸;②柱塞;③活塞与活塞杆;④撞杆;⑤铰接接头

    A.①②⑤   B.①②④

    C.①③⑤   D.①③④

29.拨叉式转舵机构主要由_____组成。

    ①油缸与柱塞;②舵柄;③滑块;④导板;⑤撞杆

    A.①③④⑤   B.①②③④

    C.①②③⑤   D.①②④⑤

30.下图为阀控型液压舵机的工作原理图,图中 3 为_____。

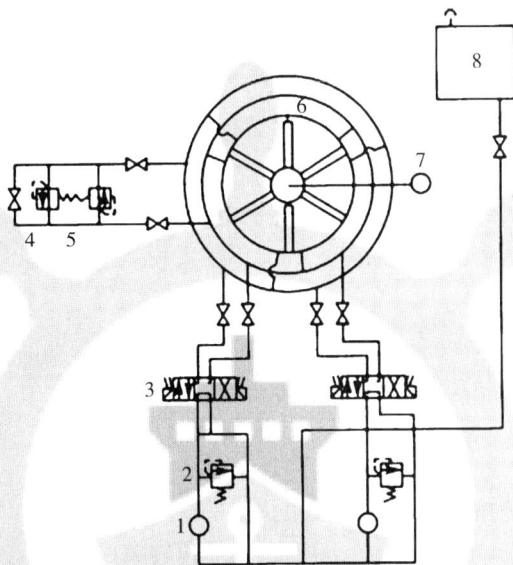

    A.H 型二位三通换向阀   B.H 型三位四通换向阀

    C.M 型二位三通换向阀   D.M 型三位四通换向阀

31.阀控型舵机最主要的缺点是_____。

    A.故障率高   B.换向冲击大

    C.运行经济性相对较差   D.初投资较高

32.泵控型舵机最主要的缺点是_____。

    A.换向冲击大   B.油发热程度高

    C.运行经济性相对较差   D.初投资较高

33.下图为阀控型液压舵机的工作原理图,图中阀 2 和阀 5 分别作为_____使用。

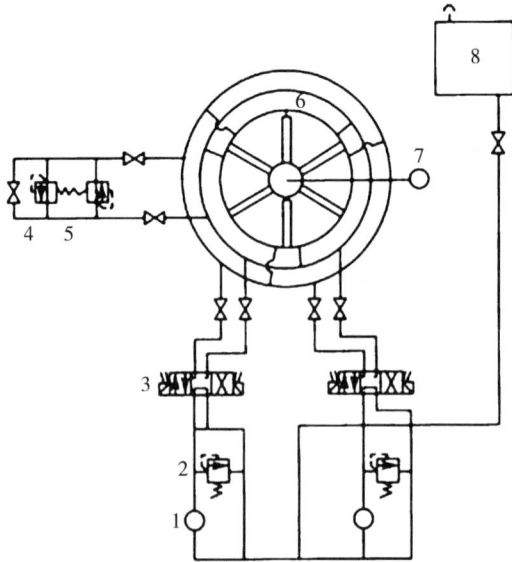

A.安全阀、防浪阀　　　　　　　　B.安全阀、旁通阀

C.防浪阀、旁通阀　　　　　　　　D.换向阀、防浪阀

34.关于舵机液压泵电动机控制系统,说法正确的是_____。

　　A.电动机过载时,声光报警且自动切断电源

　　B.要求保证供电电源可靠,且设置电动机过载保护

　　C.设置一套电动机组,但要求采用主电源和应急电源双路供电

　　D.为了防止同时操作,只能在舵机室控制舵机电动机工作

35.摆缸式转舵机构活塞的密封磨损后_____不易发现。

　　A.外漏　　　　　　　　　　　　　B.破损

　　C.内漏　　　　　　　　　　　　　D.漏泄

36.不直接影响连杆式液压马达排量的是_____。

　　A.油缸直径　　　　　　　　　　　B.连杆长度

　　C.偏心轮的偏心距　　　　　　　　D.油缸数目

37.正航船舶平衡舵的转舵扭矩会出现较大负扭矩的是_____。

　　A.小舵角回中　　　　　　　　　　B.小舵角转离中位

　　C.大舵角回中　　　　　　　　　　D.大舵角转离中位

38.舵叶上的水作用力大小与_____无关。

　　A.舵角　　　　　　　　　　　　　B.舵叶浸水面积

　　C.舵叶处流速　　　　　　　　　　D.舵杆位置

39.船正航时_____舵的水动力力矩帮助舵叶离开中位。

　　A.平衡舵小舵角时　　　　　　　　B.平衡舵大舵角时

　　C.不平衡舵小舵角时　　　　　　　D.不平衡舵大舵角时

40.舵机的转舵扭矩与_____关系不大。

　　A.船舶吃水　　　　　　　　　　　B.转舵方向

C.转舵舵角　　　　　　　　　　　　D.航速

41.关于舵的以下说法中,错误的是_____。

　　A.船顺水漂流,船速与水速相同,转舵不会产生舵效

　　B.转舵会增加船的前进阻力

　　C.转舵可能使船横倾和纵倾

　　D.舵效与船速无关

42.限定最大舵角的原因主要是_____。

　　A.避免舵机过载　　　　　　　　　B.避免工作油压太高

　　C.避免舵机尺度太大　　　　　　　D.转船力矩随舵角变化存在最大值

43.关于对舵机操舵控制系统的要求,下列说法中正确的是_____。

　　①主操舵装置和动力驱动的辅操舵装置应在驾驶台和舵机室都设有控制器;②主操舵装置有两套动力设备时,应设置两套独立的控制系统,且均能在驾驶台控制;③动力驱动的辅操舵装置应有独立于主操舵装置的控制系统;④在舵机室应能脱开驾驶台对正在运转的操舵装置的控制

　　A.②③④　　　　　　　　　　　　B.①③④

　　C.①②　　　　　　　　　　　　　D.①②③④

44.1万总吨及以上的油船的舵机管系或动力设备发生单项故障时,应能在_____内恢复操舵能力。

　　A.30 s　　　　　　　　　　　　　B.45 s

　　C.1 min　　　　　　　　　　　　 D.2 min

45.力矩马达式舵机电气遥控系统中,测速发电机反馈的电压信号与_____成正比。

　　A.驾驶台操舵轮的转角信号　　　　B.舵叶的转角信号

　　C.力矩马达的转动角速度信号　　　D.力矩马达的偏转角信号

46.力矩马达式舵机电气遥控系统中,舵角的反馈信号是由_____产生的。

　　A.发送自整角机　　　　　　　　　B.浮动杆追随机构

　　C.反馈自整角机　　　　　　　　　D.自整角变压器

47.伺服油缸式舵机电气遥控系统中,舵角的反馈信号是由_____产生的。

　　A.发送自整角机　　　　　　　　　B.浮动杆追随机构

　　C.反馈自整角机　　　　　　　　　D.自整角变压器

48.当结构尺寸和工作油压既定时,十字头式转舵机构所能产生的转舵扭矩随舵角的增大而_____。

　　A.增大　　　　　　　　　　　　　B.减小

　　C.不变　　　　　　　　　　　　　D.先减后增

49.在撞杆直径、舵柄最小工作长度和撞杆两侧油压差既定的情况下,十字头式转舵机构的转舵扭矩随着舵角的增大而_____。

　　A.增大　　　　　　　　　　　　　B.减小

　　C.不变　　　　　　　　　　　　　D.无法确定

50.当主要尺寸和转舵扭矩相同时,_____转舵机构的工作压力最低。

    A.拨叉式　　　　　　　　　　　　B.滚轮式

    C.转叶式　　　　　　　　　　　　D.摆缸式

51.拨叉式转舵机构中限制柱塞行程的部件是_____。

    A.导杆　　　　　　　　　　　　　B.调节螺栓

    C.止动块　　　　　　　　　　　　D.导向架

52.当主要尺寸和转舵扭矩相同时,_____转舵机构的工作油压最高。

    A.拨叉式　　　　　　　　　　　　B.滚轮式

    C.转叶式　　　　　　　　　　　　D.十字头式

53.柱塞不受侧推力的转舵机构是_____。

    A.十字头式　　　　　　　　　　　B.拨叉式

    C.滚轮式　　　　　　　　　　　　D.十字头式和拨叉式

54.当结构尺寸和工作油压既定时,滚轮式转舵机构所能产生的转舵扭矩将随舵角的增加而_____。

    A.增加　　　　　　　　　　　　　B.减小

    C.不变　　　　　　　　　　　　　D.先减后增

55._____转舵机构的主油管与油缸之间要以软管连接。

    A.转叶式　　　　　　　　　　　　B.滚轮式

    C.摆缸式　　　　　　　　　　　　D.拨叉式

56.当结构尺寸和工作油压既定时,摆缸式转舵机构所能产生的转舵扭矩随舵角的增加而_____。

    A.增加　　　　　　　　　　　　　B.减小

    C.不变　　　　　　　　　　　　　D.先减后增

57.可能会使摆缸式转舵机构产生撞击的原因是_____。

    A.换向太频繁　　　　　　　　　　B.工作油压太高

    C.铰接处磨损　　　　　　　　　　D.转舵速度过快

58.转舵油缸常采用双作用式的是_____转舵机构。

    A.滚轮式　　　　　　　　　　　　B.摆缸式

    C.拨叉式　　　　　　　　　　　　D.十字头式

59.以下转舵机构中不属于往复式的是_____。

    A.十字头式　　　　　　　　　　　B.拨叉式

    C.摆缸式　　　　　　　　　　　　D.转叶式

60.当结构尺寸和工作油压既定时,转叶式转舵机构所能产生的转舵扭矩随舵角的增大而_____。

    A.增大　　　　　　　　　　　　　B.减小

    C.不变　　　　　　　　　　　　　D.先减后增

61.阀控型舵机改变转舵方向是靠改变_____。

    A.主泵转向　　　　　　　　　　　B.辅泵供油方向

    C.主泵变量机构偏离中位方向　　　D.换向阀阀芯位置

62.阀控型舵机的液压主泵采用_____泵。

　　A.单向定量　　　　　　　　　　　　B.双向变量

　　C.单向恒功率　　　　　　　　　　　D.单向限压式

63.泵控型舵机的液压主泵采用_____泵。

　　A.单向定量　　　　　　　　　　　　B.双向变量

　　C.恒功率　　　　　　　　　　　　　D.限压式

64.阀控式液压舵机中,一般不使用_____。

　　A.浮动杆反馈机构　　　　　　　　　B.电气反馈机构

　　C.单向定量泵　　　　　　　　　　　D.双向变量泵

65.阀控型液压随动舵机控制系统的反馈信号发送器一般由_____带动。

　　A.三位四通换向阀　　　　　　　　　B.舵柄

　　C.舵机室的遥控伺服机构　　　　　　D.转舵油缸柱塞

66.阀控型舵机将舵转到指令舵角后靠_____锁闭油路。

　　A.换向阀　　　　　　　　　　　　　B.液压主泵

　　C.主油路锁闭阀　　　　　　　　　　D.液压主泵或主油路锁闭阀

67.阀控型舵机的最大优点是_____。

　　A.系统简单,初投资少　　　　　　　B.运行经济性好

　　C.油发热轻　　　　　　　　　　　　D.故障率低

68.阀控型舵机相对泵控型舵机来说,_____的说法是不对的。

　　A.造价相对较低　　　　　　　　　　B.换向时液压冲击较大

　　C.运行经济性较好　　　　　　　　　D.适用功率范围较小

69.阀控型舵机改变转舵方向时_____。

　　A.主泵回转方向改变　　　　　　　　B.辅泵吸、排方向改变

　　C.主泵吸、排方向不变　　　　　　　D.主泵变量机构偏离中位方向改变

70.泵控型液压舵机通常采用_____作为补油阀。

　　A.溢流阀　　　　　　　　　　　　　B.单向阀

　　C.节流阀　　　　　　　　　　　　　D.三通阀

71.泵控型舵机改变转舵方向是靠改变_____。

　　A.主泵转向　　　　　　　　　　　　B.辅泵供油方向

　　C.主泵变量机构偏离中位方向　　　　D.换向阀阀芯位置

72.泵控型舵机改变转舵方向时_____。

　　A.主泵回转方向不变　　　　　　　　B.辅泵吸、排方向改变

　　C.主油路换向阀偏离中位方向改变　　D.主泵吸、排方向不变

73.当今的泵控型舵机的液压主泵常采用_____泵。

　　A.齿轮　　　　　　　　　　　　　　B.螺杆

　　C.径向柱塞　　　　　　　　　　　　D.轴向柱塞

74.泵控型舵机将舵转到指令舵角后靠_____锁闭油路。

　　A.换向阀　　　　　　　　　　　　　B.在零排量位置的液压主泵

C.加防反转棘轮的液压主泵　　　　　　D.主油路锁闭阀

75.泵控型舵机工作时主泵在舵转到指令舵角后_____。

A.始终全流量运转　　　　　　B.即空转不排油

C.低压小流量排油　　　　　　D.即停止转动

76.泵控型舵机与阀控型舵机工作的主要差别是采用不同的方法控制_____。

A.转舵方向　　　　　　B.转舵速度

C.转舵油压　　　　　　D.转舵速度与油压

77.泵控型液压舵机的主要部件有_____。

①接受驾驶台转舵信号的伺服油缸;②接受驾驶台转舵信号的电液换向阀;③提供动力油的变向变量泵;④提供动力油的定量泵;⑤驱动舵叶的转舵机构;⑥液压阀件

A.①③⑤⑥　　　　　　B.②③⑤⑥

C.①④⑤⑥　　　　　　D.②④⑤⑥

78.泵控型液压舵机辅油泵的作用是_____。

①为主油路补油;②向变量主泵壳体内供油起散热作用;③为主泵伺服变量机构提供控制油;④主泵有故障时,应急操舵

A.①②③④　　　　　　B.①②③

C.②③④　　　　　　D.①②④

79.如下图所示,在泵控型液压随动舵机系统中,关于阀10的说法中,正确的有_____。

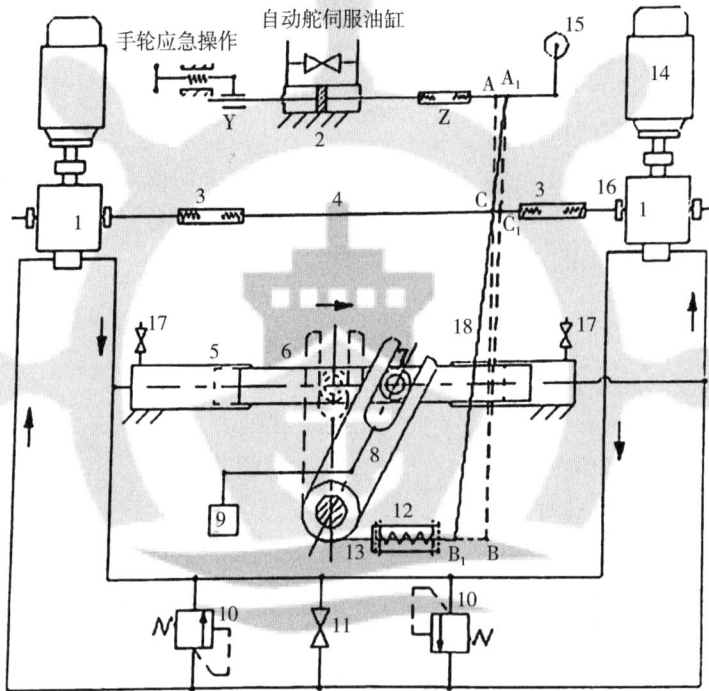

系控型液压随动舵机工作原理示意图

①阀10是安全阀;②转舵时若转舵力矩过大,管路中油压高于阀10的调定油压时使之开启,高压侧油液便会向低压侧旁通,可避免电动机过载和管路等承受过高压力;③舵叶停在与操

舵角一致的位置时,若受大浪或其他外力冲击,阀10会因油压升高而开启,允许舵叶暂时偏让而"跑舵",起防浪阀的作用

A.①②　　　　　　　　　　　　　　B.①③

C.②③　　　　　　　　　　　　　　D.①②③

80.伺服液压缸式舵机遥控系统中,油路锁闭阀在_____起闭锁作用。

A.转舵时　　　　　　　　　　　　　B.回舵时

C.稳舵时　　　　　　　　　　　　　D.转舵时或回舵时

81.伺服液压缸式舵机遥控系统中,控制伺服活塞运动速度的是_____。

A.液压锁　　　　　　　　　　　　　B.减压阀

C.安全阀　　　　　　　　　　　　　D.溢流节流阀

82.伺服液压缸式舵机遥控系统中,流量调节阀的作用主要有_____。

A.调节控制油泵流量

B.控制伺服活塞运动速度

C.防止控制油泵过载

D.控制伺服活塞运动速度,防止控制油泵过载

83.伺服油缸式舵机遥控系统要改变伺服活塞速度应调节_____。

A.控制油泵流量　　　　　　　　　　B.换向阀开度

C.流量调节阀开度　　　　　　　　　D.安全阀调定值

84.伺服油缸式舵机遥控系统要改变转舵方向是靠改变_____。

A.液压泵电动机转向　　　　　　　　B.液压泵排油方向

C.换向阀偏离中位方向　　　　　　　D.液压泵电动机转向或排油方向

85.伺服油缸式舵机遥控系统要改变伺服活塞的最大推力应调节_____。

A.控制油泵流量　　　　　　　　　　B.换向阀开度

C.流量调节阀开度　　　　　　　　　D.安全阀整定值

86.舵机浮动杆控制机构储存弹簧的连接杆工作时正确的工况是_____。

①受推力作用时弹簧缩短;②受推力作用时弹簧伸长;③受拉力作用时弹簧缩短;④受拉力作用时弹簧伸长

A.①与③　　　　　　　　　　　　　B.①与④

C.②与③　　　　　　　　　　　　　D.②与④

87.舵机浮动杆追随机构设储存弹簧主要是为了_____。

A.防止浮动杆受力过大而损坏

B.操纵浮动杆所需力可减小

C.大舵角操舵可连续进行,主泵可较长时间保持全流量

D.舵叶受风浪袭击可暂时移位

88.舵机浮动杆追随机构中储存弹簧张力过小将导致_____。

A.最大舵角增大　　　　　　　　　　B.空舵

C.跑舵　　　　　　　　　　　　　　D.操小舵角时,变量泵不排油

89.带浮动杆装置的舵机遥控系统的反馈信号发送器反映的是_____的动作。

A.舵柄　　　　　　　　　　　　B.转舵机构

C.主油泵变量机构　　　　　　　D.舵机室操舵伺服机构

90.带浮动杆机械追随机构的泵控型舵机,由_____带动控制系统的反馈信号发送器。

A.换向阀　　　　　　　　　　　B.舵柄

C.舵机室的遥控伺服机构　　　　D.舵柱

91.舵机遥控系统中,单动操舵系统的转舵依据是_____。

A.手动操舵转舵、停转指令　　　B.舵叶实际舵角与指令舵角之差

C.船舶实际航向与设定航向之差　D.风、水流等的扰动信号

92.舵机遥控系统中,随动操舵系统的转舵依据是_____。

A.手动操舵转舵、停转指令　　　B.舵叶实际舵角与指令舵角之差

C.船舶实际航向与设定航向之差　D.风、水流等的扰动信号

93.舵机遥控系统中,自动操舵系统的转舵依据是_____。

A.手动操舵转舵、停转指令　　　B.舵叶实际舵角与指令舵角之差

C.船舶实际航向与设定航向之差　D.风、水流等的扰动信号

94.摆缸式转舵机构_____的伸缩直接推动与其铰接的舵柄转舵。

A.杠杆　　　　　　　　　　　　B.柱塞杆

C.活塞杆　　　　　　　　　　　D.伸缩杆

95.摆缸式转舵机构的主要结构特点是采用了_____。

A.有挠性的高压软管

B.滚轮代替滑块

C.与支架相铰接的油缸和双作用的活塞杆

D.十字头式的滑块接头

96.根据规范要求,辅操舵装置应能在最深航海吃水并以最大营运航速前进时,将舵在_____s内从一舷_____转至另一舷_____。

A.60;15°;15°　　　　　　　　　B.30;15°;15°

C.28;15°;15°　　　　　　　　　D.60;35°;30°

97.滚轮式转舵机构的_____特性差。

A.扭矩　　　　　　　　　　　　B.扭力

C.调速　　　　　　　　　　　　D.传动

98.转叶式转舵机构的主要特点不包括_____。

A.容积效率低,油压较高时更为突出

B.转舵时舵杆受侧推力作用

C.占地面积小,重量轻,安装方便

D.无须外部润滑,管理简便

99.关于拨叉式转舵机构,说法错误的是_____。

A.拨叉式转舵机构使用的是整根的撞杆

B.当公称扭矩较小时,选择拨叉式转舵机构较好

C.在滑式转舵机构中,拨叉式转舵机构的应用较为广泛

D.当公称扭矩较大时,选择拨叉式转舵机构较好

100.偏航_____调节主要用以校正操舵系统死区以内的小偏航角引起的平均航向偏离。

  A.微分   B.比例

  C.积分   D.偏差

101.船舶主操舵装置应在_____设有控制器。

  A.驾驶台、集控室和舵机室   B.驾驶台和舵机室

  C.驾驶台和集控室   D.集控室和舵机室

102.操舵装置应设有效的_____,使舵在达到舵角限位器前停住。

  A.舵角指示器   B.舵角限位器

  C.溢流阀   D.安全阀

103.关于十字头式转舵机构,说法错误的是_____。

  A.当公称转舵扭矩既定时,十字头式转舵机构最大工作油压较其他转舵机构要小

  B.一般当转舵扭矩较小时,十字头式转舵机构常采用双缸双撞杆的形式

  C.十字头式转舵机构撞杆的极限行程由行程限制器加以限制

  D.随着舵角的增大,十字头式转舵机构的工作油压会急剧增加

104.关于转叶式转舵机构,说法错误的是_____。

  A.产生的转舵扭矩与舵角有关

  B.内部密封问题是其薄弱环节

  C.可用于 10 万总吨以上的油船

  D.扭矩特性不如滑式

105.平衡舵是指舵叶相对于舵杆轴线_____。

  A.实现了静平衡   B.实现了动平衡

  C.前、后面积相等   D.前面有一小部分面积

106.阀控型舵机的主油路在换向阀与转舵油缸之间所设的溢流阀的主要作用是_____。

  A.舵叶受风浪冲击时防止设备受损 B.避免过大的换向冲击

  C.防止主泵过载   D.防止主泵过载和换向冲击

107.关于液压舵机的以下说法中错误的是_____。

  A.泵控型一般不用开式系统   B.阀控型不能用闭式系统

  C.阀控型不用浮动杆反馈机构 D.泵控型不能用螺杆泵为主泵

108.泵控型液压舵机辅油泵一般不能起的作用是_____。

  A.向变量主泵壳体内供油帮助起散热作用

  B.为主泵伺服变量机构提供控制油

  C.为主油路补油

  D.主泵有故障时,应急操舵

109.舵机伺服变量油泵中与舵机操纵机构相连的部件是_____。

  A.斜盘   B.伺服滑阀阀芯

  C.缸体   D.差动活塞

第三节　起货机、锚机和绞缆机、救生艇筏释放装置

1.关于绞缆机的说法中,错误的是_____。

　　A.电动绞缆机要设减速机构

　　B.在船首通常由锚机附带绞缆卷筒

　　C.所有系缆机系缆时都应刹紧带式刹车

　　D.主卷筒既能卷缆又能储绳

2.下图中绞缆机液压系统中元件 1 的主要功能为_____。

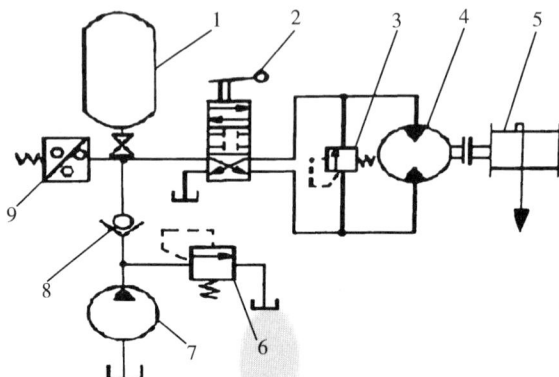

　　A.避免液压冲击

　　B.停泵期间系统保持一定的供油压力

　　C.防止液压泵过载

　　D.增大瞬时供油能力

3.电动锚机由_____组成。

　　①电动机;②减速器;③锚链;④锚链轮;⑤制动装置

　　A.①③④⑤　　　　　　　　　　B.①②③⑤

　　C.①②③④　　　　　　　　　　D.①②④⑤

4.船舶绞缆机要定期进行刹车力试验来_____。

　　A.检验液压泵的性能　　　　　　B.防止绞缆机刹车力过小和过大

　　C.防止绞缆机刹车力过大　　　　D.防止绞缆机刹车力过小

5.对绞缆机进行刹车力试验时,_____。

　　A.无须他人在现场,当班机工全权处理即可

　　B.轮机长必须在现场

　　C.必须有熟悉试验程序的维修总管,或由轮机长或船长指定的资深干部船员在现场

　　D.必须有验船师在现场

6.船舶液压_____常设蓄能器。

　　A.锚机　　　　　　　　　　　　B.绞缆机

　　C.克令吊　　　　　　　　　　　D.舵机

7._____不属于电动锚绞机大检修的内容。

    A.对电动机解体清洁   B.测量电动机各线圈的绝缘电阻

    C.更换电动机轴承   D.检查接地线接地是否良好

8._____不属于电动锚绞机日常检查保养的内容。

    A.检查设备周围有无障碍物

    B.对电动机外表进行清洁

    C.检查电动机水密情况

    D.检查电动机地脚螺栓及各紧固件有无松动

9.绞缆机的刹车力试验前应将刹车绞杆置于刹车_____位置。

    A.额定   B.极限

    C.中部   D.最小

10.起货机开式起重机构液压系统的_____之间的管路在升、降、停时皆承受高压。

    A.泵与换向阀   B.换向阀与限速元件

    C.执行机构与限速元件   D.换向阀与执行机构

11.浅水抛锚时,可脱开锚机的_____,靠锚的自重进行。

    A.制动器   B.离合器

    C.摩擦片   D.联轴节

12.如果双速液压马达在重载时使用轻载挡,可能导致_____。

    A.转速过快   B."爬行现象"

    C.转速过慢   D.安全阀开启

13.下图为某锚机的液压系统工作原理图,对回油精滤器并联的单向阀的描述正确的是_____。

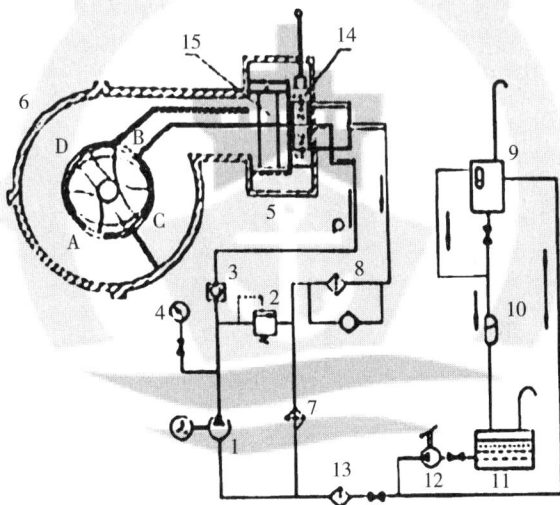

1—主油泵;2—溢流阀;3—单向阀;4—压力表;5—控制阀;6—液压马达;7—冷却器;8—回油精滤器;
9—高位油箱;10—观察器;11—储油箱;12—手摇泵;13—过滤器;14—操纵阀;15—换向阀

A.给回油系统提供背压

B.锚机快速起升时,协助回油精滤器快速回油

C.精滤器脏堵时,从单向阀回油

D.锚机遇大负荷冲击时,减小压力冲击

14.有的闭式起货机液压系统采用中位旁通阀的目的是_____。

A.作为机械操纵机构泵中位不准的对策

B.消除制动冲击

C.实现液压制动

D.实现卸荷起动

15.采用变量泵和变量油马达的闭式起升系统的起货机调速控制方法是_____。

A.负荷较小时靠改变油泵的排量,负荷较大时靠改变马达的排量

B.改变马达的排量

C.改变油泵的排量

D.负荷较大时靠改变油泵的排量,负荷较小时靠改变马达的排量

16.克令吊使用前要检查_____的磨损量是否在允许范围内。

A.制动带　　　　　　　　　　　　　B.摩擦片

C.离合器　　　　　　　　　　　　　D.联轴器

17.绞缆机刹车力试验时,刹车带表面要_____。

A.涂牛油

B.涂滑油

C.保持干燥

D.涂少量的泥沙

18.采用泵控系统的恒功率变量马达液压系统的锚绞机械,若采用单向定量泵,则_____。

A.只能采用阀控型系统

B.既不能采用阀控型系统,也不能采用泵控型系统

C.只能采用泵控型系统

D.既能采用阀控型系统,也能采用泵控型系统

19.每三个月应对克令吊的_____进行测试。

A.主动设备　　　　　　　　　　　　B.附属设备

C.安保设备　　　　　　　　　　　　D.控制设备

20.绞缆机的刹车力试验时,如发现_____有细微转动,应重新上车再试验。

A.卷筒　　　　　　　　　　　　　　B.联轴节

C.缆车　　　　　　　　　　　　　　D.缆绳

21.在阀控式液压起货机中通常采用:①并联节流、②串联节流、③溢流节流调速等几种调速方式,其调速效率由高至低的排列顺序为_____。

A.③①②　　　　　　　　　　　　　B.②①③

C.③②①　　　　　　　　　　　　　D.①③②

22.下图所示为起货机变幅机构液压系统,在系统中,阀1的作用是_____。

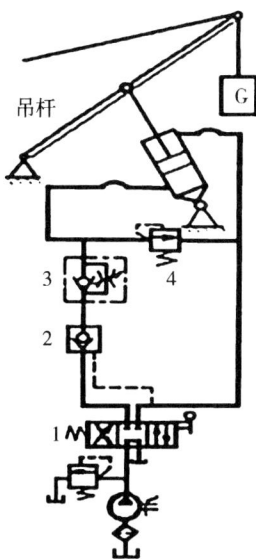

A.换向   B.调速

C.制动   D.换向、制动和调速

23.双速液压马达重载时使用轻载挡,以下现象中可能出现的是_____。

①"爬行现象";②工作压力过低;③安全阀开启;④转速过快

A.①②   B.①③

C.②④   D.③

24.如果双速液压马达在轻载时使用重载挡,可能导致_____。

A.安全阀开启   B.噪声和振动大

C.转速过快   D.转速过慢

25.马达的最低稳定转速是指在额定负载下不出现_____的最低工作转速。

A.转速降低   B."爬行现象"

C.工作油压降低   D.马达过载

26.海船最大舵角一般定为_____。

A.28°   B.30°

C.35°   D.45°

27.较大的阀控型舵机的液压系统中,换向阀大多使用_____操纵方式。

A.液压   B.电磁

C.电液   D.机械

28.按《钢质海船入级规范》的规定,在船上试验时,锚机应能以平均速度不小于_____ m/min (此为锚机的公称速度)将单锚从三节锚链入水处收至一节锚链入水处。

A.5   B.8

C.9   D.12

29.锚机在满足额定拉力和公称速度的条件下应能连续工作_____。

A.30 min   B.45 min

C.1 h   D.任意

30.锚机应能在过载拉力(不小于1.5倍额定拉力)下连续工作_____。

A.1 min   B.2 min

C.5 min   D.10 min

31.液压锚机液压泵的液压试验压力应为最大工作压力的_____倍。

A.1   B.1.25

C.1.5   D.2

32.液压锚机系统和其他受压部件的液压试验压力应为设计压力的_____倍。

A.1.1   B.2.25

C.2.5   D.2.1

33.在海船锚机性能试验时,锚机应以_____的速度将单锚从水深82.5 m处拉起至27.5 m处。

A.9 m/min(平均)   B.9 m/min(最低)

C.12 m/min(平均)   D.12 m/min(最低)

34.向阀控型锚机的闭式液压系统补油的油箱放在高位是为了_____。

A.提高系统效率   B.加强油液冷却

C.改善泵的吸入条件   D.改善叶片马达的工作条件

35.阀控型锚机的闭式液压系统的高置膨胀油柜是为了_____。

A.提高系统效率   B.补油或容纳油温升高时的体积膨胀

C.加强油液冷却   D.改善叶片马达的工作条件

36.回转式起货机液压系统使用的冷却器以_____为主。

A.淡水冷却式   B.海水冷却式

C.强制对流风冷式   D.自然对流风冷式

37.定量泵自动绞缆机缆绳的最大张力由系统中_____决定。

A.溢流阀调定压力   B.大液压泵额定压力

C.小液压泵额定压力   D.大液压泵输出功率

38.变量泵式液压自动绞缆机常采用_____液压泵。

A.恒压式   B.恒流量式

C.恒功率式   D.恒扭矩式

39.下图中符号4和5分别是_____。

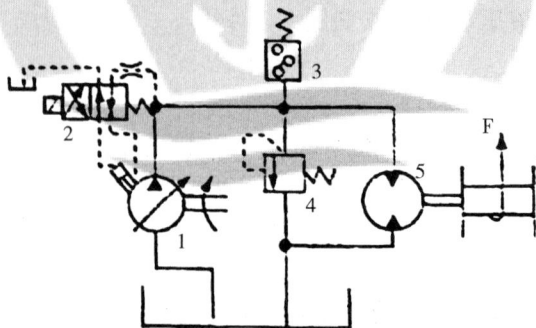

1—两极变量泵;2—电磁换向阀;3—压力继电器

A.减压阀、液压泵　　　　　　　　　B.先导型溢流阀、液压马达

C.直动型溢流阀、液压马达　　　　　D.平衡阀、液压泵

40.正常情况下缆绳收紧后工作油压达到调定值,下图中_____闭合,_____换位,泵排量即减至最小。

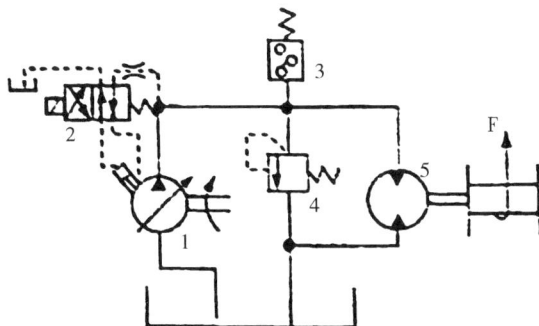

1—两极变量泵;2—电磁换向阀;3—压力继电器

A.3;2　　　　　　　　　　　　　　　B.2;3

C.1;2　　　　　　　　　　　　　　　D.1;3

41.当缆绳未收紧时,下图中 1 按图示工况以_____工作。

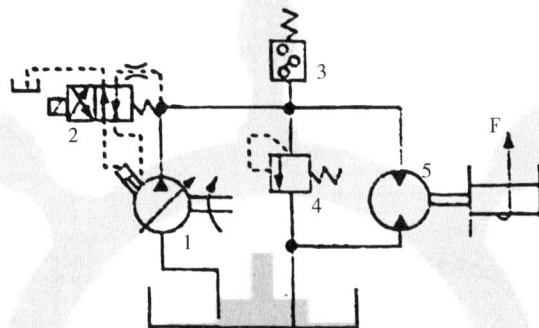

1—两极变量泵;2—电磁换向阀;3—压力继电器

A.最小排量　　　　　　　　　　　　B.半载排量

C.最大排量　　　　　　　　　　　　D.无法确定

42.锚机通常不设_____。

A.离合器　　　　　　　　　　　　　B.手动刹车

C.绞缆卷筒　　　　　　　　　　　　D.增速齿轮箱

43.下列设备中不属于锚设备的是_____。

A.卷缆筒　　　　　　　　　　　　　B.锚链

C.锚　　　　　　　　　　　　　　　D.止链器

44.下图为某锚机的液压系统工作原理图,关于锚机液压系统装设冷却器 7 的目的,下列表述错误的是_____。

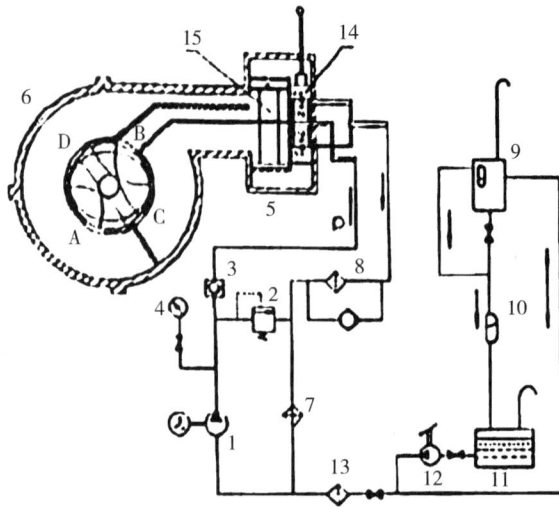

1—主油泵;2—溢流阀;3—单向阀;4—压力表;5—控制阀;6—液压马达;7—冷却器;8—回油精滤器;
9—高位油箱;10—观察器;11—储油箱;12—手摇泵;13—过滤器;14—操纵阀;15—换向阀

A.降低液压油温度,减小老化速度

B.提高液压泵容积效率

C.减少液压系统阀件受热卡阻情况

D.除去液压油中的水分,保证液压油质量

45.下图为某锚机的液压系统工作原理图,若锚机在起锚瞬间超负荷,则下列表述正确的是_____。

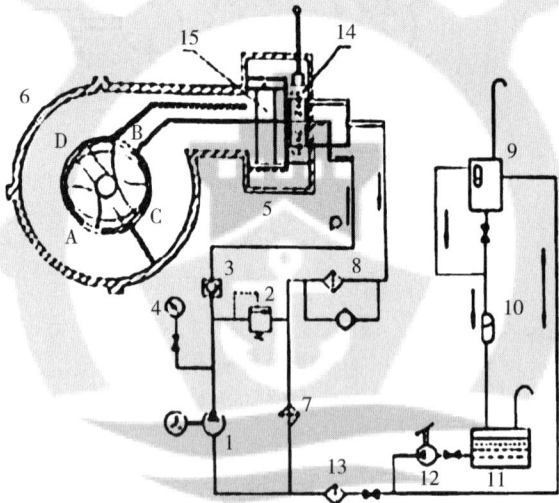

1—主油泵;2—溢流阀;3—单向阀;4—压力表;5—控制阀;6—液压马达;7—冷却器;8—回油精滤器;
9—高位油箱;10—观察器;11—储油箱;12—手摇泵;13—过滤器;14—操纵阀;15—换向阀

A.液压泵电机堵转   B.溢流阀 2 开启

C.回油滤器并联的单向阀开启   D.液压马达 6 自动锁紧

46.具有大、小液压泵的自动绞缆机在正常收放缆时_____。

A.只有大液压泵工作　　　　　　　B.大、小液压泵同时工作

C.只有小液压泵工作　　　　　　　D.小液压泵与蓄能器配合工作

47.具有大、小液压泵的自动绞缆机在系泊期间_____。

A.只有大液压泵工作　　　　　　　B.大、小液压泵同时工作

C.只有小液压泵工作　　　　　　　D.小液压泵与蓄能器配合工作

48.采用溢流阀控制的自动绞缆机在系泊期间缆绳张紧时溢流阀_____。

A.泄放液压泵全部流量　　　　　　B.泄放液压泵绝大部分流量

C.关闭不泄油　　　　　　　　　　D.泄放液压泵小部分流量

49.下图为绞缆机液压系统原理图,在正常收放缆时组件 3 的状态是_____。

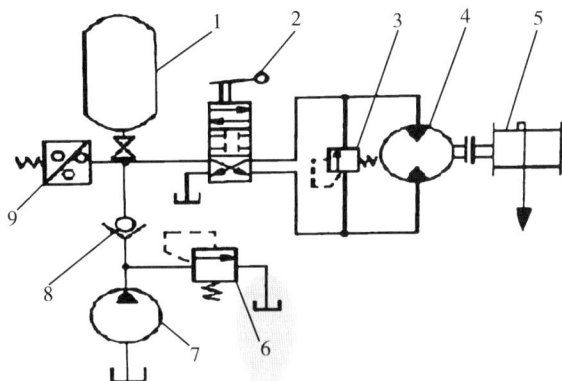

A.关闭　　　　　　　　　　　　　B.全开

C.有溢油　　　　　　　　　　　　D.不确定

50.下图为绞缆机液压系统原理图,在缆绳张紧状态时组件 7 _____。

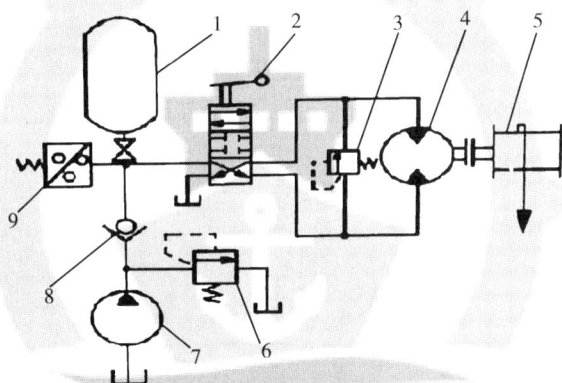

A.间断工作　　　　　　　　　　　B.连续工作

C.不工作　　　　　　　　　　　　D.不确定

51.定量泵式液压自动绞缆机,系缆期间溢流阀作_____用。

A.安全阀　　　　　　　　　　　　B.定压阀

C.卸荷阀　　　　　　　　　　　　D.顺序阀

52.下图为定量泵式液压自动绞缆机的原理简图,关于系泊在码头的船舶自动绞缆机的工作描

述,错误的是_____。

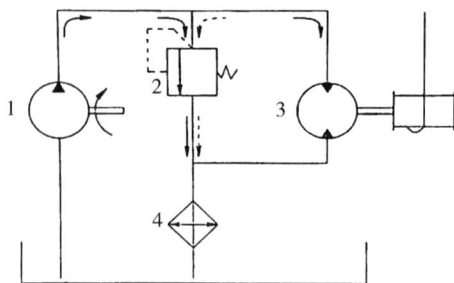

A.回油管应做成平切口

B.通过调整溢流阀 2 的预紧力可以调整绞缆机的最大张力

C.稳定系泊时,液压马达不转,大部分液压油经溢流阀 2,再经冷却器 4 流回油箱

D.定量泵始终运转,系统效率低

53.下图中绞缆机液压系统的执行组件为_____。

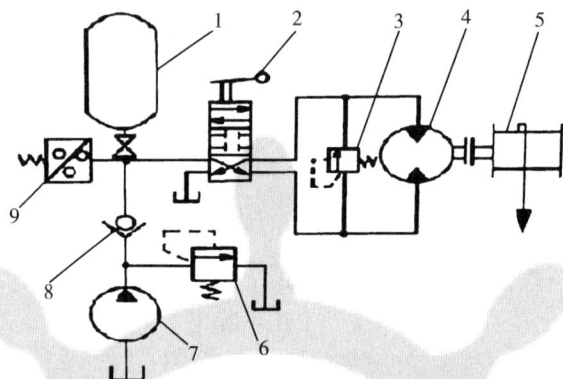

A.7   B.5

C.4   D.9

54.下图为定量泵式液压自动绞缆机的原理简图,系泊在码头的船舶,在涨潮时,关于自动绞缆机工作的描述,正确的是_____。

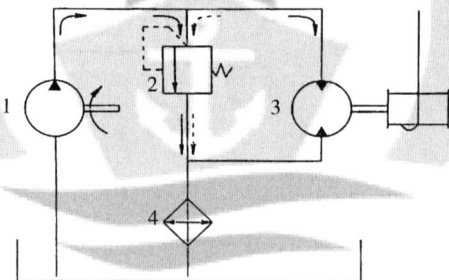

A.拉力变大,绞缆机正转,液压油从冷却器 4 回油箱

B.拉力变大,绞缆机反转,液压油经溢流阀 2 回油箱

C.拉力变小,绞缆机正转,液压油从冷却器 4 回油箱

D.拉力变小,绞缆机反转,液压油经溢流阀 2 回油箱

55.低压自动换挡液压锚机的起锚速度是通过_____实现的。

　　A.控制液压泵的转速

　　B.压力感应阀自动控制液压马达主阀芯的位置

　　C.控制液压油的压力

　　D.人工扳动控制杆控制液压马达主阀芯的位置

56.自动调整张力的带储能器的定量泵式自动绞缆机的速度是由_____控制的。

　　A.液压泵的转速

　　B.液压油的压力

　　C.储能器

　　D.压力调节阀

57.自动调整张力的变量泵式自动绞缆机的速度是由_____控制的。

　　A.液压泵的转速

　　B.工作油压

　　C.压力继电器

　　D.工作油压或压力继电器

58.对起货机的基本要求是_____。

　　A.足够的功率

　　B.可灵活换向

　　C.调速、限速并可靠制动

　　D.调速、限速并可靠制动;足够的功率和可灵活换向

59.起重机构液压系统最主要的工作负荷是_____。

　　A.重力　　　　　　　　　　　　　B.惯性力

　　C.摩擦力　　　　　　　　　　　　D.空气阻力

60.关于回转机构液压系统的叙述,正确的是_____。

　　A.执行组件的某侧管路总是承受高压

　　B.其静力负荷一般不大

　　C.其双向动力负荷较大,应防止液压冲击

　　D.其静力负荷很小

61.回转机构的泵控型液压系统始终承受高压的是_____。

　　A.液压泵至执行元件进油口的管路在运动和停止时

　　B.液压泵至执行元件出油口的管路在运动和停止时

　　C.液压泵至执行元件进油口的管路在运动时

　　D.液压泵至执行元件出油口的管路在运动时

62.关于船舶克令吊回转机构液压系统的说法中,错误的是_____。

　　A.液压马达无须设机械制动器

　　B.若无船倾斜或风力等影响,停止运动后所有液压管路皆无油压

　　C.若设有中位旁通阀,开始转动时松机械刹车无须延时

　　D.两条主油路安全阀的调定值相同

63.根据回转机构液压系统的负荷特点,以下说法中错误的是_____。

A.匀速转动时工作负荷始终与运动方向相反

B.起动和停止运动时惯性负荷相对较大

C.若无船倾斜或风力等影响,液压马达可不用机械制动器制动

D.两条主油路之一必须设限速阀件

64.关于对船舶克令吊回转机构液压系统的设计要求,以下说法中不恰当的是_____。

A.对执行元件两侧主油路限压保护的要求相同

B.必须有限制执行元件任一方向运动速度过快的措施

C.无须设机械制动器

D.无须限制功率的措施

65.根据回转机构液压系统的负荷特点,以下说法中错误的是_____。

A.工作负荷是回转引起的阻力负荷和起停时的惯性负荷

B.风大或船倾斜时会有额外的负荷

C.当运动部件质量较大时(如克令吊),起、停时的惯性负荷较大

D.回转引起的阻力负荷始终与运动方向相同

66.起货机回转机构开式液压系统制动溢流阀的整定压力_____安全溢流阀的整定压力。

A.大于   B.等于

C.小于   D.远小于

67.起货机回转机构开式液压系统_____。

A.采用恒功率泵进行功率限制

B.采用恒功率马达进行功率限制

C.采用电磁行程控制器进行功率限制

D.不进行功率限制

68.起重机构阀控型闭式液压系统与泵控型闭式液压系统相比,以下说法中错误的是_____。

A.前者用阀换向,后者用泵换向

B.前者可节流调速,后者是容积调速

C.重物下降时都用再生限速,向泵反馈能量

D.都无须设限速阀件

69.起重机构的半闭式液压系统是指_____。

A.液压泵封闭在油箱内,电机在油箱外

B.重物起升时主油路有部分油液回油箱

C.重物升、降时主油路有部分油液回油箱

D.重物升、降、停时主油路都有部分油液回油箱

70.下列有关船舶液压回转式起货机的描述中正确的是_____。

①其系统组成包括起升系统、回转系统和变幅系统;②回转机构负载的特点是静力负荷双向存在;③变幅液压系统负载的主要特点是静力负荷;④变幅液压系统负载的主要特点与起升液压系统相似

A.②③④

B.①②③④

C.①③④

D.①②

71.船舶克令吊或吊杆规定的试验负荷最低应不少于安全工作负荷的_____倍。

A.1   B.1.1

C.1.25   D.1.5

72.克令吊一般无_____保护措施。

A.油箱油位低

B.油温高

C.油温低

D.过电流

73.起重机构的阀控型液压系统_____之间的油路无须设溢流阀限压。

①液压泵至换向阀;②换向阀至执行元件下降出油口;③换向阀至执行元件下降进油口

A.①   B.②

C.③   D.②③

74.下图为起重机构开式液压系统图,图中实现调速功能的元件是_____。

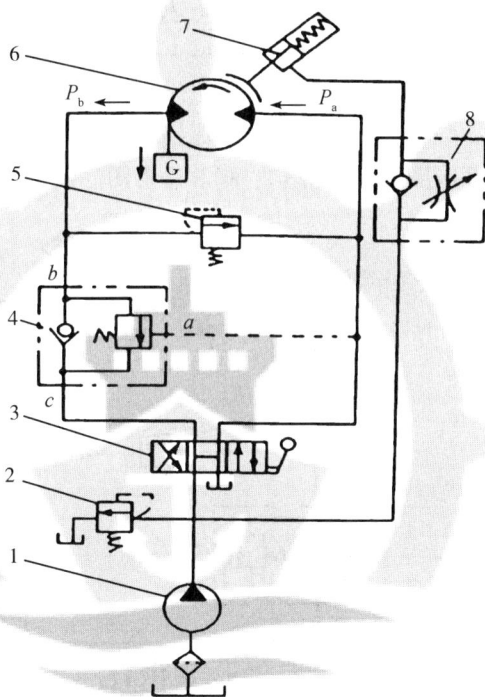

A.泵 1

B.阀 3

C.阀 4

D.阀 8

75.下图为起重机构开式液压系统图,图中实现限速功能的元件是_____。

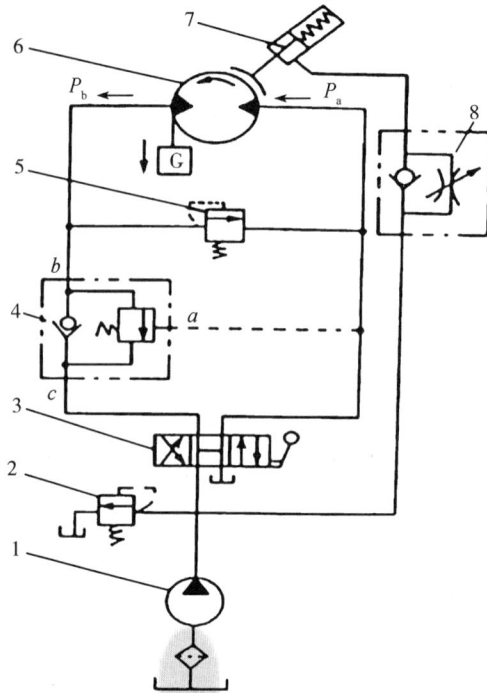

A.阀2   B.阀3

C.阀4   D.阀5

76.起重机构开式液压系统图如下,在图中,阀5是常闭溢流阀,在_____最有可能打开溢流。

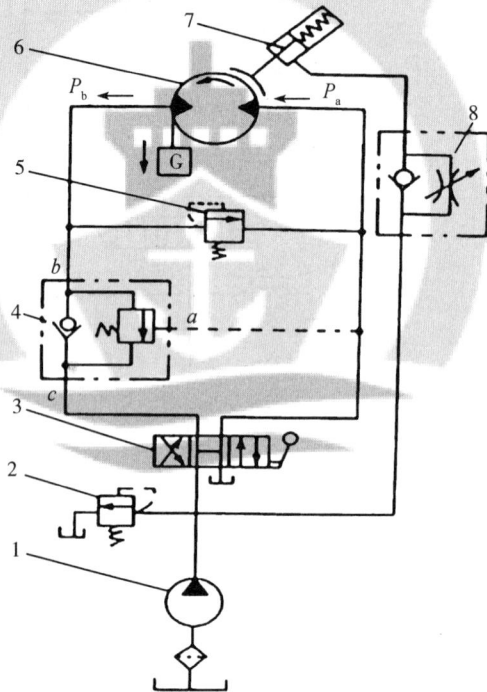

A.轻载上升初期　　　　　　　　　　B.重载上升初期

C.重载下降初期　　　　　　　　　　D.重载下降刹车过程

77.起重机构开式液压系统图如下,在图中,阀4通常称为_____。

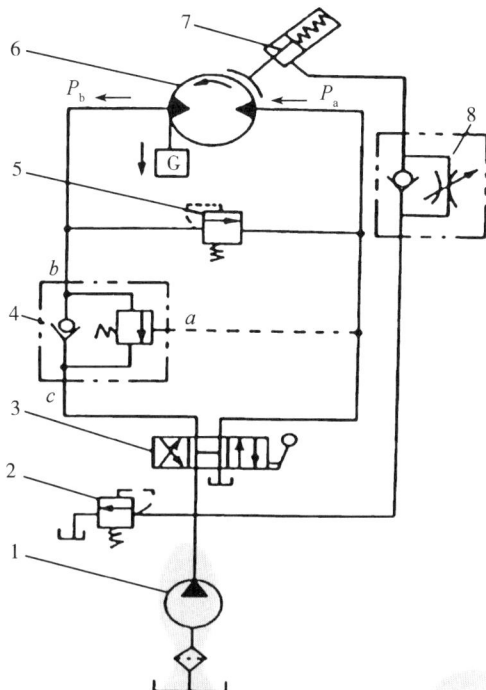

A.单向溢流阀　　　　　　　　　　B.直控平衡阀

C.远控平衡阀　　　　　　　　　　D.制动溢流阀

78.起货机回转机构液压系统执行元件两侧油管_____。

A.始终是高压

B.始终是低压

C.一根始终是高压,另一根始终是低压

D.一根是高压,另一根是低压,并根据工作状态转换

79.起货机回转机构闭式液压系统低压选择阀是_____位换向阀。

A.二　　　　　　　　　　　　　　B.三

C.四　　　　　　　　　　　　　　D.五

80.液压起货绞车的制动器在_____时抱闸刹车。

A.进压力油　　　　　　　　　　　B.泄压力油

C.进压力油或泄压力油　　　　　　D.刹车与否与压力油无关

81.液压起货绞车的制动器是靠_____抱闸刹车。

A.电磁力　　　　　　　　　　　　B.油压力

C.弹簧力　　　　　　　　　　　　D.人力

82.起重机构的阀控型液压系统在液压马达下降出油管上设溢流阀的主要作用是_____。

A.防止液压泵排压过高

B.防止制动时液压马达及出油管路油压过高

C.使液压泵排压稳定

D.使液压马达工作压力稳定

83.起重机构的阀控型液压系统在泵出口至并联节流换向阀间设溢流阀的主要作用是_____。

A.防止液压泵排压过高

B.防止制动时液压马达及出油管路油压过高

C.使液压泵排压稳定

D.使液压马达工作压力稳定

84.起重机构的阀控型液压系统通常选用中位机能为_____的换向节流阀。

A.O 型

B.V 型

C.H 型

D.Y 型

85.液压起货绞车的制动器通常是靠_____松闸。

A.电磁力

B.油压力

C.弹簧力

D.压缩空气

86.下图所示为起货机变幅机构液压系统,如果阀 2 关闭不严,则可能引起_____。

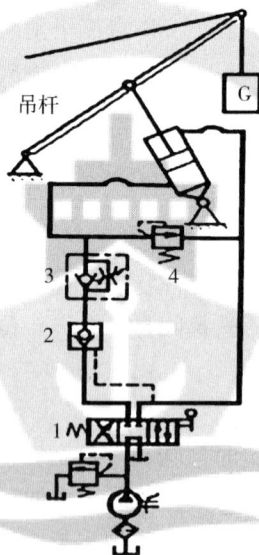

A.锁闭时吊杆继续缓慢下落

B.重载吊杆下落不能限速

C.重载吊杆上升速度太慢

D.活塞杆最大推力将降低

87.下图所示为起货机变幅机构液压系统,如果关小阀3的节流阀,则_____。

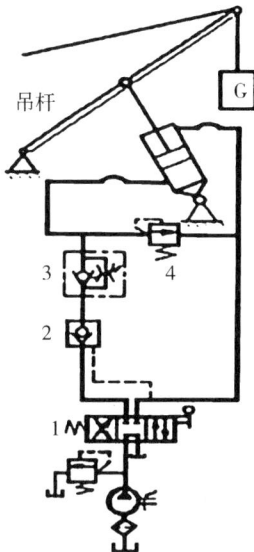

    A.吊杆轻载下落,回油温度降低　　　　　　B.吊杆轻载下落,液压泵轴功率增加

    C.重载吊杆上升速度太慢　　　　　　D.不确定

88.起重机构的泵控型闭式液压系统设中位旁通阀是为了_____。

    A.实现卸荷起动　　　　　　B.消除制动冲击

    C.作为机械操纵机构泵中位不准的对策　　D.实现液压制动

89.回转机构的泵控型半闭式液压系统所用低压选择阀通常是_____换向阀。

    A.三位四通　　　　　　B.三位三通

    C.二位二通　　　　　　D.二位三通

90.为确保克令吊的安全工作,对其设定了很多限位功能。克令吊钩头不能放到舱底,说明_____。

    A.起升机构低限位过高　　　　　　B.起升机构高限位过低

    C.起升机构低限位过低　　　　　　D.起升机构高限位过高

91.单吊杆起货机吊杆的仰俯由_____绞车控制千斤索的收、放来实现。

    A.回转　　　　　　B.起重

    C.变幅　　　　　　D.升降

92.在起重机构的开式液压系统中,为了安全起见,平衡阀一般应安装在靠近_____处。

    A.动力元件　　　　　　B.换向阀

    C.执行元件下降工况进油口　　　　D.执行元件下降工况回油口

93.液压克令吊的起重、变幅或回转机构到达限位位置时_____。

    A.过电流继电器断电　　　　　　B.相应液压泵停转

    C.相应液压泵变量机构回中　　　　D.相应液压泵变量机构移至反方向

94.当吊钩升至极限高位时不能进行的是_____。

    ①吊钩升起;②吊钩放下;③吊臂仰起;④吊臂俯下

A.①   B.①②

C.①④   D.①②③④

95.回转起货机吊钩高位保护是指当吊钩离吊臂前端不远时_____。

    A.吊臂无法放下   B.吊钩无法上升

    C.吊臂无法扬起   D.吊臂无法放下和吊钩无法上升

96.回转起货机的安全保护装置包括_____。

    A.机械限位保护

    B.设备连锁保护

    C.液压油工作状况保护

    D.机械限位、设备连锁和液压油工作状况保护

97.液压克令吊电气保护中一般不设_____保护。

    A.短路   B.过电流

    C.低电流   D.高温

98.回转式起货机的设备连锁保护一般没有_____。

    A.通风连锁保护   B.液压油变质保护

    C.电机的自动加热保护   D.高油冷却器连锁保护

99.根据起重机构液压系统的负荷特点，以下说法中不恰当的是_____。

    A.匀速运动时负荷力也有可能与运动方向相同

    B.停止运动后，负荷可能仍然存在

    C.如果执行元件是液压马达，不设机械制动器则可能停不稳

    D.无论何种系统都必须设限速阀件

100.回转式起货机的安全保护装置一般没有_____。

    A.控制油低压保护   B.低油位保护

    C.高油温保护   D.高油位保护

101.阀控型液压系统的调速通常由控制_____实现。

    A.变量液压泵   B.换向节流阀

    C.调速阀   D.溢流节流阀

102.以下液压控制阀中不用来限制起重机构下降速度的是_____。

    A.直控平衡阀   B.远控平衡阀

    C.单向节流阀   D.溢流节流阀

103.起重机构开式液压系统用单向节流阀限速时，为制动时能锁闭油路，常加设_____。

    A.换向阀   B.减压阀

    C.顺序阀   D.液控单向阀

104.采用阀控型开式系统的液压起重机构如负荷变动大，则下降限速宜用_____。

    A.单向节流阀   B.直控平衡阀

    C.远控平衡阀   D.手动换向阀

105.起重机构开式液压系统设平衡阀是为了_____。

    A.限制上升速度   B.限制下降速度

C.调节升降速度 　　　　　　　　　　D.防止液压冲击

106.起重机构的开式液压系统采用直控平衡阀限速,达到既定下降速度时对进油压力影响最明显的是_____。

　　A.油温 　　　　　　　　　　B.重力载荷的大小

　　C.下降速度 　　　　　　　　　　D.油液黏度

107.为消除制动冲击,起货机中的液压系统常采用_____作为制动阀。

　　A.单向阀 　　　　　　　　　　B.平衡阀

　　C.直动式溢流阀 　　　　　　　　　　D.先导式溢流阀

108.液压装置能否有效地实现液压制动主要取决于_____。

　　A.是开式还是闭式系统 　　　　　　　　　　B.操纵手柄回中后系统的密封性

　　C.负载大小 　　　　　　　　　　D.执行元件的运动速度

109.泵控型液压系统的调速通常由控制_____实现。

　　A.调速阀 　　　　　　　　　　B.溢流节流阀

　　C.变量液压泵 　　　　　　　　　　D.换向节流阀

110.起重机构的泵控型液压系统采用_____限速。

　　A.单向节流阀 　　　　　　　　　　B.平衡阀

　　C.减小变量泵排量 　　　　　　　　　　D.平衡阀或单向节流阀

111.限制功率的液压系统实质上是限制_____。

　　A.最大工作压力 　　　　　　　　　　B.液压马达的转速

　　C.工作压差和流量的乘积 　　　　　　　　　　D.液压马达的扭矩

112.采用定量泵和定量油马达的起货机可采用_____控制起升机构的换向与调速。

　　①串联节流;②并联节流;③溢流节流

　　A.②③ 　　　　　　　　　　B.①③

　　C.①② 　　　　　　　　　　D.①②③

113.采用串联节流调速的起货机一般采用_____控制起升机构的换向与调速。

　　A.换向阀和溢流阀 　　　　　　　　　　B.换向节流阀

　　C.差压式溢流阀 　　　　　　　　　　D.变量马达

114.采用并联节流调速的起货机一般采用_____控制起升机构的换向与调速。

　　A.换向阀和溢流阀 　　　　　　　　　　B.换向节流阀

　　C.差压式溢流阀 　　　　　　　　　　D.变量马达

115.采用溢流节流调速的起货机一般采用_____控制起升机构的换向与调速。

　　A.换向阀和溢流阀 　　　　　　　　　　B.换向节流阀

　　C.差压式溢流阀 　　　　　　　　　　D.变量马达

116.功率不大、工作不太频繁或负载变动较小的定量泵起货机一般采取_____限速措施。

　　A.单向节流阀 　　　　　　　　　　B.直控平衡阀

　　C.制动 　　　　　　　　　　D.远控平衡阀

117.下列有关采用定量泵和定量油马达的起货机的限制措施中,经济性最好的方案是_____。

　　A.用单向节流阀限速 　　　　　　　　　　B.用直控平衡阀限速

C.制动　　　　　　　　　　　　　　D.用远控平衡阀限速

118.采用变量泵和变量油马达的闭式起升系统的起货机在负荷较大时调速控制方法是＿＿＿＿＿＿＿。

A.用单向节流阀限速　　　　　　　　B.用平衡阀限速

C.改变油泵的排量　　　　　　　　　D.改变马达的排量

119.采用变量泵和变量油马达的闭式起升系统的起货机在负荷较小时调速控制方法是＿＿＿＿＿＿＿。

A.用单向节流阀限速　　　　　　　　B.用平衡阀限速

C.改变油泵的排量　　　　　　　　　D.改变马达的排量

120.在克令吊起货机的安全保护装置中,起重绞车和变幅绞车一般应设有＿＿＿＿＿＿＿和＿＿＿＿＿＿＿。

A.限位开关;松绳保护装置　　　　　B.限位开关;高油压压力开关

C.限位开关;低油压压力开关　　　　D.松绳保护装置;高油压压力开关

121.泵控型半闭式液压系统制动时通常是＿＿＿＿＿＿＿。

A.一直液压制动　　　　　　　　　　B.先液压制动后机械制动

C.先机械制动后液压制动　　　　　　D.一直机械制动

122.对于救生艇艇吊,每台绞车应配备一台制动装置,确保能将以＿＿＿＿＿＿＿刹住并系留住。

A.最大降落速度下降的满载艇　　　　B.最大降落速度下降的空载艇

C.最大回收速度上升的满载艇　　　　D.最大回收速度上升的空载艇

123.克令吊在使用过程中,发现不能把持重物时,需要检修的项目是＿＿＿＿＿＿＿。

①检查泵出口的安全阀的状态及设定值;②检查液压泵状态;③检查液压马达状态;④检查制动溢流阀的状态和设定值;⑤检查克令吊的刹车制动装置

A.①②③④　　　　　　　　　　　　B.①③④⑤

C.①②③⑤　　　　　　　　　　　　D.①②③④⑤

124.克令吊在使用过程中,发现不能吊起额定重量的货物时,需要检修的项目是＿＿＿＿＿＿＿。

①检查泵出口的安全阀的状态及设定值;②检查液压泵状态;③检查液压马达状态;④检查制动溢流阀的状态和设定值;⑤检查克令吊的刹车制动装置

A.①②③④　　　　　　　　　　　　B.①③④⑤

C.①②③⑤　　　　　　　　　　　　D.③④⑤

125.下图为船舶绞缆机的刹车力试验装置原理简图,关于试验刹车力,表述错误的是＿＿＿＿＿＿＿。

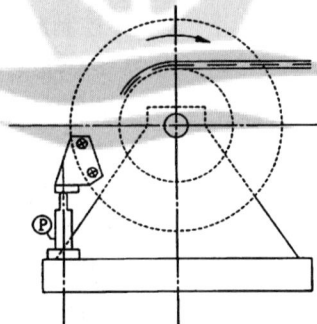

A.试验刹车力时,应合上离合器

B.试验刹车力时,使用液压千斤顶推动绞缆机转动

C.绞车滑动时,液压千斤顶压力读数小于设定值,说明刹车力不够

D.发现刹车力不够,调紧或修理后应重新试验刹车力

126.根据《钢质海船入级规范》的规定,锚机链轮或卷筒应装有可靠的制动器,制动器刹紧后应能承受锚链断裂负荷_____倍的静拉力。

A.0.25　　　　　　　　　　　　　　B.0.35

C.0.45　　　　　　　　　　　　　　D.0.55

127.船上低速大扭矩液压马达一般不用于_____。

A.锚机　　　　　　　　　　　　　　B.起货机

C.绞缆机　　　　　　　　　　　　　D.舵机

128.每_____月应对绞缆机、锚机的液压油取样化验。

A.3　　　　　　　　　　　　　　　　B.1

C.12　　　　　　　　　　　　　　　D.6

129.锚机的原动机通过涡轮减速器转动绞缆卷筒,再通过齿轮减速转动_____。

A.滚筒　　　　　　　　　　　　　　B.摩擦片

C.锚链　　　　　　　　　　　　　　D.锚链轮

130.每3个月检查绞缆机、锚机_____的动作电流值。

A.速度继电器　　　　　　　　　　　B.热继电器

C.温度继电器　　　　　　　　　　　D.压力继电器

131.锚设备是操纵船舶的辅助设备,在_____的情况下,都要用到锚。

①靠、离码头;②避台风;③紧急减刹船速;④船舶定速航行

A.①③④　　　　　　　　　　　　　B.②③④

C.①②③　　　　　　　　　　　　　D.①②④

132.更换起货机所有的液压软管属于_____。

A.每4年的检查项目　　　　　　　　B.每2年的检查项目

C.每10年的检查项目　　　　　　　 D.每5年的检查项目

133.下列哪项不属于锚机的功用_____。

A.因故暂时停航或遇到紧急情况时固定船位

B.帮助船舶移动船位

C.调整船舶吃水

D.船舶在锚地停泊

134.甲板机械液压系统很少在_____设置滤油器。

A.执行元件回油管路　　　　　　　　B.开式系统主泵进口

C.高压系统主泵出口　　　　　　　　D.辅泵补油管路

135.采用叶片式马达的锚机的液压系统一般多是_____系统。

A.定量泵-变量马达开式　　　　　　B.定量泵-变量马达闭式

C.变量泵-定量马达闭式　　　　　　D.变量泵-变量马达闭式

136.起货机安全保护装置中,属于液压油工作状况保护的是_____。

    A.控制油低压保护   B.吊臂最大幅角最小幅角保护

    C.油冷却器连锁保护   D.主电机高温保护

137.液压克令吊的吊臂俯下至低限位仰角时_____。

    A.过电流继电器断电

    B.变幅液压泵停转

    C.变幅泵变量机构回中,吊臂可仰而不能再俯

    D.变幅泵变量机构回中,吊臂低限位解除后可以再俯

138.关于阀控型起重机构液压系统的以下说法中,正确的是_____。

    A.无论用何种调速阀件,节流和回流损失都不可避免

    B.换向、调速分别使用不同的阀件

    C.制动溢流阀和安全溢流阀的整定压力必须相同

    D.不能使用变量泵

139.如图所示,该自动绞缆机在系泊期间缆绳张紧时阀 8 _____。

1—卷筒;2—液压马达;3—油箱;4—电磁阀;5—变量机构液压缸;6—液压泵;
7—压力继电器;8—;9—冷却器;10—膨胀油箱

    A.泄放液压泵全部流量   B.泄放液压泵绝大部分流量

    C.关闭不泄油   D.泄放液压泵小部分流量

140.阀控型液压装置的 M 或 H 型换向阀在中位时,泵的排出油压和吸入油压之差反映了_____的大小。

    A.管路流动损失   B.执行机构工作负荷

    C.液压泵机械摩擦损失   D.执行机构机械摩擦损失

141.设中位旁通阀的起重机构泵控型闭式液压系统的液压马达_____。

    A.必须设延时抱闸的机械制动器

    B.可设即时或延时抱闸的机械制动器

    C.必须设即时抱闸的机械制动器

    D.无须设机械制动器

142.采用定量泵和定量油马达的起货机为了限制货物的下降速度,防止造成坠货事故,常见的限速措施是_____。

①用单向节流阀限速;②用平衡阀限速;③制动

A.②③　　　　　　　　　　　　　B.①③

C.①②　　　　　　　　　　　　　D.①②③

143.根据《钢质海船入级规范》的规定,锚机应满足的基本要求不包括_____。

　　A.锚机必须由独立的原动机或电动机驱动

　　B.在满足公称速度和额定拉力时,应能连续工作 30 min;应能在过载拉力(≮1.5 倍额定拉
　　　力)作用下连续工作 2 min,此时不要求速度

　　C.所有动力操纵的锚机均应能倒转

　　D.在任何温度下,液压锚机起动后应能立即投入使用

144.起货机液压系统采用高、低速挡不是为了_____。

　　A.无须配太大电机并提高电机功率利用率

　　B.轻载时采用高速,提高装卸效率

　　C.重载时采用低速,减小功率

　　D.实现恒功率控制

145.如图所示为泵控型闭式(半闭式)系统,_____可在装置意外失电时,使制动器因控制油迅
　　速泄出而抱闸,防止货物跌落。

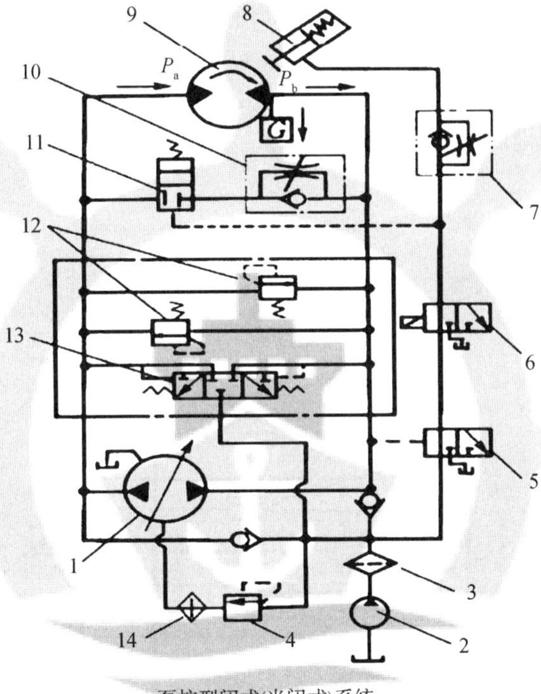

泵控型闭式(半闭式)系统

　　A.阀 12　　　　　　　　　　　　B.阀 13

　　C.阀 10　　　　　　　　　　　　D.阀 6

146.如图所示为起重机构的泵控型闭式(半闭式)液压系统的原理图,图中能防止起货机因超载
　　而导致系统油压过高的是_____。

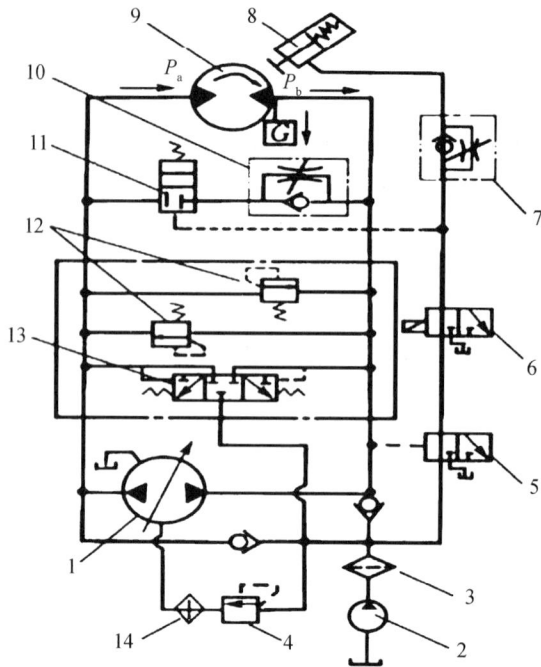

泵控型闭式(半闭式)系统

A.12 B.13

C.7 D.6

147.如图所示为起重机构的泵控型闭式(半闭式)液压系统的原理图,图中起换向和调速功能的是_____。

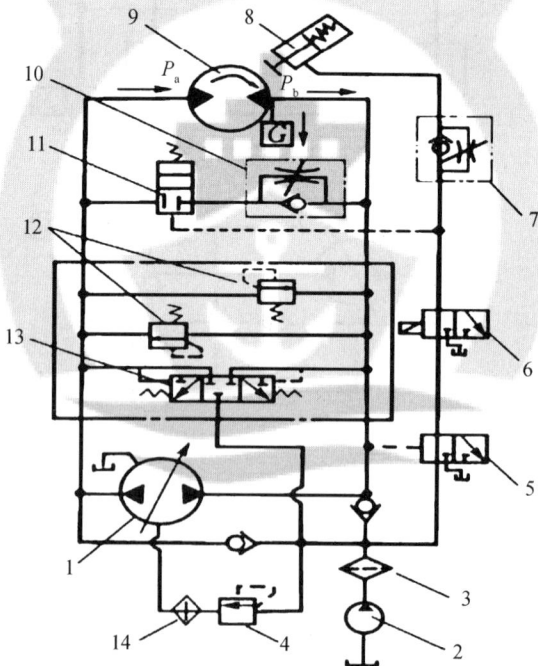

泵控型闭式(半闭式)系统

A.1　　　　　　　　　　　　B.11

C.13　　　　　　　　　　　　D.10

148.如图阀 6 是_____阀,它起_____作用,正常工作时_____。

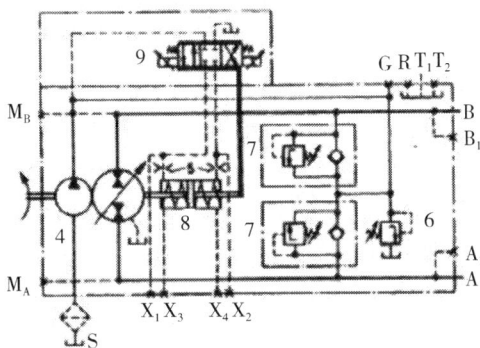

A.溢流;设定辅泵排压;常开　　　　B.减压;设定辅泵排压;常开

C.溢流;防止辅泵排压过高;常闭　　D.溢流;设定辅泵排压;常闭

第四节　液压油及液压系统的管理

1.液压油中固体污染物造成的危害不包括_____。

　A.促使油液分解　　　　　　　　　B.阀件故障增多

　C.对油液氧化起催化作用　　　　　D.油压泵和马达磨损加快

2.液压油氧化速度加快的原因不包括_____。

　A.油温太低　　　　　　　　　　　B.油温太高

　C.混入水分　　　　　　　　　　　D.混入空气

3.液压油颜色发黑可能是_____。

　A.混入空气　　　　　　　　　　　B.氧化变质

　C.混入金属粉末　　　　　　　　　D.混入水分

4.安装液压系统油缸填料时,注意不要划伤密封圈和_____表面。

　A.压盖　　　　　　　　　　　　　B.柱塞

　C.弹簧圈　　　　　　　　　　　　D.油缸

5.液压油污染度的表示方法有_____。

　A.颗粒污染度和质量污染度　　　　B.酸污染度和碱污染度

　C.颗粒污染度和体积污染度　　　　D.质量污染度和体积污染度

6.关于液压系统,以下说法中不正确的是_____。

　A.溢流阀是压力控制阀,属于控制元件

　B.蓄能器、滤油器等属于辅助元件

　C.液压马达的作用是将机械能转化为压力能,属于执行元件

　D.液压泵在液压系统中属于动力元件

7.工作温度过高,液压油会加速_____变质。

A.钝化 B.催化
C.氧化 D.乳化

8.液压系统的泄漏可分为外漏和内漏,可通过_____判断系统的内漏。

 A.定期检查并记录执行机构在空载、部分负荷和额定负荷下的工作速度,然后画出负荷—速度曲线,与原始记录比较

 B.检查油箱油位

 C.观察液压泵或液压马达外观

 D.更换系统油管

9._____是使液压装置液压油温度过高的常见原因。

 A.工作压力过高 B.工作时间过长
 C.泵转速过高 D.内漏泄过大

10.关于液压油温度过高,说法错误的是_____。

 A.液压油氧化速度加快,导致液压油变质,降低液压油使用寿命

 B.黏度降低,液压油泵原动机的负荷减小

 C.导致内漏泄加剧

 D.加速密封件老化,密封性能降低

11.液压油中空气过多造成的危害不包括_____。

 A.使液压油乳化 B.噪声和振动加大
 C.执行元件动作迟滞 D.使液压油氧化加快

12.液压系统油箱透气孔处需设置_____。

 A.空气滤器 B.补油滤器
 C.防溢油装置 D.普通滤器

13.下列关于油箱管理的注意事项中,不妥的是_____。

 A.透气孔处滤器应保持清洁

 B.定期打开底部放残阀放残

 C.换油时须用棉纱仔细擦净油箱内部

 D.停止工作时,油位应不高于油箱高度80%

14.为防止空气进入液压系统,错误的措施是_____。

 A.回油管出口加工成斜切面 B.回油管出口置于油箱油面之上
 C.系统高位设置放气装置 D.保持油箱较高油位

15.液压装置工作油箱的油位高度以_____为宜。

 A.约1/2油箱高

 B.不超过箱内隔板

 C.停泵时液位不超过80%油箱高度

 D.工作时液位约为80%油箱高度

16.液压系统油箱内的隔板_____。

 A.应高出油面 B.约为油面高度的一半
 C.约为油面高度的2/3 D.可以不设

17.液压系统工作油箱的功用不包括_____。

　　A.为系统工作油热胀冷缩及漏油、补油提供储存空间

　　B.帮助工作油散热

　　C.分离工作油中气体和杂质

　　D.添补液压油添加剂

18.液压装置运行中,工作油箱油位突然降低_____。

　　A.表明外漏泄增大　　　　　　　　B.与漏泄无关

　　C.表明内漏泄增大　　　　　　　　D.液压装置流量增大

19.更换液压系统油缸填料时,应拆开压盖,用专用工具取出_____和填料。

　　A.弹簧环　　　　　　　　　　　　B.曲径环

　　C.胀环　　　　　　　　　　　　　D.压环

20.液压油透明且颜色变淡,可能是_____。

　　A.混入水分　　　　　　　　　　　B.混入空气

　　C.混入其他浅色油　　　　　　　　D.氧化变质

21.会使液压系统出现液压冲击的是_____。

　　A.油温过高　　　　　　　　　　　B.流量过大

　　C.换向较快　　　　　　　　　　　D.工作压力过高

22.停用的液压传动设备每_____须做一次检查性运转。

　　A.一季度　　　　　　　　　　　　B.两个月

　　C.一个月　　　　　　　　　　　　D.半年

23.液压油含水过多造成的危害不包括_____。

　　A.使金属锈蚀　　　　　　　　　　B.使液压油氧化加快

　　C.执行元件动作迟滞　　　　　　　D.使液压油乳化

24.液压油中水分多的原因一般不会是_____。

　　A.加油过程带入　　　　　　　　　B.油的水冷却器漏水

　　C.工作油箱周围空气含湿量太高　　D.油液分解变质产生

25.液压油中气体多的原因一般不会是_____。

　　A.初次充油时未除尽　　　　　　　B.低压油管补油压力太低

　　C.工作油箱油位太低　　　　　　　D.油液分解变质产生

26.液压油氧化变质后,以下现象中会发生的是_____。

　　①颜色变深;②颜色变浅;③酸值增加;④酸值降低;⑤黏度增加;⑥黏度降低

　　A.②④⑥　　　　　　　　　　　　B.①③⑤

　　C.①④⑤　　　　　　　　　　　　D.①③⑥

27.液压油中空气多,可能发生的现象是_____。

　　①乳化而润滑性降低;②氧化加快;③使执行元件动作滞后;④透明但颜色变淡;⑤低压时产生"气穴"现象;⑥锈蚀金属

　　A.②③⑤⑥　　　　　　　　　　　B.③④⑤⑥

　　C.①②③⑤⑥　　　　　　　　　　D.①②③④⑤⑥

28.液压油颜色变深有异样气味,可能是_____。

    A.混入其他油种   B.化学添加剂太多

    C.水分、杂质多   D.氧化变质

29.液压油中有水混入,将发生如下变化_____。

    A.颜色变深   B.颜色变浅

    C.有异样气味   D.变得浑浊

30.目前表示固体颗粒污染度的最常用的方法是_____。

    A.单位重量油中所含固体颗粒的质量

    B.单位体积油中所含固体颗粒的质量

    C.单位重量油中所含各种尺寸固体颗粒数

    D.单位体积油中所含各种尺寸固体颗粒数

31.液压油换油的指标不包括_____。

    A.黏度变化超过 10%~15%   B.酸值增加超过 0.3 mgKOH/g

    C.污染度超标   D.闪点提高超过 8 ℃

32.液压油的工作条件苛刻,因此要定期检查防止液压油污染,下列表述中错误的是_____。

    A.液压油污染度有质量污染度和颗粒污染度两种方法

    B.液压油的颗粒污染度法对表述液压油的污染度更准确

    C.液压油中混入水会呈乳白色

    D.液压油颜色变深发黑,有异味,说明可能混有空气

33.起货机的油温高温报警传感器一般设在_____。

    A.高压管   B.主泵吸口

    C.回油管   D.辅泵吸口

34.液压油的工作温度最适合的是_____℃。

    A.10~30   B.30~50

    C.50~60   D.比室温高 30

35.如需启用液压装置,液压油温度在 10~15 ℃,则_____。

    A.可以先轻载使用

    B.可以空载运行,至油温升到 20 ℃以上再正常使用

    C.即可投入正常工作

    D.必须先加热至油温 15 ℃以上方可使用

36.如需启用液压装置,液压油温度低于-10 ℃,则_____。

    A.可以先轻载使用

    B.即可投入正常工作

    C.可以空载运行,至油温升到 10 ℃以上再正常使用

    D.须先加热至油温升至-10 ℃以上,再空载运行;至油温升到 10 ℃以上再正常使用

37.液压装置油温在_____℃以下时,不允许直接起动。

    A.-10   B.0

    C.10   D.20

38.关于液压装置的使用,以下说法中错误的是_____。

　　A.液压泵起动的同时,油冷却器即投入使用

　　B.油温越高,油氧化速度越快

　　C.油温不到 10 ℃时立即起动液压泵连续工作有可能吸空

　　D.装置在油温为 30~50 ℃时效率最高

39.液压装置工作油温过高的危害不包括_____。

　　A.润滑不良,泵和马达磨损加剧　　　　　　B.内漏泄增加,容积效率降低

　　C.油氧化变质速度加快　　　　　　　　　　D.液压泵消耗功率明显加大

40.液压装置应控制油温的原因是_____。

　　①油温过高会造成液压油氧化加快,缩短使用寿命;②油温过高会造成液压组件润滑不良;

　　③油温过低会使油泵吸入困难

　　A.①　　　　　　　　　　　　　　　　　　B.②

　　C.③　　　　　　　　　　　　　　　　　　D.①②③

41.液压油油温过高对液压系统的危害是_____。

　　①液压组件润滑不良;②液压组件受热卡死;③液压油漏泄严重

　　A.①　　　　　　　　　　　　　　　　　　B.②

　　C.③　　　　　　　　　　　　　　　　　　D.①②③

42.关于液压系统的说法中,不正确的是_____。

　　A.开式系统比闭式系统散热好

　　B.重载工作时间长的闭式系统应改为半闭式

　　C.减压阀不会使流过的液压油发热

　　D.若装置效率低,液压油必然发热多

43.造成液压油温度过高的原因有_____。

　　①液压装置连续重载工作时间过长;②液压组件的内部漏泄;③液压装置环境温度过高

　　A.①　　　　　　　　　　　　　　　　　　B.②

　　C.③　　　　　　　　　　　　　　　　　　D.①②③

44.液压系统内漏泄严重所产生的危害不包括_____。

　　A.会使油发热加剧　　　　　　　　　　　　B.执行元件速度降低

　　C.装置效率降低　　　　　　　　　　　　　D.工作油压增高

45.液压装置漏泄的危害是_____。

　　①造成油液损失和环境污染;②使油液发热进而氧化速度变快;③使液压装置效率降低

　　A.①　　　　　　　　　　　　　　　　　　B.②

　　C.③　　　　　　　　　　　　　　　　　　D.①②③

46.关于液压油系统,下列说法中正确的是_____。

　　A.新装液压系统比工作 1 000 h 的液压系统干净

　　B.新装液压系统的清洗可以用系统准备使用的油液作为清洗液

　　C.液压装置管理中应定期清洗油箱,并用干净棉纱擦干

　　D.水混入液压系统内会使液压装置生锈

47.关于冲洗液压系统的不正确说法是_____。

    A.最好使用专门的溶剂冲洗

    B.宜采用大流量,使管路中流速达到紊流

    C.冲洗中用铜锤敲打各焊口

    D.冲洗达到要求的依据是滤器无太多污染物

48.液压装置的故障多是由_____引起的。

    A.液压装置工作环境恶劣   B.频繁操作

    C.液压油的污染   D.冷却不良

49.关于空气进入液压系统的危害,不正确的是_____。

    A.使油液乳化变质   B.噪声增大

    C.油液氧化加快   D.执行机构工作迟滞

50.关于液压油的换油,表述错误的是_____。

    A.换油时更换或清洁回油滤芯

    B.加油时必须使用纸滤器

    C.换油时应将系统及管路的油全部放出

    D.换油时应检查排放的油中是否有金属屑

51.关于液压油的管理,表述错误的是_____。

    A.加装新油,必须过滤

    B.只要型号相同,添加液压油不受品牌的影响

    C.新造船的液压油系统含杂质较多,应注意检查和过滤

    D.回油管管口应为斜切口并伸入油箱液面以下,减少液流冲击

52.关于液压油的管理,以下说法中正确的是_____。

    A.新装液压系统使用前应以轻柴油冲洗清除杂质

    B.定期清洗工作油箱,并用干净棉纱擦干

    C.漏油应用细铜纱网过滤后再补入系统使用

    D.工作压力越高,对油的污染控制要求越严

53.执行元件满载时比空载时的最大工作速度降低很多,是因为_____。

    A.电动机功率不足   B.电源电压不稳

    C.装置容积效率低   D.执行机构摩擦阻力大

54.液压装置泵在载时的排出油压和空载时的排出油压的差值反映了_____的大小。

    A.液压泵机械摩擦损失   B.管路流动损失

    C.执行机构机械摩擦损失   D.执行机构工作负荷

55.液压装置执行机构在有负载时进、出口的压降与空载时进、出口的压降之差值反映了_____的大小。

    A.液压泵机械摩擦损失   B.管路流动损失

    C.执行机构机械摩擦损失   D.执行机构工作负荷

56.液压装置执行机构在空载时的进、出口油压降反映了_____的大小。

    A.液压泵机械摩擦损失

B.管路流动损失

C.执行机构机械摩擦损失

D.执行机构工作负荷

57.下列说法中正确的是_____。

①停用的液压装置每月须做一次检查性运转;②液压装置的噪声一般包括液体噪声和机械噪声;③液压装置漏泄只会造成油液损失和环境污染

A.①②③ B.①③

C.②③ D.①②

58.液压装置有载电流和空载电流的差值反映了_____的大小。

A.液压泵机械摩擦损失

B.管路流动损失

C.执行机构机械摩擦损失

D.执行机构工作负荷

59.关于对液压油的简易检查及处理办法的描述,错误的是_____。

A.看到液压油透明但内有小黑点,判断为混入杂物,可使用过滤器处理

B.看到液压油颜色变淡,可能混入异种油,应检查黏度,如可靠,则继续使用

C.闻到液压油有酸味,正常,不需处理

D.摇动油样,有气泡产生,很快消失,正常,不需处理

60.液压油一般不会受到_____污染。

A.水分 B.固体杂质

C.空气 D.硫分

61.最容易造成液压控制阀故障的原因是_____。

A.油液污染 B.阀芯磨损

C.工作压力大 D.弹簧失去弹性

62.液压油氧化变质后_____不会增加。

A.沉淀物 B.黏度

C.黏度指数 D.酸值

参考答案

第一节 液压基本知识

1.A	2.A	3.D	4.B	5.D	6.D	7.A	8.C	9.C	10.B
11.D	12.D	13.B	14.A	15.B	16.B	17.D	18.C	19.C	20.D
21.D	22.A	23.B	24.A	25.D	26.C	27.A	28.D	29.D	30.C
31.A	32.B	33.D	34.C	35.D	36.D	37.D	38.B	39.D	40.D
41.A	42.B	43.B	44.B	45.D	46.B	47.C	48.D	49.B	50.C

51.A	52.A	53.C	54.C	55.B	56.D	57.C	58.D	59.B	60.C
61.D	62.D	63.A	64.B	65.A	66.D	67.D	68.B	69.C	70.A
71.B	72.B	73.A	74.D	75.C	76.A	77.B	78.B	79.D	80.C
81.A	82.A	83.B	84.A	85.D	86.B	87.A	88.C	89.C	90.B
91.D	92.D	93.B	94.C	95.A	96.B	97.A	98.A	99.B	100.C
101.D	102.D	103.A	104.B	105.B	106.A	107.C	108.D	109.D	110.D
111.A	112.B	113.B	114.C	115.A	116.C	117.C	118.B	119.C	120.C
121.B	122.A	123.B	124.A	125.D	126.D	127.C	128.B	129.B	130.B
131.C	132.B	133.C	134.C	135.D	136.C	137.C	138.D	139.B	140.B
141.A	142.A	143.B	144.A	145.C	146.D	147.A	148.D	149.C	150.D
151.B	152.C	153.A	154.B	155.C	156.D	157.B	158.D	159.C	160.D
161.A	162.A	163.D	164.A	165.D	166.B	167.D	168.D	169.A	170.B
171.B	172.C	173.C	174.C	175.C	176.B	177.A	178.B	179.D	180.C
181.D	182.A	183.B	184.C	185.C	186.D	187.D	188.D	189.B	190.D
191.C	192.C	193.C	194.D	195.D	196.B	197.D	198.D	199.C	200.D
201.D	202.二	203.B	204.二	205.D	206.B	207.C	208.A	209.D	210.A
211.B	212.D	213.A	214.B	215.B	216.A	217.B	218.D	219.C	220.D
221.B	222.B	223.C	224.D	225.A	226.D	227.D	228.B	229.D	230.C
231.C	232.D	233.A	234.C	235.B	236.C	237.D	238.D	239.B	240.A
241.A	242.D	243.D	244.B	245.C	246.C	247.B	248.C	249.B	250.A
251.B	252.B	253.A	254.C	255.B	256.D	257.B	258.B	259.B	260.A
261.A	262.D	263.C	264.A	265.B	266.A	267.D	268.C	269.B	270.B
271.C	272.D	273.A	274.A	275.A	276.B	277.B	278.C	279.C	280.D
281.B	282.D	283.C	284.D	285.C	286.D				

第二节　液压舵机

1.B	2.A	3.B	4.A	5.C	6.B	7.A	8.C	9.D	10.C
11.B	12.D	13.C	14.B	15.C	16.D	17.D	18.C	19.D	20.B
21.D	22.D	23.B	24.D	25.B	26.C	27.A	28.C	29.C	30.D
31.C	32.D	33.A	34.C	35.C	36.B	37.C	38.D	39.A	40.B
41.D	42.D	43.D	44.B	45.C	46.C	47.B	48.A	49.A	50.A
51.C	52.B	53.B	54.B	55.C	56.B	57.C	58.B	59.D	60.C
61.D	62.A	63.B	64.D	65.B	66.A	67.A	68.C	69.C	70.B
71.C	72.A	73.D	74.D	75.B	76.A	77.A	78.B	79.D	80.C
81.D	82.B	83.C	84.C	85.D	86.A	87.C	88.D	89.D	90.C
91.A	92.B	93.C	94.C	95.A	96.A	97.A	98.B	99.D	100.C
101.B	102.B	103.D	104.A	105.D	106.A	107.B	108.D	109.B	

第三节　起货机、锚机和绞缆机、救生艇筏释放装置

1.C	2.B	3.D	4.D	5.C	6.C	7.A	8.C	9.C	10.C
11.A	12.D	13.C	14.B	15.D	16.A	17.C	18.A	19.C	20.A
21.A	22.D	23.D	24.D	25.B	26.C	27.C	28.C	29.A	30.B
31.C	32.B	33.A	34.C	35.B	36.C	37.A	38.C	39.C	40.A
41.C	42.D	43.A	44.D	45.C	46.A	47.C	48.B	49.A	50.A
51.B	52.A	53.C	54.C	55.B	56.D	57.D	58.D	59.A	60.C
61.C	62.A	63.D	64.C	65.D	66.A	67.D	68.C	69.C	70.B
71.B	72.C	73.C	74.B	75.C	76.D	77.C	78.D	79.B	80.B
81.C	82.B	83.A	84.C	85.B	86.A	87.B	88.C	89.B	90.A
91.C	92.D	93.C	94.C	95.D	96.D	97.C	98.B	99.D	100.D
101.B	102.D	103.D	104.C	105.B	106.B	107.C	108.B	109.C	110.C
111.C	112.D	113.A	114.B	115.C	116.A	117.D	118.C	119.D	120.A
121.B	122.A	123.D	124.D	125.A	126.C	127.D	128.C	129.D	130.B
131.C	132.C	133.C	134.C	135.B	136.A	137.D	138.A	139.B	140.A
141.C	142.D	143.D	144.D	145.D	146.A	147.A	148.A		

第四节　液压油及液压系统的管理

1.C	2.A	3.B	4.B	5.A	6.C	7.C	8.A	9.D	10.B
11.A	12.A	13.C	14.B	15.C	16.C	17.D	18.A	19.D	20.C
21.C	22.C	23.C	24.D	25.D	26.B	27.A	28.D	29.D	30.D
31.D	32.D	33.C	34.B	35.C	36.D	37.A	38.A	39.D	40.D
41.D	42.C	43.D	44.D	45.D	46.B	47.A	48.C	49.A	50.B
51.B	52.D	53.C	54.D	55.D	56.C	57.D	58.D	59.C	60.D
61.A	62.C								

第八章

船用海水淡化装置

第一节 海水淡化基础理论

1.船用海水淡化装置绝大多数采用_____。

  A.蒸馏法   B.电渗析法

  C.反渗透法   D.冷冻法

2.船用海水淡化装置用_____余热加热_____的海水使之汽化。

  A.辅机缸套水;低真空度

  B.辅机缸套水;高真空度

  C.主机缸套水;低真空度

  D.主机缸套水;高真空度

3.船用海水蒸馏装置以沸腾式取代闪发式的主要原因是_____。

  A.结垢少   B.经济性更好

  C.产水含盐量少   D.管理更简单

4.一般要求船舶海水淡化装置所产淡水含盐量应低于_____mg/L(NaCl)。

  A.100   B.1 000

  C.10   D.50

5.关于海水淡化装置,下列说法中错误的是_____。

  A.造水机造出的水几乎不含矿物质,不宜直接饮用

  B.饮用水的含盐量一般不大于500~1 000 mg/L,呈弱碱性

  C.目前海水淡化的方法主要有蒸馏法、电渗析法、反渗透法和冷冻法

  D.船用海水淡化装置一般是真空闪发式海水蒸馏装置

6.船舶海水淡化装置对所造淡水含盐量的要求一般都以_____标准为依据。

  A.冷却水   B.锅炉用水

  C.洗涤用水   D.饮用水

7.海水淡化装置所造淡水含盐量应小于_____。

  A.100ppm   B.15ppm

  C.100 mg/L(Cl^-)   D.10 mg/L(Cl^-)

8.淡水通常是指含盐量小于_____的水。

　　A.1 500 mg/L
　　B.1 000 mg/L
　　C.500 mg/L
　　D.100 mg/L

9.造水机所产淡水含盐量要求是按照_____。

　　A.饮用水标准

　　B.洗涤用水标准

　　C.锅炉用水标准

　　D.消防水标准

10.关于蒸馏法淡化海水的下列说法中,正确的是_____。

　　A.所谓淡水应不含任何盐分

　　B.蒸馏装置所产淡水,其中病菌已基本杀灭

　　C.对饮用水要求最严,船用海水淡化装置产水含盐量以满足其要求为准

　　D.盐水蒸馏所成的干饱和蒸汽基本上不含盐

11.当把半透膜的盐水施加一个大于渗透压的压力时,下列说法中错误的是_____。

　　A.水流动的方向会逆转

　　B.盐水中的水会流向纯水

　　C.水不流动

　　D.这种现象叫作反渗透

12.有关真空闪发式海水淡化装置的海水淡化过程,说法正确的是_____。

　　A.先经过高真空蒸发器蒸发,再经喷雾器减压,再经高真空冷凝器冷凝

　　B.先经过高真空蒸发器蒸发,再经加热器加热,中间经汽水分离器分离,最后经高真空冷凝器冷凝

　　C.先经加热器加热,再经喷雾器减压,再经高真空蒸发器蒸发,然后经高真空冷凝器冷凝,最后经汽水分离器分离

　　D.先经加热器加热,再经喷雾器减压,再经高真空蒸发器蒸发,再经汽水分离器分离,最后经高真空冷凝器冷凝

13.反渗透式海水淡化装置的关键部件是_____。

　　A.高真空蒸发器和高真空冷凝器

　　B.高真空蒸发器、汽水分离器和高真空冷凝器

　　C.加热器、喷雾器、高真空蒸发器、汽水分离器和高真空冷凝器

　　D.半透膜

14.目前大多数船用蒸馏式海水淡化装置的工作真空度设计为_____。

　　A.70%~80%
　　B.90%~94%
　　C.95%~99%
　　D.0(大气压)

15.蒸馏式海水淡化装置工作真空度太大不会导致_____。

　　A.产水量增加
　　B.产水含盐量增加
　　C.结垢量增加
　　D.沸腾过于剧烈

16.下图为真空沸腾式海水淡化装置的原理图,下列表述错误的是_____。

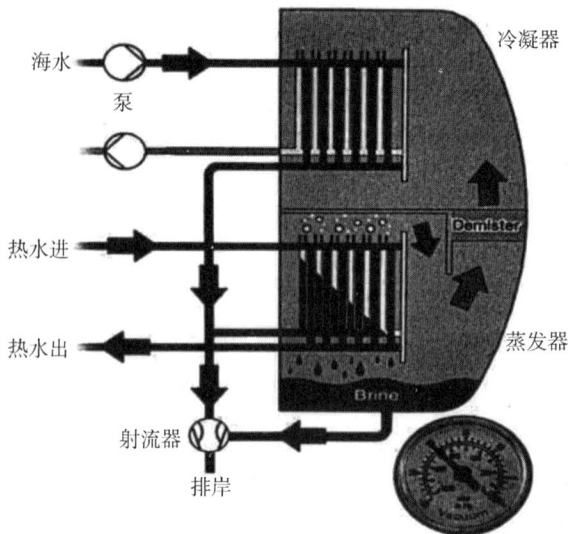

A.系统正常运行在高真空度下

B.加热水温度越高越好

C.造水原理是根据盐分几乎不溶于低压蒸汽的原理

D.海水在下部受热汽化后,经除水器进入冷凝空间冷凝,经淡水泵排出

17.反渗透式海水淡化装置中的半透膜是_____的聚合物的产品。

  A.原子合成   B.高分子合成

  C.离子合成   D.低分子合成

18.大多数柴油机船用海水淡化装置以_____为热源工作。

  A.主机活塞冷却水   B.主机缸套冷却水

  C.废气锅炉产汽   D.副机(发电机)冷却水

19.在船舶上对淡水水质要求最高的是_____。

  A.分油机高置水箱用水   B.饮用水

  C.主机膨胀水柜用水   D.锅炉用水

20.反渗透式造水机制淡过程中_____。

  A.不需要加热   B.有相变过程

  C.存在结垢危险   D.长期使用,只需定期清洗滤器即可

21.反渗透式海水淡化装置中,给水预处理系统中常设有_____,用于保持反渗透膜的足够清洁。

  ①粗滤器;②多媒介滤器;③细滤器;④自冲滤器

  A.①③④   B.①②③

  C.①②④   D.②③④

22.不属于反渗透式造水机优点的是_____。

  A.反渗透膜无须化学清法   B.不依赖主机缸套水的热量

  C.没有加热环节   D.没有结垢现象

23.下列_____是反渗透式造水机的主要工作部件。

A.真空泵 B.凝水泵

C.增压泵 D.蒸馏器

第二节 真空沸腾式海水淡化装置的构成及工作原理

1.下图为真空沸腾式海水淡化装置的原理图,热水温度过高,下列表述正确的是_____。

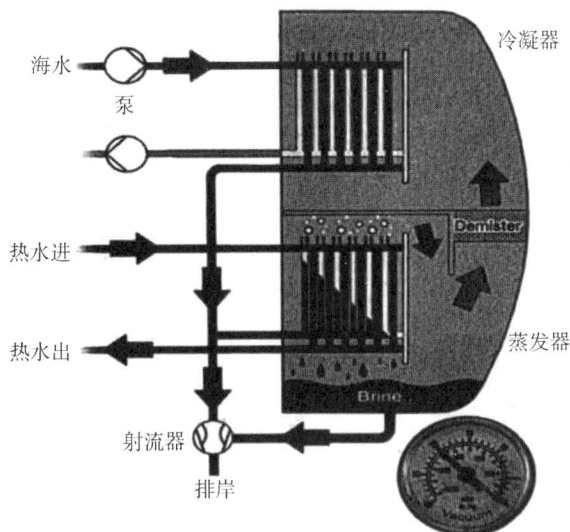

A.淡水含盐量升高 B.系统真空度升高

C.淡水含盐量降低 D.淡水含盐量和热水温度无关

2.关于船用海水蒸馏装置,下列说法中错误的是_____。

A.真空度高,则海水的沸点低,可以采用船舶柴油机缸套冷却水作为加热介质

B.海水的蒸发和蒸汽的冷凝都在高真空度下进行

C.真空度低,则海水的沸点高,可以采用船舶柴油机缸套冷却水作为加热介质

D.盐分几乎不溶于低温水蒸气是蒸馏法的应用基础

3.海水淡化装置盐度传感器是_____。

A.一个测量电极 B.一对测量电极

C.温度传感器 D.快速化学分析仪

4.船用壳管式换热器真空沸腾式海水淡化装置的海水的加热和沸腾汽化都是发生_____蒸发器内进行。

A.上部横管式 B.下部横管式

C.上部竖管式 D.下部竖管式

5.船用壳管式换热器真空沸腾式海水淡化装置的真空泵通常采用_____。

A.往复泵 B.喷射泵

C.齿轮泵 D.离心泵

6.真空沸腾式海水淡化装置工作正常时多少含有一些盐分,它一般来自_____。

A.溶解于蒸汽中的盐分和蒸汽中携带的盐水

B.蒸汽中携带的盐水

C.溶解于蒸汽中的盐分

D.冷凝器的漏泄

7.真空沸腾式海水淡化装置正常工作时,设在水喷射器抽真空的吸入管上的观察镜应_____。

A.有含气泡水　　　　　　　　　B.充满水

C.看不见水　　　　　　　　　　D.断续有水

8.真空沸腾式海水淡化装置停用时,下列各项的正确顺序是_____。

①关断给水并停海水泵;②停止冷却;③停止加热;④关凝水阀、停凝水泵

A.④③①②　　　　　　　　　　B.③④①②

C.①②③④　　　　　　　　　　D.③①②④

9.船用真空沸腾式海水淡化装置排盐水一般多采用_____。

A.空气喷射器　　　　　　　　　B.水环泵

C.水喷射器　　　　　　　　　　D.蒸汽喷射器

10.船用真空蒸馏式海水淡化装置的真空泵一般多采用_____。

A.水喷射泵　　　　　　　　　　B.单螺杆泵

C.蒸汽喷射泵　　　　　　　　　D.水环泵

11.蒸馏式海水淡化装置结垢主要发生在_____。

A.冷却管外侧

B.加热管外侧

C.加热管内侧

D.冷却管内侧

12.海水淡化装置产水含盐量超标,在发出警报的同时_____。

A.停止凝水泵工作

B.海水淡化装置全部停止工作

C.海水泵停止工作

D.开启电磁阀使产水流回蒸馏器或泄放舱底

13.船用蒸馏式海水淡化装置的给水倍率是指_____。

A.产水量与给水量之比

B.给水量与产水量之比

C.排盐(水)量与给水量之比

D.给水量与排盐(水)量之比

14.船用真空沸腾式海水淡化装置的真空泵和排盐泵是_____。

A.喷射泵　　　　　　　　　　　B.齿轮泵

C.旋涡泵　　　　　　　　　　　D.离心泵

15.真空沸腾式海水淡化装置上的真空破坏阀与_____相连。

A.冷凝器

B.蒸发器

C.冷凝器和蒸发器

D.汽水分离器

16.下图是海水淡化装置工作原理图,图中:1-冷凝器;2-蒸发器;3-真空喷射泵;4-滤器;5-海水泵;6-盐度计;7-淡水泵。图中 3 的作用是_____。

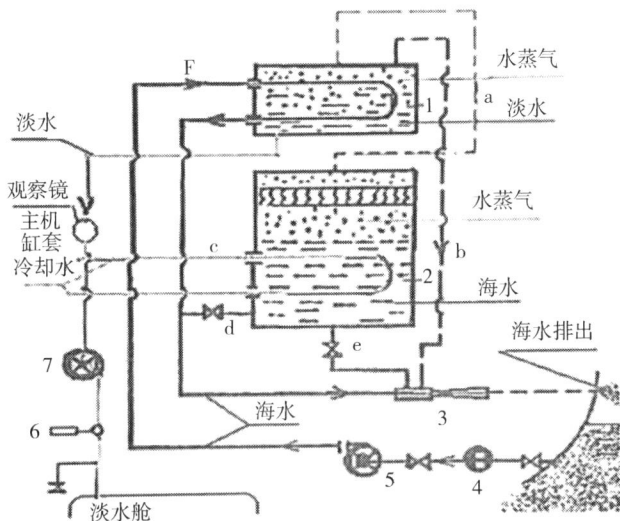

A.控制加热介质　　　　　　　　B.控制淡水盐度

C.提供海水　　　　　　　　　　D.抽真空和排盐水

17.下图是海水淡化装置工作原理图,图中:1-冷凝器;2-蒸发器;3-真空喷射泵;4-滤器;5-海水泵;6-盐度计;7-淡水泵。易结垢的部分是在_____内。

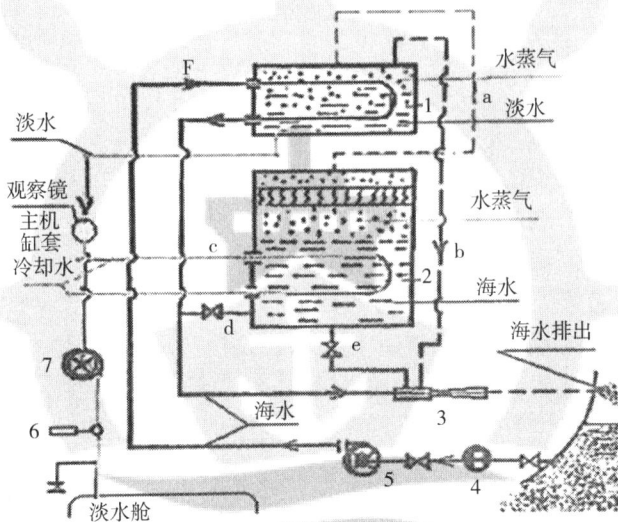

A.2　　　　　　　　　　　　　　B.4

C.5　　　　　　　　　　　　　　D.7

18.要使真空沸腾式海水淡化装置给水倍率合适,主要是靠控制_____流量。

A.排盐泵　　　　　　　　　　　B.加热水

C.冷却水　　　　　　　　　　　D.海水给水

19.要使真空沸腾式海水淡化装置凝水水位合适,主要是靠控制凝水泵的_____。

    A.转速   B.吸入阀开度

    C.排出阀开度   D.旁通阀开度

20.关于真空沸腾式海水淡化装置的说法,正确的是_____。

    A.工作时真空度尽可能大,因为可以提高产水量

    B.起动时水喷射排盐泵和真空泵同时抽真空

    C.正式工作后真空泵即可停止抽真空

    D.产水含盐量太高时凝水泵自动停止工作

21.要使真空沸腾式海水淡化装置给水倍率合适的措施不包括_____。

    A.保持装置海水泵有足够的排压   B.保持给水减压阀后水压调节合适

    C.保持给水管路节流孔板通畅   D.适当调节排盐泵出口阀的开度

22._____不是造水机起动前的准备工作。

    A.关闭真空破坏阀   B.关闭泄水阀

    C.开启空气阀   D.开启加热阀

23._____不是造水机起动前的准备工作。

    A.关闭凝水泵出口阀   B.开启海水系统各阀

    C.开启凝水泵   D.开始给水

24.可以减轻造水机换热面结垢量的措施有_____。

    ①控制盐水温度;②保持合适的给水倍率;③控制蒸发器中盐水含盐量

    A.①②   B.①③

    C.①②③   D.②③

25.可以减轻造水机换热面结垢量的措施是_____。

    A.增加造水机起停的次数   B.控制产水量

    C.尽可能降低传热温差   D.对缸套水投药

26.以下关于造水机蒸馏的说法中不正确的是_____。

    A.造水机采用蒸馏的方式产生淡水是利用蒸馏出的蒸汽不含盐

    B.蒸馏是在造水机蒸馏器内高真空度下实现的

    C.造水机蒸馏的过程需要汽水分离将小液滴阻挡下来

    D.造水机蒸馏器距离冷凝器不需要有一定的分离高度

27.真空沸腾式海水淡化装置中开始生成硫酸钙($CaSO_4$)硬垢的条件是_____。

    A.工作温度高于75 ℃   B.真空度小于90%

    C.盐水浓缩率大于1.5   D.给水倍率大于3~4

28.船用真空沸腾式海水淡化装置抽真空一般多采用_____。

    A.空气喷射器   B.水环泵

    C.水喷射器   D.蒸汽喷射器

29.目前大多数船用蒸馏式海水淡化装置的蒸发温度为_____。

    A.30~35 ℃   B.35~45 ℃

    C.45~60 ℃   D.B 或 C

30.船用真空沸腾式海水淡化装置排盐水时一般多采用_____。

    A.蒸汽喷射器   B.空气喷射器

    C.水环泵   D.水喷射器

31.可以使真空沸腾式海水淡化装置真空度降低的是_____。

    A.加大冷凝器冷却水的流量   B.提高蒸发器中缸套水温度

    C.加大凝水泵的流量   D.加大喷射泵的流量

32.关于真空沸腾式海水淡化装置的下列说法中,正确的是_____。

    A.真空沸腾式海水淡化装置在蒸馏器壳体上从不设置安全阀

    B.真空沸腾式海水淡化装置中一般设有离心泵和蒸汽喷射器

    C.真空沸腾式海水淡化装置的给水一般由柴油机缸套水供给

    D.真空沸腾式海水淡化装置的凝水泵一般采用离心泵

33.目前大多数船用蒸馏式海水淡化装置的工作真空度设计为_____。

    A.95%~99%   B.70%~80%

    C.90%~94%   D.0(大气压)

34.有关真空沸腾式海水淡化装置的蒸馏器,下列说法中正确的是_____。

    A.上部是冷凝器,下部是蒸发器,中间无须设置汽水分离器

    B.上部是冷凝器,下部是蒸发器,中间需设置汽水分离器

    C.下部是冷凝器,上部是蒸发器,中间需设置汽水分离器

    D.下部是冷凝器,上部是蒸发器,中间无须设置汽水分离器

35.真空沸腾式海水淡化装置给水量太大,不会导致_____。

    A.盐水水位过高   B.产水含盐量过高

    C.产水量太大   D.给水倍率增大

36.为防止硫酸钙大量生成,通常控制海水淡化装置的盐水含盐量为海水的_____倍。

    A.1.1~1.3   B.1.3~1.5

    C.2   D.3~4

37.工作正常的真空沸腾式海水淡化装置,水垢最主要的成分是_____。

    A.氢氧化镁   B.硫酸钙

    C.碳酸钙   D.氯化钠

38.下列关于真空沸腾式海水淡化装置的蒸发器加热面结垢的说法中,错误的是_____。

    A.传热温差大,容易导致结垢   B.沸腾温度低,容易结垢

    C.盐水含盐量高,容易导致结垢   D.装置真空度低,容易导致结垢

39.真空沸腾式海水淡化装置将蒸馏器抽至要求的真空度后,停止抽气并关闭各阀,在_____内真空度下降超过_____则密封不合格。

    A.1 h,10%   B.5 min,5%

    C.10 min,10%   D.0.5 h,10%

40.真空沸腾式海水淡化装置海水温度高时,真空度下降可能是因为_____。

    A.喷射泵抽气能力降低   B.冷却能力和喷射泵抽气能力降低

    C.海水含气量增多   D.冷却能力下降

41.海水淡化装置是用_____的方法测量产水含盐量的。

A.测产淡水导电性   B.测产淡水黏度

C.化学分析   D.测产淡水比重

42.关于船舶海水淡化装置含盐量过高的原因分析,下列说法中不正确的是_____。

A.海水含盐量过高   B.冷凝器漏泄,冷却海水进入淡水侧

C.蒸发量过大,沸腾过于剧烈   D.冷凝器脏污

43.海水淡化装置加热器换热面结垢的因素与_____关系不大。

A.装置工作时的真空度   B.所产淡水量

C.传热温差   D.给水倍率

44.从管理角度来看,真空沸腾式造水机产淡水含盐量高的主要因素有_____。

A.蒸发量过大,沸腾过于剧烈   B.系统的真空度过低

C.加热水流量过小   D.蒸发器中海水流量过大

45.真空蒸馏式海水淡化装置停用时,操作中最应引起注意的是_____。

A.先停加热水   B.主机冷却水流量

C.防止海水进入蒸馏水舱   D.最后打开真空破坏阀

46.对于板式换热器的真空蒸馏式海水淡化装置,在换热器拆检前,最应注意的是_____。

A.检查挡水板状态   B.测量换热器安装螺栓剩余长度

C.检查密封圈状态   D.准备合适的清洗剂

47.下图中,正常工作时压力较低处在_____。

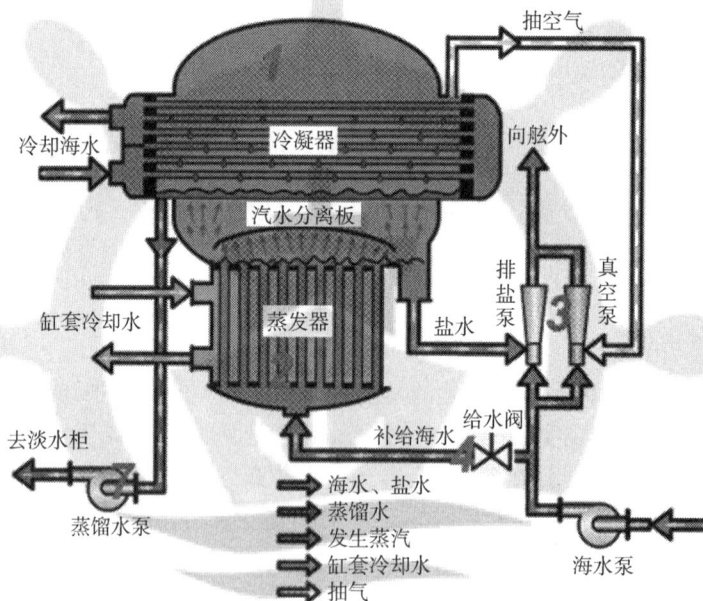

A.2 中   B.1 中

C.海水泵的吸口处   D.泵 7 的吸口处

48.船用蒸馏式海水淡化装置多在高真空条件下工作,主要是为了_____。

A.提高热利用率   B.利用动力装置废热和减轻结垢

C.便于管理　　　　　　　　　　　D.造水量大

49.海水淡化装置盐度传感器使用_____左右应拆洗一次。

　　A.一周　　　　　　　　　　　　B.一个月

　　C.半年　　　　　　　　　　　　D.一年

第三节　真空沸腾式海水淡化装置的使用与管理

1.当船舶驶近港口或在离海岸不超过 20 n mile 的海域航行时,海水淡化装置应当_____。

　　A.停用　　　　　　　　　　　　B.起动

　　C.清洗　　　　　　　　　　　　D.保持原来状态

2.停用真空沸腾式海水淡化装置时最先做的是_____。

　　A.停凝水泵　　　　　　　　　　B.开空气阀

　　C.停止加热　　　　　　　　　　D.停海水泵

3.起动真空沸腾式海水淡化装置时最先做的是_____。

　　A.供入需淡化的海水　　　　　　B.供加热水

　　C.供冷却水　　　　　　　　　　D.开海水泵供水给喷射泵抽真空

4.关于船用海水淡化装置结垢的说法中,错误的是_____。

　　A.加热介质与盐水之间的温差越大,越易生成氢氧化镁和硫酸钙水垢

　　B.在同样的蒸发温度和传热温差下,盐水的浓度越大,生成的水垢就越多

　　C.海水中的部分盐类溶解度随温度的升高而减小,易形成水垢

　　D.蒸馏器中的真空度越低,蒸发器中海水的蒸发温度就越低,水垢生成的速度就越慢

5.关于船用海水淡化装置产水量减少原因的分析,下列选项中错误的是_____。

　　A.蒸发器换热面脏污

　　B.造水机投药量过高

　　C.凝水泵出口通舱底电磁阀关闭不严

　　D.真空度不足

6.建立和维持真空蒸馏式海水淡化装置真空度所需的条件有_____。

　　①装置有良好的气密性;②真空泵有足够的抽真空能力;③有与蒸发能力相适应的冷凝能力;④淡水泵的排水能力合适

　　A.①②③　　　　　　　　　　　B.①②④

　　C.①③④　　　　　　　　　　　D.①②③④

7.在蒸发生产中,二次蒸汽的产量较大,且含大量的潜热,故应将其回收加以利用。若将二次蒸汽通入另一个蒸发器的加热室,只要后者的操作压强和溶液沸点低于原蒸发器中的操作压强和溶液沸点,则通入的二次蒸汽仍能起到加热作用,这种操作方式是_____。

　　A.多效蒸发　　　　　　　　　　B.多级蒸发

　　C.二次蒸发　　　　　　　　　　D.二效蒸发

8.海水淡化装置运行管理中,下述不合适的是_____。

　　A.真空度主要是通过调节冷却水旁通阀的开度调节冷却水流量来控制

B.产水量主要是靠调节加热水旁通阀的开度改变热水流量来控制

C.真空沸腾式海水淡化装置给水倍率控制在3~4倍

D.装置启用正常工作之后,只要船舶主机的负荷没有大的变化,不管外界环境如何变化,其他都无须进行调节

9.船用真空蒸馏式海水淡化装置在工作中,主要靠调节_____来调节产水量。

    A.加热水温度 　　　　　　　　　　B.加热水流量

    C.冷却水温度 　　　　　　　　　　D.冷却水流量

10.真空沸腾式海水淡化装置中真空度不足,可能是因为_____。

    A.冷却水温度太低 　　　　　　　　B.冷却水泵流量过大

    C.加热水流量太大 　　　　　　　　D.给水倍率太大

11.真空沸腾式海水淡化装置中真空度太低,一般不会是因为_____。

    A.冷却水温度太高 　　　　　　　　B.冷却水流量不足

    C.加热水流量太大 　　　　　　　　D.给水流量太大

12.如果造水机冬季使用时真空度过大,加大加热水流量_____。

    A.是一项可取的办法 　　　　　　　B.会导致凝水含盐量增大

    C.可以导致安全阀开启 　　　　　　D.会导致加热面结硬垢

13.海水淡化装置在实际工作中导致真空度不足的常见原因不会是_____。

    A.装置气密性差 　　　　　　　　　B.冷却水流量不足

    C.真空泵抽气能力不足 　　　　　　D.排盐泵流量不足

14.真空沸腾式海水淡化装置的真空度主要靠调节_____来控制。

    A.给水量 　　　　　　　　　　　　B.冷却水流量

    C.加热水流量 　　　　　　　　　　D.凝水泵流量

15.船用真空蒸馏式海水淡化装置真空度过大的主要原因是_____。

    A.真空喷射器选择不当 　　　　　　B.海水温度过低

    C.出海阀开度过大 　　　　　　　　D.工作水压力过高

16.船用真空蒸馏式海水淡化装置真空度不足,不可能的原因是_____。

    A.喷射泵喷嘴磨损 　　　　　　　　B.海水温度过低

    C.出海阀开度不足 　　　　　　　　D.冷凝器脏污

17.海水淡化装置的真空度决定了海水的蒸发温度,下列表述错误的是_____。

    A.真空度降低,蒸发温度升高,产水量降低

    B.真空沸腾式造水装置的真空度完全依靠水喷射真空泵维持

    C.真空度过高,海水沸腾剧烈,淡水含盐量升高

    D.海水温度升高,容易造成系统真空度降低

18.真空沸腾式海水淡化装置启用时,应该按_____顺序进行。

    ①开始加热;②开始冷却;③开海水泵抽真空并给水;④开凝水泵排水

    A.①②③④ 　　　　　　　　　　　B.③①②④

    C.④①②③ 　　　　　　　　　　　D.③②①④

19.下列关于真空沸腾式造水机的运行管理的描述,错误的是_____。

A.给水倍率一般保持在 3~4 范围内

B.起动造水机时先开海水,后进缸套水

C.停止造水时,先打开真空破坏阀,后关停海水泵

D.造水机运行时,有必要对系统进行投药,防止结垢

20.真空沸腾式海水淡化装置结垢主要发生在_____侧。

A.蒸发器加热介质   B.蒸发器被加热介质

C.冷凝器冷却介质   D.冷凝器被冷却介质

21.真空沸腾式海水淡化装置不宜使用蒸汽直接加热的主要原因是避免_____。

A.沸腾过于剧烈   B.产水含盐量过高

C.耗热量大,不经济   D.结垢快,生成硬垢

22.真空沸腾式海水淡化装置加热面传热温差不宜过大,主要是为了防止_____。

A.沸腾过于剧烈   B.结垢数量过多

C.生成硬垢   D.工作真空度太低

23.真空沸腾式海水淡化装置中水温超过_____℃,氢氧化镁硬垢含量就会迅速增加。

A.55   B.65

C.75   D.85

24.真空沸腾式海水淡化装置在_____时会引起产水含盐量增大。

A.冷却水温过高   B.加热水流量过小

C.真空度太高   D.凝水泵流量过大

25.海水淡化装置加热器换热面结垢的原因与_____关系不大。

A.所产淡水量   B.给水倍率

C.传热温差   D.装置工作时的真空度

26.水温变化,对海水淡化装置加热器换热面结垢的影响是_____。

A.外界海水温度提高,换热面结垢速度加快

B.外界海水温度降低,换热面结垢速度加快

C.加热水温度提高,换热面结垢速度加快

D.加热水温度降低,换热面结垢速度加快

27.不会造成造水机蒸发器结垢的是_____。

A.海水中部分盐类溶解度比较低

B.海水中含盐量很高,且随着温度的升高,溶解度升高

C.部分沉淀物会在加热器表面形成难于清除的硬水垢

D.海水中部分盐类溶解度随着温度的升高而降低

28.与造水机加热面水垢生成速度无关的是_____。

A.蒸发温度   B.传热温差

C.盐水浓度   D.造水量

29.造水机的给水倍率增大不会造成_____。

A.水垢生成量增多   B.排出盐水增多,使热损失增多

C.产水量减小   D.可减小盐水的浓度

30.船用真空沸腾式海水淡化装置为了减少结垢,给水倍率一般应控制在_____倍。

    A.1.3~1.5   B.3~4

    C.1~2   D.7~8

31.为减轻造水机换热面结垢,一般需要_____。

    A.定期清洁造水机外壳浮尘   B.对供给蒸发器的热水连续投药

    C.对供给蒸发器的海水连续投药   D.打开造水机蒸发器进行投药

32.真空沸腾式海水淡化装置所产淡水的含盐量的多少原则上取决于_____。

    A.造水机的产水量   B.供入的海水的含盐量

    C.二次汽中溶解的盐分   D.二次汽所带水分携带的盐量

33.真空沸腾式海水淡化装置保持足够大的给水倍率不能起到_____的作用。

    A.减少结垢   B.不结硬垢

    C.防止产水含盐量过高   D.增加产水量

34.真空沸腾式海水淡化装置产水含盐量大的原因不包括_____。

    A.加热水流量太大   B.给水倍率过小

    C.冷凝器有漏泄   D.真空破坏阀关闭不严

35.真空沸腾式海水淡化装置产水含盐量太大,下列措施中一般不用的是_____。

    A.加大给水量   B.减少加热水流量

    C.减小冷却水流量   D.稍开真空破坏阀

36.真空沸腾式海水淡化装置产水含盐量太大时,采取的常用措施是_____。

    A.加大加热水流量   B.加大给水量

    C.减小加热水流量   D.增加冷却水流量

37.真空沸腾式海水淡化装置产水含盐量过高,不宜采取的措施是_____。

    A.把加热水调节阀开大,减少加热水进入装置的流量

    B.适当减少进入冷凝器的海水流量,降低冷凝能力

    C.适当提高给水倍率,降低盐水浓度

    D.适当提高真空度

38.下列原因中不会造成真空蒸馏式海水淡化装置产水含盐量过高的是_____。

    A.加热介质流量过大   B.装置真空度偏低

    C.给水倍率不足   D.盐水水位过高

39.真空蒸馏式海水淡化装置在工作中,如因为海水温度偏低而造成产水含盐量偏高,实践中正确的做法是_____。

    A.增加加热水流量   B.减少加热水流量

    C.稍开真空破坏阀   D.稍开泄放阀

40.真空式海水淡化装置所产淡水含盐量过高的主要因素有_____。

    ①蒸发量过大;②盐水含盐量太大;③冷凝器漏泄;④缸套水出口温度低

    A.①②④   B.①③④

    C.①②③   D.②③④

41.真空式海水淡化装置淡水泵排出的是_____。

A.不含任何杂质的纯蒸馏水 　　　　　　B.含有一定量盐分的蒸馏水

C.含有大量盐分的淡水 　　　　　　　　D.高浓度海水

42.主机缸套水温度升高后,造水机产水含盐量增高,可采取的措施不包括_____。

A.适当降低系统的真空度

B.适当减少进入蒸发器海水的量

C.旁通缸套水,减少进入系统的缸套水量

D.减少冷凝器的冷却水量

43.从管理角度来看,真空沸腾式造水机所产淡水含盐量过高的主要因素有_____。

A.蒸发量过大,沸腾过于剧烈 　　　　　B.系统的真空度过低

C.蒸发器中海水流量过大 　　　　　　　D.加热水流量过小

44.从管理角度来看,真空沸腾式造水机所产淡水含盐量过高的主要因素有_____。

A.蒸发量过小 　　　　　　　　　　　　B.系统的真空度过高

C.蒸发器中海水流量过大 　　　　　　　D.加热水流量过小

45.控制造水机盐水浓度的主要原因是:同样的工作压力和传热温差下,含盐浓度越大,_____。

A.难溶盐的含量越高,生成的水垢就越多

B.造水机产生的淡水越少

C.造水机产生的淡水含盐量越多

D.造水机蒸发器中水的沸点越高

46.可以通过_____控制造水机盐水含盐浓度。

A.控制给水倍率 　　　　　　　　　　　B.控制蒸发器的真空度

C.控制凝水的水位 　　　　　　　　　　D.控制产水量

47.真空沸腾式造水机生产的淡水若供饮用,最好经_____处理。

A.矿化器和紫外线杀菌器 　　　　　　　B.软化器和过滤器

C.化学药品消毒 　　　　　　　　　　　D.反渗透淡化装置进行二次

48.船上欲饮用海水淡化装置所得到的淡水,最好_____。

A.加入矿物盐 　　　　　　　　　　　　B.经过紫外线杀菌

C.经过矿化器和紫外线杀菌器处理 　　　D.加入适量食盐

49.造水机所产淡水经过_____处理后方可饮用。

①紫外线杀菌;②矿化处理;③氯化处理

A.① 　　　　　　　　　　　　　　　　B.②

C.③ 　　　　　　　　　　　　　　　　D.①②

50.关于造水机产生的蒸馏水,说法正确的是_____。

A.蒸馏水可以长期饮用

B.蒸馏水是含盐量很低的水

C.蒸馏水不属于软水

D.造水机所产蒸馏水中的细菌已被杀死

51.关于造水机蒸馏,说法正确的是_____。

A.造水机采用蒸馏的方式产生淡水是利用蒸馏出的蒸汽不含盐

B.蒸馏是在造水机蒸馏器内常压下实现的

C.造水机蒸馏的过程不需要汽水分离

D.造水机蒸馏器距离冷凝器可以很接近

52.进行海水淡化，一般要满足以下基本条件_____。

①船舶定航速航行；②船舶抛锚；③船舶靠港；④船舶不在污染水域

A.①④　　　　　　　　　　　　B.②④

C.②③　　　　　　　　　　　　D.①②

53.关于造水机产水工作具备的条件，不正确的是_____。

A.要在船舶定速航行时进行

B.要在船舶离海岸线 20 n mile 以上时进行

C.要在船舶缺少大量淡水时起动

D.保证海水是清洁的

54.要使船舶离海岸线_____n mile 以上，造水机才开始工作。

A.5　　　　　　　　　　　　　B.10

C.20　　　　　　　　　　　　　D.30

55.以下满足造水机开启工作条件的是_____。

A.船舶在机动航行　　　　　　　B.船舶在定速航行

C.船舶在狭水道航行　　　　　　D.船舶在港内停泊

56.带板式换热器的海水淡化装置蒸馏器的维护工作不包括_____。

A.定期做水压试验

B.工作 2 000 h 后至少要检查一次蒸馏器底部的防蚀锌块

C.工作 8 000 h 后汽水分离器也须用含抑制剂的酸溶液浸洗

D.停 14 天以上应用淡水清洗内部

参考答案

第一节　海水淡化基础理论

1.A	2.D	3.B	4.C	5.D	6.B	7.D	8.B	9.C	10.D
11.C	12.D	13.D	14.B	15.C	16.B	17.B	18.B	19.D	20.A
21.B	22.A	23.C							

第二节　真空沸腾式海水淡化装置的构成及工作原理

1.A	2.C	3.B	4.D	5.B	6.B	7.D	8.A	9.C	10.A
11.C	12.D	13.B	14.A	15.A	16.D	17.A	18.D	19.C	20.B
21.D	22.D	23.C	24.C	25.C	26.C	27.C	28.C	29.B	30.D

| 31.B | 32.D | 33.C | 34.B | 35.C | 36.B | 37.C | 38.B | 39.A | 40.B |
| 41.A | 42.D | 43.B | 44.A | 45.B | 46.B | 47.B | 48.B | 49.B | |

第三节　真空沸腾式海水淡化装置的使用与管理

1.A	2.C	3.D	4.D	5.B	6.D	7.A	8.D	9.B	10.C
11.D	12.B	13.D	14.B	15.B	16.B	17.B	18.B	19.C	20.B
21.D	22.C	23.C	24.C	25.A	26.C	27.B	28.D	29.A	30.B
31.C	32.D	33.D	34.D	35.A	36.C	37.D	38.B	39.C	40.C
41.B	42.B	43.A	44.B	45.A	46.A	47.A	48.C	49.D	50.B
51.A	52.A	53.C	54.C	55.B	56.A				

第九章

船用辅助锅炉

第一节　辅助锅炉本体结构与附件

1.我国船用锅炉给水标准规定,补给蒸馏水的含盐量应小于_____ mg/L。

    A.10　　　　　　　　　　　　　　　B.500

    C.1 000　　　　　　　　　　　　　　D.15

2.关于直接作用式锅炉安全阀的开启和关闭压力整定,说法正确的是_____。

    ①通过调节安全阀上的调节螺丝,改变弹簧的张力以调整安全阀的开启压力;②调整安全阀阀座上的调节圈位置,从而调整安全阀关闭时的压力降低量

    A.①　　　　　　　　　　　　　　　B.①②

    C.②　　　　　　　　　　　　　　　D.①②都不对

3.在燃油锅炉和废气锅炉的联系方式中,包括_____。

    ①各自独立,供汽都通到蒸汽分配联箱;②废气锅炉为燃油锅炉的附加受热面;③燃油锅炉为废气锅炉的附加受热面;④燃油锅炉和废气锅炉组合成一体

    A.①②④　　　　　　　　　　　　　B.①②③

    C.①②③④　　　　　　　　　　　　D.②③④

4.下列关于辅助锅炉的说法,正确的是_____。

    A.废气锅炉只能作为燃油锅炉的附加受热面,不能单独供汽到蒸汽分配联箱

    B.当燃油锅炉作为废气锅炉的汽水分离器时,废气锅炉采用自然循环水管锅炉

    C.组合式锅炉是指同时存在水管和烟管锅炉

    D.当废气锅炉作为燃油锅炉的附加受热面时,水位无须调节

5.锅炉按受热面的特点,大致可分为_____两大类。

    A.锅壳式和火管式　　　　　　　　　B.烟管式和火管式

    C.烟管式和水管式　　　　　　　　　D.烟管式和锅壳式

6.与烟管锅炉比较,以下_____是水管锅炉的特点。

    A.工作压力较低,蒸发量小　　　　　B.点火和升汽时间较短

    C.蒸发率和热效率低　　　　　　　　D.相对体积和重量较大

7.关于锅炉安全阀的以下说法中,正确的是_____。

①可以从上甲板强开;②关闭压力要比开启压力明显低;③与阀后逸汽管的连接应设膨胀装置和泄水口;④同一壳体内一般都设一对阀盘

A.①②④ B.②③④

C.①②③④ D.①②③

8.燃油锅炉与废气锅炉之间的联系方式大致有 3 种,以下不属于它们的联系方式的是_____。

A.燃油锅炉为废气锅炉的一个附加受热面

B.废气锅炉为燃油锅炉的一个附加受热面

C.两者独立

D.组合式锅炉

9.关于锅炉受热面的积灰有以下说法:①矾、钠的化合物、②硫酸钙、③未燃尽的碳粒子、④铁氧化物,主要包括_____。

A.②③④ B.①②③

C.①②④ D.①③④

10.对于玻璃板式水位计,说法正确的有_____。

①为了能清晰地显示水位,平板玻璃水侧刻有沟槽;②压力较高的锅炉可在平板玻璃水位计的平板玻璃靠水一侧加衬云母片,以保护平板玻璃不受锅水腐蚀;③在装配玻璃板水位计时,玻璃板与金属框架之间的接触面应研磨得很平

A.①② B.②③

C.①③ D.①②③

11.通常船舶锅炉中需要成对安置的是_____。

①停汽阀;②水位计;③安全阀;④给水阀

A.①②③④ B.①③④

C.①②③ D.②③④

12.烟管锅炉中以对流为主要换热方式的换热面是_____。

A.炉胆 B.燃烧室

C.烟管 D.烟箱

13.烟管锅炉与水管锅炉相比,_____是不对的。

A.汽压较稳定 B.水质要求较低

C.点火升汽慢 D.效率较高

14.水管锅炉比烟管锅炉效率高是因为_____热损失小。

A.散热 B.排烟

C.机械不完全燃烧 D.化学不完全燃烧

15.水管锅炉比烟管锅炉效率高是因为_____。

A.炉膛温度高

B.水管锅炉对水质要求低

C.蓄水量较小

D.换热好,烟气离开锅炉时温度较低

16.烟管锅炉的蒸发受热面不包括_____。

A.炉胆　　　　　　　　　　　　　　B.燃烧室

C.烟管　　　　　　　　　　　　　　D.烟箱

17.水管锅炉汽包与水筒间连接有设在炉墙外不受热的供水管,其作用是_____。

A.加强汽包、水筒刚性的支撑管　　　B.强制循环的供水管

C.增强炉水自然循环的下降管　　　　D.增强炉水自然循环的上升管

18.水管锅炉的辐射换热面是_____。

A.下降管　　　　　　　　　　　　　B.水冷壁

C.汽包　　　　　　　　　　　　　　D.水筒

19.水管锅炉中沸水管(蒸发管)的主要换热方式为_____。

A.辐射　　　　　　　　　　　　　　B.对流

C.导热　　　　　　　　　　　　　　D.辐射+导热

20.水管锅炉中水冷壁的主要换热方式为_____。

A.辐射　　　　　　　　　　　　　　B.对流

C.导热　　　　　　　　　　　　　　D.导热+对流

21.关于锅炉尾部受热面的以下说法中错误的是_____。

A.可以减轻管理工作

B.可以使排烟温度降低,锅炉效率提高

C.容易积灰和发生低温腐蚀

D.会使锅炉尺寸和造价增加

22.水管锅炉对水质的要求一般比烟管锅炉高,主要是因为_____。

A.蒸发量大　　　　　　　　　　　　B.工作压力高

C.蒸发温度高　　　　　　　　　　　D.水管生成水垢容易烧坏

23.船用自然循环的水管锅炉上升管是由_____组成的。

A.水冷壁和蒸发管束　　　　　　　　B.给水管和蒸发管束

C.集汽多孔板和蒸发器　　　　　　　D.水筒和蒸发管束

24.下列不属于烟管锅炉特点的是_____。

A.蒸发率和热效率低

B.体积和重量相对较大,适用于工作压力较低、蒸发量需求较小的场合

C.点火和升汽的时间长

D.对锅炉水质要求较高

25.在火管锅炉内,炉胆内高温火焰与烟气的热量主要通过_____传递。

A.对流　　　　　　　　　　　　　　B.传导

C.辐射　　　　　　　　　　　　　　D.反射

26.在火管锅炉内,燃烧室内的热量主要通过_____传递。

A.对流　　　　　　　　　　　　　　B.传导

C.辐射　　　　　　　　　　　　　　D.反射

27.在火管锅炉内,烟管内的热量主要通过_____传递。

A.对流　　　　　　　　　　　　　　B.传导

C.辐射　　　　　　　　　　　　　　D.反射

28.关于火管锅炉,以下说法中正确的是_____。

　　A.蒸发率高　　　　　　　　　　　B.热效率高

　　C.相对体积小　　　　　　　　　　D.对水质要求低

29.关于火管锅炉,以下说法中错误的是_____。

　　A.蒸发率低　　　　　　　　　　　B.热效率低

　　C.相对体积小　　　　　　　　　　D.对水质要求低

30.水管锅炉与烟管锅炉相比,_____是不对的。

　　A.蒸发率较大　　　　　　　　　　B.相对体积、重量较小

　　C.效率较高　　　　　　　　　　　D.对水质要求较低

31.自然循环水管锅炉是指_____流动的锅炉。

　　A.利用风机使空气和烟气

　　B.利用烟囱自然通风力使空气和烟气

　　C.由于工质密度差而使水在受热管中

　　D.借助泵使水在受热管中

32.D 型水管锅炉中上升水管由水冷壁和_____组成。

　　A.下降管　　　　　　　　　　　　B.汽包

　　C.蒸发管束　　　　　　　　　　　D.水筒

33.D 型水管锅炉中,蒸发管路中水循环停滞,会造成_____。

　　A.燃油消耗量增加　　　　　　　　B.产汽量增加

　　C.管路被烧坏　　　　　　　　　　D.锅炉内水位上升

34.《钢质海船入级规范》规定,炉墙和炉衣外表面温度不应大于_____℃。

　　A.50　　　　　　　　　　　　　　B.60

　　C.70　　　　　　　　　　　　　　D.90

35.盘香管式废气锅炉的工质进入出口联箱的状态是_____。

　　A.干饱和蒸汽　　　　　　　　　　B.过热蒸汽

　　C.汽水混合物　　　　　　　　　　D.过热水

36.烟管锅炉中烟气在烟管内换热效果不佳的原因是_____。

　　①烟气与炉水温差不大;②烟气在烟管内流速小;③锅炉负荷太大

　　A.①②③　　　　　　　　　　　　B.①②

　　C.①③　　　　　　　　　　　　　D.②③

37.翅片式强制水循环废气锅炉,翅片的作用是_____。

　　A.增大传热面积,提高传热效果　　B.捕捉、收集废气中的颗粒

　　C.便于实现吹灰　　　　　　　　　D.改变烟气流通方向

38.立式烟管废气锅炉结构中,为使封头不变形,管群中少量厚壁管路与封头强固连接,这些管子称为_____。

　　A.封头管　　　　　　　　　　　　B.盘香管

　　C.牵头管　　　　　　　　　　　　D.旁通管

39. 下列结构中属于立式横烟管锅炉的是_____。

①封头；②烟管；③燃烧器；④水冷壁；⑤吹灰器；⑥集气管；⑦停气阀

A.①②④⑤⑥ B.①②③⑥⑦

C.②③⑤⑥⑦ D.②③④⑥⑦

40. 下列不属于立式横烟管锅炉特点的是_____。

A.蒸发率和热效率低 B.相对体积和重量较小

C.工作压力较低,蒸发量较小 D.点火和升汽时间较长

41. 下列属于立式横烟管锅炉特点的是_____。

A.对水质要求较高 B.相对体积和重量较小

C.汽压和水位变动慢,容易调节 D.点火和升汽时间较短

42. D 型水管锅炉的水和蒸汽空间中,布置于炉膛四周,连接汽包、上联箱和水筒、下联箱的密集管排被称为_____。

A.蒸发管 B.水冷壁

C.炉墙 D.热交换管

43. D 型水管锅炉的低温烟道处的锅炉外壳被称为_____。

A.炉墙 B.炉膛

C.炉衣 D.炉管

44. 水管锅炉相对于烟管锅炉的特点有_____。

①水管锅炉效率较高；②蓄水量大；③结构刚性小；④点火升汽时间短

A.①②③ B.①③④

C.①②④ D.②③④

45. 针形管燃油锅炉的特点为_____。

A.效率高 B.属于烟管锅炉

C.蓄水量大 D.相对体积和重量较大

46. 船用火管锅炉中设有长条螺旋片的作用是_____。

A.增长火管长度,提高换热面积 B.加强烟气的扰动,提高换热效果

C.满足船级社的要求 D.便于锅炉的维修和管理

47. 火管锅炉的圆筒形锅壳由_____焊接而成。

A.钢板 B.铝合金

C.钼合金 D.铸铁

48. 水管锅炉的水冷壁是指设在炉膛壁面的_____。

A.用水冷却的钢板 B.有水强制循环的管排

C.构成自然循环下降管的密集管排 D.构成自然循环上升管的密集管排

49. 关于锅炉尾部受热面,以下说法中错误的是_____。

A.它是指烟道后部的蒸发受热面

B.可以使排烟温度降低,锅炉效率提高

C.容易积灰和发生低温腐蚀

D.会使锅炉尺寸和造价增加

50.盘香管式废气锅炉,其各盘香管进口设节流孔板的主要目的是_____。

A.保证管中无水时不致损坏管子

B.调节废气锅炉的蒸发量

C.有利于汽水分离

D.根据吸热量不同调节各层进水量

51.盘香管式废气锅炉各层盘管进口节流程度应该是_____。

A.下层大　　　　　　　　　　B.上层大

C.相同　　　　　　　　　　　D.不用节流

52.烟管锅炉的基本特点是_____。

A.烟气在受热面管内流动,炉水也在管内流动

B.烟气在受热面管内流动,炉水在管外流动

C.烟气在受热面管外流动,炉水在管内流动

D.烟气在受热面管外流动,炉水也在管外流动

53.水管锅炉的基本特点是_____。

A.烟气在受热面管内流动,炉水也在管内流动

B.烟气在受热面管内流动,炉水在管外流动

C.烟气在受热面管外流动,炉水在管内流动

D.烟气在受热面管外流动,炉水也在管外流动

54.针形管锅炉中的针形管是一种高蒸发率的元件,它的外管相当于_____,内管相当于_____。

A.立式烟管;卧式水管　　　　B.立式水管;卧式烟管

C.立式烟管;立式水管　　　　D.立式水管;立式烟管

55.压力容器上手孔和人孔的主要作用是_____。

A.便于定期检验和清除污物

B.便于压力容器的吊装

C.便于压力容器的固定

D.便于泄放压力

56.组合式锅炉是指_____的锅炉。

A.同时有水管和烟管

B.既能用废气又能用燃油工作

C.两台锅炉装在一起

D.独立式

57.关于组合式锅炉的以下说法中,错误的是_____。

A.废气、燃油既能单独工作,又可同时工作

B.必须有远距离水位指示

C.只能放在机舱顶部

D.一般都是烟管式

58.如图所示,燃油锅炉与废气锅炉的联系方式属于_____。

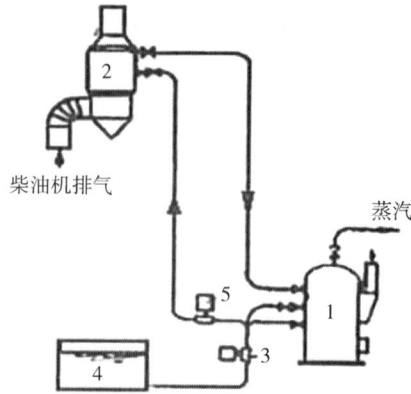

燃油锅炉与废气锅炉的联系

1—燃油锅炉;2—废气锅炉;3—给水泵;4—热水井;5—热水循环泵

A.燃油锅炉与废气锅炉各自独立

B.废气锅炉是燃油锅炉的一个附加受热面

C.燃油锅炉是废气锅炉的一个附加受热面

D.废气锅炉和燃油锅炉是组合式锅炉

59.组合式锅炉是将燃油锅炉与废气锅炉合为一体,只能安装在_____。

A.机舱顶部　　　　　　　　B.机舱中层

C.机舱底层　　　　　　　　D.机舱外部

60.关于组合式锅炉,下列描述正确的是_____。

A.废气锅炉和燃油锅炉两者独立

B.废气锅炉是燃油锅炉的一个附加受热面

C.废气锅炉有单独的给水管路

D.若废气锅炉产汽量不足,燃油锅炉自动启动

61.如图所示,废气锅炉和燃油锅炉的联系方式为_____。

A.两者独立

B.废气锅炉为燃油锅炉的一个附加受热面

C.组合式锅炉

D.针形管锅炉

62.如图所示,废气锅炉和燃油锅炉的联系方式为_____。

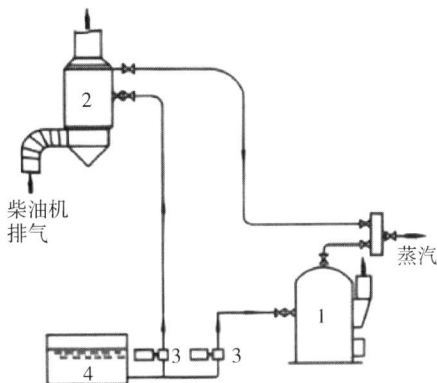

柴油机排气

蒸汽

A.两者独立

B.废气锅炉为燃油锅炉的一个附加受热面

C.组合式锅炉

D.两者串联

63.船用锅炉给水泵应保持良好的工作状态,给水管路的阀门特别是_____应定期研磨。

A.止回阀　　　　　　　　　　B.单向阀

C.截止阀　　　　　　　　　　D.下排污阀

64.关于组合式锅炉,以下说法中正确的是_____。

A.航行时所需蒸汽只来自废气锅炉

B.航行时所需蒸汽只来自燃油锅炉

C.航行时所需蒸汽由废气锅炉产生,若不足,则燃油锅炉投入运行

D.航行时所需蒸汽由燃油锅炉产生,若不足,则废气锅炉投入运行

65.下列不属于组合式锅炉附件的是_____。

A.安全阀　　　　　　　　　　B.手孔

C.封头　　　　　　　　　　　D.溢流阀

66.组合式锅炉是将_____和_____合为一体。

A.主机;废气锅炉　　　　　　B.副机;废气锅炉

C.主锅炉;辅锅炉　　　　　　D.燃油锅炉;废气锅炉

67.组合式锅炉安放在机舱顶部,因此需要有可靠的远距离_____和完善的_____。

A.水位指示;自动调节设备　　B.温度指示;自动调节设备

C.水位指示;自动点火设备　　D.温度指示;自动点火设备

68.组合式锅炉航行时所需要的蒸汽由_____产生,若废气锅炉产汽量不能满足要求,则由_____来补充。

A.燃油锅炉;废气锅炉　　　　B.燃油锅炉;主锅炉

C.主锅炉;燃油锅炉　　　　　D.废气锅炉;燃油锅炉

69.组合式锅炉是由废气锅炉与燃油锅炉组合而成的,对于废气锅炉和燃油锅炉来说,它们拥有共同的_____。

A.燃油系统　　　　　　　　　B.控制系统

C.供风系统　　　　　　　　　　　　D.汽水系统

70.组合式锅炉的结构中,废气锅炉通常采用_____、燃油锅炉通常采用_____作为对流换热面。

A.光烟管;喷油器安装管　　　　　　B.盘香管;针形管

C.光烟管;针形管　　　　　　　　　D.盘香管;喷油器安装管

71.锅炉附件是保证锅炉正常工作所必需的若干_____的总称。

A.阀件　　　　　　　　　　　　　　B.装置

C.部件　　　　　　　　　　　　　　D.阀件和装置

72.锅炉附件是保证锅炉正常工作所必需的若干阀件和装置的总称。下列不属于锅炉附件的是_____。

A.上、下排污阀　　　　　　　　　　B.回水管路

C.水位计　　　　　　　　　　　　　D.炉水化验取样装置

73.压力较高的锅炉可在平板玻璃水位计的平板玻璃靠水一侧加衬_____,以保证平板玻璃不受炉水腐蚀。

A.密封胶　　　　　　　　　　　　　B.石棉垫片

C.云母片　　　　　　　　　　　　　D.玻璃胶

74.下列不属于船舶辅锅炉的水位计配件的是_____。

A.通汽阀　　　　　　　　　　　　　B.通水阀

C.冲洗阀　　　　　　　　　　　　　D.排污阀

75.为了防止船用锅炉蒸汽压力过高造成损伤甚至发生爆炸,锅炉一定要装设_____。

A.停汽阀　　　　　　　　　　　　　B.水位计

C.空气阀　　　　　　　　　　　　　D.安全阀

76.下列有关船用锅炉安全阀的描述中正确的是_____。

①每台锅炉本体应设两个安全阀;②安全阀的开启压力可大于实际允许工作压力;③安全阀的开启压力不应超过锅炉设计压力;④一般情况下船员不可以自行调节安全阀设定压力

A.①③④　　　　　　　　　　　　　B.①②③④

C.①②　　　　　　　　　　　　　　D.②③④

77.锅炉安全阀顶部有手动强开杠杆,并有钢丝绳分别通至_____,必要时可强开安全阀。

A.机舱底层和主甲板　　　　　　　　B.机舱入口和应急出口处

C.集控室和驾驶台　　　　　　　　　D.机舱底层和上甲板

78.根据《钢质海船入级规范》的规定,对于蒸发量大于1 t/h 的辅锅炉,锅炉本体应设_____安全阀。

A.一个　　　　　　　　　　　　　　B.两个

C.三个　　　　　　　　　　　　　　D.四个

79.下列不属于对船舶辅锅炉安全阀工作要求的是_____。

A.每台锅炉本体安装两个安全阀,可组装到一个本体内

B.锅炉安全阀的开启压力可大于实际允许工作压力的5%

C.安全阀的直径应不小于 100 mm

D.安全阀排气管的通流面积对升程在安全阀直径的1/4以上

80.锅炉安全阀和其他设备安全阀的不同之处主要是_____。

    A.阀盘较大   B.承受压力更高

    C.选用耐高温材料   D.阀盘带"唇边",阀座有调节圈

81.锅炉安全阀带有"唇边",主要是为了_____。

    A.增大开启压力   B.增加结构强度

    C.增强密封性能   D.保证开启稳定

82.装有过热器的锅炉,过热器至少装_____安全阀,过热器安全阀的开启压力应_____锅炉安全阀的开启压力。

    A.一只;低于   B.一只;高于

    C.两只;低于   D.两只;高于

83.对锅炉安全阀的要求,正确的是_____。

    A.每台锅炉必须设两个安全阀

    B.有过热器的锅炉,过热器上至少装设一只安全阀

    C.过热器安全阀开启压力应高于锅炉安全阀开启压力

    D.锅炉安全阀开启压力可大于锅炉设计压力的5%

84.调节锅炉安全阀开启后的升程和关闭时的"压力降低量"是靠调节安全阀的_____。

    A.调节螺丝   B.调节圈

    C.主弹簧   D.先导阀

85.带唇边和调节圈的锅炉安全阀,发现其开启后再关闭时汽压降低太多,想提高关闭压力,可_____。

    A.增大弹簧张力   B.减小弹簧张力

    C.旋高调节圈   D.旋低调节圈

86.带有唇边的锅炉安全阀,其关闭后炉内汽压一般_____开启压力。

    A.稍大于   B.小于

    C.等于   D.由外界负荷确定

87.安全阀铅封后,须经_____特许方能重调。

    A.轮机长   B.公司机务经理

    C.海事局   D.船级社

88.下列说法中错误的是_____。

    A.安全阀有直接作用式和先导式,辅锅炉一般都用先导式安全阀

    B.安全阀盘外缘有提升盘,在安全阀刚开启时增加其作用面积

    C.安全阀有开启压力和关闭压力

    D.安全阀应每月检查一次

89.锅炉安全阀的开启压力_____。

    A.设定值由主管轮机员设定   B.设定值由船厂质检人员设定

    C.设定值由轮机长设定并铅封   D.设定值由验船师设定并铅封

90.直接作用式锅炉安全阀提升盘的作用是_____。

A.阀关闭时,提升开启压力

B.提升阀的开启高度

C.阀开启后,作用面积增大,使蒸汽压力不变的情况下安全阀的开启压力升高,阀迅速开大

D.取消提升盘,安全阀开启压力降低

91.关于锅炉安全阀的描述,不正确的是_____。

A.每台锅炉本体应设两个安全阀,通常组装在一个阀体内

B.装有过热器的锅炉,过热器上应至少装一个安全阀

C.锅炉安全阀开启压力可大于实际允许工作压力的5%,但不应超过锅炉设计压力

D.过热器安全阀的开启压力应高于锅炉安全阀的开启压力

92.我国现有海船规范规定锅炉安全阀开启压力_____。

A.等于允许的最大工作压力

B.低于过热器安全阀开启压力

C.可大于实际允许工作压力的5%,但不应超过锅炉设计压力

D.烟管锅炉不超出工作压力的1.03倍,水管锅炉不超过1.05倍

93.带唇边和调节圈的锅炉安全阀_____。

A.主弹簧调紧,启阀压力降低

B.调节圈上调,阀开启压力和关闭压力的差值加大

C.调节圈上调,阀的升程降低

D.可由船员自行调节开启压力

94.关于锅炉水位计和安全阀,说法错误的是_____。

A.压力较高的锅炉可在平板玻璃水位计的平板玻璃靠水一侧加衬云母片,以保护平板玻璃不受炉水腐蚀

B.除小型锅炉仅设一只水位计外,每台船用锅炉通常装有两只水位计

C.锅炉安全阀的开启压力可大于实际允许工作压力的5%,但不应超过锅炉设计压力

D.安全阀通过检验后铅封,轮机长可自行根据实际情况调整安全阀相关参数

95.锅炉安全阀的作用是:当锅炉蒸汽压力超过工作压力一定范围后开启,_____。

A.释放锅炉内的汽水压力,防止锅炉损坏

B.释放给水管的水压力,防止水管爆裂

C.释放燃油管路的燃油压力,防止锅炉损坏

D.释放锅炉炉膛内的燃气压力,防止锅炉损坏

96.锅炉炉体上安全阀一般_____。

①成对安装;②开启压力高于实际工作压力;③开启压力高于设计压力;④开启后有足够排放能力

A.①②③   B.②③④

C.①③④   D.①②④

97.安全阀在调整起跳压力时,正确的调整顺序是_____。

A.先调整压力低的安全阀,升压后再调整压力高的安全阀

B.先调整压力高的安全阀,降压后再调整压力低的安全阀

C.两个安全阀同时调整,调整至压力一致

D.无先后顺序,先调整哪一个都可以

98.关于船用锅炉的下列说法中,错误的是_____。

A.燃油锅炉绝对不允许干烧,废气锅炉正常情况下一般也不允许干烧

B.水位计通常 4 h 冲洗一次,无人机舱至少每天冲洗一次

C.供水设备轮换使用,一套发生故障时才能使用另外一套

D.锅炉水位的变化,会影响到汽压和汽温

99.锅炉触火面裂纹,最容易发生在_____。

A.烟管中部 　　　　　　　　　B.管口与管板结合处

C.炉胆 　　　　　　　　　　　D.烟管散热片

100.发现针形管锅炉单个针形管破裂,可采取的临时措施是_____。

A.拆除该针形管 　　　　　　　B.两端封堵并开透气孔

C.下端封堵,禁止烟气流通 　　D.上端封堵

101.关于锅炉水位计的下列说法中,正确的是_____。

A.锅炉两只水位计中一只损坏应立即熄火

B.水管锅炉的最低危险水位应高出最高受热面而不少于 100 mm

C.水管锅炉水位计最低显示位置应低于危险水位以下 50 mm

D.锅炉隔热层外表面在与水位及相邻处应设最高受热面标志

102.如图所示为玻璃管式锅炉水位计,4 是_____,其作用是_____。

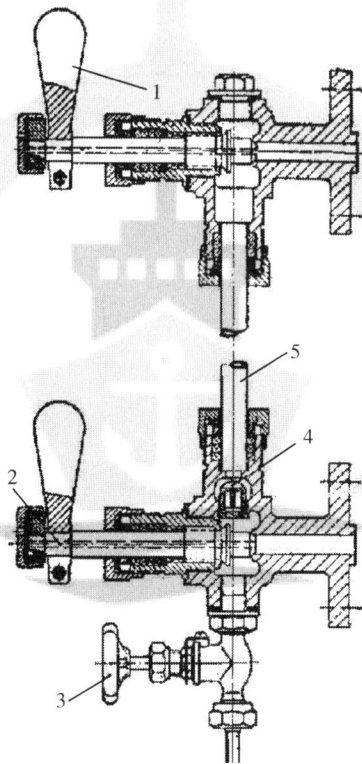

A.止回阀;防止玻璃管破损,大量炉水外溢

B.止回阀;减少玻璃管堵塞,以便显示水位

C.小滤器;防止玻璃管破损,大量炉水外溢

D.小滤器;减少玻璃管堵塞,以便显示水位

103.压力容器常用的零部件有_____。

①筒体;②封头;③法兰;④支座;⑤人孔;⑥手孔

A.①③④⑤⑥   B.①②③④⑤⑥

C.①②③⑤⑥   D.①②③④⑤

104.如图为锅炉水循环示意图,此循环为_____。

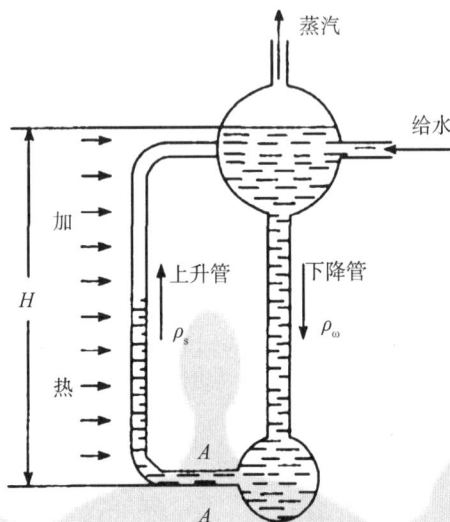

A.并联循环   B.强制循环

C.主动循环   D.自然循环

105.关于锅炉安全阀的作用,说法正确的有_____。

①安全阀为避免锅炉发生超压现象;②当锅炉压力超过限定值时,安全阀可以迅速将开度调整至全开状态并对锅炉进行泄压;③为了减少蒸汽排放的损失,当锅炉压力恢复至正常压力值后,安全阀将自动关闭

A.②③   B.①②

C.①②③   D.①③

106.根据《钢质海船入级规范》,对于锅炉安全阀的整定压力要求,说法正确的有_____。

①锅炉安全阀的开启压力可大于实际许用工作压力,但不应超过锅炉设计压力;②锅炉如有过热器,则其安全阀的开启压力应低于锅炉安全阀的开启压力;③安全阀开启后,在停汽阀关闭和炉内充分燃烧的情况下,烟管锅炉在 15 min 内、水管锅炉在 7 min 内汽压所能达到的最高值应不超过锅炉设计压力的 110%

A.①②   B.②③

C.①③   D.①②③

107.关于维修燃烧室炉墙的做法,正确的有_____。

①锅炉内衬裂痕,一般要用到耐火砖和耐火水泥,炉膛两侧用耐火砖,锅炉筑拱用耐火水泥与高铝骨料混合配置成耐火混凝土;②根据锅炉需要维修的地方不同,使用的耐火砖型号和耐火水泥(铝酸盐水泥)规格也会不同

A.①　　　　　　　　　　　　B.①②

C.①②都不对　　　　　　　　D.②

108.为了更好地承受锅炉内部蒸汽压力,其顶部和底部的结构是_____。

A.顶部为椭圆形封头,底部为平面封头

B.顶部和底部均为椭圆形封头

C.底部和顶部均为平面封头

D.顶部为平面封头,底部为椭圆形封头

109.下列结构中属于 D 型水管锅炉的是_____。

①封头;②烟管;③燃烧器;④水冷壁;⑤吹灰器;⑥集气管

A.①②④　　　　　　　　　　B.③④⑤

C.⑤⑥　　　　　　　　　　　D.②③④

110.关于锅炉安全阀布置位置,说法正确的有_____。

①安全阀一般位于压力最高的位置及容易泄放的位置,一般在设备顶部;②每台锅炉的安全阀应该垂直安装在锅筒或者锅壳、联箱的最高位置;③安全阀应直接安装在锅炉和过热器上;④在安装阀和锅筒(锅壳)之间或者安全阀和联箱之间,不应当装设有取用蒸汽或者热水的管路和阀门

A.①②③④　　　　　　　　　B.①②③

C.②③④　　　　　　　　　　D.①③④

111.立式烟管锅炉中长条螺旋片的作用是_____。

A.加强烟气扰动　　　　　　　B.使锅壳不易变形

C.增强锅炉强度　　　　　　　D.减少烟管承受拉力

112.燃油锅炉和废气锅炉的联系方式中不包括_____。

A.废气锅炉为燃油锅炉的附加受热面

B.燃油锅炉和废气锅炉组合成一体

C.各自独立,供汽都通到蒸汽分配联箱

D.燃油锅炉为废气锅炉的附加受热面

113.安全阀开启压力大于_____,但不应超过_____。

A.允许工作压力的 5%;设计压力　　B.设计压力的 10%;允许工作压力

C.允许工作压力的 10%;设计压力　　D.设计压力的 5%;允许工作压力

114.船舶锅炉设计压力等于或者小于 0.78 MPa 时,以下正确的是_____。

A.可采用玻璃管水位计,可不装设防护设施

B.不可采用玻璃管水位计

C.可采用玻璃管水位计

D.可采用玻璃管水位计,应装设防护设施

115.船舶辅锅炉燃烧时,蒸汽压力的调节,是通过_____进行调节控制的。

A.安全阀　　　　　　　　　　　B.压力开关
C.水位开关　　　　　　　　　　D.温度开关

116.以下_____不是烟管锅炉的特点。
　　A.蒸发率和热效率低
　　B.点火和升汽时间长
　　C.工作压力较大,蒸发量大
　　D.相对体积和重量较大

117.水管锅炉的对流换热面是_____。
　　A.沸水管(蒸发管)　　　　　　B.水冷壁
　　C.汽包　　　　　　　　　　　D.炉膛

118.将锅炉安全阀的调节圈向上调时,安全阀的_____。
　　A.压力降低量增大　　　　　　B.升程降低
　　C.开启压力升高　　　　　　　D.开启压力降低

119.每台锅炉本体应设_____安全阀,蒸发量小于_____的辅锅炉可仅装一个安全阀。
　　A.一个;1 t/h　　　　　　　　B.两个;1 t/h
　　C.一个;2 t/h　　　　　　　　D.两个;2 t/h

120.对于废气锅炉是燃油锅炉的一个附加受热面的方式的表述错误的是_____。
　　A.废气锅炉无须水位控制
　　B.废气锅炉有单独的给水通道
　　C.废气锅炉的炉水强制循环
　　D.废气锅炉和燃油锅炉间需要热水循环泵

121.水管锅炉的炉墙由_____组成。
　　①耐火层;②隔热层;③气密层;④防腐层
　　A.①②③　　　　　　　　　　B.②③④
　　C.①②④　　　　　　　　　　D.①②③④

122.以下不属于压力容器承压元件的是_____。
　　A.人孔盖　　　　　　　　　　B.鼓风机
　　C.法兰　　　　　　　　　　　D.封头

123.船用压力容器主要有_____。
　　①船用空气瓶;②船用压力水柜;③船用蒸汽热水柜;④电蒸汽热水柜;⑤锅炉
　　A.①②④⑤　　　　　　　　　B.①②③⑤
　　C.①②③④⑤　　　　　　　　D.①③④⑤

124.压力容器的检验范围包括_____。
　　①压力容器本体及接管和支座;②压力容器安全附件(安全阀、压力表、水位表);③压力容器安全附件、安全保护装置、测量调控装置及有关附属仪器仪表
　　A.②③　　　　　　　　　　　B.①②③
　　C.①③　　　　　　　　　　　D.①②

第二节 辅助锅炉燃油系统与燃烧设备

1. 锅炉燃油泵一般使用_____。

①往复泵；②离心泵；③齿轮泵；④螺杆泵

A.②③④   B.①②③④

C.①③④   D.①②③

2. 燃油锅炉若过剩空气系数太小，则火焰_____。

A.呈淡蓝色   B.呈暗红色

C.呈橙黄色   D.发白

3. 锅炉燃烧器正常燃烧时，点火电极_____，火焰感受器_____。

A.持续工作；停止检测

B.持续工作；持续检测

C.停止工作；停止检测

D.停止工作；持续检测

4. 采用转杯式喷油器的燃油系统，当主供油电磁阀断电关闭时，加热后的燃油经_____返回油泵进口。

A.泄油电磁阀   B.燃油电力（压力）调节阀

C.燃油流量调节阀   D.速闭阀

5. 若过剩空气系数太小，则燃油锅炉排烟呈_____色。

A.白   B.透明

C.淡蓝   D.浓黑

6. 若过剩空气系数太大，则燃油锅炉排烟呈_____色。

A.浓黑   B.浅灰

C.几乎无   D.白

7. 为确保锅炉油雾在燃烧器出口与空气混合良好，气流扩张角应_____燃油雾化角，空气与油雾的旋转方向应_____。

A.大于；相同   B.小于；相同

C.小于；相反   D.大于；相反

8. 锅炉炉膛温度适当高一些，对炉膛内燃油燃烧的影响是_____。

A.使燃烧不稳定   B.加快燃烧

C.熄火   D.没有燃烧

9. 蒸汽锅炉的燃油在充分燃烧、燃烧质量良好的情况下，_____。

A.火焰橙黄、烟色淡灰

B.火焰橙黄、烟色浓黑

C.火焰暗红、烟色浓黑

D.火焰暗红、烟色淡灰

10. 关于采用压力式喷油器和回油式喷油器的描述，说法正确的是_____。

①当燃烧器起动时,电动机带动燃油泵和通风机一起运转;②采用压力式喷油器的燃油系统通常在点火器点火前需要进行预扫风;③在紧急情况下均可通过速闭阀切断燃油供应

A.②③   B.①②

C.①②③   D.①③

11. 针对锅炉炉膛内实际油雾燃烧,以下说法中正确的是_____。

    A.空气过剩系数一般为 1.05～1.2

    B.空气过剩系数越大越好

    C.空气过剩系数一般为 2.05～2.2

    D.空气过剩系数越小越好

12. 关于锅炉配风器有下列说法,正确的是_____。

    ①能控制一次风或二次风的风量;②应在燃烧器前方产生适当的回流区;③应使供风与油雾的旋转方向相反;④使气流扩散角等于燃油雾化角

A.②③④   B.①②③④

C.①②③   D.①③④

13. 关于燃油锅炉,正确的说法是_____。

    ①大多数远洋船锅炉使用比主柴油机稍好的燃油;②紧急时可在甲板走廊远距离切断燃油供应;③长时间停炉前应改烧一段时间柴油;④设点火喷油嘴时主喷油嘴不用电点火器点火

A.①②③④   B.②③④

C.①③④   D.①②③

14. 锅炉喷油器雾化角应_____经配风器出口空气流的扩张角,以使油雾和空气均匀混合。

A.小于   B.稍大于

C.等于   D.远大于

15. 影响锅炉压力式喷油器雾化质量的主要因素有_____。

    ①油压;②喷孔直径;③油旋转的速度;④油的含硫量

A.①②③④   B.①③④

C.①②③   D.①②④

16. 关于回油式喷油器的燃油系统,说法正确的有_____。

    ①使用不同形式燃烧器的燃油系统都是一样的;②简单压力式喷油器是位式调节控制喷油或停油;③转杯式或蒸汽式喷油器由调节阀根据汽压信号调节风油比,进行连续比例调节

A.②   B.②③

C.①②③   D.①③

17. 采用转杯式喷油器的燃油系统,出现_____故障时,安全保护系统使主电磁阀断电关闭,燃油即停止喷入炉内。

    ①汽压到上限;②水位低至危险水位;③油压过低;④风压过低(有的包括油温过低);⑤运行时突然熄火;⑥点火时未能将油点燃

A.②③④⑤⑥   B.①②③④⑤

C.①②③⑤⑥   D.①②③④⑤⑥

18. 如图为转杯式燃烧器简图,其中 A、B 分别代表_____。

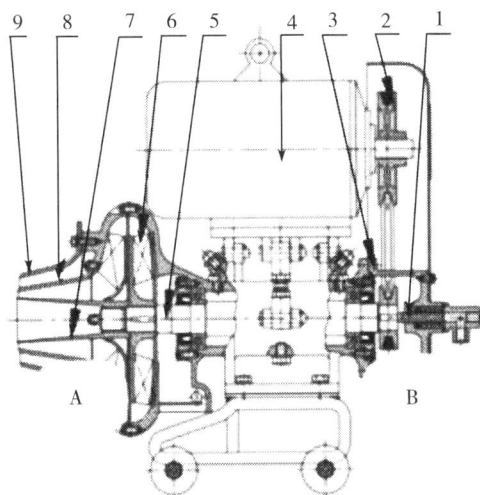

A.一次风、二次风　　　　　　　　　　B.二次风、一次风

C.二次风、点火轻油　　　　　　　　　D.点火轻油、一次风

19.影响蒸汽锅炉燃烧的下列说法中,不正确的是_____。

A.着火前沿离燃烧器太近,容易烧坏燃烧器

B.着火前沿离燃烧器太远,易造成火焰太长、燃烧不良

C.炉膛容积热负荷太高,会使燃油燃烧充分

D.炉膛容积热负荷太低,不利于燃油完全燃烧

20.关于燃油在锅炉中燃烧的机理,下列说法中错误的是_____。

A.油滴燃烧完所需的时间与其直径的平方成正比

B.炉膛内气流速度高可使燃烧加快

C.炉膛内的温度和氧气浓度是很均匀的

D.炉膛内温度过低,可能会燃烧不稳定或熄火

21.影响燃油在炉膛内燃烧质量的因素主要有_____。

①燃油雾化质量的好坏;②一次风和二次风是否适量;③油雾与空气的混合质量;④炉膛容积热负荷是否合适

A.①②③④　　　　　　　　　　　　B.①②③

C.①②④　　　　　　　　　　　　　D.③④

22.影响锅炉炉膛燃油燃烧速度的因素有_____。

①炉膛内气流速度;②炉膛内温度;③炉膛内氧气浓度;④燃油含硫量

A.①②③　　　　　　　　　　　　　B.①③④

C.②③④　　　　　　　　　　　　　D.①②③④

23.炉膛内油滴燃烧的速度和气流速度的关系是_____。

A.气流速度越高,油滴燃烧速度越快

B.气流速度越高,油滴燃烧速度越慢

C.气流速度越低,油滴燃烧速度越快

D.油滴燃烧速度和气流速度无关

24.锅炉炉膛内油雾在前进的过程中,离喷嘴越远,油雾厚度_____,浓度_____。

A.越大;越小

B.越小;越大

C.不变;不变

D.先减小后增大;先增大后减小

25.锅炉燃烧过程中,气流形成回流区的作用不包括_____。

A.有利于油蒸发和与空气混合

B.增加空气供给量

C.加速油雾的升温

D.有利于油雾的燃烧

26.锅炉的热损失中最大的是_____。

A.散热损失

B.排烟热损失

C.化学不完全燃烧热损失

D.机械不完全燃烧热损失

27.工作良好的锅炉_____热损失几乎为零。

A.散热

B.排烟

C.化学不完全燃烧

D.机械不完全燃烧

28.燃油锅炉燃烧良好时炉膛火焰颜色应为_____。

A.淡蓝色

B.橙黄色

C.暗红色

D.发白

29.锅炉内漏水,排烟会是_____。

A.浓黑色

B.浅灰色

C.几乎无色

D.白色

30.燃油在炉膛燃烧过程中分为准备阶段和燃烧阶段,其中准备阶段是_____。

A.油气与空气的混合气体的浓度达到一定数值,并被加热到一定温度,遇明火着火燃烧

B.雾化的油滴被迅速加热、汽化并与空气相混合,同时进行热分解

C.燃油经喷油器喷入燃烧室进行雾化

D.油气与空气的混合气体被迅速加热、汽化,同时进行热分解

31.燃油在炉膛燃烧过程中分为准备阶段和燃烧阶段,其中燃烧阶段是_____。

A.油气与空气的混合气体的浓度达到一定数值,并被加热到一定温度,遇明火着火燃烧

B.雾化的油滴被迅速加热、汽化并与空气相混合,同时进行热分解

C.雾化的油滴与空气混合并汽化,被加热到一定温度后自行燃烧

D.油气与空气的混合气体被迅速加热、汽化,同时进行热分解

32.空气经配风器的斜向叶片后会形成与油雾反向旋转的气流,这种反向旋转的气流_____。

A.不利于油的蒸发,但有利于与空气的混合

B.不利于油的蒸发,也不利于与空气的混合

C.有利于油的蒸发,也有利于与空气的混合

D.有利于油的蒸发,但不利于与空气的混合

33.炉膛内旋转气流在离心力的作用下向外扩张,形成一定的扩张角,气流旋转越强烈,扩张角角度越大。这样气流中心形成_____,形成回流区。

A.高压,吸引炉膛内高温烟气回流

B.高压,吸引炉膛内低温烟气回流

C.低压,吸引炉膛内高温烟气回流

D.低压,吸引炉膛内低温烟气回流

34.关于燃油在锅炉中燃烧的叙述,错误的是_____。

A.船舶锅炉大多燃烧重油是因为重油的发热值高

B.燃油燃烧过程分为两个阶段,第一个阶段是形成可燃性气体

C.空气经配风器形成旋转气流,以利于油的蒸发和与空气的混合

D.炉膛内高温烟气回流形成的回流区,有利于燃油的燃烧

35.关于燃油在炉内燃烧情况的说法中,错误的是_____。

A.实际上是蒸发成油气后再燃烧

B.油雾化越细则燃烧质量越好

C.燃烧器出口风速过高可能使火焰尾部出现火星

D.烧重油时易产生油焦壳

36.关于船用锅炉燃油的雾化和燃烧,说法错误的是_____。

A.空气过剩系数过大或过小都会造成燃烧损失增大

B.炉膛中燃油燃烧的准备阶段是雾化的油滴被迅速加热、汽化并与空气相混合,同时进行热分解

C.炉膛中燃油的燃烧阶段是油气与空气的混合气体的浓度达到一定数值,并被加热到一定温度,遇明火着火燃烧的过程

D.二次风的作用是保证油雾一离开喷油器就有一定量的空气与之混合,以减少产生炭黑的可能性,并使喷油器得到冷却

37.蒸汽锅炉燃烧生成的氮氧化物主要是_____。

A.一氧化氮　　　　　　　　　　B.二氧化氮

C.一氧化氮和二氧化氮　　　　　D.氮气

38.燃油在炉膛内燃烧生成的氮氧化物主要是 NO 和 NO_2,它们的危害是_____,降低其排放的措施有_____。

①下雨时会形成酸雨,对农作物和树木造成损害;②NO_x 浓度大时,会造成血液缺氧而引起中枢神经麻痹,损害人体健康;③通过控制燃烧过程减少氮氧化物的生成量;④采用专用设备对烟气氮氧化物进行后续处理

A.①;③　　　　　　　　　　　B.②;③④

C.①②;③④　　　　　　　　　D.①②;④

39.锅炉燃烧生成的硫氧化物可能造成低温腐蚀,下列_____不是低温腐蚀的预防措施。

A.选用含硫量低的燃油　　　　　B.采用低过量空气的燃烧方式

C.及时吹灰　　　　　　　　　　D.采用蒸汽式喷油器

40.锅炉的低温腐蚀是指_____的一种腐蚀。

A.在烟气温度较低的区域受热面水侧

B.在烟气温度较低的区域受热面烟气侧

C.炉胆内壁

D.燃烧器附近的受热管

41.燃油锅炉燃烧后产生的烟气中含有多种有害排放物,其中_____能通过降低燃油中的相关成分,显著降低其排放量。

A.CO_x B.SO_x

C.NO_x D.HC

42.锅炉所燃用的燃油中含有多种成分,其中_____虽然含量较少,但它的燃烧产物却能显著降低受热面的传热系数。

  A.碳   B.硫

  C.水分   D.灰分

43.蒸汽锅炉的燃油在充分燃烧的情况下不会产生_____。

  A.二氧化碳   B.积炭

  C.水蒸气   D.氮氧化物

44.保证燃烧质量的主要因素不包括_____。

  A.油的雾化质量良好   B.适量的一次风和二次风

  C.较小的进气量   D.适合的炉膛容积热负荷

45.锅炉燃烧器中一次风风量太大的主要危害是_____。

  A.产生大量炭黑   B.过剩空气太多

  C.点火困难,火焰不稳   D.炉膛温度降低

46.锅炉燃烧器中一次风风量太小的主要危害是_____。

  A.产生大量炭黑   B.过剩空气太少

  C.点火困难,火焰不稳   D.炉膛温度降低

47.锅炉配风器供给的一次风风量适合并不能起_____的作用。

  A.防止燃油高温裂解时生成炭黑   B.保持火焰稳定

  C.供给大部分所需氧气   D.冷却喷油器

48.锅炉供风量应略大于完全燃烧时理论所需空气量,因为_____。

  A.需降低炉膛温度

  B.需加大风速以利燃油蒸发

  C.燃油与空气混合难以完全均匀

  D.需加大风速以利燃油蒸发和降低炉膛温度

49.锅炉过剩空气系数是指_____。

  A.过剩空气量/理论所需空气量   B.过剩空气量/实际供气量

  C.实际供气量/理论所需空气量   D.理论所需空气量/实际供气量

50.锅炉过剩空气系数过大则_____。

  A.风机耗能减小   B.排烟损失增大

  C.化学不完全燃烧损失增大   D.机械不完全燃烧损失增大

51.保证锅炉燃烧质量的因素包括_____。

  ①尽可能高的炉膛容积热负荷;②尽可能好的雾化质量;③适量的一次风和二次风;④油雾和空气混合均匀

  A.①②③   B.②③④

  C.①③④   D.①②③④

52.空气经配风器进入炉膛,被挡风罩或挡风板分为两部分,分别称为一次风和二次风,其中二次

风的主要作用是_____。

A.防止挡风罩或挡风板过热

B.防止喷油器的喷油嘴上产生积炭

C.保证供给燃烧所需的大部分空气

D.保证油雾一离开喷油器就有一定量的空气与之相混合

53.空气经配风器进入炉膛,被挡风罩或挡风板分为两部分,分别称为一次风和二次风,其中一次风的主要作用是_____。

A.防止挡风罩或挡风板过热

B.防止喷油器的喷油嘴上产生积炭

C.保证供给燃烧所需的大部分空气

D.保证油雾一离开喷油器就有一定量的空气与之相混合

54.锅炉燃烧时要有适量的一次风和二次风,如果一次风太小,则油雾会在高温下缺氧裂解,_____;如果一次风太多,又会_____。

A.烟囱冒黑烟;着火困难　　　　　B.着火困难;烟囱冒黑烟

C.火焰颜色明亮;燃烧完全　　　　D.烟囱冒白烟;着火容易

55.锅炉燃烧时要有适量的一次风和二次风,如果二次风太小则_____;如果二次风太多,会_____。

A.过剩空气系数小;排烟损失大　　B.燃烧损失小;排烟损失小

C.过剩空气系数大;排烟损失小　　D.燃烧损失小;排烟损失大

56.锅炉最适宜的过剩空气系数应为_____。

A.1　　　　　　　　　　　　　　B.1.05~1.2

C.1.2~1.3　　　　　　　　　　　D.越大越好

57.船用锅炉燃烧器中要求有合适的一次风与二次风比例及相应风速,如果一次风比例不足,主要现象是_____。

A.锅炉点火困难　　　　　　　　　B.火焰中有火星

C.火焰加长　　　　　　　　　　　D.烟色浓黑

58.保证燃油在锅炉内燃烧良好的下列条件中,错误的是_____。

A.喷入炉膛的燃油雾化良好　　　　B.有适量的一次风和二次风

C.油雾和空气混合良好　　　　　　D.有较高的炉膛容积热负荷

59.关于燃油对燃油锅炉的影响,下列表述错误的是_____。

A.转杯式喷油器对燃油含杂质的要求较低

B.燃油压力高,会导致雾化不良

C.使用劣质燃油,可能导致燃烧不良,锅炉冒黑烟

D.燃油温度低,会造成雾化不良

60.有关影响锅炉压力式喷油器雾化质量的描述,错误的是_____。

A.油压越高,雾化质量越好

B.喷孔直径越大,雾化质量越好

C.油旋转的速度越快,雾化质量越好

D.油的黏度越小,雾化质量越好

61.在转杯式喷油器中,_____可以使燃烧器始终保持最佳的燃油空气比。

A.配风器
B.喷油器

C.负荷控制器
D.调节器

62.在转杯式喷油器中,_____可以使油气流量比例适当,以保障过剩空气系数适当。

A.燃油流量调节器

B.油／气流量比例调节器

C.负荷控制器

D.燃油流量调节器和油／气流量比例调节器

63.油雾离开喷油器后,燃油_____。

A.有向前的轴向速度

B.有向后的轴向速度

C.有切向速度

D.既有向前的轴向速度,也有切向速度

64.锅炉喷油器的油雾雾化角_____配风器出口气流扩张角。

A.稍大于
B.稍小于

C.远大于
D.远小于

65.下列_____不是提高燃空比的措施。

A.燃烧器前方产生一个适当的回流区

B.油雾与空气充分混合

C.一次风和二次风分配合适

D.锅炉用气量尽可能大

66.锅炉用压力式喷油器中油压越高,则油的_____,雾化质量就越好。

A.喷出速度越快,紊流脉动越强

B.喷出速度越快,紊流脉动越弱

C.喷出速度越慢,紊流脉动越强

D.喷出速度越慢,紊流脉动越弱

67.锅炉用压力式喷油器中油的黏度越小,则油的_____,雾化质量就越好。

A.分子间摩擦力越大,油膜越不容易破碎

B.分子间摩擦力越小,油膜越不容易破碎

C.分子间摩擦力越大,油膜越容易破碎

D.分子间摩擦力越小,油膜越容易破碎

68.锅炉用压力式喷油器的喷油量与油压的平方根成_____,与喷孔的截面积成_____。

A.正比;反比
B.反比;反比

C.反比;正比
D.正比;正比

69.锅炉用回油式喷油器,随着回油阀开度的增大,则回油背压_____,喷油量_____。

A.增大;增大
B.增大;减少

C.减小;增大
D.减小;减少

70.转杯式喷油器中,燃油以_____的压力进入装在中央转轴上_____旋转的圆锥形转杯中。

A.高;高速

B.高;低速

C.低;高速

D.低;低速

71.出口管路带电磁阀的锅炉压力式喷油器投入工作时,该电磁阀_____。

A.开启

B.关闭

C.节流

D.周期性启闭

72.使用压力式喷油器的锅炉,一般不能通过_____调节喷油量。

A.改变喷油压力

B.投入工作的喷嘴喷孔孔径

C.投入工作的喷嘴数目

D.改变回油阀开度

73.锅炉压力式喷油器的主要缺点是_____。

A.结构复杂

B.雾化较差

C.喷油量可调范围小

D.拆装麻烦

74.锅炉转杯式喷油器的优点不包括_____。

A.喷油量调节幅度大

B.对燃油清洁程度要求不高

C.所需供油压力低

D.结构简单,易于维护

75.锅炉转杯式喷油器可换用形状不同的油杯,从而_____。

A.改变喷油量

B.改善雾化质量

C.适应不同油料

D.改变火焰形状,适应不同形状的炉膛

76.锅炉压力式喷油器的_____元件上开有 6~9 个燃油孔道。

A.喷嘴体

B.喷嘴帽

C.雾化片

D.螺旋销

77.采用回油式喷油器的锅炉在汽压过低时应_____。

A.开大回油阀和风门

B.关小回油阀和风门

C.开大回油阀并关小风门

D.关小回油阀并开大风门

78.锅炉转杯式喷油器的油杯内壁呈_____形。

A.圆柱

B.收缩圆锥

C.扩张圆锥

D.拉瓦尔喷嘴(先缩后放)

79.离开锅炉喷油器的油雾呈_____。

A.圆柱形

B.空心圆筒形

C.实心圆锥形

D.空心圆锥形

80.有关对蒸汽锅炉喷油器的主要要求,下列描述正确的是_____。

①有较小的调节比,以适应不同蒸发量的需要;②获得尽可能细的油滴;③油雾的分布要有一个适当的雾化角;④油雾流的流量密度分布要合适

A.①②③④

B.①②③

C.①④

D.②③④

81. 锅炉燃油喷油器的作用是_____。

①控制喷入炉膛内的燃油量;②将燃油雾化,以保证在炉膛内的燃烧质量;③控制进入炉膛的风量

A.①②
B.②③
C.①③
D.①②③

82. 对锅炉喷油器的要求有_____。

①获得尽可能小的油滴;②油雾的分布要有合适的雾化角;③油雾流的流量密度分布要合适;④最好结构简单,运行可靠,检修和清洗方便,易于自动控制

A.①②③④
B.①②③
C.①④
D.②③④

83. 锅炉压力式喷油器调节喷油量的方法有_____。

①改变喷油压力;②对于多喷嘴的锅炉可改变工作喷嘴(或喷油器)的数目;③用喷孔直径不同的喷嘴(或喷油器)

A.①②
B.①③
C.②③
D.①②③

84. 锅炉喷油器可分为_____。

①压力式喷油器;②回油式喷油器;③蒸汽式喷油器;④转杯式喷油器

A.①②③
B.①④
C.②③④
D.①②③④

85. 锅炉压力式喷油器喷孔直径和雾化质量的关系是_____。

A.喷油器喷孔直径越小,油的雾化质量越好

B.喷油器喷孔直径越大,油的雾化质量越好

C.喷油器喷孔直径和油的雾化质量无关

D.喷油器喷孔直径和油的雾化质量关系不确定

86. 锅炉压力式喷油器中的切向槽和旋涡室引起油液旋转,油液旋转越强烈则_____。

A.雾化角越小
B.雾化角越大

C.雾化角不变
D.雾化角先增大后减小

87. 以下不属于压力式喷油器部件的是_____。

A.喷嘴体
B.旋流片

C.雾化片
D.喷嘴帽

88. 压力式喷油器漏油的原因不包括_____。

A.喷嘴帽未拧紧
B.雾化片平面精度差

C.喷油阀关闭不严
D.回油阀关闭不严

89. 关于锅炉喷油器的下列说法中,错误的是_____。

A.油压越高,雾化质量越好

B.喷孔直径与雾化质量关系不大

C.旋涡室中旋转速度越大,雾化质量越好

D.喷出油雾中心部分的流量密度比圆周部分的小

90.关于锅炉喷油器,下列说法中错误的是_____。
    A.位置太靠前会使火焰拉长　　　　　　　B.位置太靠后会使喷火口结炭
    C.喷火口结焦可能使火焰歪斜　　　　　　D.雾化片大多由不锈钢制成

91.锅炉喷油器的雾化角应与喷火口配合恰当,否则_____。
    A.雾化角过大,油雾会喷在喷火口上产生结炭
    B.雾化角过小,油雾会喷在喷火口上产生结炭
    C.雾化角过小,空气与油雾会过度混合
    D.雾化角过大,有利于空气与油雾更好地混合

92.锅炉配风器应保证燃烧器前方的回流区与喷油器出口具有适当的距离,如果距离太近,则会_____。
    A.燃烧预备期太短,着火前沿后移
    B.燃烧预备期太短,燃烧恶化
    C.燃烧预备期太长,着火前沿后移
    D.燃烧预备期太长,燃烧恶化

93.锅炉配风器应保证燃烧器前方的回流区与喷油器出口具有适当的距离,如果距离太远,则会_____。
    A.着火前沿靠近燃烧器,燃烧不良
    B.着火前沿后移,燃烧不良
    C.着火前沿后移,燃烧预备期太短
    D.着火前沿靠近燃烧器,燃烧预备期太短

94.锅炉中压力式喷油器通常不能通过改变_____调节喷油量。
    A.供油压力　　　　　　　　　　　　　　B.供油温度
    C.喷嘴个数　　　　　　　　　　　　　　D.喷孔直径

95.关于锅炉回油式喷油器,下列说法中错误的是_____。
    A.雾化原理与压力式基本相同
    B.喷油量随回油阀的开大而减小
    C.雾化质量随喷油量的减小而降低
    D.喷油量可调范围比压力式大

96.锅炉回油式喷油器调节喷油量的方法是改变_____。
    A.供油压力　　　　　　　　　　　　　　B.供油温度
    C.回油阀开度　　　　　　　　　　　　　D.喷油器数目

97.锅炉喷油器中喷油量调节比最小的是_____。
    A.压力式　　　　　　　　　　　　　　　B.回油式
    C.转杯式　　　　　　　　　　　　　　　D.蒸汽式

98.带斜向叶片的锅炉配风器使供风与油雾_____。
    A.同向旋转　　　　　　　　　　　　　　B.反向旋转
    C.供风转而油雾不转　　　　　　　　　　D.油雾转而供风不转

99.关于锅炉配风器,下列说法中错误的是_____。

A.能控制一次风或二次风的风量

B.应在燃烧器前方产生适当的回流区

C.应使供风与油雾的旋转方向相反

D.使气流扩散角等于燃油雾化角

100.叶片固定型旋流式配风器拉杆调节的是_____。

A.一次风的风量   B.二次风的风量

C.三次风的风量   D.四次风的风量

101._____风不旋转的锅炉配风器称为直流式配风器。

A.一次   B.二次

C.三次   D.四次

102.大中型锅炉的直流式配风器一般_____。

A.一次风旋转,二次风不旋转   B.一次风不旋转,二次风旋转

C.一、二次风都不旋转   D.一、二次风都旋转

103.大中型锅炉的旋流式配风器一般_____。

A.一次风旋转,二次风不旋转   B.一次风不旋转,二次风旋转

C.一、二次风都不旋转   D.一、二次风都旋转

104.有的小型锅炉的直流式配风器喷嘴前有挡风板,它的_____。

A.一次风旋转,二次风不旋转   B.一次风不旋转,二次风旋转

C.一、二次风都不旋转   D.一、二次风都旋转

105.锅炉配风器出口气流扩张角应_____喷油器的燃油雾化角。

A.小于   B.大于

C.等于   D.大于或等于

106.锅炉配风器对保证燃烧有重要作用,下列表述中错误的是_____。

A.配风器要在燃烧器前方产生一个适当的回流区

B.配风器的气流扩张角要大于燃油雾化角

C.配风器要确保风速足够大,使燃烧后期有良好的混合

D.配风器要形成一次风和二次风

107.关于锅炉配风器,说法错误的是_____。

A.能在燃烧器前方产生一个适当的回流区

B.能使油雾在燃烧器出口与空气混合良好

C.能产生较大风速,使燃烧后期有良好的风、油混合作用

D.为了良好地混合,二次风都是旋转进入燃烧室

108.锅炉配风器使气流旋转的作用是_____。

A.有利于油液蒸发和与空气混合

B.增加空气供给量

C.在气流中心形成高压回流区

D.在气流中心形成低压外溢区

109.小型锅炉的供风量通常采用_____调节。

A.挡板节流　　　　　　　　　　　　B.风机变速

C.风机进口导叶　　　　　　　　　　D.风机旁通回流

110.叶片可调型旋流式配风器的可调叶片一般是调节_____。

A.一次风的风量　　　　　　　　　　B.二次风的风量

C.三次风的风量　　　　　　　　　　D.四次风的风量

111.锅炉自动点火通常采用_____点火原理。

A.摩擦　　　　　　　　　　　　　　B.电热丝

C.常压电极放电　　　　　　　　　　D.高压电极放电

112.锅炉自动点火通常采用_____点火,并且锅炉电点火器靠_____供电。

A.高压电极放电;升压变压器　　　　B.电热丝;整流器

C.高压电极放电;蓄电池　　　　　　D.常压电极放电;蓄电池

113.锅炉电点火器电极顶端伸至喷油器前方偏离中心为_____。

A.0.5~1 mm　　　　　　　　　　　B.1~2 mm

C.5~6 mm　　　　　　　　　　　　D.2~4 mm

114.锅炉电点火器所用的电极靠_____产生电火花。

A.蓄电池供直流电　　　　　　　　　B.常压交流电

C.点火变压器供高压交流电　　　　　D.整流器供直流电

115.自动锅炉的火焰感受器是一个_____。

A.温度传感器　　　　　　　　　　　B.热敏元件

C.光电元件　　　　　　　　　　　　D.热电偶

116.船用锅炉中的火焰感受器在_____时通过控制系统发出报警信号。

A.锅炉汽压高于工作压力上限或水位高于最高水位

B.锅炉汽压低于工作压力下限或水位低于最低水位

C.点火超时或中途熄火

D.风、油比例不合适导致火焰发红

117.下列描述锅炉火焰感受器的作用,不正确的是_____。

A.锅炉熄火时启动强制点火程序

B.点火成功时启动停止点火程序

C.锅炉熄火时启动报警程序

D.火焰感受器为一光电元件

118.下列对锅炉火焰感受器的描述,正确的是_____。

A.火焰感受器是感受锅炉区域火警的

B.装有两个火焰感受器,一个在用,另一个备用,也可同时投入使用

C.火焰感受器为一个热敏元件

D.应经常清洁火焰感受器外的玻璃片

119.试验电点火器点火性能时,应_____进行。

A.在燃烧器燃烧时　　　　　　　　　B.供电喷油

C.只供电不喷油　　　　　　　　　　D.从燃烧器上取出

120.锅炉上最常使用的火焰感受器是_____。

    A.热电偶   B.湿敏电阻

    C.热敏电阻   D.光敏电阻

121.火焰感受器检测的光源信号越强,其_____。

    A.电容值越大   B.电阻值越大

    C.电阻值越小   D.电容值越小

122._____是用于监视锅炉火焰的自动化元件。

    A.火焰感受器   B.压力传感器

    C.流量检测装置   D.温度传感器

123.光敏电阻是锅炉火焰感受器最常使用的元件,它在接受光照时阻值_____,在两端电压不变的情况下,流过光敏电阻的电流会_____。

    A.增大;增大   B.增大;减小

    C.减小;增大   D.减小;减小

124.锅炉燃油泵一般常用_____。

    A.离心泵   B.齿轮泵

    C.喷射泵   D.活塞泵

125.采用双喷嘴压力式喷油器的锅炉燃油系统中,每次在点火器点火前需要进行_____。

    A.清理积炭   B.上排污

    C.下排污   D.预扫风

126.下图为采用转杯式喷油器的锅炉燃油系统图,下列表述错误的是_____。

1—柴油日用柜;2—重油日用柜;3—滤油器;4—燃油泵;5—燃油加热器;6—燃油调节阀;
7—主电磁阀;8—速闭阀;9—点火油泵;10—辅电磁阀;11—点火喷油器;12—风道挡板

    A.系统既可以使用重油,也可以使用柴油

    B.使用柴油时,旁通燃油加热器5

    C.系统根据进油量,调整风门开度

    D.该系统不可以使用重油点火

127.下图为采用转杯式喷油器的锅炉燃油系统图,下列表述错误的是_____。

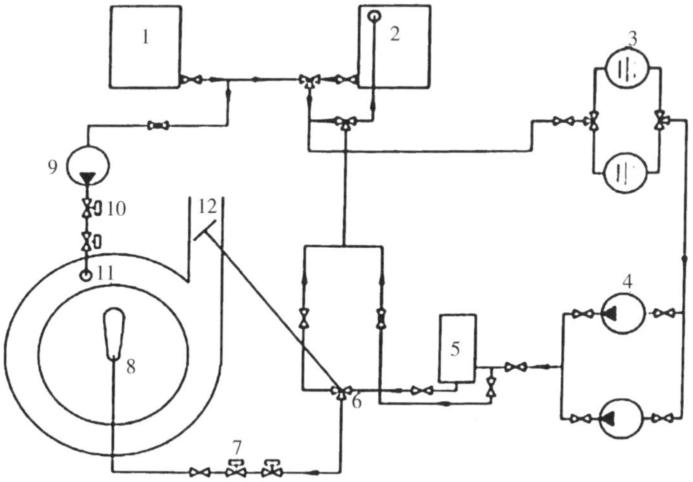

1—柴油日用柜;2—重油日用柜;3—滤油器;4—燃油泵;5—燃油加热器;6—燃油调节阀;
7—主电磁阀;8—速闭阀;9—点火油泵;10—辅电磁阀;11—点火喷油器;12—风道挡板

A.使用重油点火初期,低温燃油流过燃油加热器 5 后,经三通阀返回油箱或泵的吸口

B.用汽量大时,系统自动使用点火油泵和燃油泵一起供油工作

C.蒸汽压力低时,系统自动调大风门挡板,并调整燃油调节阀 6,加大供油量

D.系统根据进油量,调整风门开度

128.一般可通过_____来判断锅炉喷油器是否漏油。

A.炉膛底部的积油量

B.锅炉燃油消耗量

C.锅炉产生的蒸汽量

D.锅炉产生的蒸汽压力

129.一般可通过_____来判断锅炉燃烧器喷孔已结焦。

A.燃烧火焰不对称或其中有黑色条纹

B.锅炉燃油消耗量变小

C.锅炉产生的蒸汽量过小

D.锅炉产生的蒸汽压力过低

130.在锅炉装备多个喷油器时,为了使不工作的配风器导向叶片不被炉内火焰烤坏变形,_____。

A.将不工作的配风器导向叶片拆下

B.风门关闭时应留有一定的间隙,以便漏入少量空气起冷却作用

C.应适时停掉锅炉的部分喷油器

D.应为配风器的来风设置一路旁通管路,以便冷却导向叶片

131.安装锅炉燃烧器时,为了防止喷油器中心线与喷火口轴线不一致,在安装完毕后应检查_____,以免火焰偏斜喷射在喷火口或炉墙上。

A.喷油器与喷火口的外周轴向距离是否相等

B.喷油器与喷火口的内周径向距离是否相等

C.燃烧器与布风器的外周径向距离是否相等

D.燃烧器与布风器的内周轴向距离是否相等

132.关于锅炉燃烧器的使用管理,下列说法中正确的是_____。

①安装燃烧器时,应使喷油器中心线与喷火口轴线一致;②定期检查,防止喷油器漏油;③定期检查,防止喷孔结焦;④定期检查喷油器雾化质量,必要时可换新

A.①③　　　　　　　　　　　　B.①②③

C.②③④　　　　　　　　　　　D.①②③④

133.不属于锅炉燃烧器组成部分的是_____。

A.喷油器　　　　　　　　　　　B.配风器

C.电点火器　　　　　　　　　　D.吹灰器

134.安装燃烧器时,喷油器中心线与喷火口的轴线应_____。

A.在一条直线上　　　　　　　　B.相差 10°

C.相差 30°　　　　　　　　　　D.相差 60°

135.关于锅炉燃烧器管理的下列说法中,错误的是_____。

A.雾化片结焦后要用金属工具清除

B.火焰歪斜或有黑色条纹往往是因为喷孔结焦

C.喷油量超过额定值 10%时可将雾化片更换或研薄后使用

D.同时有多个燃烧器时停用的燃烧器风门不应关严

136.若燃油辅锅炉火焰传感器保护玻璃板因烟灰而不透光,将会_____。

A.无法正常燃烧,点火成功后接着熄火并报警

B.无法进行预扫风

C.锅炉无法正常自动补水

D.锅炉极限低水位报警并停炉

137.如果火焰探测器前面的隔热玻璃脏污,在锅炉点火过程中可能出现_____。

A.点火电极不打火　　　　　　　B.点火失败

C.点火变压器不通电　　　　　　D.风门不能关小

138.锅炉运行中突然熄火的原因不包括_____。

A.燃油中有水　　　　　　　　　B.锅炉出现危险水位

C.日用油柜燃油用完　　　　　　D.电点火器故障

139.锅炉燃烧不稳定的原因不包括_____。

A.燃油中有水　　　　　　　　　B.油温低

C.风门关闭　　　　　　　　　　D.油压低

140.锅炉喘振(炉吼)的原因是_____。

①供油压力波动;②燃油雾化不良;③风压波动

A.①②③　　　　　　　　　　　B.②③

C.①③　　　　　　　　　　　　D.①②

141.锅炉燃烧过程中发生喘振(炉吼)的原因不包括_____。

A.供油压力波动　　　　　　　　B.滞燃严重

C.风压不足或风压波动　　　　　　　　D.风量太大

142.锅炉燃烧不稳定,通过_____措施可能会使燃烧恢复正常。

①调整风压、风门开度;②调整燃油压力;③调整燃烧器部件

A.②③　　　　　　　　　　　　　　B.①③

C.①②　　　　　　　　　　　　　　D.①②③

143.为防止锅炉内燃气爆炸,可采取的措施是_____。

①点火前预扫风和熄火后扫风要充分;②点火失败后重复点火前进行充分的预扫风;③紧急停用后,需先关速闭阀,再停风机;④停炉后,切断燃油供应

A.①②③　　　　　　　　　　　　　B.②③④

C.①②④　　　　　　　　　　　　　D.①②③④

144.在采用单喷油器供油的燃油锅炉系统中,当进入高火燃烧时,其风门和回油阀的状态是_____。

A.风门开大,回油阀关小　　　　　　B.风门开大,回油阀开大

C.风门关小,回油阀开大　　　　　　D.风门关小,回油阀关小

145.在采用单喷油器供油的燃油锅炉系统中,当进入低火燃烧时,其风门和回油阀的状态是_____。

A.风门开大,回油阀关小　　　　　　B.风门开大,回油阀开大

C.风门关小,回油阀开大　　　　　　D.风门关小,回油阀关小

146.采用双喷油器工作的燃油锅炉,在进行低火燃烧时_____。

A.打开一个电磁阀,风门开大　　　　B.打开两个电磁阀,风门开大

C.打开一个电磁阀,风门关小　　　　D.打开两个电磁阀,风门关小

147.锅炉点火后烟囱冒烟较黑,应_____。

A.加大供风量　　　　　　　　　　　B.检修喷油器

C.提高燃油温度　　　　　　　　　　D.待炉温升高后再观察处理

148.燃烧不良时,锅炉受热面的积灰主要由_____构成。

A.钒、钠的化合物　　　　　　　　　B.硫酸钙

C.碳粒　　　　　　　　　　　　　　D.金属氧化物

149.关于在废气锅炉受热面上形成的积灰所造成的危害,说法错误的是_____。

A.会导致废气锅炉受热面酸腐蚀

B.会导致废气锅炉发生着火事故

C.会导致废气锅炉的窄点变小

D.会导致烟气的流动阻力增加

150.锅炉燃烧器的雾化片多采用_____合金钢。

A.耐高温耐磨　　　　　　　　　　　B.耐高温高压

C.耐压耐磨　　　　　　　　　　　　D.耐冲击耐高温

151.双油头辅锅炉燃烧控制系统中的低火燃烧是指_____。

A.单油头辅锅炉在汽压达到低限时的燃烧

B.双油头辅锅炉在汽压达到低限时的燃烧

C.单油头辅锅炉在汽压正常时的燃烧

D.双油头辅锅炉在汽压达到高限时的燃烧

152.燃烧室耐火砖损坏,发现有不严密处,采取的临时措施正确的是_____。

A.应用麻绳堵塞或涂抹上水泥

B.应用石棉绳堵塞或涂抹上水泥

C.应用石棉绳堵塞或涂抹上耐火泥

D.应用麻绳堵塞或涂抹上耐火泥

153.下列有关避免废气锅炉积灰着火对策的描述中,正确的是_____。

①尽量减少柴油机排烟在废气炉以外管段的压降;②废气锅炉烟气进口段应设计成烟气能够较均匀地进入废气锅炉;③烟气出废气锅炉的温度应高于蒸汽饱和温度 15 ℃以上,最好能达到 20 ℃;④应尽量增加废气锅炉换热面积,减少积灰

A.①②③④   B.①②③

C.②④   D.②③④

154.引起柴油机烟灰沉积物燃烧火花的原因有_____。

①燃油质量差;②燃油喷射设备故障;③扫气压力过大;④气缸注油量太大;⑤废气锅炉脏堵

A.①②⑤   B.①②④⑤

C.①②③④   D.③④⑤

155.关于锅炉转杯式喷油器燃油系统的说法中,正确的有_____。

①系统由点火系统和正常燃烧系统组成;②点火系统包括柴油柜、滤器、点火油泵、点火供油电磁阀、点火燃烧器等;③供油泵、燃油泵、燃油加热器、燃油压力调节阀、油/气流量比例调节器、供油电磁阀、主燃烧器属于正常燃烧系统组成设备

A.①③   B.①②

C.①②③   D.仅①

156.采用回油式喷油器的燃油系统,_____时系统将自动停炉保护,从而自动关闭燃烧器。

①锅炉熄火;②危险水位;③油温过高或过低;④燃烧器转出;⑤燃油雾化压力低于设定值;⑥一次风和雾化压力差低于压差开关设定值

A.①②③④⑤⑥   B.①②③④⑤

C.②③④⑤⑥   D.①②③⑤⑥

157.关于采用压力式双喷油器的燃油系统,说法正确的有_____。

①风机靠本身的抽力将燃烧器的手调小风门开启,进行预扫风;②预扫风后,其中一个喷油嘴工作后,风门伺服器将大风门打开,另一个喷油器也投入工作;③长期停炉前应改烧一段时间柴油再停炉

A.①③   B.①②

C.②③   D.①②③

158.燃油在锅炉中燃烧的速度,一般与_____关系不大。

A.雾化油滴的蒸发速度   B.油气和空气相互扩散的速度

C.油气热分解、氧化的速度   D.油气与空气的混合浓度

159.目前远洋船舶的船用辅助锅炉使用的燃油通常是_____。

A.一直使用柴油

B.冷炉起动或准备停炉前用柴油,正常工作用锅炉专用燃料油

C.冷炉起动或准备停炉前用柴油,正常工作用与主机相同的燃料油

D.一直使用高硫的燃料油,经济性好

160.锅炉燃油系统采用双喷油嘴的主要目的是_____。

①互为备用,增加可靠性;②同时使用,使喷油量提高 1 倍;③切换使用,实现有级燃烧调节

A.②　　　　　　　　　　　　　　B.①

C.③　　　　　　　　　　　　　　D.①或②或③

161.关于锅炉燃油系统,以下说法中正确的是_____。

A.燃油加热一般都使用蒸汽加热

B.汽压未到下限时燃油泵停转不会起动

C.燃油一般都来自专用的锅炉油柜

D.喷油器的喷油量与供风量同步调节

162.关于废气锅炉积灰的形成,下列说法中正确的是_____。

A.烟气积灰的形成与其流速、温度有关,与其成分无关

B.柴油机长期低负荷运行有助于减少积灰

C.降低废弃锅炉的窄点,有助于减少积灰

D.水管式废气锅炉采用肋片管设计,会使积灰增加

163.锅炉配风器不能靠_____产生合适的回流区。

A.旋转的供风　　　　　　　　　　B.呈空心圆锥体的油雾

C.喷油器前方的圆环形挡风板　　　D.移动喷油器的前后位置

164.下列选项中不会引起燃烧器点火不成功的是_____。

A.点火电极故障　　　　　　　　　B.风量过大

C.热水井水位高　　　　　　　　　D.喷油器堵塞

165.通过改变油压来改变锅炉压力式喷油器的喷油量,调节比一般不_____。

A.超过 5　　　　　　　　　　　　B.超过 15

C.超过 2　　　　　　　　　　　　D.超过 10

166.船用锅炉的点火变压器通常在点火时供给点火电极的电压为_____V。

A.3 000～5 000　　　　　　　　　B.12 000～15 000

C.15 000～20 000　　　　　　　　D.5 000～10 000

167.锅炉采用直流式配风器的目的是_____。

A.减小风阻,强化后期油气混合作用　B.改善油气前期混合作用

C.改善油雾化作用　　　　　　　　D.增加风量

168.关于锅炉燃烧的以下说法中,错误的是_____。

A.油液雾化并非越细越均匀越好

B.火炬拖长意味着燃烧不良

C.炉膛容积热负荷太高会使燃烧不完全

D.炉膛容积热负荷太低会使燃烧不完全

第三节　辅助锅炉汽水系统和自动控制系统

1.现代船舶辅助锅炉的蒸汽一般不供_____用。
　　A.蒸汽轮机　　　　　　　　　　B.空调装置
　　C.油舱加热　　　　　　　　　　D.热水柜

2.低压锅炉水质控制项目有以下说法：①碱度、②硬度、③含盐量、④含氧量，一般包括_____。
　　A.①③④　　　　　　　　　　　B.①②③
　　C.①②④　　　　　　　　　　　D.②③④

3.下列关于蒸汽带水的现象，说法错误的是_____。
　　A.蒸汽带水过多会降低蒸汽品质
　　B.炉水含盐量大，则蒸汽带水量就大
　　C.汽包内的分离高度大，则蒸汽带水量要小
　　D.用汽量减小，则蒸汽含水量就增大

4.给水系统中安装在锅炉与止回阀之间的截止阀_____对给水量进行节流调节，而止回阀可以防止炉水_____。
　　A.可以；流出炉外　　　　　　　　B.不可以；流向炉内
　　C.不可以；流出炉外　　　　　　　D.可以；流向炉内

5.辅助锅炉自动点火控制系统在自动点火时已点燃，但很快又发出点火失败信号，可能原因是_____。
　　A.火焰探测器故障或火焰观察镜脏污
　　B.点火电极电压过低
　　C.燃油雾化油粒过细
　　D.点火电极结炭严重

6.若一只水位计损坏，应_____；若两只水位计损坏，应_____。
　　A.立即熄火；伺机换新　　　　　　B.伺机换新；立即熄火
　　C.加强监视；加强监视　　　　　　D.立即熄火；立即熄火

7.锅炉水位计中水位始终静止不动，说明_____堵塞。
　　A.通水和通汽管路都　　　　　　　B.通水或通汽管路
　　C.通汽管路　　　　　　　　　　　D.通水管路

8.锅炉清理管道后，水管锅炉冷炉点火前应上水至水位计_____，以免炉水_____。
　　A.最高工作水位；要求补水
　　B.最高工作水位；泄放至机舱底部
　　C.最高工作水位；漏泄损失
　　D.最低工作水位；受热膨胀

9.为了避免无水"空炉"的废气锅炉在重新通水时产生热冲击，应先_____主机负荷，来_____传热温差。
　　A.增加；增加　　　　　　　　　　B.增加；减小

C.降低;减小   D.降低;增加

10.锅炉水位计的最低显示水位应_____。

  A.低于锅炉最低工作水位   B.高于锅炉最低工作水位

  C.与锅炉最低工作水位高度一致   D.与锅炉最高工作水位高度一致

11.在辅助蒸汽系统中,起自动排汽阻水功能的设备是_____。

  A.水位计   B.疏水阀

  C.储液器   D.热水井

12.船用锅炉给水泵一般选用下列哪种类型的泵_____。

  A.离心泵   B.水环泵

  C.齿轮泵   D.旋涡泵

13.关于锅炉检验,下列说法中不正确的是_____。

  A.仪表和自动化设备需要检验和测试

  B.废气锅炉的安全阀起跳压力必须由验船师进行整定

  C.压力元件在必要时要进行液压试验

  D.为强制循环锅炉或者经济器服务的泵需要拆开检验

14.锅炉正常运行时,必须经常监视_____的指示,不允许锅炉压力超过_____。

  A.压力表;正常工作压力   B.压力表;最高允许工作压力

  C.压力表;最低工作压力   D.湿度计;1.1倍设计压力

15.关于燃油锅炉蒸汽压未到上限而熄火,原因可能是_____。

  ①日用柜燃油用完;②燃油电磁阀因损坏而关闭;③燃油中有水;④供风中断

  A.①②③   B.①②③④

  C.②③④   D.①③④

16.船舶辅助锅炉蒸汽的工作压力一般设定为_____。

  A.0.5~0.7 MPa   B.0.3~0.5 MPa

  C.0.9~1.0 MPa   D.0.7~0.9 MPa

17.锅炉自动控制系统正常运行过程中,出现中途熄火,可能的原因是_____。

  A.锅炉满水   B.回油电磁阀断电

  C.火焰探测器故障   D.点火变压器突然故障

18.在PLC控制的自动锅炉燃烧控制系统中,锅炉点着火后,但很快又出现火焰故障报警,随后停炉,可能性较大的故障原因是_____。

  A.PLC硬件故障

  B.火焰探测器前面的隔热玻璃脏污

  C.锅炉油路故障

  D.锅炉风机损坏

19.辅助锅炉自动控制系统在自动点火过程中,未出现电火花,可能的故障是_____。

  ①点火电极结垢严重;②点火电极间隙过大;③火焰监视器故障;④回油电磁阀未打开;⑤进油电磁阀未打开;⑥点火变压器故障

  A.①②⑥   B.①③④⑤

C.②④⑥   D.②③④⑤

20.在辅助锅炉燃烧时序控制系统中,若火焰传感器断线,则系统可能出现的故障现象是_____。

  A.锅炉失水   B.锅炉满水

  C.锅炉汽压超限   D.锅炉点火失败

21.自动化锅炉点火失败的原因不包括_____。

  A.风量过大   B.点火电极位置不合适

  C.点火电压太高   D.燃油温度太低

22.影响船用锅炉蒸汽带水量的主要因素不包括_____。

  A.锅炉给水压力   B.分离高度

  C.锅炉水位和锅炉负荷   D.炉水含盐量

23.在船用锅炉蒸汽系统中,_____位于锅炉顶部。

  A.主停汽阀   B.接岸供汽管

  C.锅炉给水阀   D.泄水管

24.在船用锅炉蒸汽系统中,_____位于蒸汽分配联箱上,以备修船停炉时使用。

  A.主停汽阀   B.接岸供汽管

  C.锅炉给水阀   D.泄水管

25.在燃油锅炉和废气锅炉是各自独立、并联供汽的船舶上,需在蒸汽分配联箱底通各自的蒸汽管路上设_____。

  A.主停汽阀   B.接岸供汽管

  C.单向阀   D.泄水管

26.锅炉蒸汽系统中设有主停气阀,将锅炉产生的蒸汽送往_____。

  A.油舱加热分配联箱   B.总分配联箱

  C.大气冷凝器   D.低压蒸汽分配联箱

27.锅炉蒸汽系统中设有大气冷凝器,大气冷凝器的冷却介质通常是_____。

  A.冰   B.空气

  C.海水   D.氮气

28.船舶辅助锅炉蒸汽在放热后变成凝水,由凝水系统流向_____。

  A.舱底   B.凝水柜或热水井

  C.日用淡水柜   D.热水柜

29.锅炉产生的多余蒸汽,放至_____。

  A.舱室   B.大气冷凝器

  C.舷外   D.安全阀

30.船用燃油辅助锅炉汽压超过上限时,如果锅炉不能停止燃烧,可关闭_____。

  A.锅炉主油路速闭阀   B.锅炉给水泵

  C.锅炉主停汽阀   D.蒸汽压力调节阀

31.对于采用双位控制的辅助锅炉燃烧控制系统,若在低火燃烧时,压力还在继续升高,则_____。

A.达到高压保护值时,发出报警,自动停炉

B.进行高火燃烧

C.达到高压保护值时,自动停炉,不发出报警

D.立即发出报警,自动停炉

32._____用的蒸汽不需要减压。

A.厨房 　　　　　　　　　　B.空调装置

C.热水压力柜 　　　　　　　D.油舱加热

33.对于工作压力范围为 0.5~0.7 MPa 的船用锅炉,当蒸汽压力达到 0.7 MPa 时_____。

A.主油路电磁阀断电 　　　　B.给水截止阀关闭

C.安全阀开启 　　　　　　　D.减压阀开启

34.对于工作压力范围为 0.5~0.7 MPa 的自动控制锅炉,当蒸汽压力降至 0.5 MPa 时_____。

A.主油路电磁阀断电 　　　　B.给水截止阀关闭

C.锅炉自动投入燃烧 　　　　D.减压阀关闭

35.盘香管式废气锅炉,可以通过停用上面 1~2 组盘香管的方法减少蒸发量,这属于_____调节方法。

A.烟气旁通 　　　　　　　　B.改变有效受热面积

C.蒸汽冷凝 　　　　　　　　D.降低主机排烟温度

36.强制循环水管锅炉是指_____流动的锅炉。

A.利用风机使空气和烟气

B.利用烟囱自然通风力使空气和烟气

C.由于工质密度差而使水在受热管中

D.借助泵使水在受热管中

37.D 型水管锅炉中,汽、水沿着上升管向上流动,在_____中实现汽水混合物的分离。

A.下降管 　　　　　　　　　B.汽包

C.蒸发管束 　　　　　　　　D.水筒

38.强制循环废气锅炉是由_____提供炉水。

A.给水泵由热水井 　　　　　B.燃油辅助锅炉经循环泵

C.无须供水 　　　　　　　　D.给水泵由日用水柜

39.在 PLC 控制的全自动锅炉燃烧控制系统中,若在正常燃烧过程中鼓风机因故障不能工作时,则会出现_____。

A.时序过程重新开始 　　　　B.报警并等待修理

C.自动停炉并报警 　　　　　D.扫风结束自动停炉

40.在船舶辅助锅炉自动控制装置中,如风门调节伺服电动机故障,风门不能自动调节,停在风门较大位置,则控制系统_____。

A.继续按点火燃烧程序工作 　B.不会出现点火控制

C.水位调节也停止运行 　　　D.一直保持扫风运行状态

41.在船舶辅锅炉自动控制装置中,如点火时序到点火时能电极打火,但点火失败,控制系统应_____。

A.停止进油,辅助锅炉后扫风,等待复位

B.停止进油,扫风后再次进入自动点火

C.自动切换轻油进油,以保证点火供油

D.停炉,改成手动切换轻油进油,同时应急点火操作

42.在船舶辅助锅炉自动控制装置中,每次点火都会吹熄火苗,则应检查_____是否正常。

A.点火时的风门限位

B.点火时的点火变压器电压

C.点火时的供油量

D.点火时的伺服电机控制程序

43.辅锅炉正常工作时,自动调节系统通常会根据_____的变化,来起、停锅炉燃烧器。

A.风压   B.油压

C.汽压   D.水压

44.有关船用锅炉给水系统,下列说法中正确的是_____。

A.锅炉给水管路上一般不设止回阀,以节省成本

B.可以用截止阀对给水量进行节流调节

C.装设截止止回阀的目的是防止给水泵不工作时,炉水沿给水管向炉外回流

D.锅炉给水泵一般采用单级离心泵

45.有关船用锅炉给水系统,下列说法中错误的是_____。

A.给水泵至少设两台

B.蒸发量较小的辅锅炉多采用电动旋涡泵间断供水

C.蒸发量大的锅炉可选用多级离心泵节流调节,连续供水

D.无论采用哪种供水方式,每小时供入锅炉内的给水量和从各处流回的凝水量是平衡的

46.在锅炉电极式双位水位控制系统中,在_____的情况下,给水泵电动机保持运转向锅炉供水。

A.水位在上限水位

B.水位上升至上、下限水位之间

C.只要水位在中间水位

D.水位下降至上、下限水位之间

47.在锅炉电极式双位水位控制系统中,给水泵电动机起动时刻为_____。

A.水位在上限水位

B.水位下降到中间水位

C.水位下降到下限水位

D.水位上升到中间水位

48.在电极式辅锅炉水位双位控制系统中,把锅炉给水泵转换开关放在自动位置,在_____的情况下,锅炉给水泵停止向锅炉供水。

A.从下限水位上升到上、下限水位之间

B.水位上升到上限水位之后和从上限水位下降至下限水位之前

C.水位在下限水位

D.只要在上、下限水位之间

49.如图所示,在大型油船辅助锅炉水位控制系统中,双冲量是指_____。

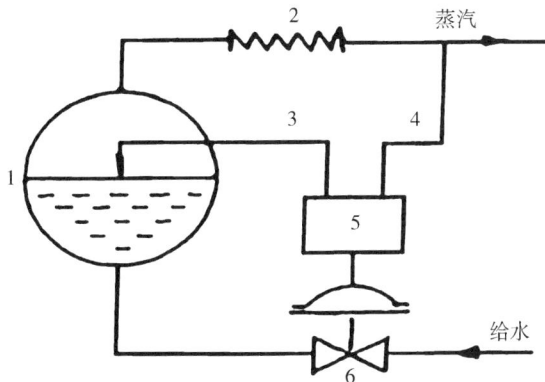

双冲量水位控制系统原理

1—锅炉汽水筒;2—过热器;5—双冲量给水调节器;6—调节阀

A.水位、给水压差　　　　　　　　　　B.水位、蒸汽流量

C.水位、给水流量　　　　　　　　　　D.给水流量、蒸汽流量

50.如图所示,在大型油船辅助锅炉的控制系统中,采用双冲量给水调节器的目的是_____。

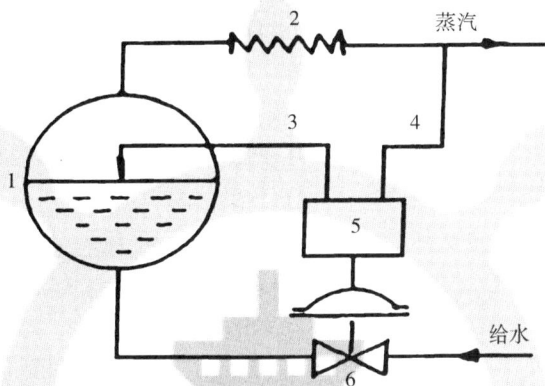

双冲量水位控制系统原理

1—锅炉汽水筒;2—过热器;5—双冲量给水调节器;6—调节阀

A.实现水位的定值控制　　　　　　　　B.实现给水差压的定值控制

C.克服水位变化对燃烧的影响　　　　　D.克服蒸汽流量变化对水位的影响

51.在大型油船辅助锅炉水位自动控制系统中,常采用双冲量水位调节器,其目的是_____。

A.减小被控量的稳态误差

B.减少蒸汽流量变化对水位的影响

C.保证给水调节阀前后的压差恒定

D.减少燃烧强度变化对锅炉水质的影响

52.在大型油船辅助锅炉双回路水位自动控制系统中,水位调节回路和给水差压调节回路分别控制_____。

A.给水压力和蒸汽压力　　　　　　　　B.给水调节阀和蒸汽调节阀

C.锅炉水位和蒸发量　　　　　　　　　　D.给水差压变送器和水位变送器

53.在锅炉电极式双位水位控制系统中,若给水泵起动频繁,则可能原因是_____。

　　A.高、低水位电极高度差太小

　　B.低水位与危险水位电极的高度差太大

　　C.高、低水位电极高度差太大

　　D.低水位与危险水位电极的高度差太小

54.在电极式辅助锅炉水位双位控制系统中,电极 1、2、3 分别检测锅炉的上限水位、下限水位、危险低水位,为了提高锅炉的上限水位,应该采用_____的调整方法。

　　A.电极 1、2 不动,升高电极 3　　　　　B.电极 1、3 不动,升高电极 2

　　C.电极 2、3 不动,升高电极 1　　　　　D.电极 2、3 不动,降低电极 1

55.一般船舶辅助锅炉水位控制多采用_____控制。

　　A.双位　　　　　　　　　　　　　　　　B.比例

　　C.积分　　　　　　　　　　　　　　　　D.微分

56.下列关于锅炉水位控制过程的描述中,错误的是_____。

　　A.当锅炉水位至最低工作水位时,水泵开始工作

　　B.当锅炉水位至最低危险水位时,锅炉自动熄火

　　C.当锅炉水位至最高工作水位时,水泵停止工作

　　D.当水泵停止工作时,锅炉给水截止阀处于关闭位置

57.下列属于锅炉热水井的作用的是_____。

　　①回收凝水;②过滤水中的杂质;③补水;④投放炉水处理药剂

　　A.①②③　　　　　　　　　　　　　　　B.①②④

　　C.②③④　　　　　　　　　　　　　　　D.①②③④

58.锅炉水位双位控制系统的电极室需要定期放水,是为了避免_____。

　　A.水的盐度太高　　　　　　　　　　　　B.水的碱性太高

　　C.水的纯度太高　　　　　　　　　　　　D.水的酸性太高

59.锅炉水位双位控制是使给水泵在_____水位和_____水位起动和停止。

　　A.最低危险;最高危险　　　　　　　　　B.最低危险;最高工作

　　C.最低工作;最高危险　　　　　　　　　D.最低工作;最高工作

60.通常情况下,锅炉系统一般选_____作为给水泵,从热水井吸水补给到辅助锅炉。

　　A.双作用叶片泵　　　　　　　　　　　　B.三作用螺杆泵

　　C.单螺杆泵　　　　　　　　　　　　　　D.多级离心泵

61.采用组合式锅炉的船舶在航行过程中,航行所需要的蒸汽主要由_____供给;_____通常在蒸汽量不足时_____。

　　A.燃油锅炉;废气锅炉;手动起动

　　B.废气锅炉;燃油锅炉;自动起动

　　C.废气锅炉;燃油锅炉;手动起动

　　D.燃油锅炉;废气锅炉;自动起动

62.船用锅炉汽包中实际水位_____水位表指示的水位。

A.等于　　　　　　　　　　　　B.高于

C.低于　　　　　　　　　　　　D.高于或低于或等于

63.锅炉正常运行中炉内实际水位与水位计水位相比_____。

A.较高　　　　　　　　　　　　B.较低

C.一致　　　　　　　　　　　　D.视压力高低而不同

64.锅炉水位正常,如水位计通水管路堵塞,则其中水位会_____。

A.很快消失　　　　　　　　　　B.慢慢降低

C.慢慢升高　　　　　　　　　　D.静止不动

65.锅炉运行中水位计的水位超过最高水位,冲洗后恢复正常,通常是因为原先_____。

A.通汽管堵　　　　　　　　　　B.通水管堵

C.冲洗管堵　　　　　　　　　　D.锅炉"满水"

66.冲洗锅炉水位计后,进行"叫水"操作,水位计不出现水位,这时应_____。

A.立即补水至正常　　　　　　　B.立刻断油熄火

C.重新冲洗水位计　　　　　　　D.停止给水,加强燃烧

67.如图所示为玻璃板式锅炉水位计,锅炉正常运转时,阀1、2、3分别处于_____状态。

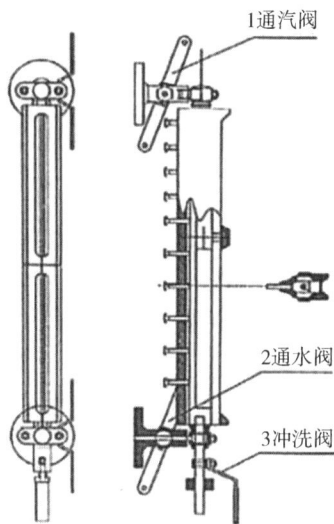

A.开启、开启、关闭　　　　　　B.开启、关闭、关闭

C.关闭、开启、关闭　　　　　　D.关闭、关闭、开启

68.锅炉水位正常,如水位计通汽管路堵塞,则其中水位会_____。

A.很快消失　　　　　　　　　　B.慢慢降低

C.升至顶部　　　　　　　　　　D.静止不动

69.船舶蒸汽总分配联箱上有与上甲板两舷标准接头相通的管路,主要用于_____。

A.应急时人工泄放蒸汽　　　　　B.安全阀开启时自动泄放蒸汽

C.厂修期间必要时由厂方供汽　　D.蒸汽灭火用

70.锅炉汽水系统中设有汽压调节阀,将废气锅炉产生的富余蒸汽排往_____。

A.舷外　　　　　　　　　　　　B.热水井

C.大气冷凝器　　　　　　　　　　D.低压蒸汽分配联箱

71.锅炉蒸汽系统的接岸供汽管一般与_____相连。

A.总蒸汽分配联箱　　　　　　　　B.低压蒸汽分配联箱

C.辅锅炉停汽阀后　　　　　　　　D.废气锅炉停汽阀后

72.加热油柜的蒸汽管路出口设阻汽器的目的是_____。

A.控制蒸汽流量　　　　　　　　　B.防止油漏入蒸汽管路

C.使蒸汽汽化潜热尽量得到利用　　D.过滤杂质

73.锅炉汽水系统中阻汽器设在_____管路上。

A.给水　　　　　　　　　　　　　B.蒸汽

C.凝水　　　　　　　　　　　　　D.排污

74.辅助蒸汽系统中,蒸汽经过以下设备的正确顺序为_____。

①主停汽阀;②蒸汽分配器;③疏水阀;④用汽设备;⑤热水井;⑥大气冷凝器

A.①②③④⑤⑥　　　　　　　　　B.①②④③⑥⑤

C.①③②④⑥⑤　　　　　　　　　D.③①②⑤④⑥

75.蒸汽分配联箱底部装有泄水管的作用是_____。

A.放汽　　　　　　　　　　　　　B.供汽

C.防止开始供汽暖管时发生液击　　D.备用接头

76.辅助锅炉蒸汽系统中,减压阀_____的管路上应装设_____。

A.高压侧;安全阀　　　　　　　　B.低压侧;安全阀

C.高压侧;放气旋塞　　　　　　　D.低压侧;放气旋塞

77.关于锅炉蒸汽系统的下列说法中,错误的是_____。

A.锅炉蒸汽系统的任务是将锅炉产生的蒸汽按不同压力需求送至各用汽设备

B.蒸汽至热水柜的流程一般为:锅炉主停汽阀—蒸汽总分配联箱—减压阀—低压蒸汽分配联箱—热水柜

C.一般蒸汽分配联箱底部装有泄水管,在开始供汽暖管时泄放凝结水,以防液击

D.蒸汽系统亦可回收各处的蒸汽凝水,并可向锅炉补给足够数量和符合品质的炉水

78.蒸汽系统的任务是将锅炉产生的蒸汽按照不同的_____需求,送至各用汽设备。

A.流量　　　　　　　　　　　　　B.温度

C.压力　　　　　　　　　　　　　D.体积

79.通常锅炉有一路蒸汽经_____进入热水井,用于冬季对热水井加温,保持60～90 ℃的给水温度。

A.温控阀　　　　　　　　　　　　B.旁通阀

C.溢流阀　　　　　　　　　　　　D.手动阀

80.由汽包引出的饱和蒸汽带水过多,会使蒸汽品质下降。下列说法中不正确的是_____。

A.可能腐蚀汽、水管路和设备

B.有利于增强蒸汽与用汽设备的传热

C.若用于驱动蒸汽辅机,会引起机械的水击

D.对于装有过热器的锅炉,蒸汽中所带的水会在其中汽化,盐分沉积,烧坏管子

81.下列不属于锅炉汽水分离设备的是_____。

　　A.水下孔板　　　　　　　　　　B.下降管

　　C.集汽管　　　　　　　　　　　D.集汽孔板

82.锅炉凝水系统中,为了保证回到热水井之前的所有蒸汽完全液化,并适当降低凝水的温度,通常需在系统内装设_____。

　　A.疏水器　　　　　　　　　　　B.大气冷凝器

　　C.中央冷却器　　　　　　　　　D.冷风机

83.随着锅炉压力的提高,锅炉给水泵的工作扬程_____。

　　A.随之增大　　　　　　　　　　B.随之减小

　　C.没有影响　　　　　　　　　　D.无法判断

84.关于锅炉手动控制,说法正确的是_____。

　　①手动起动,则在接通电源后,将控制选择开关置于手动位置,预扫风、点火、喷油、着火后停止点火;②手动停炉:熄火、后扫风、停风、断油(将"油泵"开关扳到"自动");③手动控制状态时发生熄火、低于危险水位等故障,则燃油电磁阀、风机、油泵会同时失电,这时,未经后扫风而停炉,故障排除后再次起动应加强预扫风

　　A.②③　　　　　　　　　　　　B.①②③

　　C.①②　　　　　　　　　　　　D.①③

85.饱和蒸汽的状态由_____决定。

　　A.温度　　　　　　　　　　　　B.温度或压强

　　C.压强　　　　　　　　　　　　D.温度和压强

86.船舶辅助锅炉水质控制的参数不包括_____。

　　A.硬度　　　　　　　　　　　　B.碱度

　　C.含沙量　　　　　　　　　　　D.含盐量

87.保持炉水一定_____可同时起到抑制结垢和电化学腐蚀的作用。

　　A.碱度　　　　　　　　　　　　B.硬度

　　C.含盐量　　　　　　　　　　　D.磷酸根离子浓度

88.锅炉发生苛性脆化的条件是_____。

　　A.炉水碱性太低,应力过高,缺保护性盐

　　B.炉水碱性太低,应力过高,盐度过高

　　C.炉水碱性太强,应力过高,盐度过高

　　D.炉水碱性太强,应力过高,缺保护性盐

89.若炉水碱度不足,对锅炉的主要危害是会产生_____。

　　A.水垢　　　　　　　　　　　　B.腐蚀

　　C.苛性脆化　　　　　　　　　　D.汽水共腾

90.若炉水碱度太高,对锅炉的主要危害是会产生_____。

　　A.水垢　　　　　　　　　　　　B.腐蚀

　　C.苛性脆化　　　　　　　　　　D.汽水共腾

91.炉水保持适宜碱度是为了抑制_____。

A.水垢生成   B.汽水共腾

C.电化学腐蚀   D.水垢生成和汽水共腾

92.测定锅炉炉水含盐量常用的方法是_____。

     A.称重法   B.盐度计

     C.化验 Cl^- 浓度   D.测比重法

93.在化验炉水的_____时常采用比色法。

     A.硬度   B.碱度

     C.含盐量   D.磷酸根含量

94.锅炉炉水的 pH 值应保持_____。

     A.小于 7   B.等于 7

     C.在 10~12 范围内   D.越大越好

95.锅炉水化验含盐量偏高通常应_____,炉水碱度太高通常应_____。

     A.下排污;下排污   B.下排污;上排污

     C.上排污;下排污   D.上排污;上排污

96.下列有关锅炉水硬度的说法中正确的是_____。

     ①水的硬度即水中 Ca^{2+}、Mg^{2+} 的浓度;②降低硬度的常用方法是往炉水中加入正磷酸钠或磷酸二钠;③低压锅炉一般要求硬度不大于 0.04 mmol/L

     A.①②③   B.①②

     C.①③   D.②③

97.关于锅炉水质对锅炉的影响,下列说法中错误的是_____。

     A.锅炉水碱度增大,可在壁面形成保护膜,防止腐蚀

     B.锅炉水硬度增加,易引起锅炉结垢,导致换热能力变差

     C.锅炉水盐度增加,容易导致汽水共腾

     D.锅炉水硬度增大,会引起炉水浓缩现象

98.用电位法测量锅炉炉水 pH 值时,需要进行_____校正。

     A.温度   B.压力

     C.含盐量   D.黏度

99.船用锅炉给水的溶解氧可用_____测试。

     A.重量法   B.氧电极法

     C.比色法   D.滴定法

100.船用锅炉炉水的磷酸盐可用_____测试。

     A.重量法   B.氧电极法

     C.比色法   D.滴定法

101.船用锅炉炉水的碱度可用_____测试。

     A.重量法   B.氧电极法

     C.比色法   D.滴定法

102.船用锅炉炉水碱度过高(pH 值>9),会导致锅炉_____。

     A.结垢   B.产生泥渣和沉淀

C.金属钝化膜破坏 D.酸性腐蚀

103.船用锅炉给水溶解氧含量超标,会加剧锅炉_____。

A.结垢 B.产生泥渣和沉淀

C.汽水共腾 D.腐蚀

104.船用锅炉炉水可用控制_____浓度的方法代替控制硬度。

A.过剩磷酸根 B.亚硫酸根

C.钙离子和镁离子 D.硝酸根

105.船用锅炉炉水加入磷酸钠后,可以_____硬度,_____碱度。

A.降低;提高 B.降低;降低

C.提高;降低 D.提高;提高

106.船用锅炉在给水管投药时,应使用_____。

A.给水泵 B.补水泵

C.计量泵 D.循环水泵

107.为了降低给水溶解氧含量,可采用_____、除氧器、除氧剂等方法。

A.给水加压 B.钠离子交换器

C.给水直接加热 D.下排污

108.锅炉给水热力除氧不仅能去除水中溶解氧,还可以_____。

A.去除二氧化碳 B.降低硬度

C.提高碱度 D.减少结垢

109.炉水含盐量太大的危害主要是_____。

A.锅炉本体腐蚀加剧 B.汽水共腾,蒸汽品质恶化

C.容易出现盐结晶 D.容易结垢

110.发生"苛性脆化"的原因主要是_____。

A.硬度高 B.碱度高

C.含盐量太大 D.高碱度、高应力,缺少保护性盐

111.炉水处理的目的是_____。

①降低硬度,以防止结垢;②保持碱度,以防止内部腐蚀;③降低锅炉排烟热损失

A.① B.②

C.①② D.①②③

112.关于炉水化验取样,下列说法中正确的是_____。

A.取水样前用自来水冲洗取样器2~3遍

B.可从热水井中取水样

C.应在投药后尽快取水样

D.取水样后应封闭冷却至30~40 ℃方可化验

113.表示锅炉结水垢能力的水质指标是_____。

A.碱度 B.硬度

C.含盐量 D.pH 值

114.硝酸盐除灰剂不起_____的作用。

A.降低烟灰的着火点

B.使硬质灰垢疏松脱落

C.对钢材钝化

D.将烟气中的有害物质氧化成氮气和水

115.炉水中含盐量太大容易引起汽水共腾,使蒸汽品质恶化,加剧管路设备腐蚀,因此当含盐量太大时一般应_____。

A.进行加药处理

B.上排污并加强补充炉水

C.下排污并补充淡水

D.放空炉水,重新补水,并投药处理

116.锅炉生成水垢的主要危害是_____。

①妨碍传热,降低热效率;②使受热面壁温升高,可能烧坏;③使垢层下金属腐蚀加重

A.①

B.②

C.①②

D.①②③

117.锅炉汽水系统凝水含油多,通常在_____处将其泄放至舱底。

A.冷凝器

B.阻汽器

C.热水井

D.观察柜

118.炉水含油的最大危害是使_____。

A.蒸发量减少

B.受热管烧坏

C.蒸汽携水增多

D.锅炉腐蚀加重

119.燃油锅炉满水时,以下各项措施中不必要的是_____。

A.立即停止送汽

B.进行上排污

C.化验炉水并进行水处理

D.开启蒸汽管路上的泄水阀

120.锅炉受热面管破裂的征兆不包括_____。

A.汽压水位降低快

B.烟囱冒"白烟"

C.凝水系统出现大量蒸汽

D.有时能听见异常"噪声"

121.水管锅炉受热面管子破裂,可用_____的方法做暂时性修理。

A.焊补

B.用夹箍堵漏

C.用钢制锥塞堵破管两端

D.用堵棒将破管堵死

122.关于锅炉蒸汽带水,下列说法中错误的是_____。

A.工作压力越高,对炉水含盐量的限制应越严格

B.锅炉负荷增大则蒸汽带水量增加

C.锅炉运行中汽包中水位始终高于水位计水位

D.分离高度越大,重力分离作用越差

123.发现锅炉蒸汽携水太多,采取的措施不包括_____。

A.暂时停止供汽,开启蒸汽管路和设备上的泄水阀

B.上排污降低工作水位

C.化验炉水含盐量是否过高

D.下排污降低工作水位

124.发现燃油锅炉"满水"时应停止送汽,并_____。

　A.立即停炉　　　　　　　　　　　B.进行上排污

　C.进行下排污　　　　　　　　　　D.关给水泵电源

125.发现锅炉受热面管破裂,下列做法中错误的是_____。

　A.不太严重时加强监视,继续使用

　B.立即停炉放水,安排堵管

　C.除严重失水者外,继续给水

　D.停炉后在锅炉尚有汽压时,查明漏水部位

126.锅炉运行时为了防止供汽湿度过大,应采取的措施不包括_____。

　A.防止水位过高　　　　　　　　　B.防止汽水共腾

　C.防止供汽量增加过快　　　　　　D.清洗汽水分离设备

127.所谓"汽水共腾"是指_____。

　A.蒸汽带水太多

　B.炉水中含气泡太多

　C.炉水表面形成很厚不易消散的泡沫层

　D.蒸发量太大

128."汽水共腾"的根本原因是_____。

　A.蒸发量太大　　　　　　　　　　B.炉水含盐量太大

　C.炉水水位太高　　　　　　　　　D.燃烧过于剧烈

129.锅炉用汽量超过临界负荷不会使_____。

　A.炉水水位升高　　　　　　　　　B.蒸汽上升流速增大

　C.蒸汽中飞溅的炉水量增多　　　　D.炉水表面形成厚泡沫层

130.炉水含盐量超过临界值的主要危害是_____。

　A.金属发生苛性脆化　　　　　　　B.结垢量显著增加

　C.发生汽水共腾,蒸汽带水剧增　　D.炉内腐蚀加剧

131.关于锅炉运行中锅筒内的水位,下列说法中错误的是_____。

　A.刚补水时水位反而降低

　B.加强燃烧后,未补水水位也会上升

　C.骤然开大停汽阀,水位迅速降低

　D.减弱燃烧后,水位即会降低

132.防止蒸汽携水量过多的措施不包括_____。

　A.高负荷时水位应较低　　　　　　B.防止炉水硬度过高

　C.防止炉水含盐量过高　　　　　　D.供汽量不宜骤然增多

133.下列各项中,_____不是保证水管锅炉良好汽水循环的措施。

　A.尽量减少下降管携带汽　　　　　B.避免上升管受热不均

　C.避免上升管结垢　　　　　　　　D.锅炉运行期间定期测试安全阀

134.下列选项中,不属于影响蒸汽携带水因素的是_____。

　A.分离高度　　　　　　　　　　　B.炉水含氧量

　C.锅炉负荷(蒸汽用量)　　　　　　D.炉水含盐量

135.造成"汽水共腾"的主要原因有_____。

①炉水中碱性物质、油污、盐分过高导致炉水起沫;②供气量突增使汽压下降过快,引起水位瞬间上升;③水位过高;④燃烧过强

A.①② B.③④

C.①②③ D.①②③④

136.炉水含盐量过高或者碱度过高,汽水共腾,需要排污时采用_____。

A.上排污 B.下排污

C.上排污和下排污结合使用 D.盐度太高时,上排污无法解决

137.锅炉水位达到_____水位时会发出警报并自动熄火。

A.最高工作 B.最低工作

C.最低危险 D.最高或最低工作

138.锅炉运行中汽压突然下降不会是因为_____。

A.用汽量突然增加 B.锅炉水管破裂

C.汽水共腾 D.燃油中含水多

139.如果锅炉内部检查发现水垢厚而不紧密,带半透明的大晶粒,在淡水中浸2～3 h易破碎,说明炉水_____。

A.硬度太大 B.含有硅盐

C.碱度太大 D.含盐量太高

140.如果锅炉内部水垢厚度超过2 mm,呈结晶状附在金属表面,说明炉水_____。

A.硬度太大 B.含有硅盐

C.碱度太大 D.含盐量太高

141.下列的_____会造成锅炉蒸汽带水量增加。

A.分离高度小 B.锅炉负荷小

C.炉水含盐量低 D.分离高度大

142.船用锅炉给水含油量超标,除了生成油垢外,还有可能导致_____。

A.泥渣和沉淀 B.腐蚀

C.汽水共腾 D.苛性脆化

143.关于炉水中含油,下列说法中不正确的是_____。

A.油会黏附在受热面上,影响传热

B.油会渗入水垢中,影响传热

C.会导致受热面管子变形和爆裂

D.发生油气爆炸

144.船舶辅助锅炉清洗水垢的方法不包含_____。

A.碱洗法 B.酸洗法

C.机械清洗法 D.高压空气吹离法

145.锅炉水化验碱度偏高通常应_____,泥渣太多则通常应_____。

A.上排污;上排污 B.下排污;下排污

C.下排污;上排污 D.上排污;下排污

146.船用锅炉常用汽水分离设备一般不包括_____。

　　A.水下孔板　　　　　　　　　　　B.集汽管

　　C.水上孔板　　　　　　　　　　　D.集汽板

147.关于船用锅炉集汽孔板,下列描述错误的是_____。

　　A.结构简单,加工方便　　　　　　B.它可以比集汽管距离水面更高

　　C.分离汽水的效果比集汽管好　　　D.波动阻力小

148.热油锅炉循环泵起动阶段的升温速度以_____℃/h 为宜。

　　A.70　　　　　　　　　　　　　　B.80

　　C.60　　　　　　　　　　　　　　D.50

149.关于锅炉炉水水质的控制,说法错误的是_____。

　　A.锅炉炉水碱度过高,容易产生苛性脆化

　　B.锅炉炉水硬度过高,容易生成水垢

　　C.锅炉炉水含盐量过高,容易引起汽水共腾,恶化蒸汽品质,加剧管路设备腐蚀

　　D.为了减少酸腐蚀和碱腐蚀,锅炉炉水 pH 值保持在 7 为最佳

150.我国船用锅炉给水标准规定,补给水的含盐量应小于_____mg/L。

　　A.1 000　　　　　　　　　　　　B.500

　　C.200　　　　　　　　　　　　　D.10

151.锅炉排污管路上设有:①排污阀、②调节阀、③通海阀,正确的关闭次序是_____。

　　A.②①③　　　　　　　　　　　　B.③②①

　　C.①②③　　　　　　　　　　　　D.①③②

152.一般船用辅助锅炉蒸汽压力的要求不太严格,水位和蒸汽压力大多采用_____控制系统。

　　A.比例、积分、微分　　　　　　　B.双位

　　C.比例　　　　　　　　　　　　　D.比例、积分

153.船舶辅助锅炉正常工作时,都规定有最高工作水位、最低工作水位和_____。

　　A.正常工作水位　　　　　　　　　B.最高危险水位

　　C.最低危险水位　　　　　　　　　D.零水位

154.如图为锅炉汽包结构简图,影响蒸汽带水的主要因素有_____。

319

A.分离高度(越大,重力分离作用越强)

B.锅炉负荷(蒸汽用量)

C.炉水含盐量

D.以上全对

155.如图为锅炉烟气旁通调节蒸发量示意图,当废气锅炉蒸汽压力过高时,可采取的调节方法是_____。

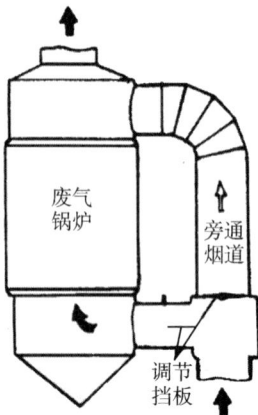

A.烟气旁通法   B.改变有效受热面积法

C.水位调节法   D.蒸汽冷凝法

156.关于锅炉水位,说法正确的是_____。

①每台锅炉都规定有最高工作水位、最低工作水位和最低危险水位;②正常工作时,锅炉水位应处于最高水位与最低工作水位之间;③当水位降至最低水位之下的危险水位,则自动控制系统在报警的同时会使锅炉自动熄火

A.①②   B.①③

C.②③   D.①②③

157.一般船舶辅助锅炉燃烧控制多采用_____控制。

A.积分   B.微分

C.开关   D.比例

158.影响蒸汽带水的主要因素有_____。

①分离高度;②锅炉负荷;③炉水含盐量;④锅炉所用燃油的含硫量

A.①②④   B.②③④

C.①③④   D.①②③

159.在PLC控制的全自动锅炉燃烧时序控制系统中,若火焰感受器继电器线圈断路,再次起动锅炉时,则会出现_____。

A.点火失败报警   B.不点火

C.时序过程不能起动   D.点不着火

160.冲洗水位计之后进行"叫水"操作时,有水面出现,一直升到水位计顶部,这时炉水水位在_____状态。

A.失水   B.正常

C.不确定　　　　　　　　　　　　D.满水

161.关于锅炉水碱度控制,说法正确的是_____。

①炉水控制在适当的碱度范围内,有利于抑制结垢;②炉水碱性不足,锅炉受热面易发生电化学腐蚀;③炉水碱性太强,会加剧腐蚀;④pH 值最好为 10~12

A.①②　　　　　　　　　　　　　B.①②③④

C.①③④　　　　　　　　　　　　D.②③④

162.锅炉受热面管子破裂,如暂时不能换管,可用封堵措施,正确的是_____。

①水管锅炉水管用涂上白铅油的锥钢塞,塞在破管的两端,然后用手锤敲紧;②烟管锅炉用两端带螺纹和盖板的堵棒将破裂管堵死,堵管时,在堵棒的盖板和管板之间垫上石棉垫;③堵管后应进行水压试验

A.①③　　　　　　　　　　　　　B.②③

C.①②③　　　　　　　　　　　　D.①②

163.关于锅炉蒸汽管路及阀门维护的说法中,正确的是_____。

①要经常检查蒸汽分配箱上的减压阀是否正常;②蒸汽管路可用铁皮和隔热材料临时扎紧;③蒸汽阀门损坏应及时更换;④蒸汽管路隔热材料脱落要及时修复

A.①③④　　　　　　　　　　　　B.①②③

C.①②③④　　　　　　　　　　　D.②③④

164.下列关于锅炉汽水共腾的说法中,错误的是_____。

A.锅炉水位过高,可能会引起汽水共腾

B.锅炉燃烧过于强烈,可能会引起汽水共腾

C.供气量突减,可能会引起汽水共腾

D.炉水中碱性物质、油污、盐分过高会引起汽水共腾

165.在光敏电阻两端所加电压不变的情况下,光敏电阻接受光照会使其阻值变_____。

A.为零　　　　　　　　　　　　　B.大

C.小　　　　　　　　　　　　　　D.不变

166.如果关闭水位计上的通气阀仍能"叫水"进入水位计,则表明水位仍在水位计通水管_____。

A.之下　　　　　　　　　　　　　B.之上

C.之下,可以马上补水　　　　　　D.之下,但不能马上补水

167.船舶辅助锅炉自动控制装置中,如点火时序到点火时能电极打火,但是没有点火供油,造成点火失败,则控制系统应_____。

A.停止进油,辅助锅炉后扫风,等待手动复位

B.停止进油,扫风后再次进入自动点火

C.自动切换轻油进油,以保证点火供油

D.停炉,改成手动切换轻油进油,同时进行应急点火操作

168.船舶锅炉整装回油式燃烧器,在预扫风结束时,燃油喷进炉膛,主要是因为此时控制系统发生_____动作。

A.风门关小　　　　　　　　　　　B.回油电磁阀关闭

C.油泵起动　　　　　　　　　　　D.加热器通电

第四节　辅助锅炉的操作与管理

1.燃油锅炉通常采用_____减少 SO_2 的进一步氧化,从而减少硫酸的生成,有效地降低酸露点。

  A.高空气过剩系数的方式   B.提高一次风比例的方式

  C.低空气过剩系数的方式   D.低硫燃油的方式

2.船用锅炉运行管理中点不着火的原因不包括_____。

  A.点火电极脏污,点火不良   B.燃油黏度太低

  C.喷油器堵塞   D.风量过大,将火焰吹灭

3.关于水洗法清除锅炉烟灰有以下说法:①燃油锅炉灰渣中有的是溶于水的;②水洗时加入碱性化合物效果更好;③水洗时间不宜太长,也不宜中途停顿;④水温不宜超过 65 ℃,其中正确的是_____。

  A.②③④   B.①②③

  C.①②④   D.①③④

4.关于燃油锅炉点不着火,原因可能是_____。

  ①风量过大;②喷油器堵塞;③点火电极表面玷污;④点火电极间距离太近

  A.①③④   B.②③④

  C.①②③   D.①②③④

5.当航行蒸汽需求量少,组合式锅炉一般用_____供给;当航行蒸汽需求量大,组合式锅炉一般用_____供给。

  A.燃油锅炉;燃油锅炉和废气锅炉

  B.废气锅炉;燃油锅炉和废气锅炉

  C.燃油锅炉;废气锅炉

  D.废气锅炉;燃油锅炉

6.冲洗水位计的汽通道时,应_____。

  A.关冲洗阀,慢慢开通水阀   B.关通汽阀,开冲洗阀

  C.开通气阀,开通水阀   D.关通水阀,开通汽阀

7.燃油锅炉点火前,一般先预扫风至少_____,使炉内干净。

  A.2 min   B.3 min

  C.1 min   D.5 min

8.下列哪项的检验中不属于锅炉检验的内容_____。

  A.指示仪表   B.锅炉本体

  C.主要(部件)附件   D.锅炉环境

9.锅炉检验如需内部检查,检查前应_____。

  A.等汽压降为 0 时开空气阀,水温降至 50 ℃左右才泄水

  B.锅筒内有人工作时,锅炉外不需要人照应

  C.不许用明火照明,应用 220 V 工作灯

D.关断冷却水管路截止阀,用铁丝绑住并加强内部通风

10.烟管锅炉冷炉点火前应上水至水位计_____。
　　A.最高工作水位,以免过快要求补水
　　B.最高工作水位,以备炉水有漏泄损失
　　C.最高工作水位,以备升汽后数次将底部低温炉水放掉
　　D.最低工作水位,以免炉水受热膨胀

11.水管锅炉冷炉点火前应上水至水位计_____。
　　A.最高工作水位,以免过快要求补水
　　B.最高工作水位,以备炉水有漏泄损失
　　C.最高工作水位,以备升汽后数次将底部低温炉水放掉
　　D.最低工作水位,以免炉水受热膨胀导致水位过高

12.关于锅炉冷炉点火操作,不正确的是_____。
　　A.点火时发生爆炸回火,应迅速切断电源,以免酿成火灾
　　B.锅炉起压后,顶部的空气阀会有气体冒出,等到有大量的蒸汽冒出时关闭空气阀
　　C.冷炉点火升汽时间断点火,低强度燃烧,缓慢升汽
　　D.燃油锅炉点火前,一定要先开启风机进行预扫风,将锅炉内积存的油气彻底吹除

13.锅炉使用一段时间后,进行锅炉内部检查,局部区域呈红褐色,轻敲表层脱落,有穴蚀,应采取的措施是_____。
　　①清除局部水垢;②测量腐蚀深度;③检查腐蚀面积;④直接除垢后焊补
　　A.②③④　　　　　　　　　　　　　B.①②④
　　C.①③④　　　　　　　　　　　　　D.①②③

14._____不是锅炉喘振的原因。
　　A.供油压力波动　　　　　　　　　　B.燃油雾化不良,大油滴滞燃
　　C.风量不足或风压波动　　　　　　　D.电点火器发生故障

15.锅炉碱洗时,应_____。
　　A.断续上排污　　　　　　　　　　　B.断续下排污
　　C.连续下排污　　　　　　　　　　　D.连续上排污

16.如果船用锅炉安全阀已自动开启,但汽压却降不下来,则必须_____。
　　A.手动强制开闭安全阀数次　　　　　B.立即停炉
　　C.关掉锅炉控制面板电源　　　　　　D.调小蒸汽压力调节阀

17.锅炉停用时间超过 3 个月,应该_____。
　　A.用干燥保养法　　　　　　　　　　B.熄炉,用碱度适合的水保持正常水位
　　C.停火留汽　　　　　　　　　　　　D.采用满水保养法

18.锅炉停用时间超过 1 个月,应该_____。
　　A.采用满水保养法　　　　　　　　　B.采用干燥保养法
　　C.停火留汽　　　　　　　　　　　　D.熄炉,用碱度适合的水保持正常水位

19.吹灰器吹灰可能引起管子腐蚀或刷蚀,其原因不包括_____。
　　A.吹灰气体中有凝水　　　　　　　　B.吹灰次数过于频繁

C.气流速度过高　　　　　　　　　　D.气流温度过高

20.关于废气锅炉出口排烟温度,下列说法中正确的是_____。

　　A.废气锅炉出口排烟温度低,则回收的热量就多,故温度应该低点好

　　B.废气锅炉出口排烟温度一般高于排烟的露点温度 25 ℃

　　C.废气锅炉出口排烟温度一般不低于 350 ℃

　　D.废气锅炉出口排烟温度一般低于锅炉的饱和蒸汽温度 40~60 ℃

21.辅助锅炉运行过程中,汽压未达到上限而熄火,下列最有可能的原因是_____。

　　A.用汽设备用汽量突然间增大　　　　B.用汽设备用汽量突然间减小

　　C.主机功率增大,排烟温度增高　　　　D.锅炉供油系统突然停止供油

22.当水位计换新玻璃时,应_____。

　　A.稍开通水阀,再开通汽阀

　　B.稍开冲洗阀,再慢慢开通水阀

　　C.稍开通气阀,再开大通水阀和通汽阀

　　D.稍开通汽阀,再开冲洗阀

23.关于酸洗锅炉有以下说法:①酸洗除垢效果比碱洗好、②所用盐酸溶液浓度与水垢性质有关、③必须强制循环清洗、④洗完后还应以热碱水"钝化"和淡水冲洗,正确的是_____。

　　A.①③④　　　　　　　　　　　　B.①②④

　　C.①②③　　　　　　　　　　　　D.②③④

24.以下哪项不是锅炉触火面、临水面清洗的目的_____。

　　A.检查锅炉内部有何腐蚀　　　　　B.检查锅炉内部有何裂纹和变形

　　C.保持锅炉内部光亮美观　　　　　D.清除水垢、泥渣和烟灰

25.发现锅炉冒白烟,可能的原因是_____。

　　A.空气量太多　　　　　　　　　　B.燃油雾化良好

　　C.锅炉换热面漏泄　　　　　　　　D.锅炉缺水

26.发现锅炉冒黑烟,可能的原因是_____。

　　A.空气量太多　　　　　　　　　　B.燃油雾化良好

　　C.与空气混合不好　　　　　　　　D.燃油含硫量较高

27.锅炉点火前的预扫风以及熄火后的扫风,主要是为了防止_____。

　　A.燃烧不稳定　　　　　　　　　　B.锅炉喘振

　　C.炉膛内燃气爆炸　　　　　　　　D.锅炉点不着火

28.船用锅炉为防止低温腐蚀而采取的预防措施不包括_____。

　　A.采用低过量空气的燃烧方式

　　B.经常吹灰,保持受热面清洁

　　C.采用装设空气再循环管道,提高空气入口温度

　　D.对燃油进行脱硝处理,防止硝酸对加热面的腐蚀

29.锅炉运行中汽压未达到上限而突然熄火的原因,不包括_____。

　　A.燃油中有水　　　　　　　　　　B.电点火器发生故障

　　C.燃油电磁阀线圈损坏　　　　　　D.自动保护起作用

30.锅炉喘振的主要原因是_____。

    A.预扫风不足　　　　　　　　　　B.燃烧不稳定

    C.风量过大　　　　　　　　　　　D.蒸汽需求量不稳定

31.锅炉喘振的主要原因不包括_____。

    A.供油压力波动　　　　　　　　　B.燃油雾化不良

    C.风压波动　　　　　　　　　　　D.进风量过大

32._____可能造成锅炉点不着火。

    A.用汽设备全部关闭　　　　　　　B.用汽设备用汽量波动较大

    C.一次风的风量太大　　　　　　　D.锅炉主油路内部充满轻油

33.下列_____最有可能造成锅炉炉膛内燃气爆炸。

    A.点火前预扫风不良　　　　　　　B.油温低

    C.风门调节不当　　　　　　　　　D.燃油中有水或气

34.下列_____最有可能造成锅炉炉膛内燃气爆炸。

    A.喷油器堵塞　　　　　　　　　　B.停炉后喷油器漏油

    C.风门调节不当　　　　　　　　　D.燃油中有水或气

35.下列_____最有可能造成锅炉喘振。

    A.供油系统压力波动较大　　　　　B.用汽设备用汽量波动较大

    C.外界环境温度波动较大　　　　　D.热水井内水温波动较大

36.下列_____最有可能造成锅炉喘振。

    A.热水井内水温波动较大　　　　　B.用汽设备用汽量波动较大

    C.外界环境温度波动较大　　　　　D.供风量波动较大

37.船用锅炉运行管理中突然熄火的原因不包括_____。

    A.锅炉燃油供给泵滤器脏堵　　　　B.环境温度降低

    C.燃油中含水　　　　　　　　　　D.最低危险水位报警

38.给水系统故障,废气锅炉不得已"空炉"运行时的注意事项不包括_____。

    A.用吹灰器将烟管表面吹干净　　　B.确保烟气温度不超过350 ℃

    C."空炉"恢复加水应等主机停车后　D.重新通水时避免"热冲击"

39.锅炉运行中突然熄火应立即采取的措施是_____。

    A.切断锅炉电源　　　　　　　　　B.停止风机

    C.停止供油　　　　　　　　　　　D.切断给水泵电源

40.船舶辅助锅炉点火过程中点火器发生故障的原因不包括_____。

    A.点火电极与点火变压器接触不良　B.点火电极表面积炭

    C.点火电极间距离不当　　　　　　D.点火放大器损坏

41.船舶辅助锅炉炉膛内燃气爆炸的主要原因不包括_____。

    A.点火前预扫风和熄火后扫风不充分

    B.点火失败后再次点火前进行预扫风

    C.停炉后燃油系统的阀件有泄漏

    D.大量燃油积存于炉膛底部

42.船舶辅助锅炉燃烧不稳定的因素包括_____。

①燃油雾化不良；②油温低；③风门调节不当；④油压高；⑤油压低

A.①③⑤   B.①②③⑤

C.①③④   D.①②④

43.当船用锅炉工作压力升高时,其炉水临界含盐量_____。

A.降低   B.升高

C.不变化   D.变化无规律

44.当船用锅炉工作压力_____时,更易产生汽水共沸现象。

A.升高   B.降低

C.恒定   D.周期性时高时低

45.如果升汽后的船用锅炉要与工作中的锅炉并汽,_____再并汽。

A.后投入工作的锅炉汽压应比工作中锅炉的汽压高出 0.05 MPa

B.后投入工作的锅炉汽压应与工作中锅炉的汽压相同后

C.后投入工作的锅炉汽压应比工作中锅炉的汽压稍低时

D.后投入工作的锅炉汽压接近额定工作压力时

46.船用燃油锅炉冷态点火时,可将预扫风的时间适当_____。

A.缩短   B.延长

C.调整   D.有规律地调节

47.船用辅助锅炉冷态点火升汽时,加热太快会导致_____。

A.燃烧器熄火   B.炉膛爆炸

C.耐火层产生裂纹   D.水位计失水

48.如果船用锅炉"严重缺水",应_____。

A.立即补水,而无须停止锅炉

B.立即停止锅炉,自然冷却,严禁立即向锅炉补水

C.立即停止锅炉,并向锅炉补水

D.立即查明原因,迅速使锅炉恢复至正常水位

49.如果船用锅炉"轻微缺水",应_____。

A.立即停止锅炉,严禁向锅炉补水

B.立即查明原因,迅速使锅炉恢复至正常水位

C.立即查明原因,严禁向锅炉补水

D.立即停止锅炉,迅速使锅炉恢复至正常水位

50.在冲洗船舶辅助锅炉的水位计时,第一步操作为_____。

A.打开冲洗阀   B.关闭通汽阀

C.关闭通水阀   D.打开通汽阀

51.检查水位计的"叫水"操作是_____。

A.通水阀关闭,开通汽阀   B.通汽阀关闭,开通水阀

C.通水阀和通汽阀全关   D.通水阀和通汽阀全开

52.新换锅炉玻璃板式水位计后,应_____暖管。

A.先稍开通汽阀　　　　　　　　　　　B.先稍开通水阀

C.先稍开冲洗阀　　　　　　　　　　　D.同时打开通水阀、通汽阀

53.如图所示为玻璃板式锅炉水位计,运转中的锅炉冲洗水通道时正常,冲洗汽通道时没有汽吹出,问题出在_____。

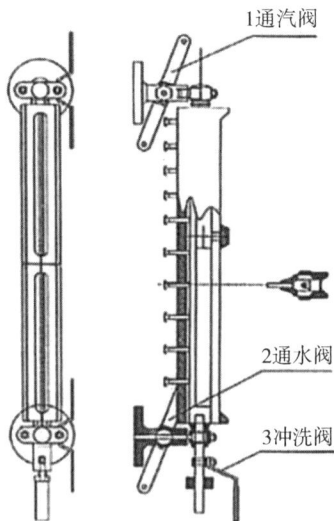

A.2 和 3　　　　　　　　　　　　　　B.3

C.2　　　　　　　　　　　　　　　　D.1

54.下列有关转杯式锅炉手动点火操作的描述中正确的有_____。

①将锅炉运行模式选择开关置于"手动"位置;②将风机和转杯电机旋钮置于"手动"位置;③将两个主电源开关中的一个开关合闸;④点火时,先按"点火"按钮,观察到有点火火焰后再同时按下"油门"按钮,待火焰指示灯亮起,保持 1 min,再松开"点火"和"油门"按钮

A.①②③④　　　　　　　　　　　　　B.②③④

C.①③　　　　　　　　　　　　　　　D.①④

55.水管锅炉点火前的准备工作不包括_____。

A.打开炉顶的放空气阀

B.调节水位到水位计高位位置

C.清除炉门周围的污油及其他易燃物和障碍物

D.试验安全阀的人工开启机构是否正常

56.锅炉冷炉点火升汽过程中,冲洗水位计应在_____进行。

A.上水后即　　　　　　　　　　　　　B.点火后即

C.满压后　　　　　　　　　　　　　　D.升汽后分数次

57.关于锅炉刚开始供汽时"暖管",下列说法中不合适的是_____。

A.应全开停汽阀

B.应全开蒸汽管路各处泄水阀

C.暖管是为了防止"水击"现象

D.暖管时间一般不应少于 15～20 min

58.水管锅炉允许比烟管锅炉点火升汽时间少得多,这是因为它_____。

    A.水质处理较好   B.蒸发率大

    C.炉膛热负荷高   D.水循环良好,受热面刚性较小

59.两台锅炉进行并汽操作,升汽锅炉中汽压应比已在工作的锅炉主蒸汽管中汽压_____。

    A.稍高   B.稍低

    C.一样   D.没有特别要求

60.关于锅炉点火的说法中,正确的是_____。

    A.点火前烟管锅炉上水至水位计高水位,水管锅炉上水至水位计最低水位

    B.点火前烟管锅炉上水至水位计最低水位,水管锅炉上水至水位计高水位

    C.点火前无论烟管锅炉或水管锅炉上水都只需至水位计最低水位

    D.点火前无论烟管锅炉或水管锅炉上水都只需至水位计高水位

61.锅炉起动前检查各系统都正常,水位计工作正常,但锅炉水位传感器工作不正常时,_____。

    A.不允许起动

    B.可正常起动,但需人工监控水位,及时修复水位传感器

    C.紧急情况下起动,但需保持在最高工作水位

    D.紧急情况下起动,但需保持在最低工作水位

62.锅炉升汽过程的燃烧调整不包括_____。

    A.一次风与二次风比例调整   B.过量空气系数调整

    C.供油量调整   D.点火变压器电压调整

63.锅炉冷炉点火前,除_____外系统阀门应处于开启状态。

    A.给水阀   B.水位计阀

    C.排污阀   D.空气阀

64.锅炉冷炉点火时,不要求_____。

    A.阀门开关正确   B.油泵运行正常

    C.燃油滤器清洁   D.重油柜油温合适

65.船用燃油锅炉点火后,在开始阶段水循环_____,炉水沸腾产生气泡后水循环_____。

    A.强;更强   B.差;更差

    C.强;变差   D.差;变好

66.下列关于锅炉点火过程的描述中,错误的是_____。

    A.锅炉点火前应对炉膛预扫风

    B.点火升汽过程中,应冲洗水位计一次

    C.点火失败时,应查明原因排除故障后再点火

    D.在点火开始阶段,燃烧强度不能过大

67.船用辅助锅炉冷炉点火准备工作中,关于锅炉相关阀件状态,下列说法中正确的是_____。

    A.空气阀应该关闭

    B.水位表阀应该关闭,防止玻璃板受热破裂

    C.上排污阀开启,下排污阀关闭

    D.蒸汽阀应该关闭后再开1/4圈,防止受热后咬死

68.船用辅助锅炉冷炉点火时,下列说法中正确的是_____。

A.烟管锅炉上水至最低水位

B.水管锅炉上水至最高水位

C.有过热器的船用锅炉,将水位上升到最高

D.上水结束观察 30 min,水位不变化才能确认承压部位无漏水

69.烟管锅炉冷炉点火时,上水至水位计最高水位的主要目的是_____。

A.升压后,通过底部排污,分数次将锅炉底部温度较低的炉水放掉,使水温均匀

B.烟管锅炉蓄水量大

C.烟管锅炉升汽快

D.烟管锅炉升汽慢

70.水管锅炉冷炉点火时,上水至水位计最低水位的原因是_____。

A.水管锅炉蓄水量大

B.水管锅炉产生蒸汽时,锅炉的炉水中含有较多气泡,从而使水位上涨至正常水位

C.水管锅炉升汽慢

D.水管锅炉可及时补水

71.锅炉供汽时,描述正确的是_____。

A.先开供汽阀,再开回汽阀

B.供汽时开阀要迅速,利用蒸汽压力快速送汽

C.“水击”的原因是蒸汽压力过高

D.供汽前需要暖管,开启泄水阀泄水

72.对锅炉点火前的准备工作不正确的要求是_____。

A.检查水舱中水质,必要时向炉内加水处理药

B.上水温度与汽包壁温之差不宜超过 60 ℃

C.上水结束,应观察半小时,水位不应降低

D.应将停汽阀关严

73.锅炉冷炉点火升汽过程中空气阀应在_____关闭。

A.上水前　　　　　　　　　　　　B.上水后点火前

C.点火完成后　　　　　　　　　　D.开始冒汽时

74.锅炉升汽过程中,应注意观察和检查_____。

①蒸汽压力;②燃烧和排烟;③用汽设备“水击”;④水位变化

A.①②③　　　　　　　　　　　　B.②③④

C.①③④　　　　　　　　　　　　D.①②④

75.锅炉要较长时间停用,如采用干燥保养法停炉保养,下列说法中不正确的是_____。

A.停火前一段时间改用柴油

B.不允许开空气阀,以免空气进入炉内导致腐蚀

C.一般应在炉水温度降至 50 ℃左右时开下排污阀放空炉水

D.不允许为加快冷却向炉膛送风

76.锅炉因暂时不用要停火时,水位应加至水位计_____。

A.高位   B.低位

C.中位   D.能见到即可

77.船舶锅炉停用时如果放空炉水,需要特别注意_____。

A.放空热水井   B.放空燃油系统

C.关闭蒸汽系统各阀   D.防止锅炉腐蚀

78.锅炉减压保养法的主要目的是_____。

A.节约炉水   B.防止锅炉火灾

C.防止锅炉腐蚀   D.防止燃油系统凝固

79.采用锅炉满水保养法时,_____。

A.向炉内加满碱性水并加热除氧

B.加满强碱性水并保持锅炉压力高于 0.35 MPa

C.向锅炉加满碱性水并保持负压

D.当锅炉恢复使用时将水位放至正常水位即可

80.下列能减少废气锅炉积灰着火可能性的措施有_____。

①尽量提高主机燃烧质量;②定期清洗锅炉;③使用除灰剂进行除灰;④每天进行锅炉吹灰

A.②③   B.①②③④

C.①②④   D.①③

81.下列有关废气锅炉吹灰的说法中,错误的是_____。

A.航行中每天进行一次吹灰

B.吹灰时尽量在主机处于较低负荷时进行

C.吹灰应尽量选择在甲板上的风向和风速适宜时进行,避免吹出的烟灰散落在甲板上

D.按烟气流动方向逐个开启吹灰器蒸汽阀,每个吹灰器吹扫数秒钟,可循环重复几次

82.燃油锅炉点火成功,正常的火焰呈现_____,排烟呈现_____。

A.暗红色;浅灰色   B.暗红色;无色

C.亮橙色;浅灰色   D.亮橙色;无色

83.下列有关冲洗锅炉水位计的说法中,错误的是_____。

A.通汽阀和通水阀同时关闭的时间不受限制

B.先冲洗水通道,后再冲洗汽通道

C.叫水时只有通水阀开启,且开启速度要慢

D.叫水结束后开通汽阀,水位降至水位计中段表明情况正常

84.下列有关冲洗锅炉水位计的说法中,正确的有_____。

①通汽阀和通水阀同时关闭的时间要尽量短;②叫水时只有通水阀开启,且开启速度要慢;③叫水结束后开通汽阀,水位降至水位计中段表明情况正常

A.②③   B.①②③

C.①③   D.①②

85.当锅炉处于最低危险水位时,锅炉自动控制程序将会_____。

A.起动备用给水泵补水   B.控制锅炉低火燃烧

C.停炉,同时声、光报警   D.声、光报警

86.船舶辅助锅炉水位计正常工作,使用时应注意的是_____。

①现场有足够的光线;②水位计的玻璃管应保持清洁;③通水阀和通汽阀都处于开启状态;④每隔一年检修一次

A.①②④   B.①②③

C.①③④   D.②③④

87.船舶辅助锅炉玻璃板式水位计拆解的正确顺序是_____。

①将水位计放于工作台上,松开螺栓和螺帽,取下上盖;②在热态下将水位计整体拆下;③用木锤轻轻敲击取下玻璃板;④从玻璃板和本体上清除垫片

A.②①③④   B.①②③④

C.①③②④   D.②③①④

88.船舶辅助锅炉玻璃板式水位计装复时,正确的安装顺序是_____。

①找到水位计玻璃板带有棱的一侧;②将新的垫片放置于玻璃板和本体之间;③放置玻璃板和水位计上盖之间的衬垫;④上紧水位计螺栓

A.②①③④   B.①②③④

C.①③②④   D.②③①④

89.船舶辅助锅炉的排污分为上排污和下排污,排污目的不包括_____。

A.降低炉水含盐量

B.保持受热面水侧的清洁

C.当炉水过高时,通过排污迅速降低水位

D.提高锅炉水温

90.船舶辅助锅炉排污时,排污操作的注意事项不包括_____。

A.排污时要注意水位变化,防止锅炉缺水

B.排污结束,需检查排污管道,确认无漏泄

C.船舶在船坞时可进行排污

D.排污时不能进行其他操作

91.船舶辅助锅炉采用水洗法清理积灰时,下列说法中错误的是_____。

A.将锅炉熄火,温度降至110 ℃以下再进行

B.要开启炉膛底部的泄水阀,及时将污水泄放

C.中途可以停止后继续冲洗

D.清洗完成后炉膛需用碱水清洁

92.锅炉停用时,加水进行上排污,水位需要升至水位表的_____高度。

A.3/4   B.1/2

C.1/3   D.2/3

93.为防止废气锅炉积灰着火,需定期进行锅炉吹灰。关于吹灰,下列说法中错误的是_____。

A.废气锅炉吹灰压力应尽量低

B.吹灰可以使用蒸汽,也可以使用压缩空气

C.在主机高负荷时吹灰

D.废气锅炉吹灰可以添加吹灰剂

94.有关锅炉吹灰,下列说法中正确的有_____。

①废气锅炉烟气流量大,运行期间通常需每日吹灰,尤其是机动航行后;②吹灰器除灰很难完全干净,必要时仍需停炉用水洗或手工除灰;③烟管锅炉不便设吹灰器,一般是用水洗清除烟管中的烟灰

A.①②③   B.②③

C.①③   D.①②

95.下列有关锅炉吹灰的说法中正确的是_____。

①废气锅炉吹灰时主机负荷应不小于75%,以便保持足够高的气流速度将松脱的烟灰吹到炉外;②用蒸汽吹灰时,锅炉负荷应不小于50%,避免开启吹灰器时蒸汽压力突降;③吹灰器除灰很难完全干净,必要时仍需停炉用水洗或手工除灰

A.①②   B.①②③

C.②③   D.①③

96.下列不属于锅炉排污主要目的的是_____。

A.降低炉水含盐量,避免炉水发生汽水共腾,保证蒸汽品质

B.定期排除积聚在锅筒、联箱底部的泥渣、污垢,保持受热面水侧的清洁

C.当锅炉水位过高时,通过排污能迅速降低水位

D.冲洗锅炉的排污阀和水位计

97.下列属于锅炉上排污主要目的的是_____。

A.降低炉水含盐量,避免炉水发生汽水共腾,保证蒸汽品质

B.定期排除积聚在锅筒、联箱底部的泥渣、污垢,保持受热面水侧的清洁

C.当锅炉水位过高时,通过排污能迅速降低水位

D.冲洗锅炉的排污阀和水位计

98.下列属于锅炉下排污主要目的的是_____。

A.降低炉水含盐量,避免炉水发生汽水共腾,保证蒸汽品质

B.定期排除积聚在锅筒、联箱底部的泥渣、污垢,保持受热面水侧的清洁

C.当锅炉水位过高时,通过排污能迅速降低水位

D.冲洗锅炉的排污阀和水位计

99.下列关于锅炉下排污操作时机的说法中,正确的是_____。

A.一般在锅炉高负荷下进行

B.一般在锅炉低负荷或停止燃烧时进行

C.一般在锅炉水位偏低时进行

D.锅炉下排污时机不受任何因素限制

100.关于锅炉排污操作注意事项,下列说法中错误的是_____。

A.排污时要严格监视水位,防止因排污而造成锅炉缺水

B.为了提高工作效率,若人员充足,进行排污时可对锅炉进行其他操作

C.排污结束,检查排污管道,确认没有漏泄

D.船舶在港口或船坞修理时,不能进行排污

101.关于锅炉除灰的方法,不正确的是_____。

A.使用压缩空气吹除

B.可手工用小锤、凿子、刮刀等工具除灰

C.坚硬的灰渣可以用工具敲击去除

D.运行中可以使用除灰剂除灰

102.关于锅炉下排污操作,下列说法中正确的是_____。

A.定期在投放除垢药物一段时间后进行

B.锅炉高负荷时

C.为排出杂质,时间适当延长至 1 min

D.每次排污量为 2/3 水位表高度

103.锅炉下排污应在_____时进行。

A.高水位　　　　　　　　　　B.低水位

C.高负荷　　　　　　　　　　D.停炉或低负荷

104.锅炉表面排污的主要作用是_____。

A.清除炉水中油污

B.减少炉水含盐量

C.清除炉水中泥渣

D.清除炉水中油污、表面漂浮物和减少炉水含盐量

105.锅炉底部排污的主要作用是_____。

A.降低炉水碱度　　　　　　　B.排除底部泥渣和沉淀物

C.排除漂浮物　　　　　　　　D.排除油污

106.锅炉排污阀后面排污管总发烫,很可能是_____。

A.排污太频繁　　　　　　　　B.排污量太大

C.锅炉汽压和水温高　　　　　D.排污阀漏泄

107.下列关于废气锅炉形成积灰的描述中,错误的是_____。

A.烟气流速低,容易导致积灰

B.锅炉使用肋片管和针形管导致积灰增加

C.柴油机燃烧不良导致积灰严重

D.燃油灰分含钙时,灰渣容易脱落

108.下列关于废气锅炉积灰着火的分析,错误的是_____。

A.废气温度低,烟灰比较黏,容易沉积

B.船舶机动航行时,容易造成废气锅炉积灰

C.船舶降速航行时,容易造成废气锅炉积灰

D.船舶废气锅炉的窄点越小越好

109.下列情况对锅炉直接危害最为严重的是_____。

A.积灰的点燃　　　　　　　　B.积灰的轻微着火

C.高温着火　　　　　　　　　D.积灰少量沉积

110.关于锅炉积灰引起的问题,下列说法中错误的是_____。

A.大多数着火复燃发生在停炉之后

B.积灰会使低温腐蚀的可能性增加

C.积灰主要是由燃油中的灰分造成的

D.停炉后冷却前应防止空气漏入烟道

111.为防止废气锅炉的积灰复燃,应_____。

A.在主机停车后立即开启烟道,让烟灰自由排走

B.保证主机在各种工况的良好燃烧

C.尽量减少吹灰频率,避免积灰层被破坏

D.在主机停车后开启风道挡板以及各种孔门,送入大量氧气,让该燃烧的烟灰尽快燃烧完毕

112.关于锅炉水洗,下列_____说法是错误的。

A.水洗时要打开炉膛底部的泄水阀,及时将污水泄放

B.在让燃油锅炉熄火后,废气炉停止后,马上可以进行水洗

C.炉膛的耐火砖应罩上帆布,防止吸水过多

D.洗完炉膛后底部须用碱水清洁

113.预防锅炉积灰燃烧的主要措施有_____。

①保证锅炉良好的燃烧;②定期及时吹灰,防止可燃物积存;③若停炉,停炉后10 h内应严密关闭烟道和风道挡板以及各种孔门,防止空气漏入

A.②③   B.①③

C.①②   D.①②③

114.关于废气锅炉烟面水洗时的注意事项,下列说法中不正确的是_____。

A.泄水阀开启,及时将污水泄放

B.只能用淡水冲洗

C.水洗时间不宜过长

D.耐火砖应罩以帆布,以防吸水过多

115.防止锅炉积灰复燃的措施不包括_____。

A.保持燃烧良好   B.及时进行吹灰

C.停炉后适量通风冷却烟道   D.停炉后防止空气漏入烟道

116.关于废气锅炉积灰清除的方法,说法错误的是_____。

A.吹灰器除灰   B.水洗法除灰

C.碱洗法除灰   D.除灰剂除灰

117.烟管锅炉受热面管子破裂,可用_____的方法做暂时性修理。

A.焊补   B.夹箍堵漏

C.钢制锥塞堵破管两端   D.堵棒将破管堵死

118.锅炉"失水"是指_____。

A.炉水全部失去   B.加热后炉水漏泄

C.炉水水位低于最低工作水位   D.炉水水位低于正常水位

119.锅炉"满水"是指_____。

A.水从空气阀溢出   B.水位超过水位计通汽阀

C.水位超过最高工作水位   D.水位到达集汽管

120.锅炉运行时,为防止供应的蒸汽湿度过大,管理上须_____。

①防止水位过高,尤其不宜在高负荷时高水位运行;②严格控制水质,避免含盐量过高引起汽水共腾;③控制锅炉供汽不宜过快,防止水产生"自蒸发"现象

A.①②　　　　　　　　　　B.①③

C.②③　　　　　　　　　　D.①②③

121.锅炉内部检查时发现水位线以上壁面黏附较多泥渣,说明_____。

A.工作水位太高　　　　　　B.发生了汽水共腾

C.下排污不够及时　　　　　D.热水井过滤效果差

122.下列_____不能作为船用锅炉停炉保养的方法。

A.减压保养法　　　　　　　B.满水保养法

C.干燥保养法　　　　　　　D.化学保养法

123.当船用锅炉停炉时间为3~4天时,适合选用_____作为锅炉停炉保养的方法。

A.减压保养法　　　　　　　B.满水保养法

C.干燥保养法　　　　　　　D.化学保养法

124.当船用锅炉停炉时间为1~3个月时,适合选用_____作为锅炉停炉保养的方法。

A.减压保养法　　　　　　　B.满水保养法

C.干燥保养法　　　　　　　D.化学保养法

125.当船用锅炉停炉时间为9~12个月时,适合选用_____作为锅炉停炉保养的方法。

A.减压保养法　　　　　　　B.满水保养法

C.干燥保养法　　　　　　　D.化学保养法

126.下列有关船用锅炉减压保养法的描述中正确的有_____。

①适用于停炉期不超过一周的船用锅炉;②减压保养期间可以定期在炉膛内生微火、间断点火或利用相邻锅炉的蒸汽加热炉水;③减压保养前应加水至最高工作水位

A.②③　　　　　　　　　　B.①②③

C.①③　　　　　　　　　　D.①②

127.下列有关船用锅炉满水保养法的描述中正确的是_____。

①适用于短期(1~3个月)停用的船用锅炉;②满水保养法的操作要点是彻底排除锅炉中的空气和保持炉水合适的 pH 值;③满水保养时,先打开锅炉上的空气阀,向锅炉泵送加入药物的蒸馏水或凝结水

A.①③　　　　　　　　　　B.①②③

C.①②　　　　　　　　　　D.②③

128.下列有关船用锅炉满水保养法的描述中正确的是_____。

①满水保养法就是将锅炉的汽水空间全部充满不含氧的碱性水;②当锅炉需要恢复使用时,必须放空碱性炉水,用淡水冲洗,然后按照要求投入使用;③如果满水保养已超过 1 个月,但需继续保养,须放掉部分水再加热除氧,然后化验碱度和磷酸根离子的含量,决定补水时是否需要加药

A.①③　　　　　　　　　　B.①②③

C.①②　　　　　　　　　　D.②③

129.下列有关船用锅炉干燥保养法的描述中正确的是_____。
①干燥保养法的要点是保持锅炉的内部干燥,防止潮气造成锅炉腐蚀;②停用时间长应在锅炉内放置干燥剂;③对钢板有腐蚀作用的干燥剂应放在开口容器中,不得与锅炉钢板直接接触
A.①③   B.①②③
C.①②   D.②③

130.用满水保养法保养停用的锅炉,操作要点是_____。
A.注入的锅炉水应该呈中性或者弱酸性
B.彻底排除锅炉中的空气和保持炉水合适碱度
C.用水泵加满水至压力为 0.3~0.5 MPa
D.碱性药剂必须用氢氧化钠和碳酸钠

131.关于锅炉干燥保养法,下列说法不正确的是_____。
A.干燥保养适用于锅炉长时间停用,维护工作量少
B.炉水放空后应用锅炉余热或者小火燃烧使炉内干燥
C.长期保养应清除水垢
D.干燥剂应分布均匀,可以与锅炉钢板直接接触以减少钢板受潮

132.锅炉要较长时间停用,下列说法中不正确的是_____。
A.停火前一段时间改用轻柴油
B.不允许开空气阀,以免空气进入炉内导致腐蚀
C.一般应在炉水温度降至 50 ℃左右时开下排污阀放空炉水
D.不允许为加快冷却而向炉膛送风

133.用满水保养法保养停用的锅炉,注入的炉水应该是_____。
A.中性   B.弱酸性
C.有适当碱度   D.普通蒸馏水

134.关于锅炉干燥保养法,下列说法中不正确的是_____。
A.放空炉水后以小火加速炉内干燥
B.应在锅炉内均匀散布干燥剂
C.长期保养应清除水垢
D.此法对尾部受热面的保护作用略差

135.锅炉进行干燥保养时,应在_____中放置干燥剂。
A.炉膛和联箱   B.锅筒和联箱
C.联箱和汽包   D.汽包和炉膛

136.锅炉满水保养超过一定期限仍需继续保持时,应_____。
A.加热驱氧,化验碱度   B.适量加水,以防漏泄
C.适当提高碱度标准   D.加投硝酸钠

137.开启主停汽阀时,应_____。
①逐渐缓慢开启;②防止管路和用汽设备"水击";③密切关注燃烧状况;④注意暖管和凝水泄放

A.①②③ B.②③④
C.①③④ D.①②④

138.引起锅炉爆炸的原因不包括_____。

A.锅炉超压 B.锅炉缺水

C.锅炉爆管 D.锅炉负荷过大或过小

139.下列有关预防锅炉爆炸的描述中正确的是_____。

①提高锅炉操作人员的职业素质;②设置防火安全装置;③对锅炉进行定期的维护与检修

A.①③ B.①②③
C.①② D.②③

140.船用锅炉运行管理中为防止锅炉爆炸,应采取的措施不包括_____。

A.充分预扫风

B.停炉后充分后扫风

C.经常检查喷油器漏油情况,如有漏油,及时处理

D.确保点火电极干净

141.锅炉内燃气爆炸事故一般发生在_____。

A.点火或热炉熄火后 B.高负荷运行时

C.低负荷运行时 D.蒸汽产生时

142.炉水的凝水中含油,有可能是来自_____。

①燃油舱;②滑油柜;③空调装置;④热水柜;⑤病房;⑥燃油日用柜

A.①②⑤ B.①②③
C.①②⑥ D.①②④⑥

143.当锅炉炉膛发生爆炸时,正确的处理措施是_____。

A.关闭油阀,加强后扫风,停机,查明原因

B.迅速撤离,防止受伤

C.在保证人身安全的前提下,关闭燃油管路

D.轻微爆炸,不用担心,继续使用

144.锅炉发生炉膛燃气爆炸的原因不包括_____。

A.供油电磁阀关闭不严 B.预扫风不彻底
C.点火失败重新点火时未再扫风 D.空气过剩系数太小

145.容易引起锅炉炉膛燃气爆炸的是_____。

A.烟道着火 B.空气过剩系数太大
C.空气过剩系数太小 D.供油系统向炉膛内漏油

146.碱洗锅炉时应_____。

A.停止燃烧 B.周期性点火燃烧
C.连续小火燃烧 D.连续旺火燃烧

147.碱洗锅当_____后则可以停止煮洗。

A.炉水碱度降为零 B.炉水碱度停止下降
C.水垢完全消除 D.进行 8~10 h

148.锅炉受热面积灰的危害不包括_____。

　　A.增加烟气阻力　　　　　　　　　　B.降低锅炉效率

　　C.引起复燃烧坏受热面　　　　　　　D.引起苛性脆化

149.水洗法除灰的缺点不包括_____。

　　A.耗淡水多

　　B.可能对管子和锅筒造成酸性腐蚀

　　C.可能浸坏耐火砖和电气设备

　　D.可能对管子和锅筒造成碱性腐蚀

150.下列关于锅炉低温腐蚀的说法中,错误的是_____。

　　A.锅炉的低温腐蚀是指在烟气温度较低区域(约 500 ℃以下)受热面烟气侧的一种腐蚀

　　B.锅炉的低温腐蚀是因为受热面的壁温低于烟气中硫酸蒸汽的露点,管壁上结有酸露而引起的

　　C.锅炉的低温腐蚀主要发生在空气预热器的空气进口端、给水温度低的经济器中,或出现在蒸发受热面的末端

　　D.采用高过量空气的燃烧方式,可有效减少 SO_2 的进一步氧化,从而减少硫酸的生成

151.限制锅炉排气温度高于最低温度的主要目的是_____。

　　A.减少低温腐蚀的可能性　　　　　　B.提高锅炉的热效率

　　C.增加锅炉对能量的利用率　　　　　D.防止烟气出口处发生高温腐蚀

152.关于废气锅炉的进口温度,说法不正确的是_____。

　　A.进口温度越高,可回收的热量越多

　　B.进口温度越高越好

　　C.经济航速会使进口温度降低

　　D.透平增压器会使进口温度降低

153.锅炉排烟温度应高于一定值的意义在于_____。

　　①防止烟管腐蚀;②减少积灰;③保持适当烟气流速;④增大蒸发率

　　A.①②③　　　　　　　　　　　　　B.②③④

　　C.①③④　　　　　　　　　　　　　D.①②④

154.关于锅炉用吹灰器除灰,下列说法中正确的是_____。

　　A.吹灰器耗汽量小

　　B.吹灰时应在低负荷时进行,燃烧避免炉膛温度过高

　　C.吹灰时应注意甲板上的风向

　　D.吹灰时应关闭泄水阀

155.碱洗法洗炉,应_____。

　　A.连续煮炉至除垢率达标

　　B.煮炉前先冲洗泥渣

　　C.保持低温煮炉

　　D.煮炉过程中不得下排污,以防碱液浓度不足

156.船用燃油锅炉触火面酸露点的高低与_____无关。

A.空气过剩系数 α　　　　　　　　　　B.烟气中的 SO_2 的浓度

C.烟气中的 CO_2 的浓度　　　　　　　　D.烟气中硫酸蒸气含量

157.锅炉长时间运行后,临水面清洗的主要异物是_____。

　　A.油脂、焊渣或其他杂质　　　　　　　B.水垢、铁锈

　　C.铁锈、油漆　　　　　　　　　　　　D.积灰、酸性物质

158.下列关于锅炉检验的说法中不正确的是_____。

　　A.检验目的是找出可能存在的腐蚀和裂纹、变形等情况

　　B.研究锅炉损坏的原因和改善管理措施

　　C.锅炉检验主要是对锅炉本体和主要部件检查,附件可以忽略

　　D.通过检查判断是否需修理及修理范围

159.锅炉大修后水压试验压力通常为_____。

　　A.1.25 倍锅炉允许工作压力　　　　　　B.1.25 倍锅炉设计压力

　　C.1.5 倍锅炉允许工作压力　　　　　　D.1.5 倍锅炉设计压力

160.对于立式烟管废气锅炉,如发现个别烟管裂纹,可采取的修复措施是_____。

　　A.两端封堵故障烟管　　　　　　　　　B.两端封堵并开透气孔

　　C.下端封堵禁止烟气流通　　　　　　　D.上端封堵禁止烟气流通

161.关于废气锅炉,下列说法中正确的是_____。

　　A."烟气旁通法"是调节废气锅炉蒸发量的方法之一

　　B.废气锅炉出口排烟温度越低,则可回收的排气热量就越多

　　C.废气锅炉出口排烟温度一般不低于 350 ℃

　　D.废气锅炉进口排烟温度越高,则可回收的排气热量就越少

162.关于锅炉表面排污的下列说法中错误的是_____。

　　A.排污前将炉水加至最高水位

　　B.最好定期定量进行

　　C.一般应在投药前进行

　　D.排污时无须停炉或减小负荷

163.对于用满水保养法停用的锅炉,操作要点是_____。

　　A.碱性药剂必须要用氢氧化钠和碳酸钠

　　B.用水泵加满水至压力为 0.3~0.5 MPa

　　C.注入的锅炉水应该是中性或者弱酸性

　　D.彻底排除锅炉中的空气和保持炉水合适碱度

164.关于锅炉冷炉点火的说法中,正确的是_____。

　　A.点火前烟管锅炉上水至水位计高水位,水管锅炉上水至水位计最低水位

　　B.点火前烟管锅炉上水至水位计最低水位,水管锅炉上水至水位计高水位

　　C.点火前无论烟管锅炉或水管锅炉上水都只需至水位计最低水位

　　D.点火前无论烟管锅炉或水管锅炉上水都只需至水位计高水位

165.关于水清除锅炉烟灰,不正确的说法是_____。

　　A.燃油锅炉灰渣中有的是溶于水的

B.水洗液中应加入酸性化合物

C.水洗时间不宜太长,也不宜中途停顿

D.水温控制在 65~90 ℃

166.关于锅炉碱洗法,下列说法中不正确的是_____。

　　A.碱洗前应将可能接触液体的铜元件拆下

　　B.碱洗过程中应点火使汽压始终保持在 0.3 MPa 左右,增强清洗效果

　　C.碱洗过程中应定期进行上排污

　　D.至炉水碱度不再下降时,即可结束煮洗

167.关于锅炉管理工作的下列说法中不对的是_____。

　　A.要降低炉水含盐量,用上排污比用下排污更合适

　　B.烟管锅炉冷炉点火升汽后应分几次用上排污

　　C.锅炉冷炉点火升汽应以小火连续燃烧

　　D.检查锅炉内部应在水垢清除前进行

168.以下关于锅炉停用时的保养,说法错误的是_____。

　　A.满水保养法:将锅炉汽、水空间全部充满不含氧的碱性水,以防腐蚀

　　B.满水保养法操作要点:彻底排除锅炉中的空气;保持炉水合适的碱度

　　C.停用时间较短或内部检修时用干燥保养法,操作要点:保持炉内干燥

　　D.干燥保养法操作要点:保持炉内干燥

169.关于锅炉酸洗,下列说法中正确的是_____。

　　A.酸洗过程中锅炉应周期性地点火加热

　　B.酸洗完应监测腐蚀指示片的腐蚀量

　　C.酸溶液中添加缓蚀剂可保护锅炉不腐蚀

　　D.酸洗间隔时间不少于 1 年

170.关于酸洗锅炉,下列说法中不正确的是_____。

　　A.酸洗除垢效果比碱洗好

　　B.所用盐酸溶液浓度与水垢性质有关

　　C.必须强制循环清洗

　　D.洗完后还应以热碱水钝化和淡水冲洗

171.下列关于锅炉冷炉点火前准备工作的描述中,错误的是_____。

　　A.水管锅炉水位应上水至水位计 2/3 处

　　B.锅炉顶部的空气阀打开

　　C.火管锅炉水位应上水至最高水位

　　D.停气阀关闭后再打开 1/4

172.关于锅炉点火升汽的以下说法中,错误的是_____。

　　A.烟管锅炉达到满压时间应控制比水管锅炉长

　　B.自动锅炉冷炉点火升汽过程应改为手动操作

　　C.供汽前应进行表面排污

　　D.从点火到产生汽压的时间约应占到满压时间的 1/3

173.锅炉点火时燃气爆炸的原因之一是_____。
　　A.燃油闪点太低　　　　　　　　　B.喷油量太大
　　C.风量太大　　　　　　　　　　　D.预扫风不足

174.锅炉停用时间较长,但不超过一个月,应该_____。
　　A.停火留汽
　　B.停炉,加入碱度合适的水并保持较高水温
　　C.采用满水保养法
　　D.用干燥保养法

175.锅炉升汽过程中,燃烧调整不包括_____。
　　A.点火变压器电压调整
　　B.一次风与二次风比例调整
　　C.过量空气系数调整
　　D.供油量调整

176.关于废气锅炉受热面烟气侧烟灰结垢的下列说法中,不正确的是_____。
　　A.燃油中的灰分含有硫、钒、钠成分,它们的化合物熔点很低,极易在高温受热面烟气侧结存灰垢
　　B.燃油的灰分含有钙时,燃烧后成为氧化钙,它与三氧化硫作用形成硫酸钙,可在管壁上形成牢固的积灰
　　C.燃烧恶化时生成大量的炭粒子,其对烟灰数量的影响会超过燃油中的灰分
　　D.烟气大量在烟管中流动,形成低压区,在气压差的作用下烟灰吸附在管壁上

177.锅炉临水面需要定期进行酸洗或碱洗,下列说法中错误的是_____。
　　A.碱洗比酸洗更加安全
　　B.新装或大修后须碱洗
　　C.碱洗比酸洗除垢更加彻底
　　D.碱洗能满足要求则不酸洗

178.关于废气锅炉吹灰,说法错误的是_____。
　　A.按烟气流动方向逐个地开启吹灰器蒸汽阀,每个吹灰器吹扫数秒,可循环重复几次
　　B.航行中每天进行一次吹灰
　　C.吹灰完毕后,吹灰器蒸汽阀要稍开一点,允许少部分蒸汽漏入,以减少氮氧化物的生成
　　D.采用蒸汽吹灰要先开进汽阀吸管并泄水

179.锅炉自动启动程序需满足_____条件才会进行。
　　①控制系统接通电源,控制选择开关及"风机油泵"、"点火"、"供油电磁阀"和"电加热器"诸开关都放在"自动"位;②初次通电或故障停炉后按过"复位"开关;③水位在正常范围内;④蒸汽压力低于燃烧器调定的停止值
　　A.①③④　　　　　　　　　　　　B.①②③④
　　C.①②③　　　　　　　　　　　　D.①②④

180.关于废气锅炉吹灰,说法正确的是_____。
　　A.吹灰尽量在主机处于高负荷运行状态下进行

B.吹灰尽量在主机处于低负荷运行状态下进行

C.吹灰逆向烟气流动方向,效果更好

D.为保证吹灰效果,吹灰频率越高越好

181.锅炉水位计应经常冲洗,以下冲洗步骤中正确的是_____。

    A.冲洗汽通道—冲洗水通道—"叫水"—恢复正常

    B."叫水"—冲洗汽通道—冲洗水通道—恢复正常

    C.冲洗水通道—"叫水"—冲洗汽通道—恢复正常

    D.冲洗水通道—冲洗汽通道—"叫水"—恢复正常

182.水洗法清除锅炉烟灰后,溶解了灰渣成分的水呈_____。

    A.酸性   B.弱碱性

    C.强碱性   D.中性

183.如果锅炉"叫水"时,水位计有水位出现,但低于正常水位,则_____。

    A.可以进行下排污   B.立即停炉

    C.控制蒸发量恢复水位   D.补水至正常水位

184.关于锅炉管理工作,正确的要求包括_____。

    ①要降低炉水含盐量用上排污比用下排污更合适;②烟管锅炉冷炉点火升汽后应分几次用下排污;③锅炉冷炉点火升汽应以小火连续燃烧;④检查锅炉内部应在水垢清除前进行

    A.②③④   B.①②③④

    C.①②④   D.①②③

185.在锅炉安全阀与背压节流阀动作关系中,当安全阀开启后发生跳动,_____。

    A.逆时针方向旋转节流阀 1/6～1/4 圈

    B.逆时针方向旋转节流阀 1/2～1 圈

    C.顺时针方向旋转节流阀 1/6～1/2 圈

    D.顺时针方向旋转节流阀 1/2～1 圈

186.关于废气锅炉除灰剂的操作方法,以下说法中错误的是_____。

    A.投药时炉腔温度要高于 1 000 ℃,投药后应保证燃烧 20～30 min

    B.对炉腔呈负压锅炉,可将吹灰剂从点火孔或前检查孔直接投入

    C.废气锅炉吹灰剂的投放应在每天吹灰前 0.5 h 进行

    D.对炉腔呈正压锅炉,可将吹灰剂从点火孔或前检查孔直接投入

187.锅炉清理管道后,烟管锅炉进行冷炉点火,应上水至_____,以便通过底部排污将_____炉水放掉。

    A.最高工作水位;高温

    B.最低工作水位;低温

    C.最低工作水位;高温

    D.最高工作水位;低温

188.锅炉满水保养的说法,正确的是_____。

    ①水加满前应点火使水沸腾,将空气从空气阀驱除,加满水至压力为 0.3～0.5 MPa;②满水保养法就是将锅炉的汽、水空间全部充满不含氧的碱性水,以防腐蚀;③如果满水保养已超过 1

个月,但需继续保养,必须放掉部分水再加热除氧;④当锅炉需要恢复使用时,必须放空酸性炉水,用淡水冲洗

A.①③④

B.②③④

C.①②④

D.①②③

189.辅锅炉冷炉起动升汽后,换用重油的条件是_____。

A.气压表看到压力时

B.重油加热到要求温度时

C.汽压升至正常时

D.汽压升至上限,燃烧器停止工作后

190.锅炉燃气爆炸的原因不可能是_____。

A.后扫风不充分

B.预扫风不充分

C.锅炉安全阀失灵

D.喷油器漏油

191.关于锅炉检验,说法错误的是_____。

A.管距变化不允许超过 25%～35%

B.管端扩接处有无漏泄,可从烟气侧有无盐渍来判断

C.管子变形的允许值为管子下垂量不超过管径的两倍

D.腐蚀减薄量不超过原厚度的 25%

第五节　热油锅炉

1.关于热油锅炉设置的极限报警,正确的设置是_____。

①热油锅炉膨胀柜内的油位低;②热油流量低;③热油压力低;④辅助锅炉燃烧器温度超高

A.①②③

B.①②③④

C.①③④

D.②③④

2.下列不属于热油锅炉供热系统特点的是_____。

A.常压下热油的初馏点高于水的蒸发温度,在 320 ℃时仍不汽化,故热油锅炉工作压力一般不高于 1 MPa

B.热油系统传热均匀,热导率较高

C.热油系统热稳定性好,对普通碳钢设备无腐蚀

D.供热过程中需要进行汽、水分离和冷凝处理

3.热油锅炉供热系统的主要特点是_____。

①热油蒸发温度高,循环供热时热油保持液态;②热油在加热过程中无膨胀,安全可靠;③热油传热均匀,导热率较高;④热油需要脱盐、除氧,以防腐蚀、氧化;⑤容易实现精确的温度控制

A.②③⑤

B.③④⑤

C.①②③

D.①③⑤

4.热油锅炉供热系统的特点有_____。

①热油传热均匀,热导率较高;②热油的热稳定性好,容易管理;③液相循环供热,热效率高

A.①②

B.①③

C.②③ D.①②③

5.船用热油锅炉系统中,膨胀柜的作用不包括_____。

A.承受加热载体的膨胀量,以防系统超压

B.向锅炉及系统中注油

C.投放热油处理剂

D.在停电时,膨胀柜中的冷介质可以置换锅炉中的热介质,防止锅炉过热

6.船用热油锅炉系统中,对膨胀柜的要求不包括_____。

A.膨胀柜的容积应不小于锅炉和系统在工作温度下因膨胀所增加容积的1.3倍

B.膨胀柜都需要安装安全阀

C.膨胀柜的热油温度不得超过70 ℃

D.膨胀柜应设有遥控的速开阀

7.关于热油锅炉循环系统中膨胀柜的作用,说法错误的是_____。

A.容纳热载体受热后引起的膨胀量,防止系统超压

B.新油装入系统后,升温过程中排除锅炉和系统中的气体

C.置于低位,保证循环泵的吸入压头

D.向锅炉及系统中注油

8.下列属于热油锅炉循环系统中系统控制装置的是_____。

①安全阀;②温度控制器;③流量控制器;④溢流控制装置;⑤油位浮子开关;⑥油气分离器

A.①②③④ B.②③④⑤

C.①②③⑥ D.②③④⑥

9.船用热油锅炉系统中,关于安全设备作用的描述,错误的是_____。

A.安全阀装在热油废气锅炉的出口管路,防止热油压力太高

B.在热油辅锅炉系统上设置一个超温控制器,当热油温度超过最大允许工作温度时,辅助锅炉燃烧器停止运行并发出报警

C.流量控制器的作用是检测通过一个节流口的压差,压差下降到设定值时,辅助锅炉燃烧器停止燃烧并发出报警

D.膨胀柜上装有油位浮子阀,膨胀柜的油位下降到最低控制液位时,发出报警,热油辅助锅炉和循环油泵停止运行

10.船用热油锅炉系统中,下列_____情况需要进行排气操作。

①热油循环供热之前;②初次起动或大修之后;③更换热油之后;④补充热油之后;⑤装置长时间停用再次运转之后

A.①②③ B.③④⑤

C.②③⑤ D.①③④

11.关于热油锅炉运行管理的说法中,正确的是_____。

A.初次运行时需要对供热系统进行检查和热油充注

B.初次运行时可以不进行压力试验

C.热油长时间使用不需要化验

D.不同热油在混合后各项指标不会发生变化

12.船用热油锅炉系统中,热油选用的要求不包括_____。

　　A.无毒、无臭、无污染

　　B.挥发性小、安全可靠、闪点在200 ℃左右、燃点在500 ℃以上

　　C.适当的碱度,防止苛性脆化

　　D.热稳定性好、抗氧化性强

13.导热油是可燃物质,整个系统又是封闭型高温循环,在出现_____情况时,自动控制要求能切断燃烧系统中供给燃烧器燃油的安全装置。

　　①当导热油温度超过允许的最高温度时;②循环系统中导热油的流量降低到最小循环油量以下时(一般流量用热油炉进出口之间差压控制器来检测);③膨胀柜导热油的液位降低到最低液位面以下时;④当出现与船用蒸汽锅炉中燃烧系统诸如自动点火失败等同样情况

　　A.②③④　　　　　　　　　　　　　B.①②③

　　C.①③④　　　　　　　　　　　　　D.①②③④

14.关于导热油辅助锅炉和普通蒸汽锅炉,描述正确的是_____。

　　①使用导热油作为加热介质解决了锅炉水垢问题,使锅炉和系统管系使用寿命大大延长;②热油系统采用闭路循环方式,加热效果好,而且热能损耗很少;③在整个加热过程中,导热油不发生相的变化,在流量分配、调温和温度控制方面都要比发生相变的蒸汽系统容易实现;④热油锅炉从结构上看,大致与强制循环废气锅炉相似,它由燃烧设备、盘管、砖墙、外壳等部分组成

　　A.①②③　　　　　　　　　　　　　B.①③④

　　C.①②③④　　　　　　　　　　　　D.②③④

15.热油加热系统可应用于_____。

　　①液货船(尤其是油船);②一般货船的机舱系统中燃油的加热和上层建筑的间接加热;③化学制品运输船、集装箱船等类型的船舶

　　A.①②　　　　　　　　　　　　　　B.①③

　　C.②③　　　　　　　　　　　　　　D.①②③

16.热油锅炉会设置热油流量_____和热油压力_____的极限报警。

　　A.低;低　　　　　　　　　　　　　B.高;低

　　C.高;高　　　　　　　　　　　　　D.低;高

17.热油锅炉油气分离器一般安装在_____。

　　A.用热设备的进油管路

　　B.用热设备的回油管路

　　C.泄油柜的出口

　　D.热油循环泵的出口

18.关于导热油辅助锅炉和普通蒸汽锅炉,描述正确的是_____。

　　①导热油辅助锅炉与船舶蒸汽辅助锅炉具有相同的部分,那就是燃烧器;不同的是载热介质,一种是水,另一种是热油;②热油锅炉具有高温、低压、节能、耐腐蚀等一系列的优点

　　A.①　　　　　　　　　　　　　　　B.②

　　C.①②都不对　　　　　　　　　　　D.①②

19.热油锅炉也被称为有机载体锅炉,其正确的工作顺序是_____。

①燃料燃烧产生热能加热有机载体;②有机载体释放热能;③热能输送到加热设备;④载体返回锅炉重新被加热

A.②③①④　　　　　　　　　　　B.①②③④

C.①③②④　　　　　　　　　　　D.②①③④

第六节　废气锅炉

1.关于船舶强制循环废气锅炉的描述中,错误的是_____。

A.都是水管锅炉

B.有盘香管废气锅炉和翅片管式废气锅炉

C.翅片管完全焊接在锅炉本体上,保持强固结构

D.翅片管式废气锅炉在水管上有很多翅片,效率更高

2.避免废气锅炉积灰着火在管理上的措施包括_____。

①定期进行锅炉水洗;②提高主机的燃烧质量;③尽量降低废气锅炉的排烟温度;④按要求对锅炉吹灰

A.①②③　　　　　　　　　　　　B.①③④

C.①②④　　　　　　　　　　　　D.②③④

3.当废气锅炉作为燃油锅炉的附加受热面使用时,正确的说法有_____。

①可以单独工作;②可以和燃油锅炉同时工作;③废气锅炉的水位无须调节;④通常是自然循环的水管锅炉

A.①③④　　　　　　　　　　　　B.①②③

C.①②③④　　　　　　　　　　　D.②③④

4.废气锅炉蒸发量的调节方法有_____。

①烟气旁通法;②改变锅炉有效受热面积法;③蒸汽冷凝法

A.②③　　　　　　　　　　　　　B.①③

C.①②　　　　　　　　　　　　　D.①②③

5.废气锅炉蒸发量的调节方法不包括_____。

A.烟气旁通法　　　　　　　　　　B.改变有效受热面积法

C.水位调节法　　　　　　　　　　D.蒸汽冷凝法

6._____方法不适用于船舶废气锅炉蒸发量调节。

A.烟气旁通　　　　　　　　　　　B.水位调节

C.燃烧控制　　　　　　　　　　　D.盘香管分组供水

7.废气锅炉的蒸发量可以采用水位调节是因为_____。

A.蒸发量较小　　　　　　　　　　B.汽压较低

C.烟气温度不太高　　　　　　　　D.蒸汽温度不太高

8.当燃油锅炉作为废气锅炉的汽、水分离筒时,废气锅炉采用_____锅炉。

A.烟管　　　　　　　　　　　　　B.强制循环水管

C.自然循环水管　　　　　　　　　　　　D.任何类型水管

9.废气锅炉空炉干烧时,下列说法中不正确的是_____。

A.开启泄放阀和空气阀　　　　　　　　B.用吹灰器将烟管积灰吹干净

C.烟气温度必须低于 350 ℃　　　　　　D.重新通水时,应迅速补满水

10.废气锅炉吹灰应尽量在_____时进行。

A.主机低负荷　　　　　　　　　　　　B.主机高负荷

C.废气锅炉低汽压　　　　　　　　　　D.废气锅炉高汽压

11.废气锅炉吹灰频率_____。

A.固定不变　　　　　　　　　　　　　B.根据主机负荷确定

C.根据锅炉烟气进出口压差确定　　　　D.根据汽压确定

12.废气锅炉吹灰剂的投放应在_____进行。

A.吹灰前半小时　　　　　　　　　　　B.吹灰前 1 min

C.吹灰时　　　　　　　　　　　　　　D.吹灰后

13.废气锅炉吹灰时,开启吹灰阀的顺序是_____。

A.从上到下　　　　　　　　　　　　　B.从下到上

C.从中间到两边　　　　　　　　　　　D.从两边到中间

14.废气锅炉吹灰时,应尽量在主机_____工况下进行。

A.高负荷　　　　　　　　　　　　　　B.低负荷

C.50%负荷　　　　　　　　　　　　　D.停车

15.废气锅炉烟气积灰主要受_____因素影响。

①烟气流速;②烟气温度;③烟气成分

A.①②　　　　　　　　　　　　　　　B.①③

C.②③　　　　　　　　　　　　　　　D.①②③

16.关于废气锅炉的积灰着火,描述不正确的是_____。

A.可燃积灰在足够高的温度下产生可燃蒸汽,可被火花或者火焰点燃

B.积灰的轻微着火,基本发生在低负荷的机动航行阶段

C.当温度达到 650 ℃时,大量可燃成分燃烧;温度达到 1 000 ℃时,产生"氢燃";局部温度进
一步升高到 1 100 ℃时,换热面的铁发生燃烧,即"金属燃"

D.积灰的主要成分是硫、钒、钠,不容易着火

17.废气锅炉受热面温度升高,表面氧化加速,积灰表面复燃,多发生在_____。

A.停炉过程中　　　　　　　　　　　　B.停炉前

C.停炉后　　　　　　　　　　　　　　D.重新点火时

18.关于防止废气锅炉积灰表面复燃的方法中,错误的是_____。

A.保证燃烧良好

B.停炉 10 h 内应打开烟道挡板,保证通风良好

C.及时吹灰,防止可燃物积存

D.当发生复燃时,应选用蒸汽灭火

19.废气锅炉吹灰器除灰时,注意事项不包括_____。

A.吹灰期间应该保持足够高的吹灰压力,换用下一个吹灰器前,压力需要恢复到最初水平

B.蒸汽吹灰要先开进气阀暖管并泄水,吹灰结束后需再次打开泄放阀

C.吹灰时要注意风向,避免烟灰落在甲板上

D.吹灰后关闭进气阀,开泄放阀,同时吹灰器蒸汽阀要打开

20.废气锅炉水洗法除灰时,注意事项不包括_____。

A.水洗需要在锅炉熄火,温度降至110 ℃时才能进行

B.冲洗积灰的水必须是蒸馏水

C.水洗时要打开炉膛底部的泄水阀,及时将污水泄放

D.水洗时间不宜过长

21._____不会造成锅炉水位升得比水位计水位更高和蒸汽携水量过大。

A.高水位时加强燃烧　　　　　　　　B.突然补水

C.突然增大用汽量　　　　　　　　　D.炉水含盐量大

22._____不会造成锅炉炉膛燃气爆炸。

A.回油式喷油器的回油阀关不严　　　B.供风量太大

C.预扫风时间太短　　　　　　　　　D.压力式喷油嘴的喷油阀关不严

23.关于废气锅炉积灰的原因分析,错误的是_____。

A.废气锅炉的窄点过大　　　　　　　B.长期机动航行

C.燃用劣质燃油　　　　　　　　　　D.烟气流速过慢

24.废气锅炉出口排烟温度通常不低于160~170 ℃,因为_____。

①增加传热,降低出口温度,须增大传热面积的流动阻力;②排烟温度应不低于露点温度;
③受热面上排烟温度应高于饱和温度40~60 ℃;④温度太高容易烧坏烟囱

A.①③　　　　　　　　　　　　　　B.①②③

C.①④　　　　　　　　　　　　　　D.①②④

25.废气锅炉废气排出温度不能太低,需高于某一最低值的原因是_____。

①受柴油机排气背压的限制;②防止硫酸导致的低温腐蚀;③防止氧化还原导致的高温腐蚀;
④保证受热面必要的温差

A.①④　　　　　　　　　　　　　　B.①②

C.①②③　　　　　　　　　　　　　D.①②④

26.废气锅炉受热面着火不会发生_____。

A.积灰燃烧　　　　　　　　　　　　B.氢燃烧

C.硫燃烧　　　　　　　　　　　　　D.金属燃烧

27.废气锅炉烟气积灰的形成与_____无关。

A.烟气温度　　　　　　　　　　　　B.主机功率

C.烟气成分　　　　　　　　　　　　D.烟气流速

28.废气锅炉的排烟温度在通常情况下高于露点温度25 ℃,原因是_____。

A.最大限度地利用余热和防止低温腐蚀

B.露点温度与排烟中水蒸气分压力和燃油含硫量有关

C.受热面上的排烟温度应高于饱和蒸汽温度40~60 ℃

D.低于25 ℃容易出现低温腐蚀

29.带透平发电机的废气锅炉系统是带有_____的单压蒸汽系统。

①给水预热器;②蒸发器;③过热器;④冷凝器

A.②③④ B.①②③

C.①③④ D.①②④

30.带汽轮发电机的废气锅炉系统,对于单压蒸汽系统主要由_____组成。

①预热器;②发生器;③蒸发器;④过热器

A.①④ B.①②③

C.①②④ D.①③④

31.废气锅炉受热面着火首先发生的是_____。

A.粘灰着火 B.硫着火

C.金属着火 D.氢着火

参考答案

第一节　辅助锅炉本体结构与附件

1.A	2.B	3.A	4.D	5.C	6.A	7.D	8.A	9.B	10.D
11.D	12.C	13.D	14.B	15.D	16.D	17.C	18.B	19.B	20.A
21.A	22.D	23.A	24.D	25.C	26.C	27.A	28.D	29.C	30.D
31.C	32.C	33.C	34.C	35.C	36.B	37.A	38.C	39.D	40.B
41.C	42.B	43.C	44.B	45.A	46.B	47.A	48.C	49.A	50.D
51.B	52.C	53.C	54.C	55.A	56.B	57.C	58.B	59.B	60.D
61.C	62.A	63.A	64.C	65.D	66.D	67.A	68.C	69.D	70.C
71.D	72.C	73.C	74.D	75.D	76.B	77.D	78.B	79.C	80.D
81.D	82.A	83.B	84.D	85.D	86.B	87.D	88.A	89.D	90.C
91.D	92.C	93.B	94.D	95.A	96.D	97.B	98.C	99.B	100.B
101.D	102.A	103.C	104.D	105.C	106.D	107.B	108.B	109.B	110.A
111.A	112.D	113.A	114.D	115.B	116.C	117.A	118.A	119.B	120.B
121.A	122.B	123.C	124.B						

第二节　辅助锅炉燃油系统与燃烧设备

1.A	2.C	3.D	4.B	5.D	6.C	7.C	8.B	9.A	10.C
11.A	12.C	13.B	14.B	15.C	16.B	17.D	18.B	19.C	20.C
21.A	22.A	23.A	24.A	25.B	26.B	27.D	28.B	29.D	30.B
31.A	32.C	33.C	34.A	35.C	36.D	37.C	38.C	39.D	40.B

41.B	42.D	43.B	44.C	45.C	46.A	47.C	48.C	49.C	50.B
51.B	52.C	53.D	54.A	55.A	56.B	57.D	58.D	59.B	60.B
61.D	62.D	63.D	64.A	65.D	66.A	67.D	68.D	69.D	70.C
71.B	72.D	73.C	74.D	75.D	76.A	77.D	78.C	79.D	80.D
81.A	82.A	83.D	84.D	85.A	86.B	87.B	88.D	89.B	90.D
91.A	92.B	93.B	94.B	95.C	96.C	97.A	98.B	99.D	100.A
101.B	102.A	103.D	104.C	105.A	106.B	107.D	108.A	109.A	110.B
111.D	112.A	113.D	114.C	115.C	116.C	117.A	118.D	119.C	120.D
121.C	122.A	123.C	124.B	125.D	126.D	127.B	128.A	129.A	130.B
131.B	132.D	133.D	134.A	135.A	136.A	137.D	138.D	139.C	140.A
141.D	142.D	143.D	144.A	145.C	146.C	147.D	148.C	149.C	150.A
151.D	152.C	153.B	154.B	155.C	156.A	157.D	158.D	159.C	160.D
161.D	162.D	163.C	164.C	165.C	166.D	167.A	168.A		

第三节　辅助锅炉汽水系统和自动控制系统

1.A	2.B	3.D	4.C	5.A	6.B	7.A	8.D	9.C	10.A
11.B	12.A	13.C	14.B	15.B	16.B	17.C	18.B	19.A	20.D
21.C	22.A	23.A	24.B	25.C	26.B	27.C	28.B	29.B	30.A
31.A	32.D	33.A	34.C	35.B	36.D	37.B	38.B	39.C	40.B
41.A	42.A	43.C	44.C	45.D	46.B	47.C	48.B	49.B	50.D
51.B	52.B	53.A	54.C	55.A	56.D	57.D	58.C	59.D	60.D
61.B	62.B	63.A	64.C	65.A	66.B	67.A	68.C	69.C	70.C
71.A	72.C	73.C	74.B	75.C	76.B	77.D	78.C	79.A	80.B
81.B	82.B	83.A	84.C	85.B	86.C	87.B	88.D	89.B	90.C
91.C	92.C	93.D	94.C	95.D	96.A	97.A	98.A	99.B	100.C
101.D	102.C	103.D	104.A	105.A	106.D	107.C	108.A	109.B	110.D
111.C	112.D	113.B	114.D	115.B	116.D	117.D	118.B	119.C	120.C
121.C	122.D	123.C	124.D	125.B	126.D	127.C	128.D	129.D	130.C
131.C	132.B	133.D	134.B	135.D	136.A	137.C	138.C	139.D	140.A
141.A	142.C	143.D	144.D	145.D	146.C	147.C	148.C	149.D	150.D
151.A	152.B	153.C	154.B	155.A	156.D	157.D	158.D	159.A	160.C
161.D	162.C	163.A	164.C	165.C	166.B	167.A	168.B		

第四节　辅助锅炉的操作与管理

1.C	2.B	3.B	4.D	5.B	6.D	7.B	8.B	9.D	10.C
11.D	12.A	13.D	14.D	15.B	16.B	17.A	18.B	19.D	20.B

21.D	22.C	23.B	24.C	25.C	26.C	27.C	28.D	29.B	30.B
31.D	32.C	33.A	34.B	35.A	36.D	37.B	38.C	39.C	40.D
41.B	42.B	43.A	44.A	45.A	46.B	47.C	48.B	49.B	50.B
51.B	52.A	53.D	54.A	55.B	56.D	57.A	58.D	59.A	60.A
61.B	62.D	63.C	64.C	65.D	66.B	67.D	68.D	69.A	70.B
71.D	72.D	73.D	74.D	75.C	76.A	77.D	78.C	79.A	80.B
81.B	82.C	83.A	84.B	85.C	86.B	87.A	88.A	89.D	90.C
91.C	92.A	93.A	94.A	95.B	96.D	97.A	98.B	99.B	100.B
101.C	102.A	103.D	104.D	105.B	106.D	107.D	108.D	109.C	110.C
111.B	112.B	113.D	114.B	115.C	116.C	117.D	118.C	119.C	120.D
121.B	122.D	123.A	124.B	125.C	126.B	127.B	128.D	129.B	130.D
131.D	132.C	133.C	134.B	135.B	136.A	137.D	138.D	139.B	140.D
141.A	142.C	143.C	144.D	145.D	146.B	147.B	148.D	149.D	150.D
151.A	152.B	153.A	154.C	155.B	156.D	157.B	158.C	159.B	160.A
161.A	162.B	163.D	164.A	165.B	166.C	167.C	168.D	169.B	170.C
171.A	172.D	173.D	174.C	175.A	176.D	177.C	178.D	179.B	180.A
181.D	182.A	183.D	184.C	185.A	186.D	187.D	188.D	189.B	190.C
191.D									

第五节　热油锅炉

1.B	2.D	3.D	4.D	5.C	6.B	7.C	8.B	9.A	10.C
11.A	12.C	13.D	14.C	15.D	16.A	17.B	18.D	19.C	

第六节　废气锅炉

1.C	2.C	3.B	4.D	5.D	6.C	7.C	8.B	9.D	10.B
11.C	12.A	13.B	14.A	15.B	16.D	17.C	18.B	19.D	20.B
21.B	22.B	23.A	24.B	25.D	26.C	27.B	28.A	29.B	30.D
31.A									